現代日本語の字音接辞

連体詞型字音接頭辞の記述的研究

張 明
Ming Zhang

花鳥社

前書き

前田直子

　本書は、2019年3月に学習院大学より博士（日本語日本文学）の学位を授与された博士論文に加筆修正を加えたものである。著者の張明氏は、2015年4月に学習院大学大学院人文科学研究科博士後期課程に進学し、2017年11月に予備論文提出、2018年9月に学位申請論文を提出して審査を受け、後期課程4年目に学位を授与され、大学院を修了した。

　このように順調に論文執筆を進めることができたのは、ひとえに、慶應義塾大学大学院文学研究科で執筆した修士論文が優れたものであったからである。張さんが本学博士後期課程を受験した際に提出した修士論文は、すでにそのままでも博士論文として通用するほど、質的にも量的にも完成されたものであった。本学に入学して博士論文を提出するまでの3年半、張さんは修士論文の各章をそれぞれ論文として書き直し、学会や研究会で口頭発表して、学会誌に投稿し続けた。学会誌に採用されることは簡単ではなかったが、『日本語文法』（2019、19巻2号）・『日本語の研究』（2020年、第16巻1号）に論文採用が決まり、学位授与に至った。

　張さんは2012年7月に中国の曲阜師範大学を卒業し、来日して日本語学校で学んだ後、2013年4月に慶應義塾大学大学院に入学して、木村義之先生のご指導を受けた。張さんの字音形態素研究は木村先生の下で種を蒔かれ、育てられ、開花したものであり、更には木村先生をご指導なさった野村雅昭先生の影響を多分に受けたものである。張さんの研究の実質的な指導教授でいらっしゃる両先生に、この場を借りて改めてお礼を申し上げたい。

　張さんは学習院大学に進学後、現代日本語文法の学部の授業にも長年出席し、学部生や修士の院生たちの良き相談相手となってくれた。張さんのまじめさと優秀さ、そして時々見せるユーモアは、学生たちだけでなく我々教員にもよく知られるものであった。そうした張さんの人柄が知られることとなったきっかけの一つに、毎年秋に行われる海外日本語教育研修旅行に参加したことが挙げ

られる。張さんは2016年（台湾・東海大学）、2017年（中国・北京師範大学）の研修旅行に参加し、常に最上級生として教員を補佐し、学生たちを陰で支えてくれた。そして2018年の研修旅行では、張さんの母校である曲阜師範大学を訪問することができた。張さんの母校は、中国の大学らしく広大で、学生の皆さんは素直で優秀であり、先生方は熱心で明るい方々ばかりで、過去のいずれの研修旅行にも増して充実した研修を行うことができた。本書の刊行を曲阜師範大学の先生方もきっと喜んでくださることと思う。

　張さんは現在、日本の大学に講師として勤務し、研究・教育活動に携わっている。しばらくは日本で研究活動を続けていく予定の張さんにとって、博士論文での研究がこのように出版されることは、大きな意味を持つことであろう。出版に際し、お力添えをくださった花鳥社の重光徹さんに深くお礼を申し上げるとともに、張さんの今後の研究のますますの発展を心より期待したい。

2024年9月1日

目　次

前書き……前田直子

序章　はじめに …………………………………………………………… *1*

第1部　現代日本語の字音接辞とその研究に関する概要

第1章　字音接辞の規定 (内包的定義)

1. 二種類の「接辞」……………………………………………………… *6*
2. 字音接辞の「字音」とは ……………………………………………… *7*
3. 字音接辞の「接辞」とは ……………………………………………… *7*
   - 3.1　術語事典・辞典類における接辞の規定 …… *7*
   - 3.2　字音接辞と字音語基の連続性 …… *10*
4. 本書における字音接辞の捉え方 …………………………………… *12*
5. 二字漢語の構成要素について ……………………………………… *14*
6. 本章のまとめ ………………………………………………………… *18*

第2章　字音接辞の分類 (外延的定義)

1. 字音接辞の分類に関する先行研究 ………………………………… *19*
   - 1.1　野村雅昭 (1978) について …… *20*
   - 1.2　山下喜代 (2013b, 2018) について …… *21*
   - 1.3　石川創 (2016) について …… *21*
2. 資料とデータの取り方 ……………………………………………… *22*
3. 字音接辞の分類結果 ………………………………………………… *25*
   - 3.1　字音接頭辞の分類結果 …… *25*
   - 3.2　字音接尾辞の分類結果 …… *31*

目次　*iii*

4. 残された課題 ………………………………………………………… *40*

5. 本章のまとめ ………………………………………………………… *40*

第3章　字音接辞の造語機能

1. 結合機能 ……………………………………………………………… *42*

   1.1　結合機能とは …… *42*

   1.2　結合機能の記述 …… *42*

2. 意味添加機能 ………………………………………………………… *44*

   2.1　意味添加機能とは …… *44*

   2.2　意味添加機能の記述 …… *44*

3. 品詞決定機能 ………………………………………………………… *45*

   3.1　品詞決定機能とは …… *45*

   3.2　品詞決定機能の記述 …… *45*

4. 文法化機能 …………………………………………………………… *46*

   4.1　文法化機能とは …… *46*

   4.2　文法化機能の記述：「的な」の文末用法を例に …… *47*

     4.2.1　「的な」の文末用法の先行研究 …… *48*

     4.2.2　分類基準Ⅰ：現状と事態 X との関係 …… *49*

     4.2.3　分類基準Ⅱ：事態 X がどのように提示されたのか …… *53*

     4.2.4　「的な」の文末用法の基本的意味 …… *56*

     4.2.5　「的な」の文末用法のまとめ …… *57*

5. 字音接辞の造語機能と本書の関係 ………………………………… *58*

6. 本章のまとめ ………………………………………………………… *59*

第2部　連体詞型字音接頭辞の記述

第4章　連体詞型字音接頭辞について

1. 連体詞型字音接頭辞の外延と規定　………………………………………… *62*
2. 連体詞型字音接頭辞の先行研究　…………………………………………… *65*
   - 2.1　野村雅昭（1978）について …… *65*
   - 2.2　影山太郎（1993）について …… *66*
   - 2.3　村木新次郎（2012）について …… *68*
   - 2.4　山下喜代（2005, 2013b, 2018）について …… *68*
3. 連体詞型字音接頭辞の考察意義　…………………………………………… *69*
4. 連体詞型字音接頭辞の研究アプローチ　…………………………………… *70*
5. 用例について　………………………………………………………………… *72*
6. 本章のまとめ　………………………………………………………………… *74*

第5章　「本法律案」の「本」、「当委員会」の「当」
──直示と照応の両用法を持つ連体詞型字音接頭辞──

1. 「本」と「当」の考察対象と用例　………………………………………… *76*
   - 1.1　「本」の用例収集 …… *77*
   - 1.2　「当」の用例収集 …… *81*
2. 「本」の後接語について（結合機能）　…………………………………… *82*
   - 2.1　「本」の後接語の語種 …… *82*
   - 2.2　「本」の後接語の意味分野 …… *85*
3. 「当」の後接語について（結合機能）　…………………………………… *88*
   - 3.1　「当」の後接語の語種 …… *88*
   - 3.2　「当」の後接語の意味分野 …… *90*
   - 3.3　「当」の後接語の語種と意味分野の関係 …… *94*
   - 3.4　「当＋の＋名詞」について …… *95*
4. 「本」と「当」の比較分析（意味添加機能）　…………………………… *96*

4.1 先行研究：国広哲弥（1997）⋯⋯ *97*

4.2 直示用法と照応用法 ⋯⋯ *99*

4.2.1 直示用法 ⋯⋯ *99*

4.2.2 照応用法 ⋯⋯ *102*

4.3 直示用法の「本」と「当」の比較 ⋯⋯ *104*

4.3.1 後接語が所属先を表す場合 ⋯⋯ *104*

4.3.2 後接語が所属先を表さない場合 ⋯⋯ *106*

4.3.3 指示詞との関係 ⋯⋯ *108*

4.4 照応用法の「本」と「当」の比較 ⋯⋯ *109*

5. 本章のまとめ ⋯⋯⋯⋯⋯⋯⋯⋯⋯⋯⋯⋯⋯⋯⋯⋯⋯⋯⋯⋯⋯⋯⋯⋯ *111*

第6章 「同病院」「同事務所」の「同」
——照応用法を持つ連体詞型字音接頭辞——

1. 二種類の「同」 ⋯⋯⋯⋯⋯⋯⋯⋯⋯⋯⋯⋯⋯⋯⋯⋯⋯⋯⋯⋯⋯⋯⋯ *113*

2. 「同」の考察資料と用例 ⋯⋯⋯⋯⋯⋯⋯⋯⋯⋯⋯⋯⋯⋯⋯⋯⋯⋯ *114*

3. 「同」の後接語について（結合機能）⋯⋯⋯⋯⋯⋯⋯⋯⋯⋯⋯⋯ *115*

3.1 「同」の後接語の認定 ⋯⋯ *115*

3.2 「同」の後接語の語種 ⋯⋯ *120*

3.3 「同」の後接語の意味分野 ⋯⋯ *122*

4. 「同」の使用実態（意味添加機能）⋯⋯⋯⋯⋯⋯⋯⋯⋯⋯⋯⋯⋯ *125*

4.1 先行研究：中川秀太（2005）⋯⋯ *125*

4.2 全体－全体照応 ⋯⋯ *126*

4.2.1 先行詞に指示保証部がついている場合 ⋯⋯ *127*

4.2.2 先行詞に指示保証部がついていない場合 ⋯⋯ *129*

4.2.3 「全体－全体照応」のまとめ ⋯⋯ *130*

4.3 全体－部分照応 ⋯⋯ *131*

4.3.1 先行詞に指示保証部がついている場合 ⋯⋯ *132*

4.3.2 先行詞に指示保証部がついていない場合 ⋯⋯ *135*

4.3.3 「全体－部分照応」のまとめ ⋯⋯ *138*

4.4 部分－全体照応 ⋯⋯ *139*

4.5　部分 – 部分照応 …… *141*

5. 本章のまとめ ……………………………………………………………… *144*

第7章　「某大学」「某メーカー」の「某」
──不定機能を持つ連体詞型字音接頭辞──

1. 「某」の考察資料と用例 ……………………………………………… *148*

2. 「某」の先行研究 …………………………………………………… *149*

　2.1　松本哲也（1999）の主張 …… *149*

　2.2　松本哲也（1999）の問題点 …… *150*

3. 「某」の後接語について（結合機能）…………………………… *151*

　3.1　「某」の後接語の語種 …… *151*

　3.2　「某」の後接語の意味分野 …… *152*

4. 指示特性の枠組みから見る「某」 ……………………………… *154*

5. 「某」が独自に持つ統語的特徴 ………………………………… *156*

　5.1　同じ形式が再度出現する場合 …… *156*

　5.2　主題に現れる場合 …… *159*

　5.3　「ある」と共起する場合 …… *160*

6. 「某」の意味論的位置づけ（意味添加機能）………………… *161*

　6.1　「某」の不定機能はどこから生じるのか …… *162*

　6.2　固有名の部分を明かさない理由 …… *164*

　　6.2.1　指示対象はわかるが、意図的に示さないという理由 …… *164*

　　6.2.2　指示対象がはっきりとわからないという理由 …… *165*

　　6.2.3　指示対象がそもそも特定できないという理由 …… *166*

7. 「某」の語用論的効果 …………………………………………… *168*

　7.1　聞き手への配慮 …… *168*

　7.2　話し手の感情表出 …… *169*

8. 本章のまとめ …………………………………………………… *172*

補説　『遠野物語』における「何某」「何の某」………………… *173*

第8章 「全国民」の「全」、「総人口」の「総」
――「すべて」を表す連体詞型字音接頭辞――

1. 「全」と「総」の考察対象と用例 ……………………………………… *175*
2. 「全」の後接語について（結合機能） ………………………………… *176*
   2.1 「全」の後接語の語種 …… *176*
   2.2 「全」の後接語の意味分野 …… *177*
3. 「総」の後接語について（結合機能） ………………………………… *180*
   3.1 「総」の後接語の語種 …… *180*
   3.2 「総」の後接語の意味分野 …… *181*
4. 「全」の意味用法（意味添加機能） …………………………………… *183*
   4.1 林慧君（2010）による分類 …… *183*
   4.2 林慧君（2010）の問題点 …… *185*
   4.3 本章における分類 …… *185*
5. 「総」の意味用法（意味添加機能） …………………………………… *187*
6. 「全」と「総」の基本的意味 …………………………………………… *188*
7. 「全」と「総」の比較 …………………………………………………… *191*
   7.1 曹佳楽（2018）について …… *191*
   7.2 本章における分析 …… *193*
8. 本章のまとめ …………………………………………………………… *198*

第9章 「両手」「両チーム」の「両」
――「二つの」を表す連体詞型字音接頭辞――

1. 「両」の考察資料と用例 ………………………………………………… *200*
2. 「両」の後接語について（結合機能） ………………………………… *201*
   2.1 「両」の後接語の語種 …… *201*
   2.2 「両」の後接語の意味分野 …… *202*
3. 先行研究：中川秀太（2015） ………………………………………… *204*
   3.1 中川秀太（2015）の主張 …… *204*
   3.2 中川秀太（2015）の問題点 …… *204*

4. 「両」の意味用法について（意味添加機能） ……………………… *205*
   4.1 「並列表現」という用語の検討 …… *205*
   4.2 文レベルの「両」の体系的説明 …… *207*
      4.2.1 直示表現の「両」の存在 …… *207*
      4.2.2 数量詞代名詞的用法からみる「両」…… *207*
   4.3 「両」の統一的説明 …… *209*
   4.4 「両」の全体像 …… *211*
5. 本章のまとめ ……………………………………………………… *212*

第10章 「各地域」の「各」、「毎日曜日」の「毎」
──「それぞれ」を表す連体詞型字音接頭辞──

1. 「各」と「毎」の考察資料と用例 ………………………………… *213*
2. 「各」の後接語について（結合機能） …………………………… *215*
   2.1 「各」の後接語の認定 …… *215*
   2.2 「各」の後接語の語種 …… *216*
   2.3 「各」の後接語の意味分野 …… *217*
   2.4 語レベルを超えるものについて …… *220*
3. 「各」の意味用法について（意味添加機能） …………………… *223*
   3.1 全体型と個別型 …… *223*
   3.2 照応用法としての「各」…… *225*
4. 「各」と重複表現 ………………………………………………… *228*
5. 「各」との比較からみる「毎」 ………………………………… *229*
6. 本章のまとめ …………………………………………………… *231*

第11章 「現政権」の「現」、「今世紀」の「今」
──「現在」を表す連体詞型字音接頭辞──

1. 「現」の2用法 …………………………………………………… *233*
2. 「現」と「今」の考察資料と用例 ……………………………… *235*
3. 「現」の後接語について（結合機能） ………………………… *236*
   3.1 「現」の後接語の語種 …… *236*

3.2 「現」の後接語の意味分野 …… 237

4. 「現」の意味用法について（意味添加機能） …………………………… 240

  4.1 「現」の修飾用法 …… 240

    4.1.1 「現」の出現位置について …… 240

    4.1.2 「現」の機能について …… 241

  4.2 「現」の照応用法 …… 243

5. 「現」との比較からみる「今」 ………………………………………… 246

  5.1 「今」の後接語について（結合機能）…… 246

  5.2 「今」の意味用法について（意味添加機能）…… 248

  5.3 「現」と「今」の比較 …… 249

6. 本章のまとめ ………………………………………………………… 250

第12章 「前首相」の「前」、「旧ソ連」の「旧」、
「昨年度」の「昨」、「先場所」の「先」
——「過去」を表す連体詞型字音接頭辞——

1. 「前首相」の「前」 …………………………………………………… 252

  1.1 「前」の考察資料と用例 …… 252

  1.2 「前」の後接語について（結合機能）…… 254

    1.2.1 「前」の後接語の語種 …… 254

    1.2.2 「前」の後接語の意味分野 …… 255

  1.3 「前」の意味用法（意味添加機能）…… 257

    1.3.1 照応用法の「前」…… 257

    1.3.2 修飾用法の「前」…… 258

  1.4 統語と意味の関係から見る「前」と「元」…… 261

    1.4.1 「元」の「副詞的用法」…… 262

    1.4.2 「元」の「所属を含めた名詞句との結合用法」…… 271

    1.4.3 字音接頭辞「前」との比較 …… 274

2. 「旧ソ連」の「旧」 …………………………………………………… 275

  2.1 「旧」の考察資料と用例 …… 275

  2.2 「旧」の後接語について（結合機能）…… 276

　　　　2.2.1 「旧」の後接語の語種 …… *276*

　　　　2.2.2 「旧」の後接語の意味分野 …… *277*

　　　2.3 「旧」の意味用法（意味添加機能）…… *280*

　　　　2.3.1 照応用法の「旧」…… *280*

　　　　2.3.2 修飾用法の「旧」…… *281*

3. 「昨年度」の「昨」 ……………………………………………………… *283*

　　3.1 「昨」の考察資料と用例 …… *283*

　　3.2 「昨」の後接語について（結合機能）…… *283*

　　3.3 「昨」の意味用法（意味添加機能）…… *283*

4. 「先場所」の「先」 ……………………………………………………… *284*

　　4.1 「先」の考察資料と用例 …… *284*

　　4.2 「先」の後接語について（結合機能）…… *284*

　　4.3 「先」の意味用法について（意味添加機能）…… *285*

5. 本章のまとめ …………………………………………………………… *285*

第13章　「翌年度」の「翌」、「来シーズン」の「来」、
　　　　「明十五日」の「明」、「後半生」の「後」
──「未来」を表す連体詞型字音接頭辞──

1. 「翌年度」の「翌」 ……………………………………………………… *287*

　　1.1 「翌」の考察資料と用例 …… *287*

　　1.2 「翌」の後接語について（結合機能）…… *288*

　　1.3 「翌」の意味用法（意味添加機能）…… *288*

2. 「来シーズン」の「来」 ………………………………………………… *289*

　　2.1 「来」の考察資料と用例 …… *289*

　　2.2 「来」の後接語について（結合機能）…… *289*

　　2.3 「来」の意味用法（意味添加機能）…… *290*

3. 「明十五日」の「明」 …………………………………………………… *291*

　　3.1 「明」の考察資料と用例 …… *291*

　　3.2 「明」の後接語について（結合機能）…… *291*

　　3.3 「明」の意味用法（意味添加機能）…… *291*

目次　*xi*

4. 「翌」「来」「明」の関係について　………………………………　*292*

5. 「後半生」の「後」について　………………………………………　*293*

6. 「時間・順序」を表す字音接頭辞の体系性　………………………　*294*

7. 本章のまとめ　……………………………………………………………　*296*

第14章　「副社長」の「副」、「助監督」の「助」、「半導体」の「半」、「準決勝」の「準」、「准教授」の「准」、「亜熱帯」の「亜」
——「不完全」を表す連体詞型字音接頭辞——

1. 「不完全」とは　…………………………………………………………　*297*

2. 「副社長」の「副」　………………………………………………………　*298*

　　2.1　「副」の考察資料と用例　……　*298*

　　2.2　「副」の後接語について（結合機能）……　*298*

　　　2.2.1　「副」の後接語の語種　……　*298*

　　　2.2.2　「副」の後接語の意味分野　……　*299*

　　2.3　「副」の意味用法（意味添加機能）……　*302*

3. 「半導体」の「半」　………………………………………………………　*303*

　　3.1　「半」の考察資料と用例　……　*303*

　　3.2　「半」の後接語について（結合機能）……　*304*

　　　3.2.1　「半」の後接語の語種　……　*304*

　　　3.2.2　「半」の後接語の意味分野　……　*305*

　　3.3　「半」の意味用法（意味添加機能）……　*307*

4. 「準決勝」の「準」　………………………………………………………　*309*

　　4.1　「準」の考察資料と用例　……　*309*

　　4.2　「準」の後接語について（結合機能）……　*309*

　　　4.2.1　「準」の後接語の語種　……　*309*

　　　4.2.2　「準」の後接語の意味分野　……　*310*

　　4.3　「準」の意味用法（意味添加機能）……　*313*

5. 「准教授」の「准」　………………………………………………………　*315*

　　5.1　「准」の考察資料と用例　……　*315*

　　5.2　「准」の後接語について（結合機能）……　*315*

xii

5.3 「准」の意味用法（意味添加機能）…… *316*

6. 「亜熱帯」の「亜」 ………………………………………………… *316*

6.1 「亜」の考察資料と用例 …… *316*

6.2 「亜」の後接語について（結合機能）…… *316*

6.3 「亜」の意味用法（意味添加機能）…… *317*

7. 「助監督」の「助」 ………………………………………………… *317*

7.1 「助」の考察資料と用例 …… *317*

7.2 「助」の後接語について（結合機能）…… *317*

7.3 「助」の意味用法（意味添加機能）…… *318*

8. 「不完全」を表す連体詞型字音接頭辞の体系性 ………………… *318*

9. 本章のまとめ ……………………………………………………… *319*

第15章 「当該チーム」「当該列車」の「当該」
——二字連体詞型字音接頭辞——

1. 二字字音接辞について ……………………………………………… *321*

1.1 「当該」は字音接辞といえるのか …… *321*

1.2 二字字音接辞はほかにどのようなものがあるのか …… *323*

1.2.1 山下喜代（2008）のデータについて …… *323*

1.2.2 竝木崇康（2009, 2013）の「意味要素の稀薄化」について …… *325*

2. 「当該」の考察資料と用例 ………………………………………… *327*

3. 「当該」の後接語について（結合機能）…………………………… *329*

3.1 「当該」の後接語の語種 …… *329*

3.2 「当該」の後接語の意味分野 …… *330*

4. 「当該」の用法分類について ……………………………………… *332*

4.1 先行詞が明示されている「当該」…… *332*

4.2 先行詞が明示されていない「当該」…… *334*

5. 「当該」の基本的意味（意味添加機能）…………………………… *336*

5.1 話し手の知識状態に基づいたもの …… *336*

5.2 話し手の知識状態による「当該」の分析 …… *337*

5.2.1　話し手の知識状態による先行詞が明示されていない「当該」の分析
………… *338*

5.2.2　話し手の知識状態による先行詞が明示されている「当該」の分析
………… *339*

6.　本章のまとめ　………………………………………………………………… *341*

第16章　その他の連体詞型字音接頭辞

1.　「一会社員」の「一」　………………………………………………………… *343*

1.1　「一」の考察資料と用例 …… *343*

1.2　「一」の後接語について（結合機能）…… *346*

1.2.1　「一」の後接語の語種 …… *346*

1.2.2　「一」の後接語の意味分野 …… *347*

1.3　「一」の意味用法（意味添加機能）…… *349*

1.3.1　不定を表す用法と全体性を表す用法 …… *349*

1.3.2　要素包含型と要素取り出し型 …… *352*

1.4　本当に字音接頭辞といえるのか …… *354*

2.　「原材料」の「原」　…………………………………………………………… *355*

2.1　「原」の考察資料と用例 …… *355*

2.2　「原」の後接語について（結合機能）…… *355*

2.2.1　「原」の後接語の語種 …… *355*

2.2.2　「原」の後接語の意味分野 …… *356*

2.3　「原」の意味用法（意味添加機能）…… *358*

3.　「故ダイアナ妃」の「故」　…………………………………………………… *358*

3.1　「故」の考察資料と用例 …… *358*

3.2　「故」の後接語について（結合機能）…… *358*

3.3　「故」の意味用法（意味添加機能）…… *359*

4.　「諸外国」の「諸」　…………………………………………………………… *359*

4.1　「諸」の考察資料と用例 …… *359*

4.2　「諸」の後接語について（結合機能）…… *359*

4.2.1　「諸」の後接語の語種 …… *359*

xiv

4.2.2 「諸」の後接語の意味分野 …… *360*

4.3 「諸」の意味用法（意味添加機能）…… *361*

5. 「正社員」の「正」 ………………………………………… *363*

5.1 「正」の考察資料と用例 …… *363*

5.2 「正」の後接語について（結合機能）…… *363*

5.3 「正」の意味用法について（意味添加機能）…… *363*

6. 「続群書類従」の「続」 …………………………………… *364*

6.1 「続」の考察資料と用例 …… *364*

6.2 「続」の後接語について（結合機能）…… *364*

6.3 「続」の意味用法について（意味添加機能）…… *364*

7. 「他地域」の「他」 ………………………………………… *365*

7.1 「他」の考察資料と用例 …… *365*

7.2 「他」の後接語について（結合機能）…… *366*

7.2.1 「他」の後接語の語種 …… *366*

7.2.2 「他」の後接語の意味分野 …… *367*

7.3 「他」の意味用法について（意味添加機能）…… *369*

8. 「汎スラヴ」の「汎」 ……………………………………… *369*

8.1 「汎」の考察資料と用例 …… *369*

8.2 「汎」の後接語について（結合機能）…… *369*

8.3 「汎」の意味用法について（意味添加機能）…… *370*

9. 本章のまとめ ……………………………………………… *370*

終章　字音接辞のカテゴリー記述と今後の課題

1. 本書のまとめと字音接辞のカテゴリー記述 ………………… *372*

1.1 生産性から考える連体詞型字音接頭辞の結合機能 …… *373*

1.1.1 生産性と生産性指数 …… *373*

1.1.2 生産性の高低 …… *376*

1.1.3 問題点 …… *376*

1.2　指示詞的用法から考える連体詞型字音接頭辞の意味添加機能 …… *377*

　1.2.1　タイプ１の「某」…… *378*

　1.2.2　タイプ１の「本」「当」…… *379*

　1.2.3　タイプ１の「同」…… *381*

　1.2.4　タイプ１の「両」「各」…… *382*

　1.2.5　タイプ１のまとめ …… *383*

　1.2.6　タイプ２の「現」「旧」「前」…… *384*

2. 今後の課題　………………………………………………………… *385*

参考文献……*387*

後書き………*395*

中文摘要……*399*

索引…………*402*

xvi

序章

はじめに

　本書は、「理想的」の「的」、「勉強家」の「家」、「新チーム」の「新」など
のような、現代日本語における字音接辞（漢語系接辞）を研究対象とするもので
ある。特に、「当委員会」の「当」、「本法律案」の「本」、「全財産」の「全」
などのように、本書では、「連体詞型字音接頭辞」と呼ばれるものを網羅的に
記述する。

　一般的な日本語の文法書を見てみると、「アスペクト」「テンス」「用言」な
どの文法概念は広く、かつ、詳細に解説されている。それに対して、「接辞」
に関する内容は数行で終わる場合がほとんどで、項目すら存在しないこともあ
る。その解説内容も、「っぽい」「がち」などの和語系接辞が主に解説されてお
り、字音接辞と呼ばれる漢語系接辞については、ほとんど言及されていないの
が現状だといえる。字音接辞は、文法研究において、周辺の、そのまた周辺と
いっても過言ではない。

　また、字音接辞の研究からみると、字音接尾辞のほうは種類が豊富で、「的」
のように名詞と結合し、合成語全体を形容動詞にするという品詞転換機能を持
つものが多いため、これまでに多く研究されてきている。それに対して、字音
接頭辞のほうは、種類が少ない上に、「不」「無」「非」「未」以外は品詞転換機
能を持たないため、ほとんど研究されていない。

　さらに、山下（2013b）によると、字音接辞の研究は、ごく限られたものしか
研究対象として取り上げておらず、その意味用法や造語機能について詳しく記
述をするものが多いとされる。また、「カテゴリー化とカテゴリー相互の意味
的関係を明らかにすること、そしてカテゴリー内部の成員相互の比較分析を進
めることが、現代日本語における接辞性字音形態素（引用者注：本書の「字音接辞」

序章　はじめに　　*1*

に相当）の研究として今後の大きな課題といえる」（山下2013b：105）と指摘している。

　以上のような字音接辞研究の現状を整理すると、まず、字音接辞はそもそも重要視されておらず、研究が少ない。次に、字音接辞の研究は、接尾辞が主流で、接頭辞はほとんど研究されてこなかった。さらに、字音接辞の研究は、ごく限られたものしか研究対象として取り上げておらず、体系的・包括的に記述したものはほとんどない。このような現状に鑑み、字音接辞、特に字音接頭辞の体系的・包括的な研究が必要であるといえる。

　また、字音接辞の研究は、関係のある他分野や和語系表現の研究にも寄与するものである。例えば、「本法律案」の「本」、「当委員会」の「当」は、指示詞の「この」「その」と類似する機能を持つ。ここで、なぜ「この」「その」ではなく、字音接頭辞の「本」「当」が用いられるのかという疑問がある。また、字音接頭辞の「某」は、連体詞の「ある」と類似する機能を持つが、なぜ、「ある」ではなく、「某」が用いられるのかという疑問もある。このように、字音接辞を研究することによって、他分野との関係や類似する意味の和語系表現との異同も見えてくると考えられる。

　最後に、本書の構成を述べておく。本書は全2部からなり、第1部は第1章から第3章、第2部は第4章から第16章、最後に終章という構成をとる。

　まず、第1部では、字音接辞およびその研究に関する概要を論じる。第1章では、字音接辞とは何か、どのように規定すればよいかという問題を取り上げる。第2章では、字音接辞にはどのようなものがあるのか、どのように体系的・包括的に分類すればよいのかという問題を取り上げる。第3章では、字音接辞はどのような造語機能を持っているのかを確認する。

　しかし、字音接辞は、種類が豊富であり、それら一つ一つの用例数も非常に多いため、すべての字音接辞を詳しく考察し、一冊の本で取りまとめるのには限界がある。そのため、第2部では、連体詞型字音接頭辞というグループを中心に考察する。まず、第4章ではなぜ、連体詞型字音接頭辞というグループを選んだのかという点について詳しく説明し、さらに連体詞型字音接頭辞全体について概観する。第5章から第16章では、個々の連体詞型字音接頭辞の記述的研究を行う。生産性が高い（用例数が多い）ものを重点的に取り上げ、それぞれ

の連体詞型字音接頭辞がどのような後接語と結合するのか、どのような意味用法を持つのか、ほかにどのような興味深い現象があるのか、その現象はどのように説明すればよいのかといった問題を中心に記述的研究を行う。

　最後に、終章で「生産性」と「指示詞的用法」から連体詞型字音接頭辞全体の特徴をまとめた上で、今後の課題を記す。

第 1 部

現代日本語の字音接辞と
その研究に関する概要

第 1 章

字音接辞の規定 (内包的定義)

　本章では、字音接辞の具体例を特徴づける定義、すなわち内包的な定義を規定する。1.では、「接辞」には2種類あることを確認する。2.では、「字音接辞」の「字音」と「接辞」を分解して、字音接辞の「字音」とは何かという点について述べる。3.では、日本語研究において「接辞」はどのように捉えられてきたかを概観した上で、一般的に理解される「接辞」の概念は字音語にそのまま当てはまらないことを確認する。4.では、1.と2.で述べた内容を基に、本書における字音接辞の捉え方を規定する。5.では、二字漢語を構成する一字漢語について述べる。最後に、6.で本章の内容をまとめる。

1.　二種類の「接辞」

　森岡 (1980) は、「構成要素である形態素を分けると、形態素は次の三種に分類される。①語基、②接辞 (1)：派生語を作る形態素、③接辞 (2)：屈折語を作る形態素」(同：270) と述べ、「接辞」には2種類あることがわかる。「接辞 (1)：派生語を作る形態素」は、「派生接辞」(影山2014) や、「語彙的接辞」(野村2010) とも呼ばれ、「語基の品詞を変えたり語彙的な意味を付け加えたりする」(影山2014：229) ものである。一方、「接辞 (2)：屈折語を作る形態素」は、「屈折接辞」(影山2014) や、「文法的接辞」(野村2010) とも呼ばれ、「時制を表す「る／た」のように文法的な概念を加える」(影山2014) ものである。

　上述した2種類の接辞に照らせば、本書の接辞は、「接辞 (1)：派生語を作る形態素」を指すものである。しかし、この2種類の接辞は、連続的であり、明確に二分することが難しいと言われている (森岡1986)。本書は、この2種類の接辞を明確に区別することを目的とするものではないため、接辞の二分につ

いては深く立ち入らない。

2. 字音接辞の「字音」とは

　字音接辞は、語種による分類という観点から「漢語系接辞」と呼ばれること
もある（水野1987, 山下2013aなど）が、野村（1987, 1999）は「字音語」という名称
を用いている。その理由は、漢語の中には「日本語にはいってからながい時間
がたち、日本語の造語成分として機能している」（野村1999：2）ものがたくさ
ん存在するためである。

　野村（1987：130）によると、「漢語とは、狭義には古代から近世にいたる期間
に中国からもたらされた語のことをいう。ただし、一般には、それにならって
日本で造語されたものをもふくめていうことが多い。後者の場合には、前者と
の混同をさけて、字音語ということもある」ということである。つまり、今日
の日本に生きているいわゆる漢語は、古代の中国から伝達されたものだけでな
く、日本語の中で独自の変遷を遂げ、日本語の造語成分として機能しているも
のもある。その意味で、漢語という名称ではなく、字音語という名称を用いる
のが適切だろう。

　本書は、以上の理由により、「字音」という名称を使用し、漢語系接辞では
なく、字音接辞と称する。

3. 字音接辞の「接辞」とは

　接辞という文法用語はおおよそ共通理解が成立しているが、研究者や立場
によっては、その規定が一致しない場合がある。そこでまず、主要な術語事
典・辞典類の記述を取り上げて、現代日本語研究において接辞がどのように認
識されているかを確認しておく。

3.1 術語事典・辞典類における接辞の規定

　現代日本語研究において、接辞はどのように認識されているか。それについ
て、日本語学の術語事典・辞典類における「接辞」の規定をまとめると、表1
-1のようになる。

表1-1　術語事典・辞典類における接辞の規定[1]

事典・辞典類	執筆者	接辞に関する規定
国語学研究事典	不明	語構成要素の一つ。「お寺」「たなびく」「山本さん」「春めく」などの単語を、共時態として見た場合、その構造は、「寺」「なびく」「山本」「春」のように、もともと単独に用いられ得る性質を持つ主要素と、「お」「た」「さん」「めく」のように、<u>単独には用いられることがなく、いつも他の語や語基に従属</u>、融合して一語を構成する要素とに分析される。後者のような要素を接辞という。
国語学大辞典	阪倉篤義	派生語において語基に添加される結合形式。たとえば「<u>お寺</u>」「<u>ほろ苦い</u>」「君<u>たち</u>」「学者<u>ぶる</u>」「散歩<u>がてら</u>」などにおける傍線[2]の語のように、<u>単独で用いられることはなく、常に他の語に添加され、これと一続きに発音されて</u>一つの単語の構成にあずかっている形態素を言う。
日本語百科大事典[3]	山口光	「接辞」とは、オ月サマのオ・サマのように<u>単純語にはなれない付属的な形態素</u>のことで、語基（中心成分）の前につくのを「接頭辞」、後につくのを「接尾辞」という。
言語学大辞典第6巻　術語編	不明	屈折にせよ、派生にせよ、語が主要な部分と補助的な部分からなる構造をもつとき、その主要な部分を語幹といい、その語幹に付いてそれを補助する要素を接辞という。
新版日本語教育事典[4]	秋元美晴	接頭辞とは、<u>単独で語を構成することができず</u>、常に語基の前について語を構成する結合形式をいう。接尾辞とは、<u>単独で語を構成することができず</u>、つねに語基の後について語を構成する結合形式をいう。
日本語学研究事典	斎藤倫明	語構成要素の一種。たとえば、「お話」「春めく」「うれしがる」という語は、それぞれ「お・話」「春・めく」「うれし・がる」と二つの語構成要素に分けることができるが、それらのうち、語の意味的な中核をなし、単独で語を構成することもできる要素（「話」「春」「うれし」）を「語基」（base）と呼ぶのに対し、<u>単独で語を構成することができず</u>、必ず語基と結合して形式的な意味を添えたり（「お」）、一語全体の品詞を決定したりする（「めく」「がる」）要素を指す。

日本語文法事典	斎藤倫明	語構成要素の一種。語を構成する要素の内、語の意味的な中核をなし、単独で語を構成することもできる要素を「語基」（base）と呼ぶのに対し、<u>単独で語を構成することができず、語基と結合して形式的な意味を添えたり語の品詞を決定したりする要素</u>を指す。
日本語大事典	矢澤真人	語構成において、語基となる形態素の一定の位置に付いて全体で一語となる、<u>独立性をもたない形態素</u>。
日本語学大辞典	山下喜代	「<u>ご飯・艶かしい・忘れっぽい・科学的</u>」の下線部のように、<u>つねに語基と結合して語を構成し</u>、<u>語基に形式的な意味を添えたり、合成語の品詞性を決定したりする</u>拘束形態素を接辞（affix）という。

　表1-1で示した9種類の術語事典・辞典類を総合的に見ると、接辞には主に3つの性質があることがわかる。第一に、二重下線＿＿＿で示した部分からわかるように、接辞は単独で語を構成することができず、常に語基と結合して語を構成する。これは多くの事典・辞典類に記述され、接辞としては、最も重要な性質といえるだろう。第二に、波線＿＿＿で示した部分からわかるように、接辞は形式的な意味を添えたり語の品詞を決定したりする機能を持っている。第三に、点線＿＿＿＿＿で示した部分からわかるように、接辞と語基の間に音のポーズを伴わずに、一続きで発音される。残念ながら、以上の3つの性質をすべて記述した事典・辞典類はないが、接辞は以上の3つの性質を持ち、一般的にその3つの性質を以て接辞として認識されていると考えられるだろう。

1　表1-1の二重下線、波線、点線は引用者によるものである。下線は原文によるものである。

2　原文は縦書きであるため、傍線になるが、表1-1は横書きであるため、原文の傍線に相当するものは下線になる。

3　『日本語百科大事典』においては、「接辞」という項目がない。「文法的単位」の下位項目の「語構成」の記述に「接辞」の定義があり、それを引用した。

4　『新版日本語教育事典』においては、「接辞」という項目がない。「接頭辞（接頭語）」「接尾辞（接尾語）」という項目を引用した。

3.2 字音接辞と字音語基の連続性

　接辞の規定には、3つの性質が判断基準となることを3.1で見た。しかし、字音接辞に関しては適用が難しい面もある。上述の3つの性質すべてを兼ね備えた字音接辞は存在しないからである[5]。また、字音接辞と字音語基には、連続性があり、明確に二分することができない（野村1977, 山下2004, 石川2016など）。以下では、3.1で述べた接辞の3つの性質がどのような点で字音語基と字音接辞に適用が難しいのかということについて具体的に見てみる。

　まず、最も重要な性質と思われる「接辞は単独で語を構成することができず、常に語基と結合して語を構成する」という点であるが、このことは字音接辞にとっては、本当に重要だといえるのだろうか。本書は、「漢語系接辞[6]も多くは結合形式であると考えられるが、結合形式であることを、接辞の条件としてあまりきびしく考えないほうが良いのではないか」という水野（1987：61）の主張に賛同する。水野（1987：61）の例でいうと、「「営業部」の「部」や、「大規模」の「大」などは、「部がちがうとやり方がちがう」「（サイズの）大はありません」のように、ほとんど同じ意味で単独に用いられることがある。したがって「部」「大」は結合形式ではないということになるが、「営業部」の「部」、「大規模」の「大」は、結合形式である「先進国」の「国」、「全世界」の「全」と一線を画すようには思えない」ということになる。本書は、その立場に賛同し、水野（1987）と同様に、「「部」「大」も「国」「全」と同様に漢語系接辞であるという立場」（同：61）をとる。つまり、「接辞は単独で語を構成することができず、常に語基と結合して語を構成する」という性質は字音接辞に関しては重要ではなく、字音接辞であるかどうかを判断する決定的な要因にならないと考えられる。

　次に、「接辞は形式的な意味を添えたり語の品詞を決定したりする機能を持っている」という点であるが、当然ながら、すべての接辞がそのような機能を

5　実際に、森岡（1994）のように、字音接辞を狭く捉え、「御（ゴ）」しか認めないという立場もある。

6　本書では、「字音接辞」という用語を使用するが、先行研究を引用するときは、「漢語系接辞」「接辞性字音語基」など、先行研究の術語に従うこととする。

持っているという意味ではない。「形式的な意味を添える」ということについては、野村（1978）ですでに考察されているように、「意味のうえで、実質的、形式的という差は、そう単純には、とらえられないものである」（同：123）ということになる。例えば、「国際法」の「法」、「沿岸流」の「流」、「結婚式」の「式」などは、接辞として振る舞うものだと思われるが、表す意味は形式的だと考えにくい。逆に、宮島（1994）が主張している「無意味形態素」という概念のように、「あばら家」の「あばら」や「ばた屋」の「ばた」は論理的には語基ということになるが、実質的な意味を表しているとは言いにくい。つまり、「接辞は形式的な意味を添える機能を持っている」という性質は字音接辞であるかどうかの判断材料として不十分である。また、「語の品詞を決定する機能」については、「亜熱帯」の「亜」や、「既婚者」の「者」などのように、語の品詞を変えない字音接辞は多々ある。「語の品詞を決定する機能」も字音接辞であるかどうかを判断できないと考えられる。

　最後に、「接辞と語基の間に音のポーズが伴わずに、一続きで発音される」という性質については、これも、字音接辞の中には例外がある。本書の記述研究対象である「連体詞型字音接頭辞」と呼ぶものの中に、接辞と語基の間にポーズが伴い、一続きで発音されないものがある。例えば、「当大学」「本研究所」「同美術館」「各言語」「全責任」などの例は、傍点で示した字音接頭辞が独自にアクセント核を持っており、その後につく語基の間にポーズが置かれることが一般的である。このように、「接辞と語基の間に音のポーズが伴わずに、一続きで発音される」という性質も字音接辞であるかどうかを確定するとは限らないことがわかる[7]。

　以上のように、一般的に認識されている接辞の規定は、字音接辞にはうまく機能せず、字音接辞であるかどうかを判断するにあたっては、それ以外の条件を考える必要があることがうかがえる。

7　ただし、「当大学」の「当」、「本研究所」の「本」、「同美術館」の「同」などは、独自にアクセント核を持っており、その後につく語基の間にポーズが置かれることから、接辞の性質に違反し、接頭辞とは認めず、連体詞と見做す立場（村木2004, 工藤2014など）もある。この点については4章で述べる。

第1章　字音接辞の規定　　*11*

4. 本書における字音接辞の捉え方

ここまでの議論を簡単にまとめると、「単独で語を構成することができるかどうか」「形式的な意味を表すかどうか」「語基の品詞を変える機能を持っているかどうか」「直後にポーズがあるかどうか」だけでは、字音接辞であるかどうかを判断する根拠としては不足があることを示した。

それを念頭に置いた上で、本書は「字音接辞」の定義として、野村（1978）の「接辞性字音語基」の定義や山下（2018）の「字音接辞」の定義[8]を参考に、以下のように規定する。

（1）字音接辞とは、二字以上の漢語や和語、外来語に前接または後接して
　　　合成語を形成する字音形態素のことである。

ある字音形態素が「二字以上の漢語や和語、外来語」と結合する以上、その字音形態素は単独で語を構成することができるとしても、形式的意味を表していないとしても、「字音接辞」として認める。また、字音接辞と結合する「二字以上の漢語や和語、外来語」のことを「語基」[9]と呼ぶ。

しかし、字音語における語基と接辞の捉え方の違いによって、（1）の規定に一致するものを野村（1978）のように、「語基」と見做す研究もあれば、本書のように、「接辞」と見做す研究もある。

例えば、字音形態素「式」は、（2）のように、単独で使われる場合、すなわち語基である場合もあれば、（3）のように、（1）の定義に合致し、本書の

8　山下（2018）の「字音接辞」の定義については、「主に二字漢語や和語、外来語等に前接
　　または後接して合成語を形成する場合の形態素」（山下2018：217）と定義づけられている
　　が、二字漢語だけでなく、「全消費支出」「社会保険労務士」の「消費支出」「社会保険労
　　務」などの二字以上の漢語の場合もあるため、山下（2018）の定義を（1）のように修正
　　した。（1）は野村（1978：104）の「すでに存在する、和語・外来語の語基、および、字
　　音複合語基、そして、それらの結合形に、前部分あるいは後部分から結合する、字音形態
　　素」という定義と、表現が異なる部分があるが、表す意味は同じである。
9　接頭辞を分析する際には、「後接語」、接尾辞を分析する際には、「前接語」という用語を
　　使用する。それはいずれも「語基」のレベルを指す。

いう字音接辞である場合もあれば、（4）のように、二字漢語の構成要素である場合もある。

（2）式を挙げる　式で表す
（3）卒業式　スパルタ式　西洋式　電動式　方程式
（4）形式　旧式　公式

　（2）のように単独で使用できるという理由で、「式」を語基とする研究もあれば、（3）のように、（1）の定義に一致する使い方があるという理由で、「式」を接辞とする研究もあるが、本書は「式」が語基か接辞かのどちらかに分類されるという静的な見方では捉えない。本書は、水野（1987）を参考にし、（2）のように使われる「式」は語基であり、（3）のように使われる「式」は接辞であり、具体的にどのように使われるかによって、「式」は語基にも接辞にもなり得るという動的な見方で捉える。この考え方は、山下（2013b：84）にも示されている。「字音形態素が造語（語形成）の上で、語基的にも接辞的にも振る舞うことがあるという事実を捉え、字音形態素が造語（語形成）において果たす機能によって、それを語基と見なすか、接辞と見なすかが決まる」のである。本書もそれに従う。
　本書では、（2）のような使い方を「語基」、（3）のような使い方を「接辞」、（4）のような使い方を「二字漢語の構成要素」と呼ぶことにする。この3用法の組み合わせは理論的には表1-2の8つのパターンがある。

表1-2　1字字音形態素の存在パターン

	①	②	③	④	⑤	⑥	⑦	⑧
語基	○	×	○	×	○	×	×	×
接辞	○	○	×	×	○	×	○	×
二字漢語の構成要素	○	○	○	○	×	×	×	×
例	式、悪	的、脱	意、損	影、混	存在しない			

第1章　字音接辞の規定　　13

二字漢語を構成することができない字音形態素は、常用漢字表と山下（2008）のデータを確認したところ、存在しないため、⑤〜⑧は理論上ではあり得るが、実際には存在しない。つまり、常用漢字表にあるすべての字音形態素は①〜④のどれかに分類することができる。そして、本書の「字音接辞」は、①②に分類される字音形態素を指すということになる。

5.　二字漢語の構成要素について

　4.では、「二字以上の漢語や和語、外来語に前接または後接して合成語を形成する字音形態素」のことを「字音接辞」といい、ある字音形態素が「二字以上の漢語や和語、外来語」と結合する以上、「字音接辞」として認めるということを述べた。二字以上の漢語と結合する字音形態素は（1）の定義に一致し、字音接辞として認めることができる。それに対し、一字漢語と結合し、二字漢語を形成するものは（1）の定義に一致しないため、字音接辞として認めることができない。5.では、その「一字漢語と結合し、二字漢語を形成するもの」について考える。

　二字漢語を字音複合語基と見做し、その品詞性や構造について考察した研究（宮地1973, 森岡1994, 野村1988, 1998, 2013, 斎藤2016など）はあるが、二字漢語は複合語か単純語か、二字漢語を構成する一字漢語は語基か語基ではないかという語構成上の位置づけに関する論考は少ない。先行研究における断片的な記述を拾い、まとめると、次の表1-3のようになる。

　表1-3からわかるように、二字漢語の語構成上の位置づけは難しい課題であり、研究者によって、立場が分かれる。

　例えば、Aブロックの石井（2007：169）では、「多くの二字漢語も、「電話」「戦前」「禁煙」「洗車」のように、非自立的ではあるが語基の結びつきであり、複合語である」と述べている。二字漢語を複合語と見做し、その構成要素である一字漢語を語基と見做すことがわかる。

表1-3　二字漢語およびその構成要素である一字漢語の位置づけ

		二字漢語の位置づけ			
		複合語	複合語基	単純語	言及がない
二字漢語を構成する一字漢語の位置づけ	語基	A．石井(2007)	B．宮地(1973) 野村(1978) 森岡(1994)	C．なし	D．石野(1988)
	語基でない	E．阪倉(1980)	F．なし	G．野村(1988)	H．早津(2005)
	言及がない	I．なし	J．なし	K．斎賀(1957)	L．宮島(1980)

　また、Bブロックは、現代日本語では、二字漢語は一語基相当であり、単一語基と区別して、二字漢語のことを複合語基と呼ぶという見方である。

　Dブロックの石野（1988：419）は、「「建築」は「建」と「築」に、「基準」は「基」と「準」に分けることが可能である。この「建（けん）・築（ちく）・基（き）・準（じゅん）」の４形態素は、自立性こそ持たないが、意味の実質性（建てる・築く・基づく・準じる）や造語能力（建造・再建、改築・築城、基礎・開基、準備・水準）からして、接辞ではなく語基と見る」と述べており、二字漢語の構成要素である一字漢語を語基と見做すことがわかる。しかし、二字漢語全体を複合語と見做すかどうかについては言及がないため、Dブロックにした。

　Eブロックの阪倉（1980：551）は、「前学長」「前近代的」の「前」を接頭語とし、「前半」「前掲」の「前」を複合語構成要素としている。「複合語構成要素」という用語からわかるように、「前半」「前掲」などの二字漢語を「複合語」と見做す。その構成要素である一字漢語を「複合語構成要素」とするため、Eブロックにした。

　Gブロックの野村（1988）は二字漢語を考察対象とし、二字漢語の構造や結合パターンについて詳細に分析する論考である。二字漢語の語構成上の位置づけについて、次の（5）の指摘がある[10]。

（5）現代語の二字漢語を分析するには、さまざまの困難が予想される。そ

_____

10　下線部は引用者によるものである。

の最大のものは、現代語では、二字漢語が複合語であるという語構成意識が、ほとんどうすれてしまったことである。このことは、形態の面からも、意味の面からもたしかめられる。スルをともなってサ変動詞を構成したり、いわゆる形容動詞の語幹となったりするほか、文の成分となったり、他の言語単位と結合したりする点で、二字漢語は単純語とほとんどかわりがない。

（野村1988：45）

　本書も基本的に（5）の見方に賛同する。また、野村（1988）では、二字漢語を構成する一字漢語のことを「字音形態素」（同：49）と呼んでいるため、野村（1988）をGブロックにした。

　Hブロックの早津（2005：232）は、単独で語となれない形態素を分類している。その中に、「いわゆる造語成分としての字音語（「医者」「校医」の「イ（医）」、「学問」「医学」の「ガク（学）」）」を位置づけている。「医者」「校医」「学問」「医学」などの二字漢語については特に言及がないが、その構成要素である一字漢語「医」「学」をいわゆる造語成分としての字音語と呼んでいるため、Hブロックにした。

　Kブロックの斎賀（1957）は語構成全体に関する論考であり、その中に、二字漢語についての言及がある。二字漢語については、「現代の一般の語意識としては単純語のように取り扱われる傾向がある」（同：242）としつつ、「二字漢語は、発生的見地から見た場合、当然二つの意味的要素から成り、その両要素の間にいくつかの意味的関係が存在する」と主張している。斎賀（1957）は、二字漢語を単純語と見做すと強く主張していないが、便宜上、Kブロックにした。

　Lブロックの宮島（1980：423）には、「二字漢語の多くは複合語とも派生語ともつかない。「電話」「行進」などは非独立でしかも平等の重みをもつ二要素から成る点で、独立しうる要素から成る複合語とも、中心部分と付属部分とから成る派生語とも違っている」という指摘がある。二字漢語は複合語でも、派生語でもないという指摘は興味深いが、二字漢語は結局何であるかという結論を提示していないため、Lブロックにした。

　表1-3の諸立場の以外に、もう1つの立場がある。それが秋元（2005）であ

る。秋元（2005：240）では、「「読書」（書物を読むこと）などは和語の場合と同様に複合語と考えるが、「国際」「事故」などは分解不可能であり、普通、単純語とする。なお、「電話」はもともと「電話機による通話」であるが、現在では単純語とも理解される中間的な存在の語である」と述べ、同じ二字漢語とはいうものの、その中に性質が異なるものが混在しているため、一概に同じように考えるのではなく、ケースバイケースで考えるのが妥当だと主張している。

　秋元（2005）に近い立場には、他に斎藤（2005）がある。斎藤（2005：67）は、「語構成要素の観点から見た場合日本語においてとくに問題となるのは漢語で、「教室」「黒板」「未熟」など明確に語構成要素（字音形態素と呼ぶ）に分けられるものから、「哲学」「磁石」「維新」などの中間的なものを介し、「挨拶」「慇懃」「齟齬」など形式（漢字）的に分けられても意味のうえからはまったく分けられないもの（この類は仮名書きにするのが望ましい）まで、語構成論的にはさまざまなものが含まれる」と述べている。

　以上のように、二字漢語の語構成上の位置づけ問題は複雑であることがわかる。最も理想的なのは、秋元（2005）と斎藤（2005）のように、二字漢語を結合関係が比較的透明で構成要素の抽出が可能なもの・中間的なもの・結合関係が比較的不透明で構成要素の抽出が不可能なものというように三段階に分けて考える見方だと思われる。しかし、三段階を区別して分析することは現段階では難しい[11]。したがって、本書は、暫定的に、野村（1988）の（5）に賛同する立場をとる。つまり、語源的な観点ではなく、現代日本語の語構成意識を重視し[12]二字漢語を単純語のように取り扱う。また、その二字漢語を構成する一字漢語は語基と見做さず、「二字漢語の構成要素」と呼んでおく。

11　なお、二字漢語の結合関係について、本多（2017）は、「透明性」という概念を使い、「透明」「片透明」「不透明」という3つに分類し、二字漢語における語の透明性について詳しく論じており、参考になる点が多い。

12　阪倉（1986：5）には、「語源的な観点からする分析は、少なくとも現代語の語構成を考える場合には、持ち込んでいけないことになっている」という指摘があり、本書も賛同する。

第1章　字音接辞の規定　　*17*

6. 本章のまとめ

本章で述べたことの要点をまとめておく。

A. 「接辞」には2種類があり、本書のいう「字音接辞」の「接辞」は「接辞（1）：派生語を作る形態素」（森岡1980）を指す。

B. 日本で造語された漢語、日本語の造語成分として機能する漢語もある（野村1987, 1999）ことから、本書は「漢語系接辞」という用語ではなく、「字音接辞」という用語を用いる。

C. 一般的に認識されている接辞の規定は、字音接辞に適用するのは難しい面があり、字音接辞であるかどうかを判断するに当たっては、それ以外の判断基準を考える必要がある。

D. 本書は、字音接辞であるかどうかの判断基準として、「どのような言語単位と結合するか」ということを重視し、「二字以上の漢語や和語、外来語に前接または後接して合成語を形成する字音形態素」のことを「字音接辞」といい、これは表1-2の①②に分類される字音形態素のことを指すものである。

E. 本書では、語源的な観点ではなく、現代日本語の語構成意識を重視し、二字漢語を単純語として取り扱う。その二字漢語を構成する一字漢語は接辞と見做さず、「二字漢語の構成要素」と呼んでおく。

第2章

字音接辞の分類（外延的定義）

　第1章では、字音接辞の内包的定義を規定した。二字以上の漢語や和語、外来語に前接または後接して合成語を形成する字音形態素のことを字音接辞と呼ぶ。本章では、現代日本語の字音接辞には、どのようなものがあるのかを明らかにし、また、どのように分類すればよいのかということについて考察する。

　字音接辞を網羅的にリストアップしたものには、北條（1973）があるが、「接頭辞」「接尾辞」以上の細分類は行っていない。一方、字音接辞の体系的な分類を試みたものは、野村雅昭・山下喜代両氏の一連の研究や石川（2016）があるが、全データを示すものは少ない。収集しているすべての字音接辞を示し、かつ体系的な分類を試みたものは、管見の限り山下（2018）のみである。本章は、一定の基準で収集できるすべての字音接辞を示し、かつ体系的に分類することを目的とする。

　本章の構成として、まず、1.では、字音接辞分類の先行研究を検討し、その問題点と本書の分類基準を明らかにする。次に、2.では、本書の字音接辞の採集方法、データの取り方を説明し、3.では、全データを示し分類を行う。また、4.では、残された課題について述べる。最後に、5.では、本章の内容をまとめる。

1.　字音接辞の分類に関する先行研究

　字音接辞の分類を試みた研究は、野村雅昭と山下喜代両氏の一連の研究や石川（2016）などがある。1.では、野村（1978）、山下（2013b, 2018）と石川（2016）を取り上げて検討し、問題点を指摘する。

1.1 野村雅昭（1978）について

　野村（1978）は昭和41年の新聞の用例をもとに、接辞性字音語基を抽出し、その用法や分類について詳細な考察を行っている。異なり250の前部分の接辞性字音語基を「①体言型」「②連体修飾型」「③連用修飾型」「④連体詞型」「⑤用言型」「⑥否定辞型」「⑦数量限定型」「⑧敬意添加型」の８種に分類し、また、異なり605の後部分接辞性字音語基の分類については、まず品詞性によって、「①体言型」「②用言型」「③相言型」の３種に分類した。「①体言型」は、意味によって、さらに「時」「組織・集団」「人間」「事象」「活動」「精神・抽象」「物」「範疇・分野」「位置・順序」「数量・程度」「助数詞」に細分類している。

　この野村（1978）の前部分の接辞性字音語基の分類では、「①体言型」「④連体詞型」「⑤用言型」は品詞による分類であり、「②連体修飾型」「③連用修飾型」は結合関係による分類であり、「⑥否定辞型」「⑦数量限定型」「⑧敬意添加型」は意味的な観点からの分類である。つまり、前部分の接辞性字音語基について３つの分類基準を設けているということになる。このこととの関係もあり、「②連体修飾型」と「④連体詞型」の違いがわかりにくいという問題が生じる。

　金水（1983：123）によれば、意味の面から連体を考えると、その機能を大きく二つに分けて考えることができる。一つは名詞句の概念の限定・修飾であり、もう一つは名詞句の指示機能に関する性格付けである。この二つの機能の別によって、連体詞を語彙的にほぼ二分することが可能である。当然ながら、すべての連体詞は連体修飾の機能を持っているが、おそらく野村（1978）の「②連体修飾型」は金水（1983）の「名詞句の概念の限定・修飾」のことであり、「④連体詞型」は「名詞句の指示機能に関する性格付け」のことだと思われる。

　また、前部分の接辞性字音語基も後部分の接辞性字音語基も意味による分類が行われている。意味による分類は個人によって再現性が担保されないという欠点がある。例えば、「園（保育～）」「館（図書～）」「場」（競技～）」を「組織・集団」に分類しているが、「場所」に分類していない理由は何か、「学（物理～）」「説（天動～）」を「活動」に分類しているが、「精神・抽象」に分類していない理由は何か、などの疑問が生じる。本書では、分類にあたって「意味」を使うが、再現性を重視した分類基準、すなわち、誰もが同じ分析結果に辿り着く基

20

準を設けることとする。

こうした問題点があるとはいえ、野村（1978）は字音接辞の分類の先駆的研究であり、「品詞」による分類などの点においては、大いに参考になる。

1.2　山下喜代（2013b, 2018）について

山下（2013b, 2018）は、主に国語辞典を資料として、そこに見出し語として収録されている「接辞」と「造語成分」をデータとする。山下（2018）[1]によると、異なり243の字音接頭辞を意味によって、「形容」「指定」「事物」「行為作用」「強調」「精神」「待遇」「可否」「空間範囲」「組織集団」の10種に分類している。また、異なり656の字音接尾辞も同様に意味によって、「事物」「類別」「空間範囲」「精神」「人物」「行為作用」「組織集団」「時間」「数量程度」「様相」「分別」「待遇」の12種に分類している。

このように「意味によって分類することは、個々の字音形態素についてその意味や造語機能を明らかにするのに役立つ」（山下2013b：89）という利点はあるが、前述したように、分類結果の再現性の欠如という問題がある。しかし、本書では、接頭辞と接尾辞を合わせた字音接辞を体系的に捉えるためには、接頭辞と接尾辞を同様の分類基準で分類する必要がある。

1.3　石川創（2016）について

石川（2016）のデータは主に各種の国語辞典や、北條（1973）を参考にしたものである。斎藤（2007）に倣い、漢語の接頭辞は意味的な観点から「①敬意・美化」「②程度」「③状態」「④否定」「⑤その他」に分類している。漢語の接尾辞は品詞決定の観点から「①名詞をつくるもの」「②形容動詞をつくるもの」「③サ変動詞（〜する）をつくるもの」「④副詞をつくるもの」「⑤助数詞」に分類している。

まず、前述したように、漢語の接頭辞の意味による分類には問題がある。山下（2013b, 2018）と石川（2016）は漢語の接頭辞を意味によって分類しているが、

1　山下（2013b）と山下（2018）のデータ数と分類は少し異なる。ここでは、最新の山下（2018）を取り上げる。

意味解釈の個人差に応じて分類結果が変わってしまう可能性が高い。漢語の接頭辞と接尾辞をそれぞれ別の観点から分類することにも問題がある。山下（2013b, 2018）のように、同様の分類基準を用いて分類することが望ましいだろう。

　以上からわかるように、先行研究において字音接辞を分類する際に生じている問題点としては、①意味で分類した結果の再現性の欠如、②分類基準の不統一、という2点が挙げられる。よって、本書は分類基準を統一し、かつ再現性を重視した分類基準を用いて、接頭辞と接尾辞を品詞的[2]に分類することを試みる。

2.　資料とデータの取り方

　本書のデータとなる字音接辞をどのように抽出するのかについて述べる。まず、常用漢字表の2136字を対象とし、「扱」「脇」などの訓読みしかない漢字72字を除外する。次に、音読みがある漢字を検索語として表2-1で示す7冊の国語辞典で調べる。

表2-1　調査対象とする国語辞典

国語辞典	出版社	出版年	略称
岩波国語辞典　第7版	岩波書店	2009	岩波
学研現代新国語辞典　改訂第五版	学研教育出版	2012	学研
三省堂国語辞典　第七版	三省堂	2014	三国
集英社国語辞典　［第3版］	集英社	2012	集英社
新選国語辞典　第九版	小学館	2011	新選
新明解国語辞典　第七版	三省堂	2012	新明解
大辞林第三版	三省堂	2006	大辞林

2　本書は「品詞」という基準で接辞を分類する。品詞とは単語の形態、機能などの文法的性質による分類である。品詞は単語の分類であるため、接辞という形態素レベルには当てはまらないが、ここでは、「品詞のレベルで考える」「品詞のように考える」という意味で使うことを予め断っておく。

チェックするのは、国語辞典に書かれている「用例」である。字音接辞の定義に合致する用例、すなわち、二字以上の漢語や、和語、外来語と結合する「用例」が提示されている場合に接辞と認め、第1章の表1-2の①か②に分類する。ただし、7冊の国語辞典で合わせて2つ以上の異なる用例がなければならないとした。例えば、「家」は国語辞典で「勉強家」「専門家」などの複数の三字漢語の用例が確認できるため、「家」を字音接辞と認め、第1章の表1-2の①か②に分類する。それに対し、「針」「偏」は7冊の国語辞典を調べても「避雷針」「偏頭痛」という用例しかないため、字音接辞と認めず、第1章の表1-2の③か④に分類して考察対象から除外する。また、「哀愁」の「哀」や、「勇敢」の「敢」のように、二字漢語の構成要素としての例のみの場合も、字音接辞と認めず、第1章の表1-2の③か④に分類して考察対象から除外する。

表1-2　1字字音形態素の存在パターン（再掲）

	①	②	③	④	⑤	⑥	⑦	⑧
語基	○	×	○	×	○	○	×	×
接辞	○	○	×	×	○	×	○	×
二字漢語の構成要素	○	○	○	○	×	×	×	×
例	式、悪	的、脱	意、損	影、混	存在しない			

　以上は字音接辞であるかどうかを選定する作業である。その作業について以下の4点を補足しておく。

　第一に、三字漢語の用例は、野村（1974）のⅠ型とⅡ型に限定する。野村（1974）によれば、三字漢語には基本的に「Ⅰ型＜（○＋○）＋○＞…（a1＋a2）＋a3：文化人・機関車・事務員・現代的」と「Ⅱ型＜○＋（○＋○）…a1＋（a2＋a3）：超結核・急停車・不完全・各隊員＞」の2つの型が存在する。本書の用語で言い換えるなら、Ⅰ型は字音接尾辞の型で、Ⅱ型は字音接頭辞の型である。しかし、三字漢語には字音接辞が語構成に関与していない例外があることを野村（1974）も認識している。「この二つの型以外の構造を持ったものがある。一つは、「雪月花・松竹梅・市町村」のように、それぞれの漢語語基が対等の資格で一次結合しているものである。「有頂天・金輪際・不世出・未曾有」の

ように、本来の語構成意識が失われているものも、これに準じて考えることができよう。もう一つは、「重軽傷・陶磁器・祖父母」のように、二字漢語が結合して三字漢語化したもの」（野村1974：39－40）である。以上のようなものは三字漢語の用例とはいえ、語の中に字音接辞が存在しないため、用例としてカウントしない。

　第二に、例えば、「極」という字を調べる際に、「多極化」という用例が確認される。その場合、「［［多極］化］」という構造になっているため、「極」の用例としてカウントせず、「化」の用例としてカウントする。ただし、「［［殺［ダニ］剤］］」というように、三つ以上の構成要素からなる複次結合した構造を持っている用例は、「殺」と「剤」の両方の用例としてカウントする。

　第三に、例えば、「最上階」「原住民」のように、「［［最上］階］」なのか、「［［最］上階］」なのか、判断しがたい用例がある。そのような用例はカウントしない。

　第四に、7冊の国語辞典で合わせて2つ以上の異なる用例がなければならないと規定するが、ほかの用例が容易に想定できるなら、用例が1つしか抽出できなかったとしても、カウントする。例えば、「菜」は7冊の国語辞典で「花椰菜」という用例しか抽出できなかったが、「青梗菜」「空芯菜」などの用例が容易に想定できるため、「菜」は字音接尾辞として認める。

　最後に、『大辞林』と『新明解』を参考にして、単独で使えるかどうかを判断する作業を行う。『大辞林』では、漢字一文字のものは、普通の「見出し語」と「漢字見出し」の両方に出現する場合がある。『新明解』も同様に、漢字一文字のものは、普通の「見出し語」と「字音語の造語成分」の両方に出現する場合がある。確認するのは、「漢字見出し」（『大辞林』）あるいは「字音語の造語成分」（『新明解』）ではなく、普通の「見出し語」として登録されているかどうか、およびその用例である。どちらかの辞書で「愛を注ぐ」のように単独で使われる用例が確認された場合に、それを単独で使えると判断し、第1章表1－2の①に分類する。それに対し、「家」のように「見出し語」に登録されていない場合、あるいは「館」のように「見出し語」には登録されているが、単独で使われる用例が確認されない場合は、単独で使えないと判断し、第1章表1－2の②に分類する。

以上は単独で使えるかどうかを判断する作業である。その作業について以下の2点を補足しておく。

　第一に、単独で使われる用例は現代日本語の用例でなければならない。例えば、「圏」は『大辞林』の見出し語として登録され、「其－と－との間は決して一様ではなく」という用例も確認されたが、現代日本語の用例ではないため、「圏」を単独で使えないと判断する。

　第二に、例えば、「本」は「おもしろい本を読む」というように、単独で使われる。しかし、それは「本放送」「本研究所」の「本」とは関係がないと思われる。このような場合も、単独で使われる用例が確認されたとしても、接辞として使われる「本」と関係がないため、単独で使えないと判断する。

　以上の手順を踏まえて、すべての一字字音形態素を第1章の表1－2の①〜④のどれかに分類した。繰り返しになるが、本書の字音接辞は、第1章の表1－2の①②に分類されるものを指している。3.では、第1章の表1－2の①②に分類したものを統一された、かつ客観的な分類基準を用いて、品詞的に分類することを試みる。

3.　字音接辞の分類結果

　分類すると同時に、第1章の表1－2の①②に分類したものの全データを挙げる。各接辞の後ろに2つの用例を挙げる。各表の点線より上は単独で使えないもの、すなわち第1章の表1－2の②に属するものである。点線より下は単独で使えるもの、すなわち第1章の表1－2の①に属するものである。データに出現した結合形中の用法によって一義的に分類した。例えば、「自意識、自堕落」の「自」は「①名詞型」、「自東京、自六時」の「自」は「⑦助詞型」ということになる。それぞれ、「自$_1$」「自$_2$」で区別する[3]。

3.1　字音接頭辞の分類結果

　字音接頭辞（異なり235）は「①名詞型」「②形容詞型」「③連体詞型」「④副詞

3　このように、同じ音形である字音接辞が、異なる分類に属する場合があるので、その場合にはそれぞれ分けて、2つにカウントした。

型」「⑤動詞型」「⑥助動詞型」「⑦助詞型」「⑧接続詞型」（表2-2〜9）の8種に分類する。

　まず、接頭辞が後接語に対して連体修飾的な機能を持つという点で共通する「①名詞型」「②形容詞型」「③連体詞型」を見る。

表2-2　字音接頭辞の「①名詞型」（語数：64（27.2%））

英（英会話、英単語）、褐（褐鉄鉱、褐寛博）、肝（肝硬変、肝機能）、皇（皇太子、皇太后）、私（私生活、私企業）、自₁（自意識、自堕落）、女（女学生、女店員）、床（床ニフス、床ヘボン）、腎（腎不全、腎機能）、酎（酎ハイ、酎ロック）、賃（賃仕事、賃餅）、豚（豚カツ、豚もつ）、農（農学士、農作業）、鼻（鼻粘膜、鼻中隔）、仏（仏政府、仏文学）、母（母集団、母細胞）

胃（胃下垂、胃潰瘍）、陰（陰電子、陰電気）、角（角速度、角ざとう）、核（核兵器、核戦争）、寒（寒念仏、寒稽古）、逆（逆光線、逆回転）、牛（牛なべ、牛飯）、京（京人形、京野菜）、金（金ボタン、金相場）、銀（銀世界、銀紙）、軍（軍資金、軍幹部）、気（気だるい、気高い）、劇（劇作家、劇映画）、県（県知事、県政府）、玄（玄小麦、玄ソバ）、公（公生活、公学校）、紺（紺サージ、紺がすり）、左（左大臣、左心室）、士（士大夫、士君子）、市（市役所、市議会）、地（地ビール、地卵）、州（州知事、州議会）、住（住生活、住環境）、実（実生活、実世界）、心（心不全、心疾患）、性（性教育、性道徳）、禅（禅問答、禅囃子）、村（村議会、村夫子）、地（地磁気、地教委）、茶（茶柱、茶畑）、腸（腸捻転、腸カタル）、伝（伝定家筆、伝俊成筆）、都（都条例、都知事）、道（道経済、道知事）、胴（胴まわり、胴抜き）、熱（熱機関、熱気球）、年（年単位、年会費）、能（能舞台、能装束）、脳（脳神経、脳出血）、鉢（鉢植え、鉢巻き）、番（番小屋、番ぎせる）、府（府知事、府議会）、盆（盆供養、盆踊り）、綿（綿製品、綿シャツ）、紋（紋ちりめん、紋タオル）、洋（洋家具、洋定食）、和（和菓子、和定食）

　名詞型とはいえ、名詞性の接頭辞と後接語との間に、意味上の格関係が見られないものがほとんどである。後接語に対して連体修飾的な機能をするものが大部分を占めるが、意味的には、「の」による連体修飾になると考え、形容詞型ではなく、名詞型とした。

表2-3　字音接頭辞の「②形容詞型」（語数：65（27.7%））

| 待遇を表すもの | 貴₁（貴商会、貴大学）、御（御意見、御両親）、権（権中将、権大納言） |
| 形容（動）詞の訓との対応があるもの | 暗（暗紫色、暗紅色）、温（温湿布、温野菜）、 |

緩（緩下剤、緩斜面）、貴₂（貴金属、貴婦人）、軽（軽金属、軽音楽）、古（古民家、古美術）、

26

好（好男子、好景気）、高（高気圧、高学年）、弱（弱酸性、弱冷房）、重（重装備、重工業）、少（少人数、少納言）、新₁（新社長、新勢力）、深（深呼吸、深紅色）、聖（聖家族、聖ヨハネ）、鮮（鮮紅色、鮮緑色）、淡（淡紅色、淡黒色）、稚（稚あゆ、稚えび）、長（長期間、長距離）、低（低水準、低賃金）、等（等間隔、等価値）、同₁（同年齢、同世代）、軟（軟口蓋、軟文学）、濃（濃褐色、濃硫酸）、貧（貧書生、貧打線）、名（名校長、名コンビ）、略（略年譜、略年表）

| 形容（動）詞の訓との対応がないもの | 下（下学年、下半身）、希（希元素、希塩酸）、擬（擬古典主義、擬国会）、上（上半身、上機嫌）、素₁（素肌、素顔）、素（素粒子、素因数）、駄（駄菓子、駄洒落）、単（単細胞、単年度）、中（中距離、中学校）、超₁（超大国、超能力）、定（定位置、定時間）、廃（廃ビル、廃工場）、本₁（本放送、本牛革）、迷（迷探偵、迷答弁）、老（老先生、老大家） |

| 形容（動）詞の訓との対応があるもの | 悪（悪習慣、悪天候）、快（快男児、快記録）、怪（怪人物、怪電話）、急₁（急角度、急カーブ）、雑（雑収入、雑所得）、主（主目的、主戦場）、純（純日本式、純国産）、小（小都市、小規模）、粗（粗収入、粗生産額）、多（多方面、多機能）、大₁（大学者、大工事）、短（短時間、短水路）、珍（珍現象、珍答案）、難（難問題、難事業）、微（微生物、微粒子）、美（美意識、美少年） |

| 形容（動）詞の訓との対応がないもの | 異（異民族、異人種）、活（活火山、活社会）、閑（閑事業、閑文字）、生（生石灰、生化学）、陽（陽電気、陽電子）、乱（乱気流、乱調子） |

　形容詞型は接頭辞が後接語に対して連体修飾的な機能を持つ。さらに大きく「待遇を表すもの」「形容（動）詞の訓との対応があるもの」「形容（動）詞の訓との対応がないもの」の３つに分けることができる。「形容（動）詞の訓との対応がないもの」も含むため、野村（1978）のように、「連体修飾型」としたほうがより適切な名称であるともいえるが、ほかの分類名はすべて品詞名であるため、「形容詞型」という品詞名で統一することにする。

表2-4　字音接頭辞の「③連体詞型」（語数：43（18.3%））

亜（亜熱帯、亜硫酸）、該（該問題、該人物）、外（外祖父、外祖母）、各（各大学、各団体）、現（現首相、現住所）、原（原判決、原日本人）、故（故博士、故高橋氏）、後（後半分、後二者）、今（今世紀、今シーズン）、再（再来週、再来月）、昨（昨シーズン、昨大会）、支（支金庫、支戦場）、次（次亜硫酸、次燐酸）、従（従三位、従五位）、准（准教授、准看護師）、準（準会員、準急行）、諸（諸問題、諸分野）、助（助監督、助教授）、正₁（正二位、正三位）、全₁（全責任、全世界）、曾（曾祖父、曾祖母）、総（総収入、総支配人）、続（続膝栗毛、続群書類従）、当（当劇場、当協会）、同₂（同商会、同選手）、半（半永久的、半製品）、汎（汎アメリカ、汎スラブ主義）、副（副収入、副知事）、某（某

政治家、某課長）、本$_2$（本書所、本事件）、毎（毎日曜日、毎朝）、明（明年度、明十日）、唯（唯技術主義、唯武器論）、翌（翌朝、翌八年）、来（来学期、来年度）、両（両極端、両チーム）

一（一研究者、一市民）、旧（旧日本軍、旧大蔵省）、正^{せい}（正会員、正読本）、先（先場所、先住職）、前（前学長、前近代的）、他（他方面、他球場）、分（分教場、分工場）

　連体詞型は、形容詞型と同様に、接頭辞が後接語に対して連体修飾的な機能を持つ。しかし、1.1で述べたように、連体修飾には2種類ある。形容詞型は、金水（1983）の「名詞句の概念の限定・修飾」、村木（2012）の「装飾的な規定」、高橋（1997）の「カザリツケの規定語」に相当するものであり、連体詞型は、金水（1983）の「名詞句の指示機能に関する性格付け」、村木（2012）の「限定的、指定的な規定」、高橋（1997）の「キメツケの規定語」に相当するものである。

　なお、「①名詞型」「②形容詞型」「③連体詞型」は、いずれも接頭辞が後接語に対して連体修飾的な機能を持つという点で共通するが、相違点は以下の通りである。「①名詞型」は、意味上は名詞による連体修飾だが、「②形容詞型」と「③連体詞型」はそうではない。「②形容詞型」は「名詞句の概念の限定・修飾」（金水1983）に相当する連体修飾であり、それに対し、「③連体詞型」は、「名詞句の指示機能に関する性格付け」（金水1983）に相当する連体修飾である。

表2-5　字音接頭辞の「④副詞型」（語数：24（10.2%））

過（過保護、過飽和）、皆（皆既食、皆出席）、既（既発表、既逮捕）、激（激安、激やせ）、誤（誤操作、誤作動）、再（再出発、再確認）、試（試運転、試作品）、初（初対面、初体験）、正$_2$（正三時、正十時）、新$_2$（新登場、新発明）、素$^{す}_2$（素早い、素ばしこい）、全$_2$（全三冊、全十二巻）、即$_1$（即実行、即退場）、超$_2$（超満員、超人気作家）、内（内出血、内交渉）、爆（爆売れ、爆食い）、猛（猛練習、猛反対）

急$_2$（急停車、急上昇）、最（最先端、最優秀）、直（直取引、直弟子）、大$_2$（大歓迎、大混乱）、棒（棒読み、棒暗記）、密（密輸入、密入国）、約（約半分、約一キロ）

28

例えば、「既」「再」などのように、副詞訓との対応がある（「既に」「再び」）ものもあれば、「新」「誤」などのように、副詞訓との対応がない（「新しく」「誤って」）ものもある。また、「正」「全」「約」のように、数量名詞が後接するものがある。これらは「ちょうど十人」「およそ三百名」（工藤2016）、「もう一週間」（村田編2005）などのように、数量名詞を修飾する副詞もが存在することに照らして、副詞型に分類した。

表2-6　字音接頭辞の「⑤動詞型」（語数：27（11.5%））

抗（抗ヒスタミン剤、抗貧血作用）、殺（殺風景、殺ダニ剤）、祝（祝合格、祝入学）、省（省エネ、省資源）、施（施餓鬼、施無畏）、送（送八百二十円、送五百円）、贈（贈山本君、贈正二位）、耐（耐高温性、耐アルカリ性）、帯（帯紅色、帯緑色）、奪（奪三振、奪タイトル）、脱（脱原発、脱工業化）、築（築五年、築八年）、駐（駐オランダ公使、駐アメリカ大使）、追（追試験、追体験）、呈（呈目録、呈川上様）、反（反主流、反体制）、防（防さび、防かび）、没（没個性、没交渉）、立（立太子、立候補）
禁（禁転載、禁帯出）、在（在ロンドン、在沖縄）、製（製パン、製かばん）、対（対前年比、対中南米輸出）、破（破廉恥、破天荒）、満（満三才、満一歳）、有（有資格者、有意義）、要（要調査、要注意）

　動詞型については、「祝合格」を例に挙げると、「祝合格」は「合格を祝福する」という意味を表し、動詞性の接頭辞と名詞性の後接語との間に、意味上の格関係が見られる（野村1978：114）。

表2-7　字音接頭辞の「⑥助動詞型」（語数：7（3.0%））

非（非現実、非人道的）、被（被選挙権、被調査者）、未（未発表、未処理）、不^ふ（不必要、不経済）、不^ぶ（不器用、不気味）、無^む（無愛想、無遠慮）
無^む（無神経、無免許）

　助動詞型については、例えば「非現実」は「現実ではない」という意味であり、「被選挙権」は「選挙される権利」という意味である。このように、「非」「被」は助動詞のように機能するため、助動詞型と名付ける。

第2章　字音接辞の分類　　29

表2-8　字音接頭辞の「⑦助詞型」（語数：2 (0.9%)）

至（至東京、至九時）、自$_2$（自東京、自六時）
なし

　助詞型については、「至東京」は「東京まで」、「自六時」は「六時から」という意味である。このように「至」「自」は助詞のように機能するため、助詞型と名付ける。

表2-9　字音接頭辞の「⑧接続詞型」（語数：3 (1.3%)）

兼（首相兼外相、学長兼理事長）、即$_2$（英語即国際語、癌即死の病）
対（巨人対阪神、日本対中国）

　接続詞型については、例えば「英語即国際語」は「英語すなわち国際語」という意味である。このように「即」などは接続詞のように機能するため、接続詞型と名付ける。「兼」「即」「対」は語基と語基の間に出現するものの、「兼外相」「対巨人」とはいえるのに対して、「首相兼」「阪神対」とはいえないことから、接尾辞ではなく、接頭辞と認めた。
　以上が字音接頭辞の分類結果である。全体像を示すと、表2-10のようになる。

表2-10　字音接頭辞の全体像

分類	語数（比率）	説明
①名詞型	64（27.2%）	後接語に対して連体修飾的な機能を持つ。 意味上は、「の」による連体修飾。
②形容詞型	65（27.7%）	後接語に対して連体修飾的な機能を持つ。 金水（1983）の「名詞句の概念の限定・修飾」に相当する連体修飾。
③連体詞型	43（18.3%）	後接語に対して連体修飾的な機能を持つ。 金水（1983）の「名詞句の指示機能に関する性格付け」に相当する連体修飾。
④副詞型	24（10.2%）	副詞的表現のように機能する。

⑤動詞型	27（ 11.5%）	動詞性の接頭辞と名詞性の後接語との間に、意味上の格関係が見られる。
⑥助動詞型	7（ 3.0%）	助動詞のように機能する。
⑦助詞型	2（ 0.9%）	助詞のように機能する。
⑧接続詞型	3（ 1.3%）	接続詞のように機能する。
合計	235（100.0%）	

3.2　字音接尾辞の分類結果

　字音接尾辞（異なり580）[4]は大きく「①名詞型」「②動詞型」「③助詞型」「④接尾辞型」の４種に分類する。そのうち、「①名詞型」は膨大な数があるため、さらに寺村（1968）、益岡・田窪（1992：33）を参考に、名詞の「特質」という客観的な分類基準で、「ア．もの性」「イ．こと性」「ウ．ひと性」「エ．ところ性」「オ．組織性」「カ．とき性」の６種に細分類する。

表2-11　字音接尾辞の「①名詞型のア．もの性」（語数：327（56.4%））

もの性・具体 衣（作業衣、消毒衣）、位（名人位、正常位）、雲（乱層雲、巻積雲）、花（虫媒花、六弁花）、華（亜鉛華、優曇華）、価（予定価、結合価）、貨（白銅貨、アルミ貨）、歌（流行歌、主題歌）、画（日本画、水墨画）、核（原子核、細胞核）、楽（交響楽、室内楽）、缶（かに缶、石油缶）、管（毛細管、水道管）、艦（潜水艦、駆逐艦）、丸（救命丸、地黄丸）、岩（火山岩、火成岩）、旗（国連旗、日章旗）、基（水酸基、培養基）、器（消化器、循環器）、機（発電機、洗濯機）、儀（地球儀、水準儀）、給（時間給、初任給）、魚（深海魚、熱帯魚）、橋（歩道橋、可動橋）、鏡（双眼鏡、望遠鏡）、玉（売り玉、買い玉）、菌（病原菌、赤痢菌）、琴（五弦琴、七弦琴）、筋（括約筋、骨格筋）、形（三角形、連体形）、計（温度計、風力計）、茎（地下茎、地上茎）、犬（盲導犬、秋田犬）、庫（冷蔵庫、貯蔵庫）、口（噴火口、突破口）、孔（排水孔、噴気孔）、光（直射光、白色光）、紅（雁来紅、百日紅）、溝（排水溝、下水溝）、鉱（黄銅鉱、アルミニウム鉱）、鋼（圧延鋼、特殊鋼）、歳（十五歳、二十歳）、剤（消化剤、防虫剤）、散（屠蘇散、延命散）、子₁（遺伝子、中間子）、糸（紡績糸、中国糸）、支（気管支、十二支）、指（無名指、第一指）、紙（機関紙、西洋紙）、詞（形容詞、接続詞）、誌（植物誌、週刊誌）、寺（国分寺、円覚寺）、質（蛋白質、神経質）、車（自動車、国産車）、酒（果実酒、日本酒）、腫

4　同じ音形であるが、接頭辞と接尾辞の両方になるものについては、それぞれ分けてカウントした。例えば、「悪」は接頭辞として、「悪天候」のように形容詞型になると同時に、接尾辞として、「社会悪」のように名詞型にもなるため、それぞれにカウントした。

（麦粒腫、骨髄腫）、樹（街路樹、針葉樹）、重（うな重、提げ重）、獣（肉食獣、一角獣）、抄（史記抄、春琴抄）、傷（致命傷、打撲傷）、状（公開状、委任状）、色（保護色、乳白色）、身（八頭身、七分身）、水（化粧水、蒸溜水）、星（北極星、織女星）、石（誕生石、金剛石）、扇（換気扇、卓上扇）、船（貨物船、連絡船）、煎（ごま煎、おこげ煎）、腺（甲状腺、扁桃腺）、箋（処方箋、書簡箋）、銭（一文銭、天保銭）、素（栄養素、葉緑素）、槽（浄化槽、貯水槽）、束（プール束、分配束）、堆（大和堆、武蔵堆）、炭（活性炭、無煙炭）、弾（不発弾、照明弾）、値（平均値、偏差値）、虫（寄生虫、三葉虫）、帳（出納帳、日記帳）、鳥（保護鳥、不死鳥）、賃（電車賃、手間賃）、堤（防波堤、防潮堤）、電（留守電、至急電）、灯（信号灯、蛍光灯）、湯（葛根湯、般若湯）、筒（発煙筒、通信筒）、頭（核弾頭、蔵人頭）、馬（対抗馬、出走馬）、判（新書判、A5判）、板（掲示板、回覧板）、碑（記念碑、文学碑）、費（燃料費、人件費）、標（里程標、駅名標）、品（輸出品、日用品）、符（休止符、疑問符）、文（命令文、疑問文）、壁（火口壁、防火壁）、片（金属片、ガラス片）、偏（立心偏、行人偏）、簿（出勤簿、家計簿）、帽（登山帽、ベレー帽）、米（配給米、新潟米）、味（あま味、人間味）、名（学校名、団体名）麺（チャーシュー麺、碁子麺）、網（鉄道網、情報網）、問（第一問、過去問）、油（潤滑油、ダイズ油）、両（五万両、二万両）、暦（太陽暦、太陰暦）、録（議事録、芳名録）

もの性・抽象 炎（盲腸炎、中耳炎）、下（意識下、支配下）、科₁（国文科、婦人科）、界（教育界、動物界）、外（想定外、問題外）、級（プロ級、課長級）、教（天理教、キリスト教）、響（N響、ボストン響）、訓（養生訓、処世訓）、元（最大元、単位元）、源（資金源、栄養源）、考（国意考、万葉考）、行₁（琵琶行、単独行）、根（平方根、累乗根）、債（学校債、地方債）、罪（横領罪、殺人罪）、殺（暗剣殺、三重殺）、志（三国志、東京名物志）、事（関心事、不祥事）、臭（貴族臭、役人臭）、中（世界中、一日中）、症（既往症、合併症）、上（教育上、理論上）、神（道祖神、七福神）、性（柔軟性、普遍性）、専（獣医畜産専、乗り専）、則（経験則、信義則）、尊（地蔵尊、不動尊）、態（能動態、受動態）、調（万葉調、翻訳調）、痛（神経痛、筋肉痛）、道₁（武士道、餓鬼道）、内（予算内、期限内）、波（電磁波、周数波）、病（精神病、皮膚病）、賦（赤壁賦、早春賦）、流（西洋流、自己流）、力（経済力、思考力）

もの性・複数 科₂（ユリ科、イヌ科）、綱（哺乳綱、両生綱）

もの性・具体 詠（新春詠、日常詠）、液（水溶液、淋巴液）、円（同心円、外接円）、塩（硫酸塩、食卓塩）、音（慣用音、排気音）、角（五寸角、傾斜角）、額（生産額、残財務額）、眼（千里眼、審美眼）、記₁（航海記、探検記）、球（百ワット球、内角球）、経（大蔵経、法華経）、曲（交響曲、協奏曲）、金（奨学金、過怠金）、銀（硝酸銀、沃化銀）、吟（白頭吟、車中吟）、句（慣用句、名詞句）、具（装身具、文房具）、系（銀河系、神経系）、剣（手裏剣、斬馬剣）、拳（太極拳、じゃん拳）、券（乗車券、入場券）、語（標準語、外来語）、香（反魂香、竜ぜん香）、項（同類項、一般項）、号（ひかり号、創刊号）、骨（大腿骨、尾骶骨）、座₁（獅子座、さそり座）、菜（花椰菜、青梗菜）、材（耐熱材、吸音材）、財（文化財、生産財）、作（処女作、代表作）、札（千円札、ドル札）、酸（脂肪酸、石炭酸）、詩（散文詩、抒情詩）、字（簡体字、ローマ字）、地（洋服地、意気地）、軸（回転軸、対称軸）、式₁（方程式、電動式）、集（作品集、用例集）、銃（空気銃、機関銃）、書（参考書、申告書）、章（菊花章、会員章）、証（学生証、免許証）、選₁（名作

選、傑作選）、錠（南京錠、糖衣錠）、食（離乳食、病人食）、図（設計図、天気図）、数（投票数、参加者数）、税（消費税、相続税）、席（指定席、貴賓席）、節₁（従属節、修飾節）、栓（消火栓、給水栓）、線（水平線、総武線）、膳（銘銘膳、会席膳）、装（クロース装、革装）、層（電離層、知識層）、象（インド象、アフリカ象）、像（自画像、未来像）、体（口語体、自治体）、台（展望台、天文台）、代₁（洋服代、食事代）、題（文章題、選択題）、茶（こげ茶、そば茶）、長₁（五センチ長、三メートル長）、艇（救命艇、潜航艇）、点（問題点、合格点）、伝（英雄伝、自叙伝）、土（腐葉土、培養土）、刀（日本刀、彫刻刀）、糖（ぶどう糖、金平糖）、肉（鶏肉、竜眼肉）、杯（優勝杯、市長杯）、倍（二十倍、三十倍）、鉢（手水鉢、植木鉢）、判（A4判、四六判）、版（豪華版、改訂版）、盤（羅針盤、配電盤）、筆（万年筆、松花堂筆）、表（時刻表、一覧表）、票（調査票、浮動票）、評（映画評、下馬評）、秒（十五秒、二十秒）、便（航空便、定期便）、瓶（一升瓶、魔法瓶）、譜（皇統譜、五線譜）、部₁（心臓部、高音部）、風（季節風、西洋風）、服（作業服、既製服）、物（遺失物、障害物）、分（十五分、二十分）、分（増加分、兄弟分）、塀（板塀、煉瓦塀）、編₁（資料編、叙情編）、弁（安全弁、東京弁）、砲（高射砲、機関砲）、報（社内報、至急報）、棒（指揮棒、平行棒）、本（単行本、文庫本）、盆（地蔵盆、煙草盆）、幕（揚げ幕、横断幕）、膜（横隔膜、細胞膜）、門₁（凱旋門、登竜門）、薬（消毒薬、内服薬）、様（歯ブラシ様、飛鳥様）、卵（受精卵、無精卵）、欄（投書欄、解答欄）、律（因果律、周期律）、率（合格率、円周率）、料（調味料、使用料）、量（掲載量、消費量）、炉（溶鉱炉、原子炉）

もの性・抽象 愛（人類愛、母性愛）、悪（社会悪、必要悪）、案（予算案、改定案）、格（目的格、連体格）、学（経済学、天文学）、感（解放感、責任感）、観（人生観、先入観）、間（三日間、日米間）、気（親切気、商売気）、境（恍惚境、人外境）、業（製造業、飲食業）、気（寒気、吐き気）、刑（自由刑、終身刑）、権（所有権、著作権）、差（地域差、年齢差）、策（対抗策、善後策）、算（鶴亀算、読み上げ算）、史（世界史、研究史）、識（阿頼耶識、著者識）、宗（日蓮宗、天台宗）、術（隆鼻術、処世術）、順（番号順、五十音順）、性（心配性、貧乏性）、生（半夏生、自然生）、賞（努力賞、ノーベル賞）、職（名誉職、管理職）、心（愛国心、敵愾心）、神（守護神、太陽神）、制（定時制、共和制）、積（相乗積、連乗積）、籍（日本籍、アメリカ籍）、説（愛蓮説、地動説）、相（動物相、使役相）、大₁（等身大、たまご大）、談（車中談、経験談）、体（世間体、職人体）、天（有頂天、持国天）、度（信頼度、満足度）、難（人材難、生活難）、熱（デング熱、学習熱）、能（放射能、田楽能）、美（健康美、肉体美）、癖（放浪癖、収集癖）、別（学校別、年齢別）、法（国際法、命令法）、命（建御雷命、倭姫命）、銘（座右銘、墓碑銘）、面（軍事面、資金面）、厄（前厄、後厄）、訳（口語訳、現代語訳）、欲（知識欲、出世欲）、竜（独眼竜、暴君竜）、了（全編了、上巻了）、力（神通力、千人力）、令（徴兵令、戒厳令）、論（人生論、芸術論）

もの性・複数 群（流氷群、症候群）、種（イネ種）、外来種）、属（キツネ属、イネ属）、目（霊長目、甲虫目）、門₂（脊椎動物門哺乳網、節足動物門）、類（哺乳類、爬虫類）

「ア. もの性」は寺村（1968）の「モノ性」、益岡・田窪（1992）の「もの」に相当するものである。さらに大きく、「もの性・具体」「もの性・抽象」「もの性・複数」の3つに分けることができる。「もの性・具体」は五感で感じることができるものであり、「もの性・抽象」は五感で感じることができないものである。「もの性・複数」は、野村（1978）の「範疇・分野」、山下（2018）の「分別」と重なるものが多い。

表2-12　字音接尾辞の「①名詞型のイ. こと性」（語数：25（4.3%））

会（大嘗会、放生会）、禍（交通禍、豪雨禍）、行₂（ヒマラヤ行、ロッキー山脈行）、婚（事実婚、略奪婚）、祭（文化祭、芸術祭）、撮（スクープ撮、潜水撮）、蝕（皆既蝕、金環蝕）、審（第一審、下級審）、戦（空中戦、早慶戦）、葬（合同葬、自然葬）、打（本塁打、決定打）、展（写真展、美術展）、博（万国博、海洋博）、博（貿易博、花博）、浴（海水浴、森林浴）、立（会社立、組合立）
会（送別会、展覧会）、忌（七回忌、三年忌）、芸（水芸、名人芸）、劇（音楽劇、時代劇）、死（安楽死、窒息死）、式₂（結婚式、卒業式）、選₂（参院選、都議選）、漁（こんぶ漁、サケマス漁）、礼（即位礼、立太子礼）

「イ. こと性」は寺村（1968）の「動詞性」、益岡・田窪（1992）の「こと」に相当するものである。意味上は、（1）a. のように、「（場所）で（祭、展などの）接尾辞がある」という言い方ができる。あるいは、（1）b. のように、「（場所）で（祭、展などの）接尾辞をやる／する／行う」という言い方ができる。

（1）a.　大学で（文化）祭がある。
　　 b.　東京都で（都議）選をやる。

それに対し、「ア. もの性・具体」は、（2）a. と（3）a. のように、「（場所）に（艦、儀などの）接尾辞がある」という言い方ができるが、（2）b. と（3）b. で示したように、「（場所）で（艦、儀などの）接尾辞がある」という言い方や「（場所）で（艦、儀などの）接尾辞をやる／する／行う」などの言い方はできない。

（2）a.　基地に（潜水）艦がある。
　　 b.*　基地で（潜水）艦がある。

（3）a.　教室に（地球）儀がある。

　　　b.*　教室で（地球）儀をやる。

表2-13　字音接尾辞の「①名詞型のウ . ひと性」（語数：85（14.7%））

ひと性・単数　医（歯科医、漢方医）、員（銀行員、乗務員）、家（勉強家、敏腕家）、官（事務官、裁判官）、漢（熱血漢、門外漢）、汗（ジンギス汗、忽必烈汗）、監（生徒監、警視監）、鬼（吸血鬼、殺人鬼）、狂（野球狂、偏執狂）、工（熟練工、機械工）、子₂（読書子、編集子）、司（保護司、児童福祉司）、使（遣唐使、査察使）、姉（清水姉、同母姉）、児（肥満児、風雲児）、者（既婚者、消費者）、手（運転手、交換手）、囚（死刑囚、模範囚）、女（修道女、千代女）、相（農水相、外務相）、嬢（案内嬢、受付嬢）、人（芸能人、日本人）、生（研究生、卒業生）、帝（後醍醐帝、仁徳帝）、弟（異母弟、同母弟）、奴（守銭奴、売国奴）、盗（貴金属盗、介抱盗）、尼（修道尼、蓮月尼）、人（保証人、苦労人）、農（小作農、自作農）、犯（常習犯、知能犯）、夫（潜水夫、消防夫）、婦（家政婦、看護婦）、補（警部補、判事補）、坊（けちん坊、あまえん坊）、某（中村某、少年某）、民（避難民、遊牧民）、吏（執行吏、税関吏）、郎（遊冶郎、尚書郎）
ひと性・複数　家（将軍家、天皇家）、族（暴走族、斜陽族）、団（消防団、少年団）
ひと性・待遇　院₁（白河院、後鳥羽院）、貴（兄貴、伯父貴）、君（山田君、田中君）、軒（志道軒、精養軒）、御（父御、めい御）、公（西園寺公、信長公）、侯（浅野侯、島津侯）、斎（一刀斎、六無斎）、氏（藤原氏、中村氏）、丈（菊五郎丈、団十郎丈）、亭（末広亭、二葉亭）、輩（佐藤輩、山本輩）、拝（宮野一郎拝、佐藤拝）、伯（松方伯、後藤伯）、老（田原老、石橋老）
ひと性・単数　王（打点王、三冠王）、翁（芭蕉翁、白頭翁）、客（観光客、固定客）、士（栄養士、弁護士）、師（宣教師、美容師）、主（造物主、救世主）、商（貿易商、雑貨商）、正（検事正、警視正）、僧（破戒僧、学問僧）、長₂（工場長、委員長）、通（消息通、情報通）、番（料理番、下足番）、兵（一等兵、屯田兵）、魔（電話魔、収集魔）、役（相談役、世話役）
ひと性・複数　軍（女性軍、巨人軍）、座₂（俳優座、文学座）、衆（子供衆、旦那衆）、衆（若い衆、旦那衆）、陣（教授陣、報道陣）、勢（徳川勢、アメリカ勢）、隊（探検隊、先遣隊）、党（自民党、甘党）、派（慎重派、保守派）、閥（東大閥、長州閥）、班（作業班、給食班）、連（悪童連、全学連）

　「ウ . ひと性」は益岡・田窪（1992）の「ひと」に相当するものである。さらに大きく、「ひと性・単数」「ひと性・複数」「ひと性・待遇」の３つに分けることができる。「単数」は文脈によって複数の解釈になる可能性はあるが、「複数」はどのような文脈においても、複数の解釈であり、単数の解釈にはならない。

表2-14　字音接尾辞の「①名詞型のエ．ところ性」（語数：61（10.5%））

海（日本海、オホーツク海）、街（住宅街、商店街）、閣（天守閣、山水閣）、岸（太平洋岸、大西洋岸）、丘（火口丘、砕屑丘）、宮（エリゼ宮、水晶宮）、峡（天竜峡、層雲峡）、郷（桃源郷、温泉郷）、窟（阿片窟、貧民窟）、渓（耶馬渓、寒霞渓）、圏（首都圏、北極圏）、湖（淡水湖、諏訪湖）、港（商業港、横浜港）、国（先進国、日本国）、山（高野山、富士山）、室（診察室、会議室）、舎（飼育舎、家畜舎）、処（補給処、弁事処）、省₁（山東省、河南省）、泉（アルカリ泉、硫黄泉）、荘（若葉荘、富士荘）、帯（火山帯、森林帯）、池（貯水池、養魚池）、町（永田町、有楽町）、邸（徳川邸、新築邸）、田（休耕田、ガス田）、殿（紫宸殿、伏魔殿）、島（無人島、バリ島）、道₂（東海道、自動車道）、洞（鍾乳洞、秋芳洞）、墳（前方後円墳、一号墳）、峰（無名峰、理想峰）、房（独居房、十九房）、陵（仁徳陵、仁徳天皇陵）、林（原始林、防風林）、路（滑走路、十字路）、麓（西南麓、東北麓）

京（平安京、藤原京）、区（自治区、品川区）、郡（埼玉県北足立郡、静岡県賀茂郡）、県（青森県、三重県）、座₃（スカラ座、歌舞伎座）、市（横浜市、京都市）、州（アジア州、テキサス州）、城（江戸城、大阪城）、場（運動場、競技場）、村（沖縄県国頭村、日吉津村）、宅（高橋さん宅、鈴木さん宅）、端（東北端、滑走路端）、地（国有地、避暑地）、塔（管制塔、テレビ塔）、棟（研究棟、三号棟）、堂（公会堂、議事堂）、藩（仙台藩、長州藩）、府（大阪府、太宰府）、辺（静岡辺、東京辺）、洋（太平洋、大西洋）、領（仙台領、イギリス領）、寮₁（独身寮、母子寮）、楼（摩天楼、山水楼）、湾（東京湾、鹿児島湾）

　「エ．ところ性」は寺村（1968）の「トコロ性」、益岡・田窪（1992）の「ところ」に相当するものである。意味上は、（4）のように、「（島、城などの）接尾辞へ行きます」という言い方ができる。

（4）a.（無人）島へ行きます。
　　　b.（大阪）城へ行きます。

　それに対し、「ア．もの性・具体」を持つ接尾辞は、そのままでは、「（艦、儀などの）接尾辞へ行きます」という言い方ができず、「へ」の前に「のところ」を付け加えなければならない。

（5）a.*（潜水）艦へ行きます。
　　　b.（潜水）艦のところへ行きます。

36

表2-15　字音接尾辞の「①名詞型のオ.組織性」（語数：25（4.3%））

委（中労委、特別委）、院$_2$（人事院、美容院）、館（図書館、博物館）、協（合成ゴム協、○○連絡協）、研（極地研、国語研）、高（付属高、女子高）、講（無尽講、富士講）、省$_2$（外務省、法務省）、中$_1$（付属中、第三中）、店（喫茶店、百貨店）、舗（菓子舗、新聞舗）

駅（始発駅、東京駅）、園（保育園、動物園）、課（会計課、人事課）、局（事務局、出版局）、校（予備校、名門校）、社（旅行社、出版社）、塾（学習塾、進学塾）、所（事務所、刑務所）、署（税務署、警察署）、大$_2$（女子大、教育大）、庁（警視庁、気象庁）、部$_2$（経理部、宣伝部）、寮$_2$（図書寮、大学寮）、労（地区労、全炭労）

「オ.組織性」は寺村（1968）、益岡・田窪（1992）にない分類であり、「ウ.ひと性」と「エ.ところ性」の両方の性質を持っている。意味上は、（6）a.のように、「（館、署などの）接尾辞へ行きます」という言い方ができる。同時に、（6）b.のように、「（館、署などの）接尾辞に勤めています」という言い方もできる。

（6）a.（博物）館へ行きます。

　　b.（博物）館に勤めています。

一方、「エ.ところ性」しか持たない接尾辞は、（7）a.のように、「（島、城などの）接尾辞へ行きます」という言い方はできるが、（7）b.のように、「（島、城などの）接尾辞に勤めている」という言い方はできない。

（7）a.　（無人）島へ行きます。

　　b.＊（無人）島に勤めています。

表2-16　字音接尾辞の「①名詞型のカ.とき性」（語数：18（3.1%））

紀（白亜紀、ジュラ紀）、時（非常時、退出時）、初（明治初、六月初）、尽（三月尽、九月尽）、世（洪積世、更新世）、日（五十日、第三日）、末（学期末、年度末）、夜（十五夜、十三夜）、来（数日来、昨年来）、歴（政治歴、サッカー歴）

期（少年期、反抗期）、後（夕食後、放課後）、週（最終週、第二週）、節$_2$（紀元節、端午節）、前（開会前、紀元前）、代$_2$（古生代、三十代）、朝（平安朝、奈良朝）、年（成立年、国際婦人年）

「カ．とき性」は寺村（1968）の「トキ性」、益岡・田窪（1992）の「とき」に相当するものである。

　以上が名詞型の字音接尾辞である。次に、名詞型以外のものを見る。

表2-17　字音接尾辞の「②動詞型」（語数：29（5％））

化（映画化、合理化）、完（冷暖房完、全十冊完）、刊（本日刊、集英社刊）、産（北海道産、アメリカ産）、視（重要視、問題視）、寂（明治十六年寂、昭和初年寂）、走（五十メートル走、百メートル走）、卒（高校卒、平成十年卒）、築（昭和初年築、平成七年築）、着（東京着、八時着）、超（六〇キログラム超、二千円超）、泊（車中泊、別府温泉泊）、発（東京発、十時発）、没（昭和二十年没、一九〇〇年没）、略（以下略、日本科学史略）
可（分割払い可、栄養可）、記₂（八月十日記、三月五日記）、減（三百減、収穫減）、述（鈴木博士述、夏目鏡子述）、製（自家製、金属製）、増（定員増、自然増）、蔵（法隆寺蔵、国立博物館蔵）、著（太田氏著、三島由紀夫著）、動（水平動、上下動）、秘（社外秘、部外秘）、比（前年比、前年同期比）、編₂（日本語学会編、文化庁編）、亡（二月八日亡、三月二日亡）、用（子ども用、実験用）

　動詞型は名詞性の前接語と動詞型の接尾辞との間に、意味上の格関係をもつとともに、「…スルコト」という動作性の意味を有するものであるため、「①名詞型のイ．こと性」と共通し、明確に分けられないものがある（野村1978：118）。

表2-18　字音接尾辞の「③助詞型」（語数：5（0.9%））

強（五キロ強、五百円強）、弱（五キロ弱、三千名弱）、半（一時半、五メートル半）、余（五十年余、十人余）
等（飲む歌う等の行為、鉛筆・紙・消しゴム等の学用品）

　「強」「弱」「半」「余」「等」は「五キロくらい歩いた」、「参加者は三千名ほどだ」のようにとりたて助詞「くらい」「ほど」と似た機能を担うため、これらを「助詞型」とした。

表2-19　字音接尾辞の「④接尾辞型」（語数：5（0.9%））

的（論理的、精神的）、然（学者然、得意然）、中$_2$（交渉中、仕事中）、裏（秘密裏、盛会裏）

一（世界一、日本一）

　「的」「然」「中」「裏」「一」は、「品詞」を定めるのが難しいものである。例えば、「的」は合成語全体を形容動詞にする機能を持つ重要な接尾辞であるが、表す意味の抽象度が高いため、「的」自体の「品詞」を定めるのが難しい。また、「中」は「ている」などで表されるアスペクト的意味を表すが、品詞を定めるのは困難である。これらはむしろ最も接辞らしいものだと考えられ、本書は「接尾辞型」と呼ぶ。

　以上が字音接尾辞の分類結果である。全体像を示すと、表2-20のようになる。

表2-20　字音接尾辞の全体像

<table>
<tr><th colspan="2">分類</th><th>寺村
(1968)</th><th>益岡・田窪
(1992)</th><th>文法テスト</th><th>語数（比率）</th></tr>
<tr><td rowspan="6">①名詞型</td><td>ア．もの性</td><td>モノ性</td><td>もの</td><td>○（場所）にSがある。
×（場所）でSがある。</td><td>327（56.4%）</td></tr>
<tr><td>イ．こと性</td><td>動詞性</td><td>こと</td><td>×（場所）にSがある。
○（場所）でSがある。</td><td>25（4.3%）</td></tr>
<tr><td>ウ．ひと性</td><td>×</td><td>ひと</td><td>なし</td><td>85（14.7%）</td></tr>
<tr><td>エ．ところ性</td><td>トコロ性</td><td>ところ</td><td>○Sへ行く。
×Sに勤めている。</td><td>61（10.5%）</td></tr>
<tr><td>オ．組織性</td><td>×</td><td>×</td><td>○Sへ行く。
○Sに勤めている。</td><td>25（4.3%）</td></tr>
<tr><td>カ．とき性</td><td>トキ性</td><td>とき</td><td>なし</td><td>18（3.1%）</td></tr>
<tr><td colspan="2">②動詞型</td><td colspan="3">名詞性の前接語と動詞型の接尾辞との間に、意味上の格関係が見られる。</td><td>29（5.0%）</td></tr>
<tr><td colspan="2">③助詞型</td><td colspan="3">主にとりたて助詞と似た機能を果たすもの。</td><td>5（0.9%）</td></tr>
<tr><td colspan="2">④接尾辞型</td><td colspan="3">品詞的に分類することができなかったもの。</td><td>5（0.9%）</td></tr>
<tr><td colspan="2">合計</td><td colspan="3"></td><td>580（100.0%）</td></tr>
</table>

4.　残された課題

　本書は、字音接頭辞と字音接尾辞を統一的に、かつ再現性を重視した分類基準を以て、品詞的に分類することを試みた。

　ここで字音接辞を品詞的に分類することについて一言付け加えておきたい。「品詞分類」は文法論の概念であり、語を機能、形態などの文法的性質によって分類したものである。しかし、本書では、字音接辞を品詞的に分類するにあたり、「機能」「形態」ではなく、「意味」によって分類した面が強い。例えば、「低水準」の「低」は「低い」という意味を表すため、形容詞型に分類し、「既発表」の「既」は「すでに」という意味を表すため、副詞型に分類した。「意味」を中心とした分類にいかに客観性を持たせられるかが課題であった。字音接辞を分類するということは一体どのようなことなのかを今後も考え続けていく必要があるだろう。

　最後に、今後の課題として、まず、漢字一字の字音接辞は抽出できるが、漢字二字のものの中に、「当該中学校」「当該チーム」の「当該」のように、字音接辞だと考えられるものもある。二字の字音接辞をどのように抽出するのかは今後の課題とする。

　また、本書では、いわゆる助数詞の位置づけについて疑問を感じ、本書のデータの取り方では助数詞を抽出することができなかった。そのため、助数詞について取り上げられていない。野村（1978）と石川（2016）には、「助数詞」という分類があり、山下（2018）は「類別」という名称で取り扱っている。漢語の助数詞を字音接辞に入れるかどうかも今後の課題である。

　さらに、本書は、「現代日本語」を対象とするが、「該事件」「該人物」の「該」のように、現代日本語ではすでに使われていない字音接辞も多く抽出している。個々の字音接辞の使用実態を調査し、記述的研究を進めるうちに、分類結果を改善していく必要がある。

5.　本章のまとめ

本章で述べたことの要点をまとめておく。

　A. 先行研究から、字音接辞を分類する問題点としては、①意味で分類した結果の再現性の欠如、②分類基準の不統一、という２点が挙げられる。

その問題点に基づき、分類基準を統一し、かつ再現性を重視した分類基準を用いて接頭辞と接尾辞を品詞的に分類した。

B. 国語辞典に挙げられている用例に基づいて字音接辞を選定した。

C. 字音接頭辞（異なり235）は「①名詞型」「②形容詞型」「③連体詞型」「④副詞型」「⑤動詞型」「⑥助動詞型」「⑦助詞型」「⑧接続詞型」の8種に分類した。

D. 字音接尾辞（異なり580）は大きく「①名詞型」「②動詞型」「③助詞型」「④接尾辞型」の4種に分類した。そのうち、「①名詞型」はさらに寺村（1968）、益岡・田窪（1992：33）を参考に、「ア．もの性」「イ．こと性」「ウ．ひと性」「エ．ところ性」「オ．組織性」「カ．とき性」の6種に細分類した。

第 3 章

字音接辞の造語機能

　本書の主な目的の一つは、字音接辞の記述的研究を試みることである。字音接辞の記述的研究を行う際には、何を詳細に記述するかということが問題になってくるが、本書は、字音接辞の造語機能の観点から、字音接辞の記述的研究を試みるものである。そこで本章では字音接辞の造語機能について、山下（2013b）を参考にして述べる。山下（2013b）においては、字音接辞の造語機能には、「結合機能」「意味添加機能」「品詞決定機能」「文法化機能」の４つがあることが指摘されている。本書もそれを支持し、字音接辞には、その４つの造語機能があることを認める。

　本章の構成として、1. では「結合機能」、2. では「意味添加機能」、3. では「品詞決定機能」、4. では、「文法化機能」について述べる。次に、5. では、この４つの造語機能が第２部の「連体詞型字音接頭辞の記述」とどのように関わるのかという点について述べる。最後に 6. で本章の内容をまとめる。

1.　結合機能

1.1　結合機能とは

　字音接辞の造語機能の１点目として、結合機能を挙げる。結合機能とは、「どのような語基と結合し、合成語を形成するのか」（山下2013b：85）ということを指すものである。

1.2　結合機能の記述

　山下（2013b：86）で指摘されているように、結合機能はすべての字音接辞に関わるものである。ここでは字音接辞の記述的研究において、結合機能をどの

ように分析するのかという点について確認しておく。

　個別の字音接辞を取り上げ、その機能や意味について詳細に記述した研究を見てみると、結合機能に関しては、主に結合する語基の語種と意味分野との2点の分析が主流だといえる。例えば、山下（1998）の「風」、山下（1999）の「的」、山下（2003）の「化」、山下（2013b）の「系」、山下（2016）の「族」などの研究では、それぞれの字音接尾辞の前接語の語種と意味分野の分析が見られる。

　よって、本書は先行研究を参考にし、字音接辞の結合機能について記述する際には、結合する語基の語種と意味分野を中心に記述することとする。

　まず、語種は「漢語・和語・外来語・混種語」というように分類される。さらに、漢語はその文字数によって、「二字漢語・三字漢語・四字漢語……」と分けられる。語種の判定は『新選』を参考とする。

　次に、意味分野の分類は『分類語彙表　増補改訂版』（大日本図書.2004　以下『分類語彙表』と省略）の意味コードを情報付けして分析する。大項目と中項目の分類を用いる。『分類語彙表』に収録されていない語は、筆者自身の判断で分類する。ただし、後接語の意味分野を分類する際には、文脈的要素も考慮に入れるため、『分類語彙表』は参考として使用することとしており、『分類語彙表』における意味分野と必ずしも一致しているとは限らない。例えば、「ルーム」は『分類語彙表』では、「部屋」という意味で、「1.44 住居」に分類されているが、具体的な文脈を確認すると、「生涯学習ルーム」という勉強する場所の意味で用いられているので、「図書館」と同様に、「1.26 社会」に分類した。

　また、語種と意味分野の大項目については、異なり語数と延べ語数の両方のデータを示すが、意味分野の中項目については、延べ語数のみを示す。これは複数の中項目を持っている語が存在するためである。例えば、第5章で取り上げる「本」の用例として、『現代日本語書き言葉均衡コーパス』（BCCWJ）から、「本問題」が全部で37例収集された。そのうち、「数学の問題」のように、「答えさせるための問い。解答を必要とする問い」（『大辞林』）という意味を表す「問題」は3例で、これらは「1.31 言語」に分類した。一方で「社会問題」のように、「取り上げて討論・研究してみる必要がある事柄。解決を要する事項。」（『大辞林』）という意味を表す「問題」は34例で、これらは「1.30 心」に分類し

た。このような場合に、「問題」を２回数えることは適切ではなく、１回だけ数えることも、意味分野の違いが見られなくなるという点で適切ではない。つまり、同じ語であるものの、複数の中項目に分類されるケースがあるため、異なり語数の集計は困難である。よって、本書は、中項目のデータについては、延べ語数のデータのみを示すことにする。

なお、字音接辞の結合機能の具体的な分析・考察は、第２部「連体詞型字音接頭辞の記述」の各章の「結合機能」に関するセクションを参照されたい。

2.　意味添加機能
2.1　意味添加機能とは

字音接辞の造語機能の２点目として、意味添加機能を挙げる。意味添加機能とは、字音接辞が「どのような意味をもち、合成語全体の意味にどのように関与するのか」（山下2013b：85）ということを指すものである。

2.2　意味添加機能の記述

結合機能と同様に、意味添加機能もすべての字音接辞に関わるものである。ここでは字音接辞の記述的研究において、意味添加機能をどのように分析するのかという点について確認しておく。

意味添加機能を明らかにすることとは、字音接辞のスキーマを抽出することに他ならない（山下2013b：85）という認知言語学理論の立場に基づく一連の研究に、山下（2011, 2013b, 2015, 2016）がある。それらの研究では、字音接尾辞である「式」「風」「的」「系」「派」「族」などの記述がなされている。しかし、本書は、その立場をとらず、山下氏の前期の一連の研究（山下1997, 1998, 1999, 2003）や、中川氏の一連の研究（中川2005, 2010, 2015）を参考に字音接辞の意味・用法を分析し、記述する。

なお、結合機能と同様に、字音接辞の意味添加機能の具体的な分析・考察は、第２部「連体詞型字音接頭辞の記述」の各章の「意味添加機能」に関するセクションを参照されたい。

3. 品詞決定機能

3.1 品詞決定機能とは

　字音接辞の造語機能の３点目として、品詞決定機能を挙げる。品詞決定機能とは、「合成語の品詞性を決定する機能」（山下2013b：85）のことである。山下（2013b）において、品詞決定機能を持つ字音接辞の例として挙げられたのは、接尾辞の「化」「的」と接頭辞の「無」である。例えば、「近代化」という語に「する」が後接してサ変動詞になる、というように「化」は、もともと名詞である「近代」に後接して合成語全体をサ変動詞にすることができる。これが「化」の品詞決定機能である。「無」「的」も合成語を形容動詞にすることができる。「無責任」「効果的」という語に「な」が後接して形容動詞になる、というように「無」「的」は、もともと名詞である「責任」「効果」に後接して合成語全体を形容動詞にすることができる。

3.2 品詞決定機能の記述

　接尾辞[1]は品詞決定機能を持っているが、接頭辞の場合は、否定を表す字音接頭辞「不・未・無」以外は、品詞決定機能を持っていないという簡単な記述は辞典類にはよく見られる（『国語学研究事典』1977,『日本語文法事典』2014,『日本語大事典』2014など）。しかし、字音接辞の品詞決定機能を中心的なテーマとした研究は管見の限り、見当たらず、比較的詳細に字音接辞の品詞決定機能を取り扱ったものとしては水野（1987）がある。

　水野（1987）では、字音接辞の機能によって、字音接辞を「体言化機能を持つ接辞」「相言化機能を持つ接辞」「用言化機能を持つ接辞」「副言化機能を持つ接辞」の４種類に分類している（表３−１）。

　また、多くの字音接尾辞は品詞決定機能を持っていることから、品詞決定機能を基準として字音接辞を分類する研究もある[2]。例えば、石川（2016）は品詞

1　和語接辞を含め、字音接辞に限らない。下の接頭辞の場合も同様。

2　英語にも、品詞決定機能によって、接尾辞を分類する研究がある。例えば、西川（2006）では、英語の接尾辞を「名詞形成」「形容詞形成」「動詞形成」「副詞形成」の４種類に分類している。

表3-1　水野（1987：68）の表[3]

位置による分類 文法的機能による分類	接頭辞	接尾辞
体言化機能を持つ接辞	諸・全	性／案・員・科・課・界・街・学・館・感 etc
相言化機能を持つ接辞	未・不・無・反／非・被・有	的／式・流・風・用・別・製・制・系・級・性
用言化機能を持つ接辞	言及なし	化／視
副言化機能を持つ接辞	言及なし	中・後・上

決定の観点から漢語の接尾辞を「①名詞をつくるもの」「②形容動詞をつくるもの」「③サ変動詞（〜する）をつくるもの」「④副詞をつくるもの」「⑤助数詞」に分類している。

　なお、字音接辞の品詞決定機能をどのように記述するのかという点については本書では扱わず、今後の課題とする。品詞決定機能を持っている字音接辞はどのくらいあるのか、どのようなものがあるのか、という全体的な研究はもちろん、品詞決定機能を持っている個別の字音接辞は、それぞれどのように合成語全体の品詞を決定するのか、という個別的な研究も必要になるだろう。

　なお、本書の第2部「連体詞型字音接頭辞の記述」で取り上げるものは、名詞と結合し、名詞を形成するというように、品詞決定機能を持っていないものである。そのため、品詞決定機能の記述は本書で行わないことにする。

4.　文法化機能

4.1　文法化機能とは

　字音接辞の造語機能の4点目として、文法化機能を挙げる。文法化機能とは、「一部の接辞性字音形態素が語のレベルを超え、句または文レベルの言語単位

3　水野（1987：68）のもとの表は縦書きに合わせた表であるが、本書の横書きに合わせるため、書式を変更した。

に結合して助辞的な機能を発揮すること」(山下2013b：86)である。山下（2013b：86）が例として挙げているのは、（1）の「式」と（2）の「的」の例である。

（1）男のコロシ文句は直球型が多いが、それにくらべて女のほうは、「課長の背中見ているの好きなんです」式のひねりのきいたものが目立つ。

(山下2013b：86)

（2）「皆がやっているから私もやる」的な発想は大嫌いなのだ。

(山下2013b：86)

　もともと、「電動式」（「電動」＋「式」）や「理想的」（「理想」＋「的」）のように、語レベルと結合する「式」「的」が、「「課長の背中見ているの好きなんです」式」や、「「皆がやっているから私もやる」的」のように、句または文レベルの言語単位と結合する現象が見られる。これが文法化機能である。

4.2　文法化機能の記述：「的な」の文末用法を例に

　字音接辞の文法化機能を記述する研究の一つとして、上の（2）のように使われる「的」を扱った山下（2000）がある。山下（2000）では、「的」が（2）のように使われることを「的」の「助辞化用法」と呼んでいる。

　しかし、字音接尾辞「的」の文法化機能は、（2）のような助辞化用法にとどまらず、ほかの文法化機能を発揮する接尾辞とは異なる性質も見られる。それは連体修飾形式「的な」の後ろに名詞を伴わず、文を終える用法である。これも、連体修飾形式「的な」の助辞化用法といえるが、本章では、先に述べた助辞化用法を助辞化用法①とし、これとは区別するために、便宜的に、文末用法（助辞化用法②）と呼ぶ。

　これら「的な」の３つの用法をまとめると、以下の表3-2のようになる。

表3-2　連体修飾形式「的な」の用法

用法		前接部分	連体修飾形式	後接部分	用例
接尾辞用法		語レベル	的な	語レベル	・魅力<u>的な</u>話 ・経済<u>的な</u>人間
助辞化用法	①	句レベル 文レベル		語レベル	・「町内会の会長さん」<u>的な</u>役割[4] ・「皆がやっているから私もやる」<u>的な</u>発想[5]
	② （文末用法）	語レベル 句レベル 文レベル		なし（「的な」という形で文を終える）	・同棲<u>的な</u>？[6] ・私へのはなむけ<u>的な</u>。[7] ・何か教えてくれる<u>的な</u>[8]

　以下では、文末用法の「的な」を例にして、字音接辞の文法化機能の記述を試みる。

4.2.1　「的な」の文末用法の先行研究

　「的な」の文末用法を論述したものは管見の限り、靳（2012）のみである。靳（2012）は「的な」のぼかし機能と表現の簡潔性及びそれらの融合に見られる発話効果を中心に、「形式」「意味」「統語」「語用論」の面から、どのような特徴が見られるのかを説明しているが、個々の例文については詳しく検討されていない。個々の例文を重視し、詳細に記述する必要があるのではないか。

　また、本章でいう「助辞化用法①」を研究対象とした山下（2000）では、「X的（な）Y」における「的」の果たす機能と意味について考察している。

　なお、新しい用法は従来の用法から発展し、連続的に捉えられるのが一般的である。接尾辞「的」の通常の用法についての代表的な論考である山下（1999）

4　出典は山下（2000）：p.59の例文20。

5　出典は山下（2000）：p.61の例文25。

6　例文（4）を参照。

7　出典は『ファースト・クラス』p.283。

8　例文（9）を参照。

によると、連体修飾用法は、全体の使用率の半数以上を占めており、「「的」の基本機能は連体修飾成分を構成すること」（同：33）である。また「「的」が比喩を表す助動詞と同じ役割を果たす」（同：33）ことにも注意する必要がある。

4.2.2　分類基準Ⅰ：現状と事態Ｘとの関係

　文末用法の「的な」は「ような」という意味で使われることがほとんどであるため、「ような」の意味用法がどのように記述されているのかは重要な観点である。森山（1995）は、「ＸようなＹ」という形式を「Ｘ」と「Ｙ」の関係を基準に分類している。しかし、文末用法「的な」においては、主名詞の役割を果たす「Ｙ」がそもそも存在しない。よって「Ｘ的な。」[9]という形式を分析する際、分類する基準を「現状と事態Ｘとの関係」とする。

　この現状と事態Ｘとの関係は、論理的に３種類に分けられる。第一は「現状と事態Ｘとの関係は不明、未確定である」という場合（現状⇔事態Ｘ）、第二は「現状と事態Ｘは何らかの関連性を持っているものの、性質上は、違うものである」という場合（現状≠事態Ｘ）、第三は「現状はまさに事態Ｘであり、現状と事態Ｘは一致している」という場合（現状＝事態Ｘ）である。それぞれを「推量」、「比喩」、「婉曲」と名付ける。

Ⅰ－Ａ　推量

　現状と事態Ｘとの関係が不明、未確定である場合、「的な」は推量を表す。

（３）段田　「それから、もしよろしければ、それを使って料理をいくつか
　　　　　　お教えいただきたいんですが…」
　　　南三條「あ〜ら、それは、あの…あれ？いきなり「お袋の味を学ん
　　　　　　じゃうぞ」的な？」　　　　　（『ダンダリン　労働基準監督官』第６話）
（４）「東京で借りようと思ってるマンションさ、部屋いーっぱいあるから。
　　　１部屋貸してあげるよ」「えっ!?ちょっと待ってください。それって、

9　文末用法の「的な」の後ろは必ず「。」とは限らず、疑問符「？」も多く使われている。「。」というマークはここでは「文を終える」という意味を表す。

ちょっとした同棲的な……？」　　　　　　　　　（『海の上の診療所』p.139)

　例文（3）（4）は相手の発話を受けた上での推量である。相手の発話を受
けて、発話者は、「相手は「お袋の味を学んじゃうぞ」（＝事態X）というよう
なことを考えているのではないか？」「相手の発言は「同棲」（＝事態X）とい
う意味ではないか？」と推測し、「的な」をつけ、相手に自分の推測を確認す
る。現状が本当に「お袋の味を学んじゃうぞ」と思っているかどうか、「同棲」
かどうかは相手にしかわからず、発話者には不明である。このような現状と事
態Xとの関係を推量と呼ぶ。

（5）箱の大きさと形からして、給料3か月分的な　　　　　（『恋するイヴ』）

　これは外見や様態からの推量の例である。婚約指輪は「給料3か月分」だと
いう常識があり、婚約指輪のことを「給料3か月分」と表現している。箱の外
見的な要素から、もしかしたらこれは婚約指輪ではないかと推量しているとい
える。

（6）「潤と留美さんと拓海さん、知り合いなの？」
　　　ERENAが訊くと、レミ絵は「潤って10年前にうちの編集部でインタ
　　　ーンだったんだって。その頃の同期的な」と返して、……。
　　　　　　　　　　　　　　　　　　　　（『ファースト・クラス』p.186)

　例文（6）はある根拠による推量である。「10年前にうちの編集部でインタ
ーンだった」という事実から、潤は留美や拓海と同期ではないかと推量する例
である。事実かどうかは本人に確かめなければわからない。現状と事態Xと
の関係は不明であり、「的な」は推量を表している。

Ⅰ－Ｂ　比喩
　現状と事態Xは何らかの関連性を持っているものの、性質上は、違うもの
である場合、「的な」は比喩を表す。

（7）「『FIRST CLASS』は……即廃刊、編集スタッフは全員解雇です」
……（中略）「…… ERENA の関係者が雑誌を買い占めていることがわ
かったの。……」……（中略）「社長にリークした人間がいるのよ」留
美が言い、「だいたい想像つくでしょ」と小夏が続けた。レミ絵か。ち
なみは唇を噛んだ。当のレミ絵は、編集部からガラス越しにちなみを
見て、＜はい、皆さんご一緒に『大どんでん返し！』秒速でホームレ
スになりました<u>的な</u>＞と浮かれていた。

（『ファースト・クラス』pp.270–271）

　「雑誌は廃刊、スタッフは解雇」といっても、職を失うだけで、実際にホー
ムレスになるわけではない。「ホームレスになる」は「職を失う」の１つの喩
えとして使われただけである。現状（＝職を失う）と事態Ｘ（＝ホームレスになり
ました）は似た面があるが、違うものである。このような場合を比喩と呼ぶ。

（8）矢巾：京谷…岩泉さんに色々と勝負ふっかけて尽く負けてから　岩泉
　　　　　さんにだけは従うのな…
　　　国見：狼社会<u>的な</u>…？　　　　　　　　（『ハイキュー!!』第15巻 p.137）

　「勝負ふっかけて尽く負けてから岩泉さんにだけは従う」という状況は「狼
社会」と共通するところがある。しかし、あくまでも人間の話であり、狼社会
の話ではない。現状と事態Ｘは異なるものであり、比喩である。

Ⅰ－Ｃ　婉曲
　現状はまさに事態Ｘであり、現状と事態Ｘは一致しているという場合、「的
な」は婉曲を表す。

（9）双葉「こうするといいよとか、ないんですか？何か教えてくれる<u>的な</u>」
　　　深見「…無理っす。自分　釣り　やんないんで。」

（『それでも、生きてゆく』第４話）

第３章　字音接辞の造語機能　　*51*

これは相手に釣りをうまくやる助言を求める会話である。現状「助言が欲しい」と事態Ｘ「何か教えてくれ」は一致する。このような場合を婉曲と呼ぶ。現状と事態Ｘが一致するなら、「的な」を用いず、「何か教えてください！」と言えばよいのだが、「的な」をつけることによって、相手に断る余地を与えたり、自分の要求を柔らかくしたりする効果が見られ、まさに、婉曲といえる。

(10) 大場「何かいってほしいなって、その前に。」
　　　今井「何かって？」
　　　大場「例えば、愛してる<u>的な</u>…」　　　　　（『リバウンド』第7話）

発話者は「その前に、「愛してる」といってほしい」と思っている。しかし、「愛してる」という言葉を直接言い出すのは相手に押しつけがましく思われる恐れがあるため、「的な」をつけて、自分の主張をぼかしている。

(11) 田中「職場の不倫は労災じゃないかって奥さんから。そこから夫の浮気について延々相談されちゃいましたよ。「私の結婚は間違いだったんじゃないでしょうか？」<u>的な</u>。」

（『ダンダリン　労働基準監督官』第7話）

奥さんの現実の発言は事態Ｘである「私の結婚は間違いだったんじゃないでしょうか？」と全く同じとは限らないが、発話者は奥さんの発言をすべて聞いているため、現状と事態Ｘが一致するという関係を認めてもさほど問題がないだろう。よって、(11)のように、直接話法に近い用法も婉曲とする。

(11)のような例文は次の(12)のように、「ような」にも見られ、高橋（2009）はそれを「概要」と分類しているが、本章では、高橋（2009）でいう概要用法を婉曲の一種類とする。

(12) 筆者が昔読んだ詐欺の手口を書いた本に、<u>「一流の詐欺師は日頃は正直で小さな嘘はつかない、周囲に信頼されるような人だ。彼は本当に必</u>

要なときに備えて、信頼を蓄積している…」というようなことが書いてあったのを思い出す。 (高橋2009：292)

　以上、現状と事態Xとの関係を基準に、文末の「的な」を「推量・比喩・婉曲」の3つに分類した。しかし、例文（10）を見てみると、「例えば」という語があり、「いってほしい」の一例として、「愛してる」を挙げている、すなわち「例示」ともとれる。1つの例文で「婉曲」と「例示」というような意味が同時に表されることから、1つの基準での分類は不十分だと思われる。文末に用いられる「的な」の意味用法の全貌を明らかにするには、別の観点でさらに分類する必要性があると考えられる。

　実は、「ような」の意味・機能を分析した安田（1997）も、同じ問題に直面し、「ような」は様態・比喩用法や内容の名付け用法であると同時に、例示の意味も持つことを指摘している[10]。よって、本章は安田（1997）の主張した「二重構造」を視野に入れ、基準Ⅰとは別に、「基準Ⅱ：事態Xがどのように提示されたのか」という軸を立て、もう1つの基準を用いて分類を試みる。

4.2.3　分類基準Ⅱ：事態Xがどのように提示されたのか

　先行文脈を受け、事態Xがどのように提示されたのかについては2つの場合が考えられる。第一は事態Xが要約されて、まとめとして提示される場合、第二は事態Xが具体化され、具体例として提示される場合である。それぞれ「要約」、「具体化」と名付ける。

Ⅱ－A　要約

　ある事態や内容を説明する際には、具体的すぎると説明が長くなり、わかりにくくなることもある。その時、要約したり内容を凝縮したりして提示するこ

10　様態・比喩用法であると同時に例示の意味も持つ例
　　（ア）彼女はまるでナイチンゲールのような心優しい人です。 （安田1997、例文21）
　　内容の名付け用法であると同時に、例示の意味を持つ例
　　（イ）渋谷や新宿のような若者でにぎわう町が好きだ。 （安田1997、例文29）

第3章　字音接辞の造語機能　　*53*

とがある。このような場合に冗長な先行文脈を受け、事態Ｘに「的な」をつけ、事態Ｘが概括されて提示される。これを要約と呼ぶ。

（13）マツコ：はい、今から楽屋去ります。何って言う？
　　　村上：おつ加齢臭。
　　　マツコ：（村上に）耳裏プンプンって言い返してくれるから。向こうが
　　　　　　　言い返してくれるから。（スタッフに）おつ加齢臭って言ったら、
　　　　　　　そういうことだもんね。あれは、きっとね。一人で言うんじ
　　　　　　　ゃないよね。
　　　スタッフ：コール＆レスポンス的な。
　　　　　　　　　　　　　　　　　　　　　（『月曜から夜ふかし』2015年4月6日放送）

　「「おつ加齢臭」と言ったら、相手も「耳裏プンプン」と言い返してくれる」という具体的な状況を「コール＆レスポンス」という短いフレーズで要約できることを「的な。」が表している。「的」は元来抽象的な意味を表す名詞と結合する漢語系接尾辞であるため、抽象化したり要約したりする機能を持ちやすい。また、4.2.2の分類基準Ⅰで考えると、「「おつ加齢臭」と言ったら、相手も「耳裏プンプン」と言い返してくれる」という具体的な状況を「コール＆レスポンス」という演奏の楽式に喩えているので、比喩になる。例文（13）は比喩と要約が重なる例文である。

（14）天の声：「上野東京ライン」も不正解でした。
　　　ヒャダイン：「上野東京ライン」わかってたけど、「ライン」がついて
　　　　　　　　ると思ったんで、「とうきょう」の「き」…
　　　おおたわ：そういう凡ミス的な？　　　（『ネプリーグ』2015年4月27日放送）

　相手は、自分がなぜ間違ったのかを具体的に説明し、発話者はそれを聞いて、相手が述べた具体的な状況を「凡ミス」という1単語に要約している。また、4.2.2の分類基準Ⅰで考えると、「的な」をつけて、相手に確認する意図で発話する。つまり、「先に述べた状況を、私は「凡ミス」と理解してもいいのか」

という自分の推測を相手に確認する推量と考えることができる。このことから例文（14）は要約と推量が重なっているといえる。

　先述の例文（5）のように、箱の形や大きさなど具体的な様態を「給料3か月分」と言語化（抽象化）する例も要約と考えられるため、例文（5）は推量と要約が重なっているといえる。

Ⅱ－B　具体化

　上述した要約とは逆に、いきなり抽象的な概念や要約された説明を受け、発話意図が伝わらないときに、具体的な説明を加えたり、具体例を提示したりする方法がある。これを具体化と呼ぶ。

（15）りさ「いつから好きなの、先生のこと！」
　　　半田「あ、最初の授業の時からです」
　　　　　×　　　×　　　×　　　（回想）
　　　りさ「先生は処女です！！」のひと言で、生徒を黙らす。
　　　　　×　　　×　　　×
　　　半田「衝撃でした……なんか、うまく言えないけど、不意打ちっていうか、『北斗の拳』で言うところの生気に戻す秘孔を突かれた的な……あ、処女だからって意味じゃないですよ！」

（『日曜劇場ごめんね青春！』p.139）

　「衝撃」や「不意打ち」などの抽象的な表現では、自分の気持ちが伝わりにくいため、「北斗の拳で言うところの生気に戻す秘孔を突かれた」という具体的な説明を加えて相手に提示する。また、4.2.2の分類基準Ⅰで考えると、実際に「生気に戻す秘孔を突かれた」わけではないため、比喩でもあるといえる。

　また、いわゆる「例示」は、具体例を提示するという意味で、具体化の1つの手段としてよく使われる。よって、本章では、「例示」を具体化の下位分類に位置づけることにする。

（16）土田「（少しにやにやしながら）何してるんだ？」

第3章　字音接辞の造語機能　　55

たま子「お店の準備です」土田「店？何の？（と、上を見ようとする）」
星野、痛車を見て、思い当たって。
星野「あ、あれじゃないですか、あの、メイドカフェ的な」

（『問題のあるレストラン1』p.98）

　「何の店なのかというと、一例を挙げれば、メイドカフェだ」というように
理解することができ、事態Xである「メイドカフェ」は「店」の具体例とし
て挙げられる。よって、「的な」が例示を表し、具体化している用例である。
また、分類基準Iで考えると、現状は何の店なのか、本人でなければわからな
いため、「痛車」を根拠に「メイドカフェだろう」と判断したという、推量で
もある。
　例文（11）も、「相談」という抽象的な語を、「私の結婚は間違いだったんじ
ゃないでしょうか？」と具体的に説明しているというで、具体化ともいえる。
婉曲と具体化が重なる例文である。
　以上、事態Xがどのように提示されたのかを基準に、文末の「的な」を「要
約・具体化」の2つに分類した。

4.2.4　「的な」の文末用法の基本的意味

　上述したように、「現状と事態Xとの関係」と「事態Xがどのように提示さ
れたのか」といった2つの基準から文末用法「的な」を分類して考察したが、
それぞれの分類からどのような基本的な意味を抽出できるだろうか。
　大場（2002）では、「ようだ」の基本的な意味は「現状が事態Xに見える」
ことであると述べている。現状と事態Xとの関係を基準に、「推量・比喩・婉
曲」に3分類した「的な」も、基本的意味はそれと同じであろう。
　また、事態Xがどのように提示されたのかを基準に分類した「的な」は「要
約・具体化」を表す。要約も具体化も前文脈が示す状況（＝現状）を別の言い
方（＝事態X）で提示するものであり、事態Xは前文脈が示す状況の言い換え
となっている。よって、事態Xがどのように提示されたのかを基準に分類し
た「的な」の基本的意味は「現状を事態Xに言い換える」ことであると考える。
　「現状が事態Xに見える」からこそ「現状を事態Xに言い換える」ことがで

きる。基本的意味「現状が事態Xに見える」と、「現状を事態Xに言い換える」は分類基準ⅠとⅡという異なる方向から抽出したものであり、現状と事態Xとの関連性を異なる面から表したものである。ゆえに、2つの基準からみた分類は緊密につながり、二重構造を示していると考えられる。

4.2.5 「的な」の文末用法のまとめ

本章は、連体修飾形式「的な」を接尾辞用法と助辞化用法に分け、助辞化用法の②を文末用法と名付けて考察した。「X的な。」を「現状と事態Xとの関係」を基準に「推量・比喩・婉曲」に3分類し、また事態Xがどのように提示されたのかによって、「要約・具体化」に2分類した。2つの側面から抽出した基本的意味は同じことであり、矛盾せず両立しうる。その結果は表3-3のようにまとめられる。

表3-3 「的な」の文末用法の分類

		現状と事態Xとの関係（現状が事態Xに見える）		
		推量	比喩	婉曲
事態Xがどのように提示されたのか（現状を事態Xに言い換える）	要約	（3）（4）（5）（6）（14）	（7）（8）（13）	（9）
	具体化	（16）	（15）	（10）（11）

「的な」の文末用法は以上のように整理されるが、そもそも連体修飾形式である「的な」が、なぜ文末用法を持つに至ったのだろうか[11]。また、助動詞「みたいだ」の連体修飾形式「みたいな」も文末用法を持ち、文末の「的な」と「みたいな」は意味用法において重なる部分が多いが、相違点もあるだろう。文末の「みたいな」と「的な」はどのような違いがあるだろうか。文末の「みたいな」は「的な」より時期的に早く出現し[12]、浸透しているにもかかわらず、敢えて文末の「的な」が使われるのはなぜなのか。文末に使われる「的な」と「みたいな」が出現した経緯、および比較分析は今後の課題としたい[13]。

5. 字音接辞の造語機能と本書の関係

　本章の冒頭で述べたように、本書は、字音接辞の造語機能をめぐって、字音
接辞の記述的研究を試みる。山下（2013b）においては、字音接辞の造語機能に
は、「結合機能」「意味添加機能」「品詞決定機能」「文法化機能」の4つがある
との指摘があり、本書もそれを支持し、字音接辞には、その4つの造語機能が

11　まず、従来、語と結合して合成語を形成する接尾辞「的」がなぜ句または文レベルと結
　　合するようになったのかを考えなければならない。山下（2000）は、助辞化用法①の「的
　　な」は引用機能を持ち、先行句を引用し文中に取り込むことができると述べている。名詞
　　と直接結合する「的」が引用句とも直接結合するということは、引用句の品詞は名詞だと
　　いうことだろう。藤田（2000：59）によれば、引用句はイコン記号であるため、通常の言
　　語記号のような一定の品詞性をもつものではない。その品詞性は文中における分布によっ
　　て相対的に決まる。つまり、引用句は、文中での形式や果たす機能により、副詞的に働い
　　たり、用言的に働いたりすることができる。無論「その時の「ちょっと待て」に私は驚い
　　た。」（藤田2000、例文17−b）のように名詞的に使うことも可能である。よって「的」と
　　直接結合する引用句は、名詞的に機能すると考えられる。また、「的」はもともと接尾辞
　　なので、名詞と直接結合する。引用句も名詞として機能することができるため、直接受け
　　ることができる。すなわち「的な」は、助詞や複合辞の介在なしに、名詞や引用句を直接
　　受けることができる。同時にこのことは「的な」と意味的に類似しながら、なぜ「ような」
　　が文末用法を持たないかという点からも裏付けられる。「「ような」では発話を直接受ける
　　ことはできず、引用の助詞「と」の助けが必要」（大場2009：51）であるため、「ような」
　　は文末用法を持たないのであろう。さらに、「X的Y」という構造において主名詞の役割
　　を果たす「Y」がなぜ脱落するのかも考えるべき問題である。文末用法の「みたいな」も
　　「的な」と同じ現象が見られ、このことを大場（2009）は、「「αみたいなβ」という構造で、
　　αが発話相当の場合には、名詞βは、「こと」「考え」「感じ」など、漠然と発言・思考を
　　指す語である場合が圧倒的である。つまり、βは、発話・思考の内容をαとして提示され
　　た後、その発話αと類似した発話・思考の存在を述べているのみである。「みたいな」が
　　αとβの間に類似を認める形式であることから、「αみたいな」と述べるだけですでにそ
　　れと類似する発話・思考の存在βが示されているとすれば、このような場合に名詞βが脱
　　落してもそれほど情報に不足が生じることはない」（同：53−54）と述べている。「的な」
　　の助辞化用法①は「みたいな」とほぼ同じ条件が備わっているといえよう。よって、「X
　　的なY」という構造における主名詞「Y」が脱落する可能性が十分にあると考えられる。

12　『現代用語の基礎知識』によると、文末の「みたいな」の見出しは1992年版が初出で、
　　文末の「的な」の見出しは2012年が初出である。

あることを認める。第2部「連体詞型字音接頭辞の記述」では、字音接辞の造語機能を中心に、連体詞型字音接頭辞の記述的研究を行う。

しかし、第2部の記述的研究の対象である連体詞型字音接頭辞は、結合機能と意味添加機能しか持っておらず、品詞決定機能と文法化機能を持っていない。よって、第2部の記述では、品詞決定機能と文法化機能についての記述を行わない。結合機能については、1.で述べたように、後接語の語種と意味分野を中心に記述する。意味添加機能については、2.で述べたように、当該字音接頭辞はどのような意味・用法を持っているのかを記述する。

6.　本章のまとめ

本章で述べたことの要点をまとめておく。

A. 山下（2013b）に従い、字音接辞には、結合機能・意味添加機能・品詞決定機能・文法化機能の4つの造語機能があることを認める。

B. 字音接辞の結合機能については、結合する語基の語種と意味分野を中心に記述する。

C. 字音接辞の意味添加機能については、山下氏の前期の一連の研究（山下1997, 1998, 1999, 2003）や、中川氏の研究（中川2005, 2010, 2015）の流れを引き継ぎ、字音接辞の意味・用法を分析し、記述する。

D. 品詞決定機能については、研究が少なく、今後の研究テーマになる。

E. 文法化機能については、記述の一例として、「的な」の文末用法を取り上げた。2つの基準によって、2×3＝6種類の用法があることを詳しく記述した。

13　例えば、接尾辞「的」の通常用法は抽象的な意味を表す名詞と結合することが多いため、文末用法になるとしても、抽象的な意味を表す語と結合しやすい。それに対し、文末の「みたいな」は、発話を受ける場合が圧倒的で、しかも、例示を表す用例が極めて目立っており、逆に要約としての使い方はあまり見られない。また、本章の用例はテレビドラマやバラエティー番組から集めたものがほとんどで、音声が確認できるため、文末の「的な」が使われる文の最後に、上昇のイントネーションが多く、「？」である疑問符が頻繁に出てくる。それに対し、文末の「みたいな」の後ろには疑問符が少なく、下降のイントネーションで文を終えるという特徴がある。こういった点についても、今後考える必要がある。

F. 第2部で取り上げる「連体詞型字音接頭辞」には、結合機能と意味添加機能しか持っていないため、それぞれの連体詞型字音接頭辞は、どのような語基と結合し、どのような意味用法を持っているのかということを中心に記述する。

第 2 部

連体詞型字音接頭辞の記述

第 4 章

連体詞型字音接頭辞について

　個々の連体詞型字音接頭辞の記述に入る前に、本章で連体詞型字音接頭辞全体について説明する。まず、1. では、連体詞型字音接頭辞の外延と規定について述べる。次に、2. では、連体詞型字音接頭辞の先行研究をまとめる。また、3. では本書はなぜ連体詞型字音接頭辞を選んだのかという理由を示す。さらに、4. では、本書はどのようなアプローチで連体詞型字音接頭辞を研究するのかについて述べる。5. では、第 2 部で使用する用例をどこから採取したのかについて述べる。最後に、6. では、本章の内容をまとめる。

1.　連体詞型字音接頭辞の外延と規定

　連体詞型字音接頭辞の分類結果と規定について、第 2 章ですでに述べた。再掲すると、次の表 4 - 1 のようになる。

　連体詞型字音接頭辞は、後接語に対して連体修飾的な機能を持つ。その点で、「古」「新」「長」などの形容詞型字音接頭辞と同様である。しかし、第 2 章で述べたように連体修飾には 2 種類ある。結論からいうと、形容詞型は、金水 (1983) の「名詞句の概念の限定・修飾」、村木 (2012) の「装飾的な規定」、高橋 (1997) の「カザリツケの規定語」に相当するものである。それに対し、連体詞型は、金水 (1983) の「名詞句の指示機能に関する性格付け」、村木 (2012) の「限定的、指定的な規定」、高橋 (1997) の「キメツケの規定語」に相当するものである。また、意味としては、主に、「文脈内での指示、他者との関係の表示、範囲・量の限定など、直接、内容にかかわらないもの」(野村1978：123)である。

表4-1　字音接頭辞の「③連体詞型」

亜（亜熱帯、亜硫酸）、該（該問題、該人物）、外（外祖父、外祖母）、各（各大学、各団体）、現（現首相、現住所）、原（原判決、原日本人）、故（故博士、故高橋氏）、後（後半分、後二者）、今（今世紀、今シーズン）、再（再来週、再来月）、昨（昨シーズン、昨大会）、支（支金庫、支戦場）、次（次亜硫酸、次燐酸）、従（従三位、従五位）、准（准教授、准看護師）、準（準会員、準急行）、諸（諸問題、諸分野）、助（助監督、助教授）、正$_1$（正二位、正三位）、全（全責任、全世界）、曾（曾祖父、曾祖母）、総（総収入、総支配人）、続（続膝栗毛、続日本紀）、当（当劇場、当協会）、同$_2$（同商会、同選手）、半（半永久的、半製品）、汎（汎アメリカ、汎スラブ主義）、副（副収入、副知事）、某（某政治家、某課長）、本$_2$（本書所、本事件）、毎（毎日曜日、毎朝）、明（明年度、明十日）、唯（唯技術主義、唯武器論）、翌（翌朝、翌八年）、来（来学期、来年度）、両（両極端、両チーム）

一（一研究者、一市民）、旧（旧日本軍、旧大蔵省）、正（正会員、正読本）、先（先場所、先住職）、前（前学長、前近代的）、他（他方面、他球場）、分（分教場、分工場）

　本書の第２部では、連体詞型字音接頭辞の記述を網羅的に行うが、表４−１の43の連体詞型字音接頭辞すべてに対して記述を行うわけではない。さらなる精査が必要である。

　まず、除外する候補として、次のようなものが挙げられる。「該問題」の「該」、「従二位」の「従」、「正二位」の「正」、「外祖父」の「外」、「曾祖父」の「曾」、「再来週」の「再」、「唯武器論」の「唯」、「支金庫」の「支」、「分教場」の「分」、「次燐酸」の「次」、という10形式である。除外する理由は主に２つある。１つは、「該問題」「該人物」の「該」のように、現代日本語では使われていないからである。もう１つは、「曾祖父」「曾祖母」の「曾」のように、ほかの語とほとんど結合できず、生産性が低いものだからである。

　まず、「該」について詳細に述べる。本書は現代日本語の字音接辞を研究対象とするものである。第２章で述べたように、本書は国語辞典に書かれている用例に基づいて字音接辞を選定した。しかし、その国語辞典に書かれている用例は現代日本語で既に使われていない可能性はある。例えば、国語辞典に書かれている「該」の用例は、以下の（１）に示したものがある。

（１）該事件、該病院、該資料、該問題、該人物、該雑誌

第４章　連体詞型字音接頭辞について　*63*

（1）に示した語例すべてを検索語とし、読売新聞の新聞記事データベース
『ヨミダス歴史館』の平成検索で検索した結果、該当する用例は一つもない。
これを根拠に、「該」は現代日本語では既に使われなくなったと判断し、研究
対象から除外する。

　次に、第1章で述べたように、国語辞典においては、二字以上の漢語や、和
語、外来語と結合する「用例」が提示されている場合に接辞と認める。ただし、
7冊の国語辞典で合わせて2つ以上の異なる用例がなければならない。例えば、
「家」は国語辞典で「勉強家」「専門家」などの複数の三字漢語の用例が確認で
きるため、「家」を字音接辞と認める。それに対し、「針」「偏」は7冊の国語
辞典を調べても「避雷針」「偏頭痛」という用例しかないため、字音接辞と認
めない。この抽出方法に従い、「従三位／四位／五位」の「従」、「正二位」「正
三時」「正一合」などの「正」、「外祖父／祖母」の「外」、「曾祖父／曾祖母」
の「曾」などを字音接辞として抽出することができるが、コーパスから用例が
ほとんど抽出できず、国語辞典で示される語例以外の造語例がほぼなく、生産
性が低い。このことから、「従」「正」「外」「曾」「再」「唯」「支」「分」「次」
は字音接辞として認めることができるが、記述研究に当たっては、用例が得ら
れないため、第2部の研究対象から除外する。

　次に、新たに加える候補として、「当該チーム」の「当該」を連体詞型字音
接辞に加えたい。第2章でも述べた通り、本書は国語辞典に書かれている用例
に基づいて字音接辞を選定し、国語辞典の用例の確認には「常用漢字表」に規
定される音読みしかない漢字を検索語として、国語辞典でその用例を確認した。
第2章の4. において述べたように、この抽出方法は、漢字一字の字音接辞は抽
出できるが、漢字二字のものは抽出できない。この抽出方法から漏れてしまう
「当該」は次の（2）（3）のように、その後ろに名詞と結合し、二字以上の漢
語や和語、外来語に前接または後接して合成語を形成する字音形態素という本
書における字音接辞の定義と一致する。

　（2）追加種目は、ＩＯＣが進める五輪改革の目玉の一つとして導入された。
　　　開催都市の組織委員会が、当該五輪で実施する種目を提案できるよう
　　　にした。
　　　　　　　　　　　　　　　　　　　　（『ヨミダス歴史館』2016.8.5）

（3）国際オリンピック委員会（IOC）が、ドーピング（禁止薬物使用）で永
　　久追放処分などを受けた自転車のランス・アームストロング氏（米）
　　が２０００年シドニー五輪の個人ロードタイムトライアルで獲得した
　　銅メダルの剥奪を決めたことが１７日、分かった。ＩＯＣのアダムス
　　広報部長によると、１６日にアームストロング氏に文書を送付し、当
　　該レースでの失格を伝え、銅メダルの返還を求めた。

（『ヨミダス歴史館』2013.1.18）

　「当該」の後接語は特定の語に集中することがなく、生産性も見受けられる。
以上の点からすれば、「当該」は漢字二字ではあるものの、字音接頭辞として
十分な資格を持っていると考えられ、連体詞型字音接頭辞として研究対象とし
て加えることとした。なお、二字字音接辞についての詳細は第15章を参照され
たい。
　したがって、第２部の連体詞型字音接頭辞の記述研究としては、「43－10＋
1 ＝34」の連体詞型字音接頭辞を記述対象とする。

2.　連体詞型字音接頭辞の先行研究

　2.では、主に、連体詞型字音接頭辞全体に関する先行研究を見る。その外延
である個々の字音接頭辞を個別的に取り上げ、その機能や意味について詳細な
記述をする研究もいくつかある。例えば、「同」については、中川（2005）、「前」
については、久保・田口（2011, 2012）、「両」については、中川（2015）がある。
また、「本」と「当」については、国広（1997）がある。それらについては、当
該章で詳細に検討し、ここでは、触れないことにする。
　連体詞型字音接頭辞をテーマにして、その全体の特徴に関する考察はないが、
野村（1978）、影山（1993）、村木（2012）、山下（2005, 2013b, 2018）などには、連体
詞型字音接頭辞と関わる記述が見られる。

2.1　野村雅昭（1978）について

　まず取り上げるのは野村（1978）である。野村（1978）は昭和41年の新聞の用
例をもとに、接辞性字音語基の用法の分類について詳細な考察を行っている。

第４章　連体詞型字音接頭辞について　　*65*

前部分の接辞性語基の分類は、「前部分語基と後部分語基の品詞性、および、その結合関係によったものである」(野村1978：112) とし、異なり語数250の前部分の接辞性語基を「①体言型」「②連体修飾型」「③連用修飾型」「④連体詞型」「⑤用言型」「⑥否定辞型」「⑦数量限定型」「⑧敬意添加型」の８つに分類した。そのうち、「④連体詞型」は以下のようなものがあるという。

（４）④連体詞型…同（〜議員）・本（〜○日）・前（〜会長）・現（〜総裁）・旧（〜陸軍）・今（〜国会）・来（〜シーズン）・故（〜○○氏）・副（〜総理）・準（〜決勝）・全（〜日本）・総（〜選挙）・各（〜省庁）・両（〜陛下）・諸（〜外国）　　　　　　　　　　　　　　　　　　　　　　　　（野村1978：112）

また、連体詞型についての考察をまとめると、以下の通りである。

第一に、前部分語基と後部分語基のあいだに、ポーズが置かれるものがあること、第二に、「文脈内での指示、他者との関係の表示、範囲・量の限定など、直接、内容にかかわらないものといった特徴をあげることができよう」(野村1978：113) ということである。第三に、「⑥否定辞型」の「非−」、「⑤用言型」の「反−」と「超−」とは別の意味を表すが、似た構造も持っている。「非−」グループは意味的に「Ａトハ別種ノＡ」という構造であるのに対して、連体詞型の「同−」は意味的に「別種ノＡデハナイ、ソノＡ」という構造である。意味として、まったく違うように見えるが、同じ意味構造を持っている。本書の連体詞型字音接頭辞は、野村（1978）からの示唆が大きい。

2.2　**影山太郎** (1993) **について**

次に影山（1993）を取り上げる。影山（1993）では、連体詞型字音接頭辞を含んだ合成語が語と句の連続性を示唆する現象が取り上げられている。それらは独特の音声的特徴を備えている。

（５）前大阪市長、元学長、全世界、某銀行、同大臣、本学会、非生産的、反共産主義、故長谷川一夫氏、当銀行、各都市　　　　　（影山1993：325）

（5）のような例は連体詞型字音接頭辞自体が独自のアクセント核をもっており、直後にポーズが置かれることが確認される。

　句と類似しているもう1つの証拠は、（6）のように、「と」という接続詞[1]にも関係することである。

（6）故　長谷川（一夫）さんと植村（直己）さん、国民栄誉賞に決まる。

（新聞1984／4）

　　　前［文相と法相］、現［会長と副会長］、全国の各［大学と短大］、第［3章と4章］、A大学の某［教授と助教授］、交響曲［第5番と第6番］

（影山1993：339）

　上述した2つの現象からみれば、連体詞型字音接頭辞を含んだ合成語は、語には見られない、句に類似している特徴を備えていることがわかる。しかし、これらの合成語はまだ句にはなりきっていない。それは以下のような非文法的表現から、連体詞型字音接頭辞の後ろに、句を付すことができないということがわかる。

（7）a.* 故［その俳優］　cf. 亡くなったその俳優

　　　b.* 前［その銀行の頭取］　cf. 前の、その銀行の頭取

　　　c.* 各［地方の大学］　cf. 各々の、地方の大学

（影山1993：339）

　以上、影山（1993）の結論は、連体詞型字音接頭辞を含んだ合成語は語の単位より大きいが、あくまで語であって、句ではなく、このような語と句の中間的な単位を「語⁺」と名付けることにするということである。これは興味深い指摘で、連体詞型字音接頭辞の結合機能を分析する際に、参考になる。

1　「文相と法相」「会長と副会長」の「と」は通常並列助詞と呼ばれるが、ここは影山（1993）に従って「接続詞」にする。

2.3 村木新次郎 (2012) について

次に村木 (2012) を取り上げる。本書の連体詞型字音接頭辞の大多数は、村木 (2012) では、規定用法のみをもつ形容詞[2]と位置づけられている。「「約（3キロ）」「翌（6月）」「故（小渕首相）」「各（大学）」「当（銀行）」「本（事務所）」といった語尾なしの形式は、アクセントの独立を考慮すると単語性をそなえていると思われることから、規定用法のみをもつ形容詞とされよう。「全－人類」「前－大統領」「同－教授」における「全」「前」「同」といった形式は接頭辞か自立形式か微妙なところに位置する」（同：96）と述べている。

ちなみに、工藤 (2014) も、「昨（九日）」「故（田中太郎氏）」「各（参加者）」などのものを連体詞に位置づけている。

2.4 山下喜代 (2005, 2013b, 2018) について

最後に、連体詞型字音接頭辞と似た概念としては、山下氏の「指定」という分類がある。山下 (2005, 2013b, 2018) は、字音接辞を意味によって分類しており、「指定」は意味による分類の下位概念の１つである。しかし、山下氏のどの文献においても、「指定」の定義に関する記述は見当たらない。よって、指定というカテゴリーに入っている字音接頭辞の例を確認する。なお、ここでは、指定というカテゴリーに入っている字音接頭辞の全データを示した山下 (2018) を取り上げる[3]。

(8) **右**大臣　**皆**保険　**各**学校　**該**事件　**既**発表　**原**材料　**現**会長　**後**半生
　　今学期　**権**宮司　**再**稼働　**昨**年度　**諸**問題　**従**三位　**准**教授　**準**決勝
　　先住民　**全**世界　**曾**祖父　**他**大学　**第**三者　**当**劇場　**同**世代　**南**氷洋
　　副学長　**毎**土曜日　**明**五月三日　**翌**十日　**両**先生　**極**陰性　**前**首相
　　来学期　**次**年度　**本**年度　**一**個人　**別**世界　**正**二位　**某**青年

(山下2018：221)

2　いわゆる連体詞に相当する。

3　太字部分が指定を表す字音接頭辞である。

本書では、字音接辞を品詞的に分類し、「連体詞型」という分類を立てた。それに対し、山下（2005, 2013b, 2018）は、字音接辞を意味によって分類し、「指定」というカテゴリーを立てている。しかし、第2章でも述べたように、字音接辞を品詞的に分類するということは、意味によって分類するという側面も無視できない。そのため、本書の「連体詞型」と山下氏の「指定」とで外延が一致するものはむしろ当然かもしれない。

3. 連体詞型字音接頭辞の考察意義

3.では、連体詞型字音接頭辞を考察する意義について3点述べておきたい。

第一に、連体詞型字音接頭辞を1つのカテゴリーとしてその全体像を詳細に記述した研究はない。そもそも、字音接頭辞は、字音接尾辞と比べ、種類が少ない上に、品詞決定機能を持っていないため、研究が進んでいない。中川（2010）における次の指摘は筆者と同様の考えであるといえる。

（9）漢語の接尾辞は種類が豊富であることに加え、「的」は名詞に後接して結合形を形容動詞の語幹にする、といったように、接尾辞の品詞転換機能が注目されることもあり、多くの研究が重ねられてきた。……接尾辞に対し、接頭辞は品詞転換にかかわるものが否定の接頭辞「無・不・未・非」など、限定的であることなどから、比較的研究が少ない。しかし、品詞転換機能のない接頭辞でも意味的に追究に値する現象があるのではないか……。

（中川2010：141）

また、ごく限られた接辞しか研究対象として取り上げておらず、その意味用法や造語機能について詳しい記述をするものが多いということもしばしば指摘される（山下2013b：91）。つまり、字音接辞のカテゴリー化の検討や類義関係にあるものの対照研究が少ないことがわかる。

2つ以上の関係がある字音接頭辞を考察対象とする研究の中には、否定を表す「不」「無」「非」「未」についての研究は進んでいる（野村1973, 奥野1985, 相原1986など）が、それ以外は、管見の限り、林（2013）の取り上げた「逆」「対」「抗」と、山下（2017）の取り上げた「極」「超」「激」「爆」に限られていると

いえる。

　以上のように、字音接頭辞の中のあるカテゴリーを取り上げて研究する必要性があることがわかる。その中で特に今まで注目されていなかった、かつ「もっとも問題がおおい」（野村1978：113）「連体詞型」を考察する意義があると考える。

　第二に、連体詞型字音接頭辞は種類が豊富で、類義関係や対義関係にあるものが多い。例えば、「その、今話題にしている」という意味で類似する「本」と「当」や、「それぞれの」という意味で類似する「各」と「毎」、「すべての」という意味で類似する「全」と「総」などのように、類義関係にあるものが多い。また、「前年度」「今年度」「来年度」のように、対義関係にあるものもある。山下（2013b：91）では、類似する意味や機能のあるものや、対義関係にあるものについて、造語機能の面からどのように記述できるのか具体的に検討することが課題になるとの指摘がある。そこで、本書は、類義関係や対義関係にある字音接辞について積極的に取り組み、類義関係や対義関係にあるものとして用いられることが多い「連体詞型」に注目することは意義があると思う。

　第三に、連体詞型字音接頭辞の一部は指示詞と関わりがある。例えば、連体詞型字音接頭辞である「当」「本」「同」は、指示詞である「この」「その」と類似する機能を果たす。また、「各」「両」「現」「前」「旧」なども指示詞的用法があることを指摘する。日本語研究ではコソアについて活発に議論されているが、字音接頭辞と指示詞との関係についての議論はほとんどない。指示詞と関係がある連体詞型字音接頭辞を研究することによって、指示詞研究にも資するところがあると思われる。

　以上の３点を連体詞型字音接頭辞を考察する意義として主張しておきたい。

4.　連体詞型字音接頭辞の研究アプローチ

　字音接辞研究史を概観するものとして、山下（2013a）がある。この山下（2013a）を参考にし、今までの字音接辞研究をまとめると、次の表4-2のようになる。その上で本書のアプローチをどのように位置づけるのかを確認しておく。

表4-2　字音接辞研究の概観（山下2013aによる）

文法論による研究	山田孝雄（1936）松下大三郎（1930）	語構成論と文法論全体の体系との関連が考慮されたもの
	森岡健二（1994）	文法研究の中で、語構成要素を体系的に捉え、論じたもの
語彙論・意味論による研究	山田孝雄（1940）	語の構成、構成要素の意味的関係に注目した記述がある
	斎賀秀夫（1957）	合成語全体について、語構成を論じたもの
	野村雅昭（1973）	否定の接頭語がどのような意味的性格を持った語と結合するか、また、結合したことによって、結合形全体がどのような意味を表すかという点を検討したもの
	野村雅昭（1978）	漢語接辞について、その種類を明らかにし、包括的な分類、分析を行った嚆矢となる論考
生成文法の理論による研究	影山太郎（1999）（2007）	クオリア構造の理論を用いた研究
	小林英樹（2004）	語彙概念構造の理論を用いた研究
	杉岡洋子（2009）	統語論への広がりを示す研究
認知言語学による研究	吉村公宏（2003）山下喜代（2011）	ネットワーク・モデルを用いて、接辞の多義性を捉える
	中島晶子（2010）	認知言語学的視点

　本書は、網かけで示した野村（1973）と同様の研究アプローチを用いて、連体詞型字音接頭辞を考察する。野村（1973）と同様の研究アプローチを用いて字音接辞を考察するものは、山下氏の一連の研究（山下1997, 1998, 1999, 2003など）があり、本書も、その流れを引き継ぐ立場から連体詞型字音接頭辞がどのような語と結合するか（結合機能）、連体詞型字音接頭辞自体がどのような意味を表すか、また結合することによって、結合形全体がどのような意味を表すか（意味添加機能）という2つの造語機能を中心に、連体詞型字音接頭辞の記述的研究を行う。

第4章　連体詞型字音接頭辞について　　*71*

5. 用例について

　本書では、基本的に国立国語研究所の『現代日本語書き言葉均衡コーパス』（Balanced Corpus Contemporary Written Japanese、以下 BCCWJ）[4]から、用例を集めている。ただし、第6章の「同」と第15章の「当該」については、BCCWJ から用例を集めるのではなく、読売新聞のデータベース『ヨミダス歴史館』（以下ヨミダス）から用例を集めている。新聞記事のデータベースから用例を集める理由は2つある。第一に、「同美術館」の「同」や、「当該チーム」の「当該」という表現は、新聞記事で頻繁に使用されているからである。第二に、(10)(11) で示すように、「同」と「当該」は照応用法と深く関わり、前文脈にある先行詞と照応する機能を持っている。

(10) 立命館大デザイン科学研究センターは15日午後2時から、朱雀キャンパス（京都市中京区）で、シンポジウム「安心・安全のデザイン」を開く。同センターは4月、今後の理想的な社会像を模索するために開設された。シンポジウムは、安全で安心して暮らせる街のあり方を考えようと企画した。
　　　ミサワホーム総合研究所の栗原潤一副所長と日産自動車 IT & ITS 開発部の二見徹・エキスパートリーダーが講演。
　　　善本哲夫・同センター長が司会を務め、八重樫文・同センター事務局長らも交えた討論も行う。　　　　　　　　　　　　（ヨミダス 2013.11.10）

(11) 10日午前6時15分頃、都城市平塚町のＪＲ日豊線五十市—財部駅間の線路上で、女性が都城発鹿児島中央行きの下り普通列車（6両）にはねられ、死亡した。乗員乗客15人にけがはなかった。都城署の発表では、現場の見通しは良く、運転士は「女性は線路の外から入ってきた」と話しているという。身元の確認を急ぐとともに、事故の原因を調べている。ＪＲ九州によると、特急上下2本が部分運休、当該列車を含む上下4本が最大1時間50分遅れ、約800人に影響が出た。

　　　　　　　　　　　　　　　　　　　　　　　　　　　（ヨミダス 2016.3.11）

4　例文の出典が BCCWJ である場合、サンプル ID とレジスターを明記する。

そのため、文脈の全体を把握しないと、前文脈のどの表現が先行詞なのか、どの部分を指し示すのかが判断しにくい。その理由で、全文脈がそれほど長くなく、かつ全文脈が確認できる新聞記事のデータベースを選んだ。

また、第5章の「本」と「当」も、次の（12）（13）で示したように、「同」「当該」と同様に、照応用法と深く関わり、前文脈にある先行詞と照応する機能を持っている。

(12) 第2期科学技術基本計画においては、優れた成果を生み出す科学技術システムを実現するための柱のひとつとして、評価システムの改革が挙げられている。本基本計画に基づき、……。

『科学技術白書』平成14年版 OW6X_00192）[5]

(13) 平成4年度においては、農業集落排水事業について八百三十九億円の予算を計上し、六百の継続地区について早期供用開始を目指し事業の推進を図るとともに、農村地域の水質保全と生活環境の改善のため、早急に当事業の着手が望まれている地区を中心に新規採択地区数を増加させ、……。　　　　　　　　『環境白書（各論）』平成4年版 OW4X_00145)

第5章の「本」と「当」も、「同」「当該」と同様に、新聞記事データベースから用例を集めるべきであるが、用例数を確保できず、うまく抽出できなかったため、BCCWJを使用した。しかし、BCCWJから集めた用例は、全文脈を確認できないため、「本」「当」の意味添加機能については、うまく分析できないところがある。よって、「本」「当」の結合機能についての分析は、BCCWJから集めたデータを使用し、意味添加機能についての分析は、BCCWJから集めたデータを使用しつつ、『ヨミダス歴史館』や、テレビ番組、ウェブサイト

5　例文の出典はBCCWJの例文である場合、中俣編（2017）を参照に、「「『盲目のピアニスト』LBh9_00016」のように『書名』＋IDとした。英文字で始まる文字列がIDで、BCCWJにおいてサンプルを特定するための記号である。他方、＜Yahoo! 知恵袋＞のように書名を示すことができないレジスターにおいては、「Yahoo! 知恵袋 OC14_01299」のようにレジスター＋IDとした。」（中俣編2017：ix）

などから集めた用例も補助的に活用する。

以上のことをまとめると、表4-3の通りである。

表4-3　用例について

第7章～第14章、第16章	BCCWJ
第5章	主：BCCWJ 補：ヨミダスや、テレビ番組、ウェブサイトなど
第6章、第15章	ヨミダス

なお、各用例に付した下線、点線と波線は、筆者によるものである。下線は当該接辞が使用される箇所を示す。照応用法として使用される際に、先行詞を点線で指し示す。波線は強調する情報を示す。ただし、先行研究から引用している例の下線は、断りのない限り先行研究のままである。用例で出典がないものは、筆者の作例である。また、例文における漢数字や算用数字はすべて原文のままである。例文に「,」「.」という符合が使用される場合、本書に合わせて、「、」「。」にする。

6.　**本章のまとめ**

本章で述べたことの要点をまとめておく。

A. 連体詞型字音接頭辞は、機能としては、後接語に対して、「名詞句の指示機能に関する性格付け」（金水1983）に相当する連体修飾的な機能を持つ。意味としては、主に、「文脈内での指示、他者との関係の表示、範囲・量の限定など、直接、内容にかかわらないもの」（野村1978：123）である。

B. 第2部の研究対象とする連体詞型字音接頭辞は、「亜」「一」「各」「旧」「現」「原」「故」「後」「今」「昨」「准」「準」「諸」「助」「正」「先」「全」「前」「総」「続」「他」「当」「同」「当該」「半」「汎」「副」「某」「本」「毎」「明」「翌」「来」「両」で、計34形式ある。

C. 本書の「連体詞型字音接頭辞」は、野村（1978）の「連体詞型接辞性字音語基」と山下（2018）の「指定」を表す字音接頭辞と重なる部分が多い。また、影山（1993）の「語⁺」という概念は、連体詞型字音接頭辞の結合

機能の分析に示唆を与えるものである。

D. 本書は野村（1973）と同様の研究アプローチを用いて、連体詞型字音接頭辞を考察する。連体詞型字音接頭辞がどのような語と結合するか（結合機能）、連体詞型字音接頭辞自体がどのような意味を表すか、また結合することによって、結合形全体がどのような意味を表すか（意味添加機能）という2つの造語機能を中心に、連体詞型字音接頭辞の記述的研究を行う。

E. 用例は基本的にBCCWJから集めるが、ヨミダスや、テレビ番組、ウェブサイトなどを補助的に利用する。

第5章

「本法律案」の「本」、「当委員会」の「当」
——直示と照応の両用法を持つ連体詞型字音接頭辞——

　本章は、「この」「いま話題にしている」という意味で類似する連体詞型字音接頭辞「本」と「当」を取り上げ、「本」と「当」はどのような後接語と結合するのか（結合機能）、どのような意味用法を持つのか（意味添加機能）という問題について考察する。

　1. では、まず考察対象と用例について述べる。2. では、「本」はどのような後接語と結合するのか（結合機能）について考察する。3. では、「当」はどのような後接語と結合するのか（結合機能）について考察する。4. では、「本」と「当」の比較分析を通じて、両者はどのような意味用法を持っているのか（意味添加機能）について考察する。最後に、5. では、本章の内容をまとめる。

1.　「本」と「当」の考察対象と用例

　第4章で述べたが、次の（1）（2）のように、「本」と「当」は照応用法と深く関わる用例がある。

（1）第2期科学技術基本計画においては、優れた成果を生み出す科学技術システムを実現するための柱のひとつとして、評価システムの改革が挙げられている。本基本計画に基づき、……。

　　　　　　　　　　　　　　　　（『科学技術白書』平成14年版 OW6X_00192）

（2）平成4年度においては、農業集落排水事業について八百三十九億円の予算を計上し、六百の継続地区について早期供用開始を目指し事業の推進を図るとともに、農村地域の水質保全と生活環境の改善のため、早急に当事業の着手が望まれている地区を中心に新規採択地区数を増

加させ、……。　　　　　　　（『環境白書（各論）』平成4年版 OW4X_00145）

　そのため、全文脈が確認できる新聞記事データベースから用例を集めるべき
であるが、「本」「当」のような一字の字音接頭辞をうまく抽出できないため、
BCCWJ を使用した。しかし、BCCWJ から集めた用例は、全文脈を確認でき
ないため、「本」「当」の意味添加機能については、うまく分析できないところ
がある。よって、「本」「当」の結合機能についての分析（2.と3.）は、BCCWJ
から集めたデータを使用し、意味添加機能についての分析（4.）は、BCCWJ
から集めたデータを使用しつつ、ヨミダスや、テレビ番組、ウェブサイトなど
から集めた用例も補助的に活用する。

1.1　「本」の用例収集

　「本」の用例収集には資料として、BCCWJ を使用した。中納言を使用し、
2014年8月30日に用例を検索した。検索条件として、「WHERE 句」をキーと
して検索した。「WHERE 句が書字形出現形 LIKE "本％" AND 語彙素読み
＝ "ホン" AND 品詞 ＝ "接頭辞"」という条件で検索し、5639件の検索結果を
得た。その内訳は表5-1の通りである。

表5-1　「本」の用例数

	用例数
連体詞型の「本」	3246（異なり541）
形容詞型の「本」	1427
明らかに考察対象にならないもの	966
合計	5639

　本章は、「本」には連体詞型の「本」と形容詞型の「本」の2種類を立てる。
野村（1978）においても、「本（～○日・～大学・～年度）」タイプと、「本（～会議・
～場所・～調子）」タイプがあるとする、同様の指摘が見られる。
　第2章で既に述べたが、野村（1978）は現代新聞の用例をもとに、接辞性字

音語基の用法の分類について詳細な考察を行っている。前部分の接辞性語基の分類は、「前部分語基と後部分語基の品詞性、および、その結合関係によったものである」（同：112）とし、異なり250の前部分の接辞性語基を「①体言型」「②連体修飾型」「③連用修飾型」「④連体詞型」「⑤用言型」「⑥否定辞型」「⑦数量限定型」「⑧敬意添加型」の８つに分類した。本書の「形容詞型」と野村（1978）の「連体修飾型」、本書の「連体詞型」と野村（1978）の「連体詞型」とそれぞれ重なる部分が大きい。

　野村（1978）を参考に、形容詞型と連体詞型の違いについて確認しておく。両者の違いをまとめると表5-2のようになる。

表5-2　形容詞型と連体詞型の違い（野村1978による）

	形容詞型	連体詞型
音声	前部分と後部分との間に、ポーズが置かれるものがない。	前部分と後部分との間に、ポーズが置かれるものがある[1]。
構造	Ⅰ．「形容詞（形容動詞）語幹＋名詞」の構造に擬せられるものである。 　例：低姿勢→低い姿勢 　　　悪天候→悪い天候 　　　名選手→すばらしい選手 Ⅱ．動詞的なものも含まれる。 　例：乱気流→乱れた気流 　　　活火山→活きている火山	「形容詞（形容動詞）語幹＋名詞」の構造に擬せられるものではない。
修飾関係	後部分の内容にかかわるものであり、その性質や状態を説明するものである。	文脈内での指示、他者との関係の表示、範囲・量の限定など、直接、内容にかかわらないものである。

　なお、野村（1978）も、「「本（〜○日・〜大学・〜年度）」の「本」を、この類（引用者注：④連用詞型）にいれることはみとめられても、「本（〜会議・〜場所・〜調子）」の「本」を、②と④のどちらに属するものとみるかというような点で、

1　ただし、連体詞型の中に「諸外国」の「諸」、「副総理」の「副」、「来シーズン」の「来」など、後接語の前にポーズが置かれず、一続きで発音されるものも少なからず存在する。

問題はのこる」（同：113-114）として、「本（〜会議・〜場所・〜調子）」の「本」がどのように位置づけられるかは明確にしていない。

　結論からいえば、本章では、「本（〜○日・〜大学・〜年度）」タイプの「本」を連体詞型、「本（〜会議・〜場所・〜調子）」タイプの「本」を形容詞型とする。

　まず、「本大学」「本研究」「本法律案」などは、基本的に「本」と後接語の間にポーズを置くことができる[2]。また、「この大学」「この研究」と解釈され、「形容詞（形容動詞）語幹＋名詞」の構造に擬せられるものではない。さらに、文脈内での指示を表し、直接、内容にかかわらないものである。したがって、このタイプの「本」を連体詞型に分類する。

　それに対し、「本（〜会議・〜場所・〜調子）」タイプは、「本」と後接語との間にポーズが置かれることはなく、一続きで発音されるのが一般的であろう。また、「本会議」は「もととなる会議、中心となる会議」、「本場所」は「本番の興行」、「本調子」は「本当の調子」という意味で使われ、厳密に「形容詞（形容動詞）語幹＋名詞」の構造に擬せられるものではないが、後部分の状態や性質を説明するものであり、連体修飾的な結合関係を構成するのは確かなことであろう。したがって、このタイプの「本」を形容詞型であると位置づけて問題がないと考えられる。

　第2部は、連体詞型字音接頭辞の記述ということで、連体詞型字音接頭辞の「本」のみを本章の考察対象として論を進め、形容詞型字音接頭辞の「本」を本章の考察対象としない。

　また、用例収集の際に「明らかに考察対象にならないもの」が主に2種類ある。第一に、検索条件に一致しないタイプである。（3）のように、「語彙素読み＝"ホン"」を指定したにもかかわらず、「ホン」と読まないものが検出されたケースもあれば、（4）のように、「品詞＝"接頭辞"」を指定したにもかかわらず、接頭辞でないものが検出されたケースもある。第二に、第1章で述べたように、本書の字音接辞の定義は、二字以上の漢語や和語、外来語に前接または後接して合成語を形成する字音形態素のことである。この定義によって、

2　「本年度」の「本」は、連体詞型に分類されるが、「本」と「年度」の間にポーズが置かれず、一続きで発音されるという点で例外ともいえる。

第5章　「本法律案」の「本」、「当委員会」の「当」　　79

「本事件」「本組合」「本センター」の「本」は字音接頭辞として認められるが、（５）のように、一字漢語と結合し、二字漢語を構成する「本」は字音接頭辞として認めることができず、対象外とする。

（３）そのなかで遺品があって問題となるのは、薬師寺金堂薬師三尊像の養老・神亀ごろの新鋳説と、藤原京木殿にあった本薬師寺の持統天皇二年ないし十一年ごろの三尊移遷説が美術史の方で話題になっています。
（『藤原鎌足』LBg2_00030）

（４）前略ひじょーに面白い本二冊を送って頂きありがとうございました（ただし一ヵ月前）。（『水木しげるの妖怪探検』LBn2_00048）

（５）全国的に見ますと、恐らく本県はまだまだ追いつかないのではないかと思うのですが、第五次五カ年計画が修了した段階での全国の普及状況と、……。（国会会語録 OM34_00001）

また、本章は連体詞型の「本」を研究対象として考察するものであるため、形容詞型の「本」は対象外とする。しかし、次の「本契約」の例文からわかるように、前後文脈により、（６）のように、「この契約」と解釈され、連体詞型になる場合もあれば、（７）のように、「正式の契約」と解釈され、形容詞型になる場合もある。本章では前後文脈を参考にして、連体詞型か、それとも形容詞型かを目視で確認し、すべての用例を分類した。

（６）日本の契約書には、必ず「本契約に疑義ある時は甲乙協議して定める」という条文を加え、それによって細則を省略するのがつねだ。（『日本とは何か』LBf3_00089）

（７）手付けを打って、仮契約にするという方法もあるはずですよ。本契約は退去後に見てから。もしそのとき契約しないのであれば手付けは返ってきませんけど、失敗するよりはいいでしょう。
（Yahoo! 知恵袋 OC08_05512）

1.2 「当」の用例収集

「当」の用例収集には資料として、BCCWJを使用した。中納言を使用し、2014年8月30日に用例を検索した。検索条件として、「WHERE句」をキーとし、「WHERE句が書字形出現形LIKE "当%" AND 語彙素読み = "トウ"」という条件で検索し、2075件の検索結果を得た。

しかし、設定条件と一致しない用例も検出されたため、BCCWJから見つかった用例すべてを目視で確認・判断し、連体詞型字音接頭辞でない例文を除外した。結果は表5-3の通りである。

表5-3 「当」の用例数

	用例数
連体詞型字音接頭辞	1119（異なり233）
「当＋の＋名詞」	623
明らかに考察対象にならないもの	333
合計	2075

「明らかに考察対象にならないもの」として、例えば、語彙素読み = "トウ" という条件を設定したにもかかわらず、（8）のような「トウ」と読まない例も検出された。

（8）同社の秋山政徳会長は「世界有数のハイビジョン放送会社を目指す」と語り、主力のCS放送では全体の約半数に<u>当たる</u>百チャンネル近くを現状の通常画質からハイビジョンに切り替える方針を明らかにした。

(Yahoo! ブログ OY14_07906)

（8）の「当たる」は「ア－たる」と読み、「トウ」と読まないことは明らかであろう。それらをデータから排除する。

また、前述したように、（9）のように、「当」が一字漢語と結合し、二字漢語になる例は字音接辞の定義に当てはまらず、対象外とする。

（9）つまり<u>当案</u>では議会の不信任決議権対首長の解散権という権力バラン
　　　ス論を考えていないことになる（『政策秘書が書く国会議員改革』LBr3_00172)

　しかし、「島」「宮」「宿」などの後接語は、それぞれ、和語として発音され
るか、漢語として発音されるか、二通りの発音がある。「トウシマ」「トウミ
ヤ」「トウヤド」など、和語として使われるのが自然だと判断した場合は、研
究対象に入れた。それに対し、「園」「所」などの後接語は、「ゾノ」「トコロ」
など、和語として使われる語もあるが、「当」と結合するとき、漢語として発
音されるのが自然だと判断し、研究対象から外した。具体的には、以下の表5
-4の通りである。

表5-4　「当」と結合する漢字一字のもの

和語と判断したもの （考察対象としたもの）	字音形態素として判断したもの （考察対象から除外したもの）
馬、係、組、蔵、島、城、宮、宿	案、駅、園、学、艦、機、軍、郡、県、州、署、所（処）、図、像、隊、団、邸、道、藩、法

2. 「本」の後接語について（結合機能）

2.1 「本」の後接語の語種

　表5-5は「本」の後接語について語種別にその異なり語数と延べ語数を示
したものである。
　異なり語数も延べ語数も、「漢語＞外来語＞混種語＞和語」という順に語数
が多いことがわかる。特に漢語の語数は、ほかの語種と比べて圧倒的に多く、
異なり語数で80％、延べ語数で90％を超えている。注目されるのは、二字漢語
の延べ語数の比率が68.02％であり、三分の二は二字漢語であるという点である。
加えて、延べ語数の比率が異なり語数より数値が高いのは二字漢語のみである。
つまり、使用頻度が高く、繰り返して出現する二字漢語が多いことがわかる。

それに対して、外来語も混種語も和語も、延べ語数の比率は、異なり語数のそれよりも低くなる。

表5-5 「本」の後接語の語種別語数と比率

語種		異なり語数	比率	延べ語数	比率
漢語	二字漢語	251	46.40%	2210	68.08%
	三字漢語	94	17.38%	547	16.85%
	四字漢語	56	10.35%	115	3.54%
	五字漢語	28	5.18%	61	1.88%
	六字以上の漢語	9	1.66%	11	0.34%
	小計	438	80.96%	2944	90.70%
和語		9	1.66%	22	0.68%
外来語		70	12.94%	245	7.55%
混種語		24	4.44%	35	1.08%
合計		541	100.00%	3246	100.00%

　語種ごとに具体的にどのような語が「本」と結合するのかを表の形にまとめる。漢語を表5−6、和語・外来語・混種語を表5−7にまとめる。また、紙幅の都合で、ここでは、各語種の語数の上位10位の語を語数の多い順にまとめた結果を示す。

表5-6 「本」の後接語が漢語である具体例

	二字漢語		三字漢語		四字漢語		五字漢語		六字以上漢語	
	語例	語数	語例	語数	語例	語数	語例	語数	語例	語数
①	年度	564	委員会	191	免責条項	10	附帯決議案	12	公益法人分科会	2
②	制度	104	法律案	104	報告期間	9	閣僚理事会	4	市民協働推進課	2
③	研究	86	決議案	22	小委員会	9	環境対策課	4	調査研究協力者会議	1
④	事件	82	改正案	20	補正予算	8	商工観光課	4	国土交通委員会	1
⑤	事業	82	報告書	18	会計年度	7	特別委員会	4	共同開発区域	1
⑥	調査	52	調査会	12	基本方針	6	環境管理課	3	商法改正問題	1
⑦	協定	48	研究会	12	保険制度	4	最高裁判決	3	社会保障計画	1
⑧	計画	46	症候群	10	交流会議	4	地域個体群	2	製造物責任法	1
⑨	条約	40	分科会	9	実証試験	3	調査研究会	2	選挙管理委員会事務局	1
⑩	問題	37	修正案	8	調査年度	3	都市整備課	2	—	—

表5-7 「本」の後接語が和語・外来語・混種語である具体例

	和語		外来語		混種語	
	語例	語数	語例	語数	語例	語数
①	申合せ	7	システム	22	ペディメント断片	6
②	取引	6	シリーズ	19	住居跡	4
③	建物	2	プロジェクト	16	アンケート調査	2
④	物語	2	ソフト	15	研究プロジェクト	2
⑤	場合	1	ブログ	14	子ども課	2
⑥	猫	1	トンネル	12	CT像	1
⑦	取極	1	プログラム	9	PKO法案	1

⑧	取決め	1	ガイドライン	8	コンサート招待券	1
⑨	手続き	1	サービス	7	スポーツ振興協会	1
⑩	—	—	マニュアル	6	ニーチェ全集	1

2.2 「本」の後接語の意味分野

「本」の後接語の意味分野については、『分類語彙表』を参考にして、分類を行った。後接語を意味分野の大項目別に示すと表5-8のようになる。

表5-8 「本」の後接語の意味分野（大項目）語数と比率

大項目	異なり語数	比率	延べ語数	比率
1.1 抽象的関係	71	13.12%	908	27.97%
1.2 人間活動の主体	85	15.71%	429	13.22%
1.3 人間活動精神および行為	334	61.74%	1797	55.36%
1.4 生産物および用具	38	7.02%	72	2.22%
1.5 自然物および自然現象	13	2.40%	40	1.23%
合計	541	100.00%	3246	100.00%

「本」は、「心・言語・芸術・生活・交わり・待遇・経済・事業」が含まれる「1.3 人間活動精神および行為」を表す後接語と最も結合しやすく、延べ語数の55％、異なり語数の60％を超えている。「1.1 抽象的関係」の延べ語数が多い理由は、「1.16 時間」を表す「年度」という語が564回出現したからである。「1.4 生産物および用具」と「1.5 自然物および自然現象」を表す後接語の語数は比較的少なく、両者を合わせても、延べ語数の3.5％にも達していないほどである。

次に、「本」の後接語の意味分野の中項目について分析する。表5-9はその調査結果を示したものである。

第5章 「本法律案」の「本」、「当委員会」の「当」　　85

表5-9 「本」の後接語の意味分野（中項目）語数と比率

意味コード	大項目	中項目	延べ語数	比率
1.10	抽象的関係	事柄	114	3.51%
1.11		類	96	2.96%
1.13		様相	35	1.08%
1.15		作用	3	0.09%
1.16		時間	588	18.11%
1.17		空間	44	1.36%
1.18		形	16	0.49%
1.19		量	12	0.37%
1.23	人間活動の主体	人物	2	0.06%
1.24		成員	4	0.12%
1.25		公私	7	0.22%
1.26		社会	44	1.36%
1.27		機関	372	11.46%
1.30	人間活動精神および行為	心	878	27.05%
1.31		言語	389	11.98%
1.32		芸術	87	2.68%
1.33		生活	12	0.37%
1.34		行為	25	0.77%
1.35		交わり	116	3.57%
1.36		待遇	85	2.62%
1.37		経済	50	1.54%
1.38		事業	155	4.78%
1.40	生産物および用具	物品	6	0.18%
1.41		資材	6	0.18%
1.43		食料	3	0.09%
1.44		住居	9	0.28%
1.45		道具	18	0.55%
1.46		機械	10	0.31%
1.47		土地利用	20	0.62%
1.51	自然物および自然現象	物質	5	0.15%
1.53		生物	2	0.06%
1.55		動物	1	0.03%
1.56		身体	2	0.06%
1.57		生命	30	0.92%
合計			3246	100.00%

「1.30 心」の比率は27.05％で最も多く、20％を超える中項目はほかにない。「1.30 心」をさらに詳しく見ると、「計画・案」「原理・規則」「研究・試験・調査・検査など」を表す語が特に多い。第二位は588語で、18.11％を占める「1.16 時間」である。しかし、それは先にも述べたが、出現頻度が564の「年度」という語による影響である。その次は、「1.31 言語」の389語と、「1.27 機関」の372語である。ほかに出現頻度が100以上あるのは、「1.38 事業」、「1.10 事例」と「1.35 交わり」である。残りの中項目の語数は比較的少ないといえる。

また、延べ語数が100を超える中項目に絞って、具体的にどのような語があるのかをまとめると表5-10のようになる。「1.30 心」（延べ878例）、「1.16 時間」（同588例）、「1.31 言語」（同389例）、「1.27 機関」（同372例）、「1.38 事業」（同155例）、「1.35 交わり」（同116例）、「1.10 事柄」（同114例）の7つは、延べ語数が100を超える。大項目の「1.4 生産物および用具」と「1.5 自然物および自然現象」には、100を超える中項目が一つもないため、「1.4」と「1.5」を合わせて一つの項目として、先に述べた7つの中項目と並べて語例を示す。

表5-10 「本」の延べ語数が多い中項目の具体例

	1.10 事柄		1.16 時間		1.27 機関		1.30 心	
	語例	語数	語例	語数	語例	語数	語例	語数
①	事件	82	年度	564	委員会	191	制度	104
②	免責条項	10	報告期間	9	連盟	16	法律案	104
③	条項	9	会計年度	7	国会	15	研究	86
④	個体	6	段階	2	調査会	12	調査	52
⑤	史料	2	調査年度	2	研究会	12	計画	46
⑥	案件	1	課程	1	小委員会	9	条約	40
⑦	現象	1	歴年	1	基金	6	問題	34
⑧	火災事件	1	学期	1	機構	5	条例	27
⑨	要求事項	1	場合	1	施設	5	決議案	22
⑩	データ	1	―	―	生活課	5	改正案	20

	1.31 言語		1.35 交わり		1.38 事業		1.4&1.5	
	語例	語数	語例	語数	語例	語数	語例	語数
①	通達	36	協定	48	事業	82	疾患	15
②	報告	28	分科会	9	連載	19	製品	13
③	資料	21	作戦	7	ソフト	15	トンネル	12
④	論文	20	サービス	7	特集	10	症候群	10
⑤	シリーズ	19	調停	5	業務	4	マンション	4
⑥	報告書	18	協約	5	工事	3	腫瘍	3
⑦	項目	16	定例会	4	航海	2	商品	2
⑧	全集	11	総会	3	技術	2	用紙	2
⑨	訳書	11	イベント	3	作業	2	建物	2
⑩	講座	10	会合	2	文庫版	2	遠心機	2

3. 「当」の後接語について（結合機能）

3.1 「当」の後接語の語種

　表5-11は「当」の後接語について語種別にその異なり語数と延べ語数を示したものである。

表5-11　「当」の後接語の語種別語数と比率

語種		異なり語数	比率	延べ語数	比率
漢語	二字漢語	81	34.76%	302	26.99%
	三字漢語	46	19.74%	417	37.27%
	四字漢語	8	3.43%	13	1.16%
	五字漢語	7	3.00%	10	0.89%
	六字以上の漢語	9	3.86%	10	0.89%
	小計	151	64.81%	752	67.20%
和語		13	5.58%	29	2.59%
外来語		45	19.31%	293	26.18%
混種語		24	10.30%	45	4.02%
計		233	100.00%	1119	100.00%

表5-11から異なり語数も延べ語数も、「漢語＞外来語＞混種語＞和語」という順に語数が多いことがわかる。「当」の後接語が漢語である比率は、異なり語数も延べ語数も65％ほどであり、ほかの語種と比べ、圧倒的に高い値である。外来語の延べ語数の比率は異なり語数より多いことから、使用頻度が高く、繰り返して出現する外来語が多いということがうかがえる。外来語とは逆に、混種語の延べ語数の比率は、異なり語数と比べ、6％ほど減少する。「当」と結合する混種語と和語の延べ語数の比率は5％以下であり、極めて少ない。

　語種ごとに具体的にどのような語が「当」と結合するのかを表の形にまとめる。漢語を表5-12、和語・外来語・混種語を表5-13にまとめる。「本」と同様に、各語種の語数が上位10位の語を語数の多い順にまとめた結果を示す。

表5-12　「当」の後接語が漢語である具体例

	二字漢語		三字漢語		四字漢語		五字漢語		六字以上漢語	
	語例	語数	語例	語数	語例	語数	語例	語数	語例	語数
①	年度	27	委員会	317	営業年度	4	調停委員会	2	社会福祉協議会	2
②	法人	24	大学塾	11	監査法人	3	法務委員会	2	歴史民俗資料館	1
③	協会	17	研究所	9	掲載音源	1	予算委員会	2	実行委員会事務局	1
④	病院	16	裁判所	9	情報収集	1	建設委員会	1	決算行政監視委員会	1
⑤	地域	15	協議会	7	文教委員	1	教育委員会	1	農林水産常任委員会	1
⑥	地方	11	事業所	4	医療法人	1	実行委員会	1	農林水産委員会	1
⑦	管内	10	審判所	4	初電調審	1	専門委員会	1	大東亜共和国	1
⑧	大学	10	自治会	4	新築家屋	1	—	—	鉱物学研究所	1
⑨	会社	10	事務所	3	—	—	—	—	後援会事務所	1
⑩	施設	8	編集部	3	—	—	—	—	—	—

表5-13　「当」の後接語が和語・外来語・混種語である具体例

	和語		外来語		混種語	
	語例	語数	語例	語数	語例	語数
①	屋敷	6	ブログ	158	営業日	15
②	係	5	センター	42	取引所	6
③	組合	5	サイト	17	スキー場	3
④	宮	2	クリニック	11	ひろば窓口	1
⑤	城	2	ホテル	8	商品取扱店	1
⑥	馬	2	コーナー	6	イエズス会本部	1
⑦	岩国	1	グループ	6	埋蔵文化財センター	1
⑧	江戸	1	ルーム	4	大蔵委員会	1
⑨	西新井	1	オークション	3	地元直売グループ	1
⑩	宿	1	ホーム	2	共済組合	1

3.2　「当」の後接語の意味分野

　「当」の後接語の意味分野については、『分類語彙表』を参考にし、分類を行った。後接語の内訳を大項目別に示すと以下の表5-14のようになる。

表5-14　「当」の後接語の意味分野（大項目）語数と比率

大項目	異なり語数	比率	延べ語数	比率
1.1 抽象的関係	24	10.30%	132	11.80%
1.2 人間活動の主体	124	53.22%	686	61.30%
1.3 人間活動精神および行為	51	21.89%	246	21.98%
1.4 生産物および用具	31	13.30%	51	4.56%
1.5 自然物および自然現象	3	1.29%	4	0.36%
合計	233	100.00%	1119	100.00%

　「当」は、「1.2 人間活動の主体」を表す後接語と最も結合しやすく、異なり語数の半数以上、延べ語数の60%を超えている。それに次ぐ「1.3 人間活動精神および行為」と「1.1 抽象的関係」は、それぞれ20%以上、10%以上の比率を占めている。「1.4 生産物および用具」の延べ語数の比率は異なり語数と比

べて、8.7％ほど減少している。「1.4 生産物および用具」を表す語には、使用頻度が低い語が多く含まれていると考えられる。「1.5 自然物および自然現象」を表す語は、「島・馬・動物」のわずか3語であり、「当」と非常に結合しにくい。

　次に、「当」の後接語の意味分野の中項目について分析する。表5-15はその調査結果を示したものである。

　「1.27 機関」の比率は45.84％であり、「1.32 芸術」の比率は14.63％である。それぞれ、第1位と第2位である。しかし、それは「委員会」と「ブログ」がそれぞれ317回、158回出現していることが原因だと考えられる。「1.26 社会」は13.94％の比率を占めており、第三位である。その次は「1.17 空間」、「1.16 時間」と「1.31 言語」であり、それぞれ6.34％、4.65％と3.13％の比率を占めている。それ以外の中項目は1％ほどの比率で、出現する比率が低いといえる。

　また、延べ語数が上位8位の中項目に絞って、具体的にどのような語があるのかをまとめると表5-16のようになる。延べ語数が上位8位の中項目は「1.27 機関」（延べ語数513）、「1.32 芸術」（同166）、「1.26 社会」（同156）、「1.17 空間」（同71）、「1.16 時間」（同52）、「1.31 言語」（同35）、「1.44 住居」（同23）、「1.38 事業」（同16）である。

表5-15 「当」の後接語の意味分野（中項目）語数と比率

意味コード	大項目	中項目	延べ語数	比率
1.10	抽象的関係	事柄	2	0.18%
1.11		類	5	0.45%
1.15		作用	1	0.09%
1.16		時間	52	4.65%
1.17		空間	71	6.34%
1.19		量	1	0.09%
1.23	人間活動の主体	人物	1	0.09%
1.24		成員	9	0.80%
1.25		公私	7	0.63%
1.26		社会	156	13.94%
1.27		機関	513	45.84%
1.30	人間活動精神および行為	心	10	0.89%
1.31		言語	35	3.13%
1.32		芸術	164	14.63%
1.33		生活	2	0.18%
1.34		行為	3	0.27%
1.35		交わり	10	0.89%
1.36		待遇	1	0.09%
1.37		経済	5	0.45%
1.38		事業	16	1.43%
1.40	生産物および用具	物品	3	0.27%
1.44		住居	23	2.06%
1.45		道具	8	0.71%
1.46		機械	2	0.18%
1.47		土地利用	15	1.34%
1.52	自然物および自然現象	天地	1	0.09%
1.55		動物	3	0.27%
合計			1119	100.00%

表5-16 「当」の延べ語数が多い中項目の具体例

	1.27 機関		1.32 芸術		1.26 社会		1.17 空間	
	語例	語数	語例	語数	語例	語数	語例	語数
①	委員会	317	ブログ	158	病院	16	サイト	17
②	センター	40	語録	3	大学塾	11	地域	15
③	法人	24	『ガス燈』	1	クリニック	11	地方	11
④	協会	17	『ドールハウス』	1	大学	10	管内	10
⑤	裁判所	9	映画	1	会社	10	コーナー	6
⑥	公団	7	—	—	研究所	9	地区	4
⑦	協議会	7	—	—	ホテル	8	教区	3
⑧	グループ	6	—	—	取引所	6	方面	2
⑨	施設	5	—	—	道場	6	基地	1
⑩	組合	5	—	—	学院	4	遺跡	1

	1.16 時間		1.31 言語		1.44 住居		1.38 事業	
	語例	語数	語例	語数	語例	語数	語例	語数
①	年度	27	方言	6	屋敷	6	企業	7
②	営業日	15	講座	5	宮	2	事業	5
③	歴年	4	記事	3	城	2	連載	2
④	営業年度	4	発音	2	パビリオン	2	運送サービス	1
⑤	中間期	1	答申	2	マンション	1	工事	1
⑥	正月	1	会議	2	岡崎城	1	—	—
⑦	—	—	白書	2	朝倉家	1	—	—
⑧	—	—	報告書	2	工房	1	—	—
⑨	—	—	福音書	2	実験室	1	—	—
⑩	—	—	ネットワーク	1	相談室	1	—	—

3.3 「当」の後接語の語種と意味分野の関係

以下では「当」の後接語の語種と意味分野との関係を見てみる。図5-1は、異なり語数のデータをまとめた結果を示したものである。

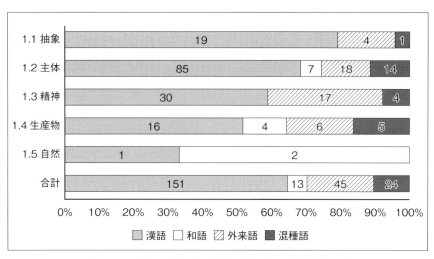

図5-1 「当」の意味分野　語種別異なり語数と比率[3]

「1.1 抽象的関係」では、語数は多くないが、比率からみれば漢語が圧倒的に多い。「1.2 人間活動の主体」は「合計」とほぼ同じ形になり、どちらも同様の分布傾向が見られる。「1.3 人間活動精神および行為」を表す外来語の比率は、ほかの意味分野における外来語の比率より、明らかに目立つ。「1.4 生産物および用具」は漢語の語数が最も多いが、比率は50％ぐらいで、決して高い比率とはいえない。それに対し、混種語の比率は、ほかの意味分野における混種語より、やや高い比率である。「1.5 自然物および自然現象」を表す語と和語のデータ数が少ないため、顕著な特徴が見られない。

次の図5-2は、延べ語数についての調査結果である。

---

[3] 「抽象」「主体」「精神」「生産物」「自然」は、それぞれ、「抽象的な関係」「人間活動の主体」「人間活動精神および行為」「生産物および用具」「自然物および自然現象」の略称である。以下も同様。

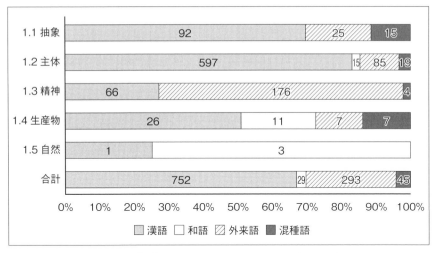

図5-2 「当」の意味分野　語種別延べ語数と比率

　漢語は「1.2 人間活動の主体」に、外来語は「1.3 人間活動精神および行為」に、和語は「1.4 生産物および用具」に、混種語は「1.4 生産物および用具」と「1.1 抽象的関係」にというように、それぞれ異なる分野に比較的集中している傾向が見られる。「1.3 人間活動精神および行為」では、漢語の比率は26.47％であるのに対して、外来語は72.27％であり、これは158回出現している「ブログ」という語の影響だと考えられる。

3.4 「当＋の＋名詞」について
　字音接頭辞「当」の用例を収集する際に、「当＋の＋名詞」の用例も収集された。「当＋の＋名詞」は本章の研究対象の中心ではないため、詳細な記述を控え、現象の指摘にとどめておきたい。

(10) まあ、感性の世界なので、変わっている人ばかりなのは仕方のないことですし、当の私自身もそのうちのひとりなのですが……。
　　　　　　　　　　（『花屋が誰も書けなかった「花屋で成功するための本」』PB26_00137）
(11) 「拓巳くんの心の傷を思ったことがあります？　だいたいあなたは―」

<u>当の拓巳</u>は虚空をただ凝視している。

（『わたしが愛した愚か者』PB59_00489）

（12）どちらが本当なのか、<u>当の本人</u>にもわかりはしない。

（『ショットガンレディ』PB49_00403）

（13）まず、<u>当の息子さん</u>がまったく関知しないところでご両親が新居を探
しているのですが、息子さんにしてみれば……。

（『アパート大家さんになった12人のフツーの人々』PB56_00020）

　例文（10）～（13）で示したような「当＋の＋名詞」の用例が623例見られ
た。傾向としては、「の」の後ろの名詞は、「本人・人称代名詞・人の名前」な
どの「ひと」を表す語が多く、これは623例のうち、490例が見られた。「当の」
は、「その」という意味になるが、「その」より対象名詞を強く指し示す印象を
与え、「当の」が指し示す人を中心人物として捉える。「指し示す」度合いの強
さという点で、「その」との違いが見られる。

　また、「当＋の＋名詞」の発話者はより客観的な第三者の立場に立つ。（13）
の「息子」の後ろに「さん」が使用されていることは、その証拠になるだろう。
「当の」をつけると、「私自身」「本人」「息子さん」などの話題にされている人
物と一定の距離を置き、客観的な述べ方で述べる印象を与えている。

4. 「本」と「当」の比較分析（意味添加機能）

　「本」と「当」は、「この」「いま話題にしている」という意味で類似するが、
相違点は何かあるのだろうか。（14）のように、国語辞典にも両者の相違点が
十分に記述されていない。

（14）本：名詞に付けて、今、現に問題にしているもの。当面のものである
　　　　　意を表わす語。当の。この。

　　　当：名詞の上に付いて、この、その、現在の、さしあたっての、など
　　　　　の意を表わす。　　　　　　　（『日本国語大辞典』（第二版．小学館．2001））[4]

4　以下『日国』と略す。

また、『新選』には、「「自分の」という意味で使うときは「当」は使いにくい」という説明があるが、『三国』には、「（引用者注：「当」は）「私どもの」の気持ちで使うことが多い」と正反対の記述がなされている。よって、「本」と「当」を比較して考察し、両者の相違点を明確にすることが必要だと考えられる。

4.1　先行研究：国広哲弥 (1997)

「本」と「当」についての先行研究は管見の限り、国広 (1997) しかない。ここでは国広 (1997) の主張を概観し、その問題点を検討する。

国広 (1997) は、前方照応的な「同」と異なり、「本」と「当」は直示的[5]に用いられると指摘し、両者の違いを中心に、詳しく論じている。

まず、(15) ～ (18) の「本校・当校」などの用例を用いて、「本」は話し手と聞き手が同一のグループに属しているときに用いられ、包含的であり、「当」は逆に両者が異なるグループに属しているときに用いられ、除外的である（国広1997：31）と説明している。

(15)　本校の生徒に告ぐ。　　　　　　　　　　　　　　　　　　　（国広1997：31）

(16)　×当校の生徒に告ぐ。　　　　　　　　　　　　　　　　　　（国広1997：31）

(17)　×本校は部外者の立ち入りを禁じます。　　　　　　　　　　（国広1997：31）

(18)　当校は部外者の立ち入りを禁じます。　　　　　　　　　　　（国広1997：31）

さらに、「本人・当人」「本日・当日」の用例については、先の「包含的」「除外的」という概念を使って説明するのは無理があると述べ、さらなる分析を行い、(19) のように結論づけている。

(19)　本 － ＜心的視点が「本」が指すものの内部にあり、視野も内部に限られる＞

5　本書では、一貫して「直示用法」と「照応用法」という用語を使用するが、先行研究をについて述べるときは、「前方照応的」「照応表現」「直示的」「直示表現」など、先行研究の用語に従うこととする。

第5章　「本法律案」の「本」、「当委員会」の「当」　　*97*

当－＜心的視点が「当」が指すものの外部にあり、「当」が指すものを、
それを取り巻く情況の中心として眺める＞　　　　　　（国広1997：33）

しかしながら、国広（1997）には以下の問題点があると思われる。

まず、国広（1997）の最も大きな問題は、「本」と「当」を直示的であると位置づけ、(20)(21)のような照応用法の「本」と「当」を考慮していないことである。

(20) 午王山遺跡はこれまでに5次にわたる調査が実施され、次第にその全貌が明らかになりつつある。本遺跡は弥生時代後期の環壕集落として著名で、……。　　　　　　　　（『古代東国の考古学的研究』PB32_00025）

(21) 経済産業省企業法制研究会「ブランド価値評価研究会（委員長：広瀬義州）」が公表したブランド価値評価モデルで計算した価値評価額がこのレベルに該当する。当研究会の報告書は、以下のURLから入手できる。

（『知的財産の証券化』PB33_00620）

照応用法の(20)(21)の「本」と「当」は実例であり、考察対象にすべきである。照応用法については4.2.2と4.4で詳細に述べる。

さらに、国広（1997）の最も重要な主張といえる＜心的視点＞説にも問題がある。＜心的視点＞説は「本日・当日」「本人・当人」の用例を考慮して導き出した結論である。しかし、「当日」は言語文脈にすでに現れた指示対象を基準に、その指示対象を示す語であり、直示用法ではない。また「本人・当人」には、(22)(23)が示すように直示用法ではない場合もある。

(22) 古田監督は2010年から指揮を執ったが12年、2部リーグの「チャレンジリーグ」に降格。昇格を目指していたがかなわず、本人の希望で退団が決まった。　　　　　　　　　　　　　　（ヨミダス 2014.5.21）

(23) もう一つは、書道の恩師からの賀状。宛名に区名が抜けていたが、後は間違っていないものが返送されたと当人から電話を頂いた。

（ヨミダス 2014.2.1）

直示用法の「本」と「当」の違いを説明する際に、直示用法ではない「当日」や、文脈に照合しないと直示用法か否かが確定できない「本人・当人」を使用するのは不適切であり、そこから導き出した＜心的視点＞説には疑問を感じる。

　以上のことから、直示用法の「本」と「当」の相違点を適切に説明できる観点、および照応用法の「本」と「当」が有する特徴を明らかにする必要があると考える。

4.2　直示用法と照応用法

　まず、直示用法と照応用法の「本」と「当」はどのようなものなのか、「本」と「当」の共通点は何かについて確認する。

　4.2.1に入る前に断っておくことがある。「本協会」「当ホテル」のような後接語が所属先を表す場合は、話し手と聞き手がその所属先（「協会」「ホテル」など）とどのような関係にあるのかを観察しやすいため、4.2.1では、後接語が所属先を表す場合に限定して論を進める。「本作品」「当ブログ」のような後接語が所属先を表さない場合は、基本的に後接語が所属先を表す場合と結論が一致するということを4.3.2で述べる。

4.2.1　直示用法

　国広（1997：37）は「直示的な語というのは、その指す事物が発話のなされた時点、発話者のいる地点、発話者の向いている方向を基準にして決まる語」と述べている。本章はこの定義に従い、（24）～（27）の「本」と「当」の用法を「直示用法」と呼ぶ。

（24）総会には、JAZA の総裁を務められる秋篠宮さまも出席。あいさつで、「文化の問題と、<u>本協会</u>が WAZA という組織の一員であることは、分けて考える必要があると考えます。　　　　　　　　　　（ヨミダス 2015.5.29）

（25）新春恒例行事の式典で、法王出席を知った物理学の教授らが１月10日、「<u>本大学</u>はあらゆる信仰、あらゆるイデオロギーに開かれている」とし、招待を取り消すよう求める請願書をグアリーニ学長あてに送った。

（ヨミダス 2008.1.16）

(26)「ということは私もホテルサンラインですね？」「いえいえ、添乗員さんには当ホテルにお泊まりいただきます」

『添乗員は見たどっきり激安バスツアー』LBl6_00003）

(27) 改装工事のお知らせ（中略）大変恐縮ですが、当店舗工事期間中はお近くの松屋のご利用を何卒よろしくお願いいたします。

（Yahoo！ブログ OY11_02107）

(24) の「本協会」は話し手[6]である総裁の所属する協会である。話し手が変われば、「本協会」がどの協会を指すのかも変わる。このように話し手を基準に「本○○」が何を指し示すかが決まる「本」の用法は直示用法である。(26)(27) の「当」も同様である。

次に、直示用法の「本」と「当」にはどのような共通点があるのかを確認する。(24) ～ (27) の話し手と聞き手の関係を表5-17のように示す。

表5-17　(24) ～ (27) の話し手と聞き手の関係

用例		話し手		聞き手	
本	(24) 本協会	協会の総裁（内部の人）	内部の人	協会の会員（内部の人）	内部の人
	(25) 本大学	物理学の教授（内部の人）		教授や学長（内部の人）[7]	
当	(26) 当ホテル	受付の人（内部の人）		添乗員（外部の人）	外部の人
	(27) 当店舗	従業員（内部の人）		お客様（外部の人）	

6　ここでいう「話し手」は対話である話し言葉のみならず、書き言葉における場合も含み、「聞き手」も同様の用語法をとる。つまり、いわゆる「書き手」「読み手」のことも「話し手」「聞き手」とする。

7　引用箇所だけでは、聞き手が内部の人か否かは不明だが、記事全文を確認すると、聞き手がほかの教授らや学長であり、大学の内部の人であることがわかる。

表5-17を簡潔にまとめると、(28)のようになる。

(28) 本-［話し手：内　→　聞き手：内］
　　　当-［話し手：内　→　聞き手：外］

(28)は4.1で述べた、国広(1997)の「「本」は包含的で、「当」は除外的である」という結論と一致する。しかし、(28)には反例がある。

(29)「特待生制度は全国的な問題となり、大変混乱した地区予選となってしまった。……(中略)。本連盟も真摯（しんし）に対応する」。18日の県大会開会式で、県高野連の池内正一理事長は、高橋健二会長のあいさつを厳しい表情で代読した。
　　　　　　　　　　　　　　　　　　　　　　　　　　　　（ヨミダス 2007.5.19）

(30) 総長：足柄先生、あなたは愛妻家の仮面をかぶり、不貞の限りを尽くしました。あなたの行いは当病院の品位を著しく傷つけるものです。
　　　　　　　　　　　　　　　　　　（『Doctor－Ｘ外科医・大門未知子Ⅲ』3話）

(29)と(30)を分析すると、表5-18の通りである。

表5-18　(29)(30)の話し手と聞き手の関係[8]

	用例	話し手	聞き手
本	(24)(25)	（内部の人）	（内部の人）
	(29) 本連盟	理事長・会長　（内部の人）	県大会参加者　（外部の人）
当	(26)(27)	（内部の人）	（外部の人）
	(30) 当病院	総長　　　　　（内部の人）	足柄医師　　　（内部の人）

(29)の「本」は(24)(25)の「本」とは異なり、聞き手には「連盟」外部の人がいるにもかかわらず、「本」が用いられている。同様に、(30)の「当」

───────────────

8　表5-18では、すでに言及した(24)～(27)の詳細を省くことにする。詳しくは表5-17を参照されたい。

も聞き手が「病院」内部の医師であるにもかかわらず、「当」が用いられている。以上のことから、直示用法の「本」と「当」の共通点は、(31) のようにまとめることができる。

(31) 本・当―［話し手：内　→　聞き手：内／外］

4.2.2　照応用法

本章は国広 (1997) と異なり、「本」と「当」には照応用法があると主張する。その前に、まず、「照応用法」とは何かについて確認しておく。

「照応用法」は、一般に「文脈指示」とされるものに共通する部分が大きい。ある言語表現がどのような内容や対象を指すかが、その言語表現だけでは決まらず、前後の言語文脈を参照してはじめて指示対象が決まる用法のことを「照応用法」という。

(32) 岩と砂ばかりの砂漠を走り続けると、目指すオアシスにたどり着いた。
　　　ここで私たちは３日ぶりに心からの休息をとった。

　　　　　　　　　　　　　　　　　　　　　　（日本語記述文法研究会編2009：17）

(33) 木村容疑者は５日朝、事情聴取のため県警に同行を求められたが、同日、殺人容疑で逮捕された。　　　　（日本語記述文法研究会編2009：41）

(32) の「ここ」は何を指すか、指示対象は何かということについては、「ここ」だけではわからず、前文脈に出現した「オアシス」を参照してはじめて「ここ」の指示対象が「オアシス」であることが決まる。また、(33) の「同」も同様に、「同」は何を指すのか、前文脈に出現した「５日」を参照してはじめてわかる。つまり、(32) の「ここ」と (33) の「同」は照応用法を持っている。

(34) 第２期科学技術基本計画においては、優れた成果を生み出す科学技術システムを実現するための柱のひとつとして、評価システムの改革が挙げられている。本基本計画に基づき、……。

（『科学技術白書』平成14年版 OW6X_00192）

(35) 全国の市町村で計測された震度情報を消防庁へ即時送信する<u>システム（震度情報ネットワーク）</u>は、平成9年4月から運用を開始し、<u>本システム</u>で収集された震度データは、気象庁にもオンラインにより提供しており、……。　　　　　（『消防白書』平成14年版 OW6X_00359）

(36) 平成4年度においては、農業集落排水事業について八百三十九億円の予算を計上し、六百の継続地区について早期供用開始を目指し事業の推進を図るとともに、農村地域の水質保全と生活環境の改善のため、早急に<u>当事業</u>の着手が望まれている地区を中心に新規採択地区数を増加させ、……。　　　　　（『環境白書』平成4年版 OW4X_00145）

(37) <u>AED（自動体外式除細動器）</u>とは、（中略）電気ショックを与えて正常なリズムに戻すための医療機器で、平成十六年より医療従事者でない一般の人も使用できるようになりました。本町では<u>当機器</u>の公施設への設置を進めており、……。　　　（『広報やかげ』2008年12号 OP83_00003）

(34) の「本基本計画」は何を指すか、指示対象は何かということについては、前文脈に出現した「第2期科学技術基本計画」を参照してはじめて「本基本計画」の指示対象が「第2期科学技術基本計画」に決まる。(35) の「本システム」も同様にいえる。(36) の「当事業」も何を指すのか、前文脈に出現した「農業集落排水事業」を参照してはじめてわかる。(37) の「当機器」も同様にいえる。つまり、(34) (35) の「本」と (36) (37) の「当」は<u>照応用法</u>を持っている。

　「本」「当」と同様に、名詞が後接し、照応用法を持つのは、「この」と「その」である[9]。(34) ～ (37) を見ると、先行詞の中には固有名詞といえないものもあるが、いずれも特定的なものであるとはいえるだろう。指示対象が特定的であるため、「本」「当」をともなった名詞句は「話者にとって指示的」（堤2012）であるということになる。「話者にとって指示的」というのは、「この」の機能である（堤2012）。よって、照応用法の「本」と「当」は「この」と類似

9　本書は金水（1999）や堤（2012）に従い、「あの」には照応用法がないという立場をとる。

した機能を果たし、「この」との類似性を持つことがわかる。つまり、「この」との類似性を持つことが照応用法の「本」と「当」の共通点である。

4.3　直示用法の「本」と「当」の比較

　直示用法の「本」「当」の共通点を4.2.1で確認した。4.2.1と同様に、相違点についても後接語が所属先を表す場合から順に見ていく。

4.3.1　後接語が所属先を表す場合

　ここでは後接語が所属先を表す場合に、直示用法の「本」と「当」にはどのような相違点があるのかについて検討する。

　まず、「本」も「当」も［話し手：内　→　聞き手：内］の場合を見る。

(38)　式では北島正樹学長が「授与された白衣を着て本大学への帰属意識を高め、医療人として誇りと責任感を持って実習に望んでほしい」と激励。　　　　　　　　　　　　　　　　　　　　　　　　　（ヨミダス 2013.4.16）

(38')　［話し手（学長）：内　→　聞き手（学生）：内］

(39)　理事長：理事会全員一致で決定しました。赤目義二医師を当病院の院長から更迭する。新たに広瀬史也医師を院長とし、新たな体制をもって、病院運営の健全化を目指す。　　　（『リーガルハイ・スペシャル2014』）

(39')　［話し手（理事長）：内　→　聞き手（赤目院長）：内］

　聞き手がその所属先の内部の人の場合、「本」も「当」も使うことができる。その相違点を本章では「心理的立場関係」という概念を用いて説明する。

　話し手が聞き手と実際にどのような立場関係にあるかということではなく、話し手が心内で認識した聞き手との立場関係のことを「心理的立場関係」と呼ぶことにする。

　(38)は「白衣授与式」で、例文にも「帰属意識」「誇り」という言葉が出ており、同じ大学に所属している事実が強調されている。このような場面[10]では、話し手の学長は心内では、聞き手の学生に対し、対立的な上下関係にある相手としてではなく、同じ大学の内部に属するメンバーとして認識する。よって、

104

「本」が使われていると考えられる。

　一方、(39) では、理事長は赤目院長に対し、解任という決定を言い渡した。話し手の理事長は心内ですでに赤目院長を外側の人間として認識しているのである。そのような「心理的立場関係」によって、「当」が使われていると考えられる。

　次に、［話し手：内　→　聞き手：外］の場合の例を見る。

(40)　開始式で同協会会長の■■■■さんは、「二年前から本協会と丹波自然
　　　運動公園が共催し、行政の手を借りない手作りの大会として新たな歴
　　　史を刻んできた。……」とあいさつ。

　　　　　　　　　　　　　　　　　　　　（『広報京丹波』2008年12号 OP69_00005）

(40')　［話し手（協会会長）：内　→　聞き手（大会参加者）：外］

(41)　資格商法と不実告知ケース6　Xの勤務先に、Y企業経営協会から電
　　　話があり、「当協会で開いている講座を受講すれば、企業経営コンサル
　　　タントの資格を取得できます。この資格は、……。

　　　　　　　　　　　　　　　　　　　　（『民法講義1（総則）』LBt3_00125）

(41')　［話し手（協会のスタッフ）：内　→　聞き手（X）：外］

　聞き手がその所属先の外部の人の場合、「本」も「当」も使うことができる。その違いについても、「心理的立場関係」で説明できる。

　(40) については、話し手の協会会長は、自分の協会が主催するロードレースに参加する聞き手に対し、心内ではともにイベントを作り上げてくれる仲間だと認識していると考えられる。また、「新たな歴史を刻んできた」という表現から、誇りといった感情が伝わってくると思われる。よって、「本」が使われている。一方、(41) は、話し手が聞き手のXを自分の協会の講座に勧誘する文脈である。協会内部の人はXを外側のお客様として認識し、お客様とい

10　補足すると、所属先に対する「帰属意識」や「誇り」といった感情が文脈で明示される
　　場合、「本」が使われやすいといえる。それは、このような場合、話し手が聞き手を自分
　　と同じ立場関係にあると認識しやすいからである。

う立場関係によって「当」が使われている。

　以上のように、「本」と「当」の直示用法の相違点は、「心理的立場関係」を用いて説明できると考えられる。話し手の心内に帰属意識や誇りといった感情が現れ、聞き手と同じ立場関係にあると認識する場合は、「本」が用いられる。それに対し、話し手が心内で聞き手に対して対立的な立場関係と認識する場合は、「当」が用いられる。

　最後に、国広（1997）の＜心的視点＞説と本章の「心理的立場関係」の関係について述べる。国広（1997）の結論を簡潔に述べれば、「本」は＜内部視点＞で、「当」は＜外部視点＞ということになる。しかし、どのような時に、＜内部視点＞になるか、どのような時に、＜外部視点＞になるかという指摘はない。本章の「心理的立場関係」を用いて述べれば、話し手が聞き手と心内で同じ立場関係にあると認識する時は、＜内部視点＞になり、「本」が用いられ、それに対し、話し手が心内で聞き手に対して対立的な立場関係と認識する時は、＜外部視点＞になり、「当」が用いられる。つまり、直示用法の「本」と「当」の違いを説明するには、＜心的視点＞説は、本章の「心理的立場関係」によって決められる二次的概念であり、直示用法の「本」と「当」を説明するには、必ずしも必要ではないといえる。

4.3.2　後接語が所属先を表さない場合

　次に、直示用法の「本」と「当」の後接語が、所属先を表さない場合を考察する。

(42)　私たちは、過去をうまく分かち合うことはできなかったが、将来はもっとよくやれるでしょう。本シンポジウムが、この惑星における平和ネットワークの重要性を確認する道になると信じております。

（ヨミダス 1998.05.20）

(43)　映画に反発する国会議員との対話で「本作品を見た若者が非行に走るとは思えない。若者の良識を信じる」と言っておきながら、記者会見では「ルールをかいくぐってでも見てほしい」と言っている。

（ヨミダス 2014.5.22）

106

(44) この作品は当ブログ管理者の keisuke_genso が製作したものであり、製作者の許可無く改変・修正・転載・公開の行為は禁じます。

(Yahoo！ブログ OY13_06203)

(45) 写真1 「当看板」[11]　　(46) 写真2 「当ビル」[12]

　後接語が所属先を表さない場合、話し手は「シンポジウム」や「看板」などと「所属」という関係にはないが、無関係ともいえない。例えば、(42) は話し手がいま参加している（関係している）シンポジウムに対して、「本シンポジウム」が使われている。(43) は映画監督自身の発言で「本作品」が使われている。一方、「当」が使われている (44) (45) の例で、話し手は「ブログ」「看板」の管理者や責任者に当たる人であり、後接語が表すものが話し手側と関係していると考えられる。

　よって、後接語が所属先を表さない場合も、(31) の「本・当─［話し手：内　→　聞き手：内／外］」という結論が適用できる。すなわち「本」も「当」も「話し手が自分側と関係している何かを改まりの気持ち[13]で指す」ということになる。

　共通点を確認したが、相違点はどうだろうか。話し手は心内で聞き手に対して対立的な立場関係と認識する場合には「本」より「当」がよく使われる。そ

11　2014年12月に、JR 東日本山手線有楽町駅ホームにて撮影したもの。
12　2014年12月に、JR 東日本山手線秋葉原駅ホームにて撮影したもの。
13　「改まりの気持ち」は「本」と「当」が漢語表現であることに由来する。漢語は、公的文章や改まった場面の談話などの硬い文体で使われる傾向があるとされている。よって、「本」と「当」は何らかの改まりの気持ちを表していると思われる。

の典型的な聞き手は「お客様」だと考えられる。そのため、(45)(46)のようなお客様に対する情報案内は「当」が使われるのが一般的であろう。また、BCCWJでは「本ブログ」はわずか14例しか採取されていないのに対して、(44)のような「当ブログ」は158例採取されている。「ブログ」は読者に見せるために存在するものである。ブログの読者がその管理者にお客様のように扱われているため、「当」が使われていると考えられる。

　一方、「本」には、お客様に対する情報案内に使われる「当」とは異なる傾向が見られる。(42)の話し手と聞き手は同じシンポジウムに参加している人同士であり、後接語が指すものに対し、同じ立場関係にあると考えられる。「重要性を確認する道になると信じております」からうかがえるように、帰属意識や誇りといった感情も現れている。よって、「本シンポジウム」が使われていると考えられる。

　以上のことから、直示用法の「本」と「当」の共通点と相違点は、後接語が所属先を表すか表さないかに関わらず、同様に説明できることがわかった[14]。

4.3.3　指示詞との関係

　後述する4.4では、指示詞「この」「その」との関係から、照応用法の「本」と「当」の比較分析を行う。その前に、まず、直示用法の「本」と「当」が指示詞とどのような関係を持っているかについて見ておく必要がある。

　話し手が聞き手と心内で同じ立場関係にあると認識する場合に、「本」が使われる。これは、話し手と聞き手が並んでいる場合、すなわち直示のいわゆる「融合型」と類似する。それに対し、心内で聞き手に対して対立的な立場関係として認識する場合に、「当」が使われる。これは、直示のいわゆる「対立型」と類似する。また、「本」と「当」は、話し手の自分側と関係している何かを指すということで、直示の「その」「あの」ではなく、いずれも直示の「この」と類似した機能を果たす。したがって、直示用法の「本」は融合型の「この」、「当」は対立型の「この」と類似した機能を果たすという関係が見られる。

14　心内で同じ立場関係にある場合は「本」、心内で対立的な関係にある場合は「当」が使われるのはなぜか、その点については今後の課題としたい。

4.4　照応用法の「本」と「当」の比較

　照応用法の「本」と「当」は同じく照応用法を持つ「この」と類似性を有することを4.2.2で確認した。また、4.3.3では、直示用法の「本」と「当」は、「融合型」か「対立型」かという点で異なるが、いずれも「この」と類似した機能を果たすことを指摘した。照応用法は直示用法から派生した用法であり[15]、直示用法の「本」と「当」が直示の「この」と対応するのならば、照応用法の「本」と「当」も「この」との類似性を有するのも理解できるだろう。特に、照応用法の「本」は、「この」との類似性が大きく、「その」との類似性を持っていない。前述した要因以外に、2つの要因と関係すると考える。

　第一に、「この」が照応用法においても直示的な性質を有すること（堤2012：181）と関係する。

(47)　6．鉄鋼委員会　本委員会は、七十八年十月に設立され、ＯＥＣＤ加盟二十か国及びＥＣが参加しており、(中略) 7．科学技術政策委員会　本委員会は、各国の科学技術政策の立案、実施についての意見交換を行う場として設けられた。(中略) 8．情報・コンピュータ・通信政策委員会　本委員会は、近年の高度情報技術の発達にかんがみ、八十年4月に科学技術政策委員会から独立した委員会である。

（『通商白書（各論）』昭和61年版 OW2X_00263）

(48)　2016年度日本語学会春季大会発表賞

　(中略)

　岡田一祐氏「『和翰名苑』における平仮名字体認識」

　〔授賞理由〕

　本発表は平仮名の字体認識（字源別ではなく）をどのように客観化するかということについて、……。

15　照応用法が直示用法から派生した用法といえるのは、直示用法が本質的な用法だからである。金水（1999）によれば、コ系列指示詞は照応用法においても直示的な性質が保持される。そのため、「この」と深く関係する「本」「当」は直示用法がより本質的であると思われる。

〈https//www.jpling.gr.jp/kaiin/gakkaisyo/happyosyo/〉

　「本委員会」「本発表」は、文脈上で独立した見出しを指示する。照応用法ではあるものの、直示用法にも近いといえるだろう。よって、「本」は直示的な性質を有すると考えられる。この点で、「本」は「この」と同様の機能を果たす。

　第二に、「「この」は話し手／書き手が先行詞を「テキストのトピックの関連性」という観点から捉えていることを示すマーカー」(庵2007：118) であることとも関係する。これは、第一に述べたことと直接関わっている[16]。(47) (48) は見出しが先行詞になっている。見出しの後ろに続く文脈は、当然その見出しについて述べるものである。見出しが表すものが後文脈に出てくる場合、「本」で指示する。この点で、照応用法の「本」は、トピックとの関連性が高い名詞句をマークする機能を持つ「この」と同様の機能を果たす。

　それに対し、照応用法の「当」は見出しを指示する用例が見つからない。それは、「当」が「この」との類似性も有するものの、「本」と比べ、「この」との類似性が弱いことを物語っている。また、(49) (50) の「当」は、「この」に置き換えても、「その」に置き換えても、さほど差がないと思われる。「当」は「この」だけでなく、「その」との類似性も持つ[17]。「当」は、「本」と比べ、「この」との類似性が弱いことに起因しているのではないかと考えられる。

(49)　工務店等向けに障害のある人にも対応した「高齢化対応住宅リフォームマニュアル」を作成し、その普及を図るとともに、増改築相談員等に対し、当マニュアルを用いて研修を行っている。

(『障害者白書』平成12年版 OW5X_00471)

16　「この」は、照応用法においても、直示的であるため、当該名詞句に顕著性を与え、その結果「トピックとの関連性」を表しているのである (堤2012：184) という指摘がある。「直示的な性質」(堤2012) と「トピックとの関連性」(庵2007) のどちらが「この」の本質的な機能かという問題は本章の関心ではないため、触れないことにする。

17　(14) の『日国』の意味記述を確認すると、「本」の語釈に「この」はあって「その」がなく、「当」には「この、その」が記述される。これは「当」が「この」だけでなく、「その」との類似性も持つことを意味すると考えられる。

(50) 今回、ダートマス大学の招きに応じたのは、当大学の図書館の資料を
かつて利用していたことに対する感謝の気持ちの表現だといわれてい
る。

(ヨミダス 1991.6.25)

　4.4の内容をまとめると次のようになる。照応用法の「本」と「当」は基本
的には「この」と類似した機能を果たす。特に、「本」は「この」との性質が
一致する点が多く、「その」との類似点を持っていない。それに対して、「当」
は「本」と比べ、「この」との類似性が弱く、「その」との類似性もある。その
点が相違点になる。

5.　本章のまとめ

　本章で述べたことの要点をまとめておく。

A. 連体詞型字音接頭辞「本」はどのような後接語と結合するのかを分析し
　た結果、後接語の語種については、異なり語数も延べ語数も「漢語＞外
　来語＞混種語＞和語」という順に語数が多いことがわかった。特に、漢
　語が圧倒的に多い。また、後接語の意味分野については、「心・言語・芸
　術・交わり・待遇・経済・事業」などを表す「1.3　人間活動精神および行
　為」の語が半数以上の比率を占めている。中でも、「1.30　心」という中項
　目の延べ語数が最も多い。

B. 連体詞型字音接頭辞「当」はどのような後接語と結合するのかを分析し
　た結果、後接語の語種については、異なり語数も延べ語数も「漢語＞外
　来語＞混種語＞和語」という順に語数が多いことがわかった。また、後
　接語の意味分野については、「1.2　人間活動の主体」を表す後接語が半数
　以上の比率を占めている。特に、「1.26　社会」「1.27　機関」の2つの中項
　目に集中する傾向が見られる。

C. 類義関係にある字音接頭辞「本」と「当」は直示用法と照応用法を持つ
　ことを確認し、それぞれの用法における共通点と相違点を考察した。ま
　とめると、表5-19のようになる。

第5章　「本法律案」の「本」、「当委員会」の「当」　111

表5-19 「本」と「当」の比較

		「本」	「当」
直示用法	共通点	話し手が自分側と関係している何かを改まりの気持ちで指す。	
	相違点	話し手の心内には帰属意識や誇りといった感情が現れ、聞き手と心内で同じ立場関係にあると認識する。	話し手が心内で聞き手に対して対立的な立場関係にあると認識する。
前方照応用法	共通点	「この」と類似した機能を果たす。	
	相違点	「この」と一致する点が多く、「その」との類似性を持たない。	「この」との類似性が弱く、「その」との類似性も持つ。

第 6 章

「同病院」「同事務所」の「同」
——照応用法を持つ連体詞型字音接頭辞——

　連体詞型字音接頭辞「同」は照応用法を持っており、「ほかのものではなく、前文脈のなかで出現したものと同一のもので、そのもの」を表す。この性格により「同」は「文字数に厳しい制限のある新聞においては、できる限り繰り返しや冗長ないいまわしを避ける」（中川2005：14）ために頻繁に使用される。本章は、この連体詞型字音接頭辞「同」を取り上げ、「同」はどのような後接語と結合するのか（結合機能）、どのような意味用法を持ち、新聞記事でどのように使用されているのか（意味添加機能）という問題について考察する。

　1. では、まず、形容詞型字音接頭辞の「同」と連体詞型字音接頭辞の「同」の2種類の「同」があることを確認し、本章は後者のみを考察対象とすることを述べる。次に、2. では、考察資料と用例について述べる。3. では、「同」はどのような後接語と結合するのか（結合機能）について考察する。また、4. では、中川（2005）を参考にし、「同」はどのような意味用法を持ち、新聞記事でどのように使用されているのか（意味添加機能）について網羅的に考察する。最後に、5. では、本章の内容をまとめる。

1.　二種類の「同」

　野村（1978）では、（1）の「同世代」の「同−」は連体修飾的な「同−」と呼ばれ、（2）の「同センター」の「同−」は連体詞的な「同−」と名付けられている。

（1）境内の白梅の前で迎えるクライマックスは今も目に浮かぶ。当時大人気で何度も見たからね。私と同世代の人は湯島天神といえばこっちの

方じゃないかな。 (ヨミダス 2014.2.20)

（2） 太田垣さん自身も中国に出陣しており、同大大学史資料センターの聞き取り調査に応じた。……同センターでは、これまでも学徒出陣の資料収集などを行ってきたが、本格的な聞き取り調査は10月末から始めた。 (ヨミダス 2013.11.30)

　野村（1978）では、両者の相違点を２つ指摘している。第一に、連体修飾的な「同－」は、「「b＋A」→「A ガ b デアル、ソノ A」という一般的な構造としてとらえられるのに対し、連体詞的な「同－」には、それがあてはまらない」（同：131）ことである。第二に、「連体詞的なものと、連体修飾的なものとは、前部分と後部分のあいだに、ポーズが置かれることや、結合形のアクセントがもとのアクセントとことなるかいなかということについても、指摘がある」（同：131）ということである。

　このような野村（1978）の指摘に加えて、もう１つ相違点がある。それは、照応用法であるかどうかということである。（1）には先行詞といえるものが存在しないが、（2）には、点線で示したように先行詞が存在する。例に即して説明すれば、（1）は前文脈に「～世代」といった先行詞がなくても、「同世代」という表現の意味を理解することができる。それに対し、（2）では、前文脈の先行詞「同大大学史資料センター」がなければ、「同センター」という表現の意味を理解することができない。

　本章では、野村（1978）と同様に、二種類の「同」があることを認める。野村（1978）における連体修飾的な「同－」は、形容詞型字音接頭辞の「同」、連体詞的な「同－」は連体詞型字音接頭辞の「同」と読み替える。第２部は連体詞型字音接頭辞の記述を行うものであるため、後者の連体詞型字音接頭辞の「同」のみを本章の考察対象として、論を進める。

2.　「同」の考察資料と用例

　第４章で述べたように、「同」が新聞記事で頻繁に使用されることと、「同」が照応用法と関わり、全文脈を把握する必要があることの２点を鑑みて、本章では、資料としてヨミダスを使用した。「平成検索」を用いて、2013年10月か

ら2014年3月まで、毎月の10日、20日及び最終日[1]、計18日分の新聞記事から、連体詞型字音接頭辞「同」の用例を収集した。

　第1章で述べたように、本書の字音接辞とは、二字以上の漢語や和語、外来語に前接または後接して合成語を形成する字音形態素のことである。この定義によって、「同協会」「同建物」「同センター」の「同」は字音接頭辞として認められるが、「同県」「同署」などのように、一字漢語と結合し、二字漢語を構成する「同」は字音接頭辞として認めることができず、対象外とする。3.で使用するデータとして、異なり521例、延べ2520例の用例が得られた。

　しかし、4.では、「同」は新聞記事でどのように使われるのかという使用実態について考察するため、「同県」「同署」などのように、一字漢語と結合し、二字漢語を構成する「同」は使用実態の分析に当たって、重要なデータである。「同県」「同署」などのように、一字漢語と結合し、二字漢語を構成する「同」は字音接頭辞として認めないが、4.の考察対象に加えることにする。また、用例として、中川（2005）の例文も使用する。

3.　「同」の後接語について（結合機能）
3.1　「同」の後接語の認定

　前述したように、「同県」「同署」などのように、一字漢語と結合し、二字漢語を構成する「同」は字音接頭辞として認めることができず、対象としないが、次の例文（3）の「同橋」は、「ドウハシ」と発音されるのか、それとも、「ドウキョウ」と発音されるのか、例文（4）の「同島」は、「ドウシマ」と発音されるのか、それとも、「ドウトウ」と発音されるのか、という点が不明である。

（3）狭山市を流れる入間川の河川敷を炎で彩る「灯（ともしび）の川」が13
　　　日夜、同市の新富士見橋周辺で開かれる。……点火は午後6時～同8
　　　時半で、同橋の下流約500メートルの河川敷で炎がゆらめく。

（ヨミダス　2013.10.10）

1　10月、12月、1月、3月の31日、11月の30日および2月の28日。

（４）だが、伊メディアは、積み替え場所として、南東部ブリンディジや地中海のサルデーニャ島などの民間港が候補に挙がっていると報道。このため、同島を管轄するサルデーニャ州の知事は７日、「観光地のイメージが損なわれる」と述べ、受け入れ拒否を表明した。

（ヨミダス　2014.1.10）

「ドウハシ」「ドウシマ」と発音されるならば、「同」の後接語の「橋（ハシ）」や「島（シマ）」は和語であり、本書の字音接辞の定義と一致しており、考察対象になるが、「ドウキョウ」「ドウトウ」と発音されるならば、「橋（キョウ）」や「島（トウ）」は一字漢語であり、考察対象から除外する必要がある。いずれにせよ発音は確定できないため、そのような語例は今回割愛する。「同橋」「同島」以外に、「同町（マチ・チョウ）」、「同村（ムラ・ソン）」、「同店（ミセ・テン）」、「同寺（テラ・ジ）」、「同港（ミナト・コウ）」、「同湖（ミズウミ・コ）」、「同山（ヤマ・サン）」、「同船（フネ・セン）」、「同川（カワ・セン）」、「同馬（ウマ・バ）」、「同城（シロ・ジョウ）」などがあるが、それらの例も考察対象から除外する。

　また、「同」は前文脈における先行詞と深い関わりを持っている。「同」の後接語の判断は、先行詞によるものが大きい。（５）は「同」の後ろに「漁協婦人部」がついているが、前文脈には「漁協婦人部」を含む先行詞がなく、あるのは「相馬双葉漁協」である。つまり、「同漁協」は「婦人部」と結合し、先行詞である「相馬双葉漁協」より大きな言語単位を構成している。このような場合「同」の後接語は「漁協婦人部」ではなく、「漁協」というデータとして処理することになる。

（５）一方、昨年６月から試験操業している相馬市の相馬双葉漁協はこの日、松川浦漁港で安倍首相に魚料理を振る舞った。安倍首相は、同漁協婦人部のメンバーが調理したミズダコとヤリイカの刺し身、メヒカリのから揚げなどを味わい、「日本全国においしくて安全だと発信していく」と語った。

（ヨミダス　2013.10.20）

したがって、（６）の「同市議会」は考察対象から除外するが、（７）の「同

市議会」は考察対象になる。

（６）マンション建設を巡る訴訟で業者に支払った損害賠償約3120万円などについて、<u>国立市</u>が元市長に支払いを求めている民事訴訟について、<u>同市議会</u>は19日、請求権を放棄するよう求める決議案を賛成多数で可決した。　　　　　　　　　　　　　　　　（ヨミダス 2013.12.20）

（７）<u>立川市議会</u>が、昨年12月の定例会でとりまとめた市議会基本条例の素案について、パブリックコメントを募っている。……<u>同市議会</u>は、市議が担う役割を明確にし、議会の活性化を図ろうと、2011年12月に議会改革特別委員会を発足。　　　　　　　　　（ヨミダス 2014.1.10）

　（６）の先行詞は「国立市」であり、「同市議会」は、「国立市市議会」の省略する形である。「市」という漢字が二回連続して出てきたので、重複を避けるため、一つの「市」が消された。つまり、（６）の「同市議会」は、「同市」の後ろに「市議会」がついており、先行詞より大きな言語単位を構成している。「市」という字の繰り返しを避けるため、一つの「市」が削除されてからできた形である。よって、（６）の「同市議会」の「同」の後接語は「市議会」ではなく、「市」である。一字字音形態素と結合し、二字漢語となる場合は本書の考察対象から除外するため、（６）の「同市議会」を考察対象から除外する。（６）の「同市議会」の成り立ちを（８）のようにまとめてみる。

（８）国立市⇒国立市市議会⇒同市市議会⇒同市議会

　それに対して、（７）の「同市議会」の成り立ちは以下の３つの可能性があると考えられる。

（９）立川市議会⇒立川市市議会⇒同市市議会⇒同市議会（同市＝立川市）
（10）立川市議会⇒同市議会（同＝立川）
（11）立川市議会⇒立川市市議会⇒同市議会（同＝立川市）

（9）は実際には、（8）と同じ解釈である。その解釈だとすれば、（7）の「同市議会」は（6）の「同市議会」と同じように、研究対象から除外する必要がある。しかしながら、（6）と異なっているのは、（7）の先行詞は「立川市議会」であり、「市議会」という部分がついていることである。先行詞の「市議会」の部分を無視して、わざわざ「市議会」の前の「市」と照応する根拠を見出しにくいと思われ、（9）の解釈を採用しないことにする。（10）と（11）との違いは「立川市議会」という語の成り立ちである。つまり、「立川市議会」は「立川」の「市議会」なのか、「立川市」の「議会」なのか、それとも、「立川市」の「市議会」なのかという問題である。（10）の解釈は「立川」の「市議会」ということになる。（11）の解釈は「立川市」の「市議会」ということになる[2]。（10）と（11）はどちらが正しいのか、定説というべきものがないといえる。どちらの解釈であれ、「同」の後接語は「市議会」であり、研究対象となることは変わらない。

　また、次のような例文がある。

(12) 第11管区海上保安本部（那覇市）によると、19日午後7時現在、沖縄県石垣市の尖閣諸島・久場島沖の接続水域（領海の外側約22キロ）内を、中国海警局の公船「海警」3隻が航行している。3隻は同日午前、接続水域内に入った。……中国公船が同水域内に入ったのは今月2日以来。

(ヨミダス 2013.10.20)

(13) 今年の世界文化遺産登録を目指す「田島弥平旧宅」（伊勢崎市境島村）周辺を散策しながら養蚕の歴史を学ぶイベントが30日行われ、約80人が参加した。……あいにくの雨の中、参加者は2班に分かれ、同旧宅周辺を散策。

(ヨミダス 2014.3.31)

(12) の「同水域内」の先行詞は「尖閣諸島・久場島沖の接続水域（領海の外

2　「立川市」の「議会」という解釈であれば、「同」で先行詞を指し示すと、「同議会」になる。そのような例が見られないため、「立川市」の「議会」という解釈を検討の対象にしないことにする。

側約22キロ）内」であり、先行詞も照応詞も「内」がついている。（13）の先行詞も照応詞も「周辺」がついている。それにもかかわらず、（12）の「同」の後接語は「水域内」ではなく、「水域」であり、（13）の「同」の後接語は「旧宅周辺」ではなく、「旧宅」であると主張したい。なぜなら、「内」と「周辺」は副詞的な働きが強いと考えられるからである。つまり、「水域内」と「旧宅周辺」は一つの語としてのまとまり感が薄いのである。その証拠は、先行詞のところに、「水域」と「内」の間に、「（領海の外側約22キロ）」という情報が挿入されていることである。（13）も同じように、「旧宅」と「周辺」の間に、「（伊勢崎市境島村）」という情報が挿入されている。「水域」と「内」、「旧宅」と「周辺」を分けて考えた方がいいと思われる。

　しかし、次のような例文は、また、事情が変わってくる。

（14）県警生活安全企画課によると、7日正午頃、倉吉市内に住む90歳代の女性方に、……女性が同市内の金融機関から預金を引き出して帰宅すると、今度は警察官を名乗る男が女性宅を訪れ、「偽札がないか検査する。現金を出して」と要求。　　　　　　　　　　　（ヨミダス 2013.10.10）
（15）病気や災害などで親を亡くした子どもたちの進学を支援するため、あしなが育英会（東京）の奨学生でつくる「あしなが学生募金事務局」は19日、和歌山市のＪＲ和歌山駅前で募金活動を行った。……同駅前での募金活動は、20、26、27日にも午前10時から午後6時まで行われる。　　　　　　　　　　　（ヨミダス 2013.10.20）

「市内」と「駅前」はいくつかの国語辞典に立項されており、一つの語としてのまとまりが強いといってもよい。よって、上の二つの例文の場合、「同」の後接語は「市内」と「駅前」であることを認めておきたい。つまり、ここでの「内」と「前」は副詞的に振る舞うのではなく、「市内」「駅前」という一つの語として働いている。

　次に、指し示す対象のことであるが、「同」は前文脈の先行詞と深い関わりを持っている。次のような例文からわかるように、照応詞は同じ「同センター」だとしても、前文脈によって、先行詞が違う場合もある。先行詞が異なっ

ていても、「同」の後接語は同じ「センター」であることは変わらない。つまり、「同」の後接語の異なり語数を数えるとき、(16)の「センター」も(17)の「センター」も同じ語で、異なり語数は1であり、2ではないことを断っておく。

(16) 田垣さん自身も中国に出陣しており、同大大学史資料センターの聞き取り調査に応じた。……同センターでは、これまでも学徒出陣の資料収集などを行ってきたが、本格的な聞き取り調査は10月末から始めた。

(ヨミダス 2013.11.30)

(17) 公益財団法人「国際東アジア研究センター」(北九州市小倉北区) は29日、メールマガジン会員351人分の個人情報を添付したメールを、……同センターによると、女性職員が28日夕、別の職員に対して、……。

(ヨミダス 2013.11.30)

また、「同クラブ」と「同倶楽部」は表記が違っていても、異なり語数を数えるときは、繰り返して数えないことにする。「同まつり」「同祭り」「同祭」も同様に、後接語の異なり語数は1で数え、繰り返して数えないことにする。

最後に、データを収集する際、(18)のように、「同」が句に接続する例は1例しか出現しなかった。これも対象外とする。

(18) 子宮頸(けい)がんワクチンの接種後に痛みなどの重い症状が出ている問題で、日本産科婦人科学会と日本産婦人科医会は、症状が持続する患者に対し、……同学会と医会は大学病院など、都道府県ごとに窓口となる産婦人科を指定。

(ヨミダス 2014.3.10)

3.2 「同」の後接語の語種

結果を示す前に、以下の3つの用例の語種判定について述べておきたい。

(19) 北京市の観光名所、故宮博物院で、収蔵品保管や修復のスペースを確保するため、……同博物院は、約72万平方メートルの面積を誇る。

（ヨミダス 2013.12.31）

（20）……の判決公判が20日午前、石家荘市の中級人民法院（地裁に相当）で
開かれた。同法院は「計画的で不特定多数の健康に被害を与えた極め
て悪質な犯行」と述べ、無期懲役を言い渡した。　　（ヨミダス 2014.1.10）

（21）同市は中国人観光客の誘致を目的に大手旅行会社「日本旅行」の上海
にある子会社「日旅国際旅行社有限公司」と８月末に業務委託契約を
締結。今回のツアー客は同公司が募集し、７日は市内の観光牧場を訪
れ、塩原温泉に宿泊した。　　　　　　　　　　　　（ヨミダス 2013.11.10）

「同博物院」の「博物院」も、「同法院」の「法院」も、中国語からそのまま
借用した語なので、どの国語辞典にも収録されていないことが予想できよう。
「同公司」の「公司」は二通りの発音がある。例えば、『新明解』には、日本語
らしい発音である「コウシ」と中国語らしい発音である「コンス」と、両方と
も示されている。「博物院」「法院」「公司」は、もし「マージャン（麻雀）」や
「ホイコウロウ（回鍋肉）」と同じように、中国語らしく発音されれば、外来語
になるが、やはり「マージャン」や「ホイコウロウ」と同じレベルではないと
考えられる。発音は確定できないが、「コキュウハクブツイン」「チュウキュウ
ジンミンホウイン」「ニチリョコクサイリョコウユウゲンコウシ」と、日本語
らしく発音されるのが比較的自然だと思われる。よって、「博物院」「法院」
「公司」は外来語ではなく、漢語と判断する。

　次の表６-１は「同」の後接語について語種別にその異なり語数と延べ語数
を示したものである。

　後接語の語種別異なり語数については、「漢語＞外来語＞混種語＞和語」の
順に語数が多い。延べ語数については、「漢語＞外来語＞和語＞混種語」の順
に語数が多い。「同」は漢語と結合するものが圧倒的に多い。和語や混種語よ
り、外来語と結合しやすい。また、異なり語数と延べ語数の混種語と和語の順
番が逆になっている。それは、和語である「組合」が多出することが原因だと
考えられる。「組合」の延べは44例であり、混種語全体の延べ語数を超えてい
る。

第６章　「同病院」「同事務所」の「同」　*121*

表6-1 「同」の後接語の語種別語数と比率

語種		異なり語数	比率	延べ語数	比率
漢語	二字漢語	211	40.50％	1121	48.06％
	三字漢語	156	29.94％	722	28.65％
	四字漢語	21	4.03％	31	1.23％
	五字漢語	7	1.34％	9	0.36％
	六字以上の漢語	1	0.25％	1	0.04％
	小計	396	76.01％	1974	78.33％
和語		7	1.54％	63	2.50％
外来語		100	19.19％	438	17.38％
混種語		18	3.45％	45	1.79％
合計		521	100.00％	2520	100.00％

　なお、「本」「当」と比べて、「同」は字数が多い漢語と結合しにくい。「本」の後接語が漢語である異なり語数は434で、そのうち、六字以上の漢語は9語である。「当」の後接語が漢語である異なり語数は150で、そのうち、六字以上の漢語は9語である。それに対して、「同」は396語のうち、ただ1語が六字以上の漢語である。「同」はもともと繰り返しや冗長な言い回しを避けるために使われるものなので、字数が多い語と結合しにくいのは当然の結果である。

3.3　「同」の後接語の意味分野
　「同」の後接語の意味分野については、『分類語彙表』を参考にして、分類を行った。後接語を意味分野の大項目別に示すと表6−2のようになる。
　「同」は「1.2 人間活動の主体」を表す語と最も結合しやすく、異なり語数は半数以上、延べ語数は70％を超えている。「1.3 人間活動精神および行為」と「1.4 生産物および用具」を合わせて、異なり語数の35％以上、延べ語数の20％以上を占めている。語数が比較的少ないのは「1.1 抽象的関係」と「1.5 自然物および自然現象」である。

表6-2 「同」の後接語の意味分野（大項目）語数と比率

大項目	異なり語数	比率	延べ語数	比率
1.1 抽象的関係	35	6.72%	154	6.11%
1.2 人間活動の主体	284	54.51%	1797	71.31%
1.3 人間活動精神および行為	101	19.39%	301	11.94%
1.4 生産物および用具	88	16.89%	244	9.68%
1.5 自然物および自然現象	13	2.50%	24	0.95%
合計	521	100.00%	2520	100.00%

　次に、「同」の後接語の意味分野の中項目について分析する。表6-3はその調査結果を示したものである。

　最も多いのは「1.27 機関」と「1.26 社会」であり、全体の7割弱を占めている。そのうち、「1.27 機関」は「1.276 同盟・団体」に、「1.26 社会」は「1.263 社寺・学校」と「1.265 店・病院・旅館・劇場など」に集中している。三つ目に多いのは「1.47 土地利用」であるが、「1.27 機関」「1.26 社会」と比べてはるかに少ない。その次に「空間」「心」「住居」「言語」「交わり」の順に語数が多い。

第6章 「同病院」「同事務所」の「同」　123

表6-3 「同」の後接語の意味分野（中項目）語数と比率

意味コード	大項目	中項目	延べ語数	比率
1.10	抽象的関係	事柄	2	0.08%
1.11		類	11	0.44%
1.13		様相	2	0.08%
1.15		作用	4	0.16%
1.16		時間	5	0.20%
1.17		空間	129	5.12%
1.19		量	1	0.04%
1.23	人間活動の主体	人物	3	0.12%
1.24		成員	57	2.26%
1.25		公私	29	1.15%
1.26		社会	725	28.77%
1.27		機関	983	39.01%
1.30	人間活動精神および行為	心	72	2.86%
1.31		言語	66	2.62%
1.32		芸術	5	0.20%
1.33		生活	19	0.75%
1.34		行為	3	0.12%
1.35		交わり	60	2.38%
1.36		待遇	36	1.43%
1.37		経済	5	0.20%
1.38		事業	35	1.39%
1.4	生産物および用具	物品	4	0.16%
1.43		食料	5	0.20%
1.44		住居	70	2.78%
1.45		道具	5	0.20%
1.46		機械	22	0.87%
1.47		土地利用	138	5.48%
1.51	自然物および自然現象	物質	4	0.16%
1.52		天地	17	0.67%
1.54		植物	1	0.04%
1.55		動物	1	0.04%
1.57		生命	1	0.04%
合計			2520	100.00%

4. 「同」の使用実態 (意味添加機能)

「同」は新聞記事において頻繁に使われ、特に使用に制限が見られず、多様なふるまいをする。4. では、中川 (2005) を参考に採集したデータから見られるすべての使い方を網羅的に考察することを目的とする。

まず、先行研究として、中川 (2005) を見る。次に、(22) の2点を基準に、「全体−全体照応」「全体−部分照応」「部分−全体照応」「部分−部分照応」の4タイプに分け、考察する。

(22) (Ⅰ)「同」と先行詞の関係。(「同」が先行詞のどの部分を指し示すのかということである。)

(Ⅱ)「同」を含む照応詞の言語単位。(照応詞にポーズが置かれるかどうか、どこにポーズが置かれるのか、どの言語単位を構成するのかということである。)

4.1　先行研究：中川秀太 (2005)

中川 (2005) は本章と同様に、新聞記事における「同」の使用実態を考察したものであり、主として「言語単位の拡張」および「先行詞の部分利用」の2点について考察を進めている。

まず「言語単位の拡張」については、(23) のように記述されている。「言語単位の拡張」は本章の「全体−部分照応」に相当するものであり、本章も中川 (2005) の結論を引き継ぐ。

(23) a. 照応詞の「同」が一字の漢語と結合する場合 (「同社、同庁、同氏、同署」など) は全体として、語になる。

b. 二字以上の漢語や、外来語と結合する場合 (「同大統領、同大使、同システム、同パソコン」など) には、「同」の直後でポーズを置くことが一般的であり、全体としては語$^+$となる[3]。

c. 「同」と一字漢語との組み合わせの「同社、同署」などが、他の語と結合すると、「同社幹部」のように、語$^+$に拡張される。

d. 「同」と一字漢語との組み合わせに、一部の接辞性語基が付加され

た場合（「同会系、同園側」など）、全体として語⁺とはならず、語のレ
ベルに留まったまま、言語単位の拡張が行われる。　　（中川2005：18）

　「先行詞の部分利用」については、（24）のような先行詞内の1語全体を照応
に用いるタイプと（25）のような接辞性語基を含む語の一部を照応に用いるタ
イプとがあることが指摘されている。

（24）大阪教育大付属池田小学校（大阪府池田市）の児童殺傷事件で、重傷を
　　　負った児童8人の保護者が25日、同大学に対し、謝罪や慰謝料など総
　　　額約1億円の支払いを求める要望書を提出した。　　（中川2005：18）
（25）ロシア軍のバルエフスキー第1参謀次長は18日、ラジオの生放送で、
　　　同国が保有する多弾頭の大陸間弾道ミサイル SS18について……
　　　　　　　　　　　　　　　　　　　　　　　　　　　　（中川2005：20）

　（25）のようなタイプは（24）のようなタイプより出現する割合が低いよう
である。「これは句に近い「語＋語」の構造よりも、「語基＋接辞性語基」（全
体は「語」）の構造の方が語彙照応の制約からの自由度が低くなる、ということ
を意味している。」（同：21）と考えられるのである。しかし、本章は、この2
つのタイプを分けずに考察する。理由は4.4で論じる。

4.2　全体－全体照応
　本章の「全体－全体照応」は、中川（2005：13）の「基本的な用法」に相当

3　影山（1993）によると、連体詞的な接頭辞を含んだ合成語は、語には見られない、句に
　類似している特徴を備えている。例えば、連体詞的な接頭辞が独自にアクセント核を持ち、
　直後にポーズが置かれることが一つの特徴である。もう一つの特徴は、「と」という接続
　詞にも関係することが可能であるという点である。影山（1993）は、このように、語の単
　位より大きいが、あくまで語であって、句ではない、語と句の中間的な単位を「語⁺」と
　定義している。「同」も連体詞的な接頭辞であり、「同大統領」の「同」と「大統領」の間
　にポーズが置かれることが確認できる。また、「同学会と医会」の例も新聞記事から確認
　されるため、影山（1993）の「語⁺」を認め、論を進める。

126

するものである。先行詞の中で同一指示を保証する形態素を除いたほかの部分を「同」で置き換え、「同○」で先行詞と同じ概念を指すという場合である。つまり、「同○」全体が、先行詞全体を指し示すということで、「全体 – 全体照応」と名付ける。先行詞と照応詞の中で「同一指示を保証する形態素」のことを「指示保証部」（次例の「グループ」）、先行詞の中で指示保証部を除いた部分を「照応関係部」（次例の「シティ」）と名付ける。

（26）いま銀行のビジネスモデルで最先端を行っているのは、シティバンクを擁するシティグループと言えよう。同グループの最大の特色は、連結決算経営。

（中川2005：13）

4.2.1　先行詞に指示保証部がついている場合

先行詞に指示保証部がついているか否かということは（22）の（Ⅱ）である「同」を含む照応詞の言語単位と関連するため、先行詞に指示保証部がついている場合とついていない場合に分けて論じる。

（27）指示保証部が一字漢語である場合
　　　a. ……で金メダルを獲得した飯能市の駿河台大職員、鈴木猛史選手（25）が30日、同市の繁華街で祝賀パレードを行った。

（ヨミダス 2014.3.31）

　　　b. 県は、経済産業省による2013年の工場立地動向調査で、立地件数が147件で全国１位になったと発表した。……同省は電気業を除いた結果も発表。

（ヨミダス 2014.3.31）

　　　c. 今回の計画ではこのうち、西武池袋線大泉学園駅から富士街道までの未整備区間約1.2キロを建設する。幅15メートル、片側１車線で、完成すると同駅から約500メートル南の区立大泉第二中学校が東西に「分断」される形になる。

（ヨミダス 2014.3.20）

（27a.）の「同」の後ろに「市」がついているため、前文脈の「飯能市」を指していることがわかる。（27b.）の「同」の後ろに「省」がついているため、

前文脈の「経済産業省」を指していることがわかる。よって、「市」「省」「駅」は同一指示を保証する指示保証部である。それぞれの先行詞の中で、「市」「省」「駅」を除いた他の部分である「飯能」「経済産業」「西武池袋線大泉学園」が照応関係部である。

（27）のような指示保証部が一字漢語である場合は、「同」は先行詞の照応関係部を言い換えている。照応詞「同市」「同省」「同駅」は全体として、語になり、「同」の直後にポーズが置かれることはない。

（28）指示保証部が和語・外来語・字音複合語基[4]である場合
  a. 山形市で5〜6日開かれた「第33回みちのくこけしまつり」で、弘前市在住の津軽系職人・笹森淳一さん（59）のこけしが……同まつりには全国から各系統の伝統こけしや、コマ、だるまなどの木地玩具なども出品。 （ヨミダス 2013.10.10）
  b. ……試合が19日、高崎市の高崎八千代グラウンドで行われ、高崎商と樹徳が勝ち上がった。1回戦の残り2試合は20日に同グラウンドで行われる。 （ヨミダス 2013.10.20）
  c. 日本バスケットボール協会は9日の理事会で、部員に暴力を振るったとして、……同協会によると、監督は5月中旬、……。 （ヨミダス 2013.10.10）

上述した定義と説明を照合すると、（28a.）の指示保証部は「まつり」で、和語である。（28b.）の指示保証部は「グランド」で、外来語である。（28c.）の指示保証部は「協会」で、字音複合語基である。このような場合は、（27）のような指示保証部が一字漢語である場合と同様に、「同」は先行詞の照応関係部を言い換えたものである。異なっているのは、「同まつり」「同グランド」「同協会」の「「同」の直後でポーズを置くことができ、全体としては語[+]となる」（中川2005：18）ことである。

---

4 野村（1998）に従って、二字漢語のことを正確に「字音複合語基」と呼び、三字漢語、四字漢語なども含む。

「全体－全体照応」で先行詞に指示保証部がついている場合は図式で示すと
図6-1のようになる。

	先行詞		照応詞	
	照応関係部	指示保証部	「同」	指示保証部
例 (28)－c	日本バスケットボール	協会	同	協会

図6-1 「全体－全体照応」の先行詞に指示保証部がついている場合の図式

4.2.2 先行詞に指示保証部がついていない場合

「全体－全体照応」の先行詞に指示保証部がついていない場合には、(29)
(30)のような例文がある。

(29) 指示保証部が一字漢語である場合
  a. 西武バス (所沢市) は19日、来年4月の消費税率引き上げに伴う路線
    バスの運賃改定を国土交通省に申請したと発表した。同社によると、
    運賃改定……。　　　　　　　　　　　　　　　　　　(ヨミダス 2013.12.20)
  b. 欧州連合 (EU) のアシュトン外交安保上級代表が8日、イランを
    初めて訪問し、9日に同国のザリフ外相と会談した。
    　　　　　　　　　　　　　　　　　　　　　　　　　　(ヨミダス 2014.3.10)

例文からみれば、先行詞の「西武バス」には、指示保証部である「社」がつ
いておらず、照応関係部のみで構成されている。「イラン」も同様、「国」とい
う指示保証部がついておらず、照応関係部のみで構成されているといえよう。
しかし、照応詞には、「社」「国」などの指示保証部がついているため、「同」
はそれぞれの前文脈の「西武バス」と「イラン」を指し示すことがわかる。
　このような場合は、「同国」「同社」の全体が先行詞を指す。4.2.1の「先行詞
に指示保証部がついている」パターンと違い、「同」が照応関係部と置き換え
られるのではなく、「同」＋指示保証部全体が「西武バス」「イラン」などの先
行詞を指し示す。また、照応詞「同国」「同社」は全体として、語になり、「同」
の直後にポーズが置かれることはない。

（30）指示保証部が和語・外来語・字音複合語基である場合

 a. 29日午後8時15分頃、砺波市東保の建築会社「みつわホーム」の事務所兼住宅から火が出ていると、近所の住民から119番があった。火は木造一部二階の同建物を部分焼し、……。 （ヨミダス 2013.11.30）

 b. 同紙の通巻1300号（9月25日）を記念したイベントで、女子サッカーのＩＮＡＣ神戸レオネッサが特別協力。参加者は観光スポットを歩いた後、ノエビアスタジアム神戸（兵庫区）で同チームの公式戦を観戦できる。 （ヨミダス 2013.10.10）

 c. ……前橋商工会議所主催の「まちなかキャンパス」が9日、……同講座は、市民らに様々な分野を学ぶ機会を作り、……。

            （ヨミダス 2013.10.10）

 （29）と同様に、先行詞には、「建物」「チーム」「講座」などの指示保証部がついておらず、照応関係部のみで構成されている。「同チーム」「同講座」など「同」＋指示保証部全体が先行詞を指し示す。また、「同建物」「同チーム」「同講座」の「同」の直後でポーズを置くことが一般的であり、全体は語$^+$となる。

 「全体－全体照応」の先行詞に指示保証部がついていない場合は図式で示すと図6-2のようになる。

	先行詞	照応詞	
	照応関係部	「同」	指示保証部
例（30）-c	「まちなかキャンパス」	同	講座

図6-2　「全体－全体照応」の先行詞に指示保証部がついていない場合の図式

4.2.3　「全体－全体照応」のまとめ

 「全体－全体照応」をまとめると、次の表6-4のようになる。

表6-4 「全体－全体照応」のまとめ

	指示保証部が一字漢語である場合	指示保証部が和語・外来語・字音複合語基である場合
先行詞に指示保証部がついている場合	（例）飯能市→同市 （Ⅰ）同＝照応関係部 （Ⅱ）「同」の直後にポーズが置かれず、照応詞は語である。	（例）高崎八千代グランド→同グランド （Ⅰ）同＝照応関係部 （Ⅱ）「同」の直後にポーズが置かれ、照応詞は「語⁺」になる。
先行詞に指示保証部がついていない場合	（例）西武バス→同社 （Ⅰ）「同＋指示保証部」＝先行詞 （Ⅱ）「同」の直後にポーズが置かれず、照応詞は語である。	（例）「まちなかキャンパス」→同講座 （Ⅰ）「同＋指示保証部」＝先行詞 （Ⅱ）「同」の直後にポーズが置かれ、照応詞は「語⁺」になる。

　表6-4からわかる通り、先行詞に指示保証部がついているか否かは「（Ⅰ）「同」と先行詞の関係」と関連する。先行詞に指示保証部がついている場合、「同」は照応関係部を指し示し、先行詞に指示保証部がついていない場合、「同＋指示保証部」の全体が先行詞全体を指し示す。また、指示保証部の言語単位は「（Ⅱ）「同」を含む照応詞の言語単位」と関連する。指示保証部が一字漢語の場合、照応詞の言語単位は語である。指示保証部が和語・外来語・字音複合語基の場合、照応詞の言語単位は「語⁺」になる。

4.3　全体－部分照応

　ここでいう「全体－部分照応」は中川（2005）の「言語単位の拡張」に相当するものであり、（31）のように、「先行詞を指示する「同○」に他の形態素が結合して、合成語を作る場合を指す」（同：14）。その「他の形態素」のことを、本章では「拡張部」と呼び、照応詞の一部分（「拡張部」を除いた部分）が先行詞全体を指し示すということで、「全体－部分照応」と名付けるものである。

（31）社会保険庁は……同庁ホームページで年金見込み額の照会を受け付ける。

（中川2005：15）

4.3.1　先行詞に指示保証部がついている場合

4.2の「全体 - 全体照応」と同様に、先行詞に指示保証部がついている場合とついていない場合に分けて論じる。

（32）指示保証部が和語・外来語・字音複合語基である場合
　　　a. 県旅館ホテル生活衛生同業組合（259施設）が、地元企業とタイアップして食材や工芸品などの県産品を使ったプレミアム商品の開発・販売を始めた。……問い合わせは山口市の同組合事務局（083・920・3002）へ。　　　　　　　　　　　　　　　　　　（ヨミダス 2013.11.20）
　　　b. 立命館大デザイン科学研究センターは15日午後２時から、朱雀キャンパス（京都市中京区）で、シンポジウム「安心・安全のデザイン」を開く。……善本哲夫・同センター長が司会を務め、八重樫文・同センター事務局長らも交えた討論も行う。　　　（ヨミダス 2013.10.10）
　　　c. 日本書芸美術院の公募書道展「日書美展」が、岸和田市立文化会館（荒木町）で開かれ、……また、同美術院理事長の樽谷龍風さん（84）の作品は気迫にあふれて深みがあり、……。　　　（ヨミダス 2013.11.20）

4. で述べてきた定義に従うと、（32a.）の指示保証部は「組合」、照応関係部は「県旅館ホテル生活衛生同業」、拡張部は「事務局」である。「同」は照応関係部である「県旅館ホテル生活衛生同業」に置き換わる。また、「同組合」の後ろに「事務局」が結合しても、「同」の直後にポーズが置かれることは変わらない。

（32b.）の指示保証部は「センター」、照応関係部は「立命館大デザイン科学研究」で、拡張部は「長」である。拡張部が一字漢語である点で（32a.）と異なっているが、「同」は照応関係部を指し示し、「同」の直後にポーズが置かれる点では（32a.）と同じである。つまり、拡張部が一字漢語なのか、それとも二字以上の独立する形態素なのかと関係なく、「同」は照応関係部を指し示し、「同」の直後にポーズが置かれ、語$^+$のまま言語単位の拡張が行われることになる。

132

(33) 指示保証部が一字漢語で、拡張部が和語・外来語・字音複合語基である場合

    a. <u>環境省</u>は27日、国の特別天然記念物トキが新発田市に飛来しているのを確認したと発表した。……<u>同省新潟事務所</u>によると、新発田市の水田周辺でトキの目撃情報が県庁に寄せられたのは、26日午前11時50分頃。
（ヨミダス 2014.2.28）

    b. <u>警視庁志村署</u>が殺人未遂容疑で行方を追っている。<u>同署幹部</u>によると、犯人は身長約１メートル50で、肩までの白髪。
（ヨミダス 2014.3.31）

    c. <u>社会保険庁</u>は……<u>同庁ホームページ</u>で年金見込み額の照会を受け付ける。
（（31）再掲）

　以上の３つの例文の指示保証部はそれぞれ、「省」「署」「庁」で、すべてが一字漢語である。拡張部は、それぞれ「新潟事務所」「幹部」「ホームページ」である。

　「同」は照応関係部を指し示す。また、(33)では、それぞれ「同省」と「新潟事務所」との間、「同署」と「幹部」との間、「同庁」と「ホームページ」との間にポーズが置かれ、語$^+$に拡張される。

(34) 指示保証部も拡張部も一字形態素である場合

    a. 検察官が「今日も車で来ている恐れがある」と<u>中署</u>に通報。<u>同署員</u>が、地検庁舎のすぐ横に路上駐車していたワゴン車に乗って帰ろうとしたところを現行犯逮捕した。
（中川2005：15）

    b. <u>人吉市</u>と湯前町を結ぶ第３セクター「くま川鉄道」の新車両「田園シンフォニー」の運行が８日、始まった。……同社会長の田中信孝・<u>同市長</u>は「人吉球磨の新たな宝として大事にしていきましょう」とあいさつ、……。
（ヨミダス 2014.3.10）

    c. <u>暴力団山口組系五菱会</u>（静岡市）のヤミ金融事件で、……「ヤミ金の帝王」と呼ばれ、<u>同会系</u>のヤミ金融業者を統括していた梶山進容疑者（54）……
（中川2005：17）

d. 有害化学物質・ポリ塩化ビフェニール（ＰＣＢ）廃棄物の処理を巡り、環境省から廃棄物の受け入れ拡大を要請されている北九州市は30日、……５事業所全体の処理量や北九州での処理期限の根拠に関する同省側の説明はなく、……。

(ヨミダス 2013.10.31)

　以上の４つの例文の指示保証部はそれぞれ、「署」「市」「会」「省」で、すべてが一字形態素である。拡張部はそれぞれ、「員」「長」「系」「側」で、そのいずれも一字形態素[5]である。(34a.)(34b.)の「同」の後接語は「署員」「市長」であり、単語として存在している。それに対し、(34c.)(34d.)の「同」の後接語は「会系」「省側」で、単語として存在しない。(34c.)の「同会系」は、「暴力団山口組系五菱会系」を省略した形で、(34d.)の「同省側」は、「環境省側」を省略した形であるため、「同」は照応関係部を言い換えるといえる。また、「同会系」「同省側」はポーズが置かれず、一続きで発音されるのが一般的だと思われる。したがって、「全体としては語[+]とはならず、語のレベルに留まったまま、言語単位の拡張が行われる。」(中川2005：18)という結論も妥当だと考えられる。

　問題になるのは (34a.)(34b.) のような場合である。このような場合は二通りの解釈がある。

(35)（ⅰ）「同署員」の「同」は「中署」が内包され、「同署員」は「中署署員」を指し示す。

　　　（ⅱ）「同署員」の「同」は「中」のみが含まれ、「同署員」は「中署員」を指し示す[6]。

（ⅰ）の解釈であれば、「同」は先行詞全体と置き換えられ、「同」の直後に

5　ここでは、字音ではない「側」も取り上げているため、「一字漢語」ではなく、「一字形態素」としている。

6　(35) の（ⅰ）は中川 (2005) の (13b) に相当する。（ⅱ）は中川 (2005) の (13a) に相当する。

ポーズを置くことが一般的であり、「同署員」全体が語⁺になるということになる。（ⅱ）の解釈であれば、「同」は照応関係部を言い換え、「同署員」全体が一続きで発音され、語⁺にはならないということになる。

先行詞に指示保証部がついている場合であれば、「同」は先行詞全体を言い換える例はなく、すべての例は照応関係部のみと言い換えられる。（ⅰ）のように、あえて「同」が先行詞全体を置き換えると主張する根拠が乏しいため、筆者は（ⅱ）を主張したい。

「同署員」という形が（ⅰ）のような解釈で説明できる例もある。それは（36）のように、先行詞に「員」がついていなければならない場合である。

(36) 9日午前4時頃、金沢市幸町の路上で、クマのような動物が歩いているのを、パトロール中の金沢中署員が発見した。近くには市立新竪町小学校などがあることから、同署員ら約30人が午前8時半頃まで捜索したが、見つからなかった。
　　　　　　　　　　　　　　　　　　　　　　　　（ヨミダス 2013.12.10)

先行詞が「○○署員」で、照応詞が「同署員」である場合は、（ⅰ）のような解釈になる。それに対し、先行詞が「○○署」で、照応詞が「同署員」である場合は、（ⅱ）のような解釈になる。

最後に、「全体－部分照応」の先行詞に指示保証部がついている場合を図式で示すと図6-3のようになる。

	先行詞		照応詞		
	照応関係部	指示保証部	「同」	指示保証部	拡張部
例（32）－c	日本書芸	美術院	同	美術院	理事長

図6-3　「全体－部分照応」の先行詞に指示保証部がついている場合の図式

4.3.2　先行詞に指示保証部がついていない場合

「全体－部分照応」の先行詞に指示保証部がついていない場合には、（37）～（39）の例文がある。

(37) 指示保証部が和語・外来語・字音複合語基である場合

a. 2019年に日本で開催される<u>ラグビーワールドカップ</u>（W杯）をＰＲしようと、元日本代表で<u>同大会</u>アンバサダーの増保輝則さん（41）と、松田努さん（43）が19日、堺市堺区のＪグリーン堺で小学生を指導した。 　　　　　　　　　　　　　　　　　　　　　（ヨミダス 2013.10.20）

b. フランスの<u>ソニア・リキエル</u>が、ブリーフケースタイプの新作バッグ「ポール」＝写真上＝を販売している。……新作のＰＲなどのために来日した<u>同ブランドＣＥＯ</u>（最高経営責任者）のエリック・ランゴンさん……。 　　　　　　　　　　　　　　　　　（ヨミダス 2013.11.20）

c. 若松区ひびきの北にある<u>「ひびきのフットサルラボ」</u>は、運動用品メーカー「ミズノ」などが2006年に開いた人工芝のフットサル場だ。……問い合わせは<u>同施設</u>クラブハウス（093・742・5855）へ。

　　　　　　　　　　　　　　　　　　　　　　（ヨミダス 2014.1.10）

　上の３つの例文の指示保証部「大会」「ブランド」「施設」は字音複合語基あるいは外来語である。また、先行詞にはいずれも指示保証部がついていない。(37a.)の「同大会」は「ラグビーワードカップ」を指し、(37b.)の「同ブランド」は、「ソニア・リキエル」を、(37c.)の「同施設」は「ひびきのフットサルラボ」を指している。よって、「同＋指示保証部」全体が先行詞を指し示す。また、それぞれの拡張部「アンバサダー」「ＣＥＯ」「クラブハウス」が「大会」「ブランド」「施設」に結合しても「同」の直後にポーズが置かれることは変わらない。よって、語$^+$という単位のまま、拡張が行われる。

(38) 指示保証部が一字漢語で、拡張部が和語・外来語・字音複合語基である場合

a. 今月中旬以降テロが相次ぐ<u>トルコ</u>で、外貨獲得の柱である観光産業が打撃を受け、金融危機克服に取り組む<u>同国</u>経済に深刻な影響が及ぶ事態が懸念されている。 　　　　　　　　　　　　　（中川2005：15）

b. <u>ベトナム</u>の「ハノイ市都市鉄道建設事業」で、それまで約7500万円を提供していた<u>同国鉄道公社</u>のプロジェクト管理事務所幹部に……。

（ヨミダス 2014.3.20）

c. 日本ＩＢＭの社員たちが、中学生を対象にしたロボット製作の課外
授業を行った。……同社エンジニアの森隆宣さん（37）は「ものづ
くりの原点は楽しさ。　　　　　　　　　　（ヨミダス 2014.3.31）

　上例の指示保証部は「国」「社」で、一字漢語である。拡張部は「経済」「鉄
道公社」「エンジニア」で、字音複合語基あるいは外来語である。「同国」全体
が「トルコ」や「ベトナム」を指し示し、「同社」全体が「日本ＩＢＭ」を指
し示す。よって、「同＋指示保証部」全体が先行詞を指し示す。また、「同国」
と「経済」の間に、「同国」と「鉄道公社」の間に、「同社」と「エンジニア」
の間に、ポーズが置かれ、語$^+$に拡張される。

（39）指示保証部も拡張部も一字形態素である場合
　　　a. 欧州連合（EU）議長国ベルギーのミシェル外相は13日付の同国紙ラ
　　　　ット・ニュースとの会見で、……　　　　　　　　（中川2005：17）
　　　b. 同市小倉北区のリバーウオーク北九州沿いや井筒屋の壁面にも華や
　　　　かなイルミネーションが施されており、７日は、同店前で、市の環
　　　　境マスコットキャラクター「ていたん」や市職員らがチラシ約200枚
　　　　を配布した。　　　　　　　　　　　　　　　（ヨミダス 2014.1.10）
　　　c. 政府は二日の閣議で、イラクの治安情勢について「主要な戦闘は終
　　　　結したものの、同国内における戦闘が完全に終結したとは認められ
　　　　ない状態にある」との答弁書を決定した。　　　　（中川2005：16）
　　　d. インドネシア農産省は、カナダでBSE（牛海綿状脳症、狂牛病）に感
　　　　染した牛が見つかったことを受け、二十二日付で同国産の牛肉及び
　　　　牛肉関連製品の輸入を禁止した。　　　　　　　　（中川2005：17）

　（39a.）（39b.）の「同」の後接語である「国紙」「店前」のような単語は日本
語では見当たらない。それに対し、（39c.）（39d.）の「同」の後接語が「国内」
「国産」で、単語として存在している。「同国紙」は「ベルギー紙」を、「同店
前」は「井筒屋前」を、「同国内」は「イラク内」を「同国産」は「カナダ産」

をそれぞれ指し示す。よって、「同＋指示保証部」全体が先行詞を指し示す。また、「同」の直後にポーズが置かれず、「同」を含む下線部は一続きで発音される。したがって、「全体としては語⁺とはならず、語のレベルに留まったまま、言語単位の拡張が行われる。」(中川2005：18)ということになる。

　　しかし、(40)のような例はどうであろう。

(40) 列車の待ち時間を楽しく過ごしてもらおうと、ＪＲ四国は19日、高松駅の２階に幼児向けの待合スペース「アンパンマンれっしゃ！にこにこステーション」をオープンさせた。……同社員が見回りを徹底するなど安全にも配慮した。

(ヨミダス 2013.12.20)

　　「同社員」は「ＪＲ四国員」より、「ＪＲ四国社員」のほうを指し示すのが自然だと思われる。一見して、上述した「同国紙」「同国内」などの例と違い、「同」のみが先行詞を指し示すように見えるが、「同社員」は「同社社員」の省略した形だと考えられる。そうすれば、「同社」全体が先行詞を指し示し、上述した「同国紙」「同国内」などの例と同じになる。

　　最後に、「全体−部分照応」の先行詞に指示保証部がついていない場合を図式で示すと図6-4のようになる。

	先行詞	照応詞		
	照応関係部	「同」	指示保証部	拡張部
例 (37)−b	ソニア・リキエル	同	ブランド	ＣＥＯ

図6-4　「全体−部分照応」の先行詞に指示保証部がついていない場合の図式

4.3.3　「全体−部分照応」のまとめ

　　最後に、「全体−部分照応」をまとめてみると、表6-5のようになる。

表6-5 「全体－部分照応」のまとめ

	先行詞に指示保証部がついている場合	先行詞に指示保証部がついていない場合
指示保証部が和語・外来語・字音複合語基である場合	（例）日本書芸美術院 → 同美術院理事長 （Ⅰ）同＝照応関係部 （Ⅱ）「同」の直後にポーズが置かれる。照応詞は語⁺のまま拡張が行われる。	（例）ソニア・リキエル → 同ブランドCEO （Ⅰ）「同＋指示保証部」＝先行詞 （Ⅱ）「同」の直後にポーズが置かれる。照応詞は語⁺のまま拡張が行われる。
指示保証部が一字漢語で、拡張部が和語・外来語・字音複合語基である場合	（例）環境省 → 同省新潟事務所 （Ⅰ）同＝照応関係部 （Ⅱ）照応詞の指示保証部の直後にポーズが置かれる。照応詞は語⁺に拡張される。	（例）ベトナム → 同国鉄道会社 （Ⅰ）「同＋指示保証部」＝先行詞 （Ⅱ）照応詞の指示保証部の直後にポーズが置かれる。照応詞は語⁺に拡張される。
指示保証部も拡張部も一字形態素である場合	（例）中署 → 同署員 （Ⅰ）同＝照応関係部 （Ⅱ）ポーズが置かれない。照応詞は語単位のまま拡張が行われる。	（例）西武鉄道 → 同社側 （Ⅰ）「同＋指示保証部」＝先行詞 （Ⅱ）ポーズが置かれない。照応詞は語単位のまま拡張が行われる。

表6-5は表6-4の結論と一致する。すなわち、先行詞に指示保証部がついているかどうかは「（Ⅰ）「同」と先行詞の関係」と関連し、指示保証部と拡張部の言語単位は「（Ⅱ）「同」を含む照応詞の言語単位」と関連することになる。

4.4　部分－全体照応

「部分－全体照応」は、中川（2005）の「先行詞の部分利用」に相当するものであり、(41) 〜 (43) のように、「先行詞となる形態素連続の一部のみを用いた照応表現」（中川2005：18）ということを指す。ここでは、「先行詞となる形態素連続の一部のみ」を除いた、照応と関係していない部分を「余剰部」と呼び、照応詞「同○」全体が、先行詞の一部分（余剰部を除いた部分）を指し示すとい

うことで、「部分−全体照応」と名付ける。

(41) 札幌東豊病院産婦人科の前田信彦医師らの研究によると、一九九八年
　　八月−二〇〇二年六月に同病院を受験した女性患者四百十九例の悪性
　　HPV 感染率は十代が四五％、……　　　　　　　　　　（中川2005：19）

(42) 青森ピンクリボンプロジェクト実行委員会が主催。……同プロジェク
　　トは「気軽に足を運んでもらい、乳がん検診への理解を深めてほしい」
　　と……。　　　　　　　　　　　　　　　　　（ヨミダス　2013.10.20）

(43) ボードは４月20日、昭和町のイオンモール甲府昭和で行う開幕100日前
　　イベントでお披露目した後、甲府駅構内に設置。同駅では、……。

　　　　　　　　　　　　　　　　　　　　　　　（ヨミダス　2014.3.20）

　(41) の「同病院」は「札幌東豊病院」を指し示し、先行詞における「産婦
人科」は、照応詞である「同病院」と関係していない。よって、「産婦人科」
は余剰部になる。(42) (43) の余剰部はそれぞれ、「実行委員会」、「構内」で
ある。
　また、(44) (45) のように、余剰部は一字形態素である場合がある。

(44)「実際の作品を通して琳派の美に触れる機会をつくり、継承につなげた
　　い」と語ったのは京都国立博物館長の佐々木丞平（じょうへい）さん。
　　２年後、同博物館としては……。　　　　　　（ヨミダス　2013.10.10）

(45) 経済産業省は来年度、福島県内に拠点を置く医療機器メーカーに対し、
　　……同県の医療機器生産額は、静岡、栃木、東京に次いで全国４位。

　　　　　　　　　　　　　　　　　　　　　　　（ヨミダス　2013.12.31）

　中川 (2005) は、(41) のような場合は「複合語内の１語を照応表現に用いる
タイプ」と呼び、(44) のような場合は「先行詞の接辞性語基を含まない照応」
と称し、２つのタイプに分けて考察した。「先行詞の接辞性語基を含まない照
応」というタイプを単独に出した理由は、「複合語内の１語を照応表現に用い
るタイプ」より、「語彙照応の制約からの自由度が低くなる」（同：21）ことで

ある。しかし、本章は（22）の「「同」と先行詞の関係」、「「同」を含む照応詞の言語単位」の2点を基準に論を進めてきた。中川（2005）の2つのタイプはこの2点に関しては、相違点が見られないため、「先行詞の接辞性語基を含まない照応」というタイプと「複合語内の1語を照応表現に用いるタイプ」を分けずに、「部分－全体照応」の一つの括りで考察する。図式で示すと図6-5のようになる。

	先行詞			照応詞	
	照応関係部	指示保証部	余剰部	「同」	指示保証部
例（42）	青森ピンクリボン	プロジェクト	実行委員会	同	プロジェクト

図6-5 「部分－全体照応」の図式

4.5 部分－部分照応

中川（2005）は言及していないが、「先行詞の部分利用」の中に次のタイプの例が見られる。

（46）茨城県保健福祉部は25日、同県波崎町内で開かれているサッカー大会に参加した高校生のうち……　　　　　　　　　　　　　　　（中川2005：19）

（47）敦賀署は30日、敦賀地区防犯連絡所協議会（石井雅之会長）や同地区防犯隊連合会（上塚憲一隊長）など地域の防犯活動に貢献した4団体に感謝状を贈った。　　　　　　　　　　　　　　　　　　　　（ヨミダス　2014.1.31）

（48）横浜市戸塚区民を中心に公募した「みんなの写真展」が19日、同区戸塚町の区民文化センターで始まった。　　　　　　　　　　（ヨミダス　2014.3.20）

（46）の「同県」は「茨城県保健福祉部」という複合語内の1語を照応表現に部分利用してから、その直後にさらに「波崎町内」という語と結合する。中川（2005）でいう「言語単位の拡張」と「先行詞の部分利用」が両方現れるタイプである。照応詞の一部分（拡張部を除いた部分）が先行詞の一部分（余剰部を除いた部分）を指し示すということで、本章では、「部分－部分照応」と名付ける。

構成パターンとして、最も複雑なタイプであるが、「同」と先行詞の関係、

第6章　「同病院」「同事務所」の「同」　141

および、照応詞の言語単位については、4.3の「全体－部分照応」と重なり、繰り返して説明する必要がないと考えられる。「部分－部分照応」というようなタイプの出現も可能である、という指摘にとどめたい。

しかし、(46) ～ (48) の「部分－部分照応」と異なるタイプの「部分－部分照応」がある。

(49) 異動総数は前年度比173人増の5840人で、過去10年で最多。内訳は、退職が同104人増の936人、採用が同31人増の692人。　（ヨミダス 2014.3.31）

(50) 県警は19日、桜井市大福、会社員吉田京平（25）、大阪府富田林市若松町、同山田康徳（34）の両容疑者を道交法違反（ひき逃げ）の疑いで逮捕した。　（ヨミダス 2013.12.20）

(51) 全日制公立高校への進学希望率は昨年より0.1ポイント減の71.7％、同私立高校への進学希望率は18.6％で昨年より0.2ポイント増えた。
（ヨミダス 2013.12.20）

(52) ▽日本映画監督賞＝石井裕也（舟を編む）▽同脚本賞＝荒井晴彦（共喰い）　（ヨミダス 2014.1.10）

(49) の「同」の後接語は数字、(50) の「同」の後接語は固有名詞で、いずれも今まで見てきた「同」の後接語に現れないパターンである。(51)(52) は一見して、今まで見てきたパターンとほとんど変わらないが、「同」の先行詞の指示保証部と照応詞の指示保証部が同じ[7]であるかどうかという点で、容易に見分けることができる。

(51) の照応詞の指示保証部は「私立高校」であるが、先行詞の指示保証部は「公立高校」であり、「同」は先行詞に出てくる「全日制」という情報の繰

7　「同じものである」ということは「形が同じ」という意味ではない。（ア）のように、先行詞の指示保証部が「海上保安部」で、照応詞の指示保証部が「海保」であり、形は完全に同じではないが、「海保」は「海上保安部」の略語で、同じものを指し示すといえる。

（ア）金沢海上保安部は30日、巡視艇「かがゆき」から紛失した発煙筒が内灘町の内灘海岸に漂着しているのが見つかったと発表した。……同海保が型式と製造番号を確認した。　（ヨミダス 2013.10.31）

り返しを避けるため、「同」を用い、「全日制」を省略している。(52) の照応詞の指示保証部は「脚本賞」であるが、先行詞の指示保証部は「監督賞」であり、「同」は「日本映画」を指す。「同」は、ただ前文脈に一度出てきた情報や内容などを繰り返し書く代わりに使う語である。

　照応詞の一部分（「指示保証部」を除いた部分）が先行詞の一部分（「指示保証部」を除いた部分）を指し示すということで、「部分－部分照応」になるが、(46) ～ (48) の「部分－部分照応」と３つの点で異なる。

　第一に、前述したように、先行詞と照応詞の指示保証部が同じであるかどうかという点である。(46) ～ (48) の先行詞と照応詞の指示保証部は同じである。例えば、(47) の先行詞と照応詞の指示保証部はいずれも「地区」である。それに対し、(49) ～ (52) の先行詞と照応詞の指示保証部は同じではない。例えば、(51) の先行詞の指示保証部は「公立高校」、照応詞の指示保証部は「私立高校」で異なるものである。よって、(46) ～ (48) の「部分－部分照応」を「指示保証部一致の部分－部分照応」と名付け、(49) ～ (52) の「部分－部分照応」を「指示保証部不一致の部分－部分照応」と名付ける。

　第二に、指示保証部一致の部分－部分照応は、先行詞には余剰部、照応詞には拡張部があるが、指示保証部不一致の部分－部分照応には、余剰部と拡張部が存在しない。例えば、指示保証部一致の部分－部分照応の (49) の先行詞には「防犯連絡所協議会」という余剰部、照応詞には「防犯隊連合会」という拡張部は存在するが、指示保証部不一致の部分－部分照応の (51) には、そのようなものはない。

　第三に、いずれも「部分－部分照応」と呼称するが、何を「部分」とするのかについて異なる。指示保証部一致の部分－部分照応は、照応詞の「拡張部」を除いた部分が、先行詞の「余剰部」を除いた部分を指し示す。それに対し、指示保証部不一致の部分－部分照応は、照応詞の「指示保証部」を除いた部分が、先行詞の「指示保証部」を除いた部分を指し示す。

　最後に、２種類の「部分－部分照応」を図式で示すと、図6-6、6-7のようになる。

	先行詞			照応詞		
	照応関係部	指示保証部	余剰部	「同」	指示保証部	拡張部
例(47)	敦賀	地区	防犯連絡所協議会	同	地区	防犯隊連合会

図6-6 「指示保証部一致の部分－部分照応」の図式

	先行詞		照応詞	
	照応関係部	指示保証部	「同」	指示保証部
例（51）	全日制	公立高校	同	私立高校

図6-7 「指示保証部不一致の部分－部分照応」[8]の図式

5. 本章のまとめ

本章で述べたことの要点をまとめておく。

A. 字音接頭辞の「同」には、形容詞型と連体詞型の2種類がある。本章では、連体詞型の「同」のみを考察対象とする。

B. 「同」の後接語の性格を語種と意味分野を中心に分析した結果、語種については、漢語との結合が圧倒的に多く、和語や混種語より、外来語と結合しやすいことがわかった。また、後接語の意味分野については、「1.2 人間活動の主体」を表す後接語が最も多い。特に、「1.26 社会」と「1.27 機関」の2つの中項目に集中している傾向が見られる。

C. 中川（2005）に基づき、「全体－全体照応」「全体－部分照応」「部分－全体照応」「部分－部分照応」という4つの類型に分類し、新聞記事における使われ方のパターンを提示した。さらに、それぞれのパターンについて、「「同」と先行詞の関係」および「「同」を含む照応詞の言語単位」を基準に、詳しく考察した。まとめると、表6-6のようになる。なお、「指示保証部不一致の部分－部分照応」以外の4つのパターンにおいて「指示保証部」は、先行詞に現れる場合と現れない場合がある。

---

8 （49）（50）のように、「同」の後接語に当たる部分は数字や人名である場合があるため、3.の後接語の分析ではこのタイプのデータが含まれていない。

D. それぞれのパターンは「「同」と先行詞の関係」および「「同」を含む照応詞の言語単位」と関わる。先行詞に指示保証部がついているか否かは「「同」と先行詞の関係」と関連する。先行詞に指示保証部がついている場合、「同」は照応関係部を指し示し、先行詞に指示保証部がついていない場合は「同＋指示保証部」の全体が先行詞全体を指し示す。また、指示保証部と拡張部の言語単位は「「同」を含む照応詞の言語単位」と関連する。指示保証部と拡張部がそれぞれ一字接辞性形態素なのか、和語・外来語・字音複合語基なのかにより、語になるか、語⁺に拡張されるかなどの照応詞の言語単位が変わる。

表6-6　「同」の使われ方のパターン

		先行詞				照応詞		
全体－全体照応		照応関係部	（指示保証部）		→	「同」	指示保証部	
全体－部分照応		照応関係部	（指示保証部）		→	「同」	指示保証部	拡張部
部分－全体照応		照応関係部	（指示保証部）	余剰部	→	「同」	指示保証部	
部分－部分照応	指示保証部一致	照応関係部	（指示保証部）	余剰部	→	「同」	指示保証部	拡張部
	指示保証部不一致[9]	照応関係部	指示保証部		→	「同」	指示保証部	

9　図式からすれば、「指示保証部不一致の部分－部分照応」と「全体－全体照応」がほぼ同じであるが、2つの点で異なることを確認しておく。第一に、先行詞と照応詞の指示保証部が同じであるかどうかという点である。第二に、「全体－全体照応」は、照応詞全体が先行詞全体を指し示すものであるが、「指示保証部不一致の部分－部分照応」は、照応詞全体が先行詞全体を指し示すのではなく、照応詞の「同」が、先行詞の照応関係部を指し示すものである。

最後に、本章の全体像を示すと、表6-7のようになる。

表6-7　本章の全体像

「同」の用法分類			例	照応との関係	「同」で合成したものの言語単位
全体-全体照応	先行詞に指示保証部がついている場合	照応詞の指示保証部	一字漢語	飯能市 →　同市	「同」は照応関係部を指し示す。	「同」の直後にポーズが置かれず、合成したものの言語単位は語である。
			和語・外来語・字音複合語基	高崎八千代グラウンド →　同グラウンド		「同」の直後にポーズを置くことが一般的であり、合成したものの言語単位は「語⁺」になる。
	先行詞に指示保証部がついていない場合		一字漢語	西武バス →　同社	「同＋指示保証部」の全体が先行詞全体を指し示す。	「同」の直後にポーズが置かれず、合成したものの言語単位は語である。
			和語・外来語・字音複合語基	「まちなかキャンパス」 →　同講座		「同」の直後にポーズを置くことが一般的であり、合成したものの言語単位は「語⁺」になる。

全体−部分照応		照応詞の指示保証部				
全体−部分照応	先行詞に指示保証部がついている場合	照応詞の指示保証部	和語・外来語・字音複合語基	日本書芸美術院 → 同美術院理事長	「同」は照応関係部を指し示す。	「同」の直後にポーズが置かれ、合成したものは語$^{+}$のまま拡張が行われる。
			一字漢語で、拡張部が和語・外来語・字音複合語基	環境省 → 同省新潟事務所		指示保証部の直後にポーズが置かれ、合成したものは語$^{+}$に拡張される。
			指示保証部も拡張部も一字形態素である場合	中署 → 同署員		ポーズが置かれず、合成したものは語単位のまま拡張が行われる。
	先行詞に指示保証部がついていない場合		和語・外来語・字音複合語基	ソニア・リキエル → 同ブランドCEO	「同+指示保証部」の全体が先行詞全体を指し示す。	「同」の直後にポーズが置かれ、合成したものは語$^{+}$のまま拡張が行われる。
			一字漢語で、拡張部が和語・外来語・字音複合語基	ベトナム → 同国鉄道会社		指示保証部の直後にポーズが置かれ、合成したものは語$^{+}$に拡張される。
			指示保証部も拡張部も一字形態素である場合	西武鉄道 → 同社側		ポーズが置かれず、合成したものは語単位のまま拡張が行われる。
部分−全体照応				甲府駅構内 → 同駅	「照応との関係」および「「同」で合成したものの言語単位」に関しては、「全体−全体照応」と同じ。	
部分−部分照応			指示保証部一致	横浜市戸塚区民 → 同区戸塚町	「照応との関係」および「「同」で合成したものの言語単位」に関しては、「全体−部分照応」と同じ。	
			指示保証部不一致	全日制公立高校 → 同私立高校	「同」は照応関係部を指し示す。	「同」の直後にポーズを置くことが一般的であり、合成したものの言語単位は「語$^{+}$」になる。

第 7 章

「某大学」「某メーカー」の「某」
——不定機能を持つ連体詞型字音接頭辞——

　本章では、「某大学」「某メーカー」などのように、不定機能を持つ連体詞型字音接頭辞「某」を取り上げ、「某」はどのような後接語と結合するのか（結合機能）、どのような意味用法を持つのか（意味添加機能）という問題について考察する。

　1. では、まず考察資料と用例について述べる。2. では、先行研究における主な主張を概観し、その問題点を指摘する。次に3. では、「某」はどのような後接語と結合するのか（結合機能）について考察する。4. では、まず定・不定と特定・不特定という名詞の指示特性の枠組みにおける「某」の位置づけを検討する。5. では同じく不定機能を持つ「ある」と比較し、「某」が独自に持つ統語的特徴を考察する。その考察結果を基にして、6. では、「某」の基本的意味（意味添加機能）について述べる。さらに、7. では、「某」はどのような語用論的効果をもたらすのかについて検討する。最後に、8. では、本章の内容をまとめる。

1.　「某」の考察資料と用例

　「某」の用例収集には資料としてBCCWJを使用した。中納言を使用し、2017年12月２日に用例を検索した。検索条件として、キーを未指定にし、前方共起をキーから１語に設定し、「書字形出現形　が　某　AND　語彙素読み　が　ボウ」という指示で検索し、1482件の検索結果を得た。目視で用例を確認し、（１）のような明らかに考察対象にならないもの、（２）のような一字漢語と結合し、二字漢語を形成するものを考察対象から除外する。最終的に考察対象となる用例は異なり733例、延べ1153例であった。

148

（1）たとえば、<u>作家某</u>がパリに遊んだとする。

（『頭のいい脳の使い方』LBl1_00009）

（2）明朗さという点では、むろん<u>某社</u>が上だ。

（『得する家づくり交渉術　住宅メーカー営業マンの上をいく！』LBj3_00012）

2. 「某」の先行研究

2.1　松本哲也（1999）の主張

「某」の先行研究には、松本（1999）がある。「某」に関しては、類義関係の
「ある」と比較しながら、主に２点を指摘している。

第一に、後接する名詞句の意味解釈について次の違いが見られる。

（3）a.「ある」名詞句は、不定解釈が強制されるが、必ずしも特定解釈は
　　　　強制されない。

　　　　「ある」は不定の連体詞であるが、特定の連体詞ではない。

　　　b.「某」名詞句は、不定解釈および特定解釈が強制される。

　　　　「某」は不定の連体詞[1]であり、かつ、特定の連体詞である。

（松本1999：41-42）

「定・不定」とは「聞き手が指示対象を知っているという想定を、話し手が
持っているかどうか」（松本1999：40）を表し、「特定・不特定」とは「話し手が
指示対象を知っているかどうか」（同：40）を表す。

（4）a. 僕に ¦『春琴抄』／あの本¦ を貸してくれ。（定）

　　　b. 昨日 ¦運送屋／ある人¦ が本を届けに来た。（不定）

　　　c. 誰か呼んで来て。

　　　d. 犬でも飼いたいね。

（松本1999：40-41）

1　本書は「某」を連体詞として見做さず、字音接頭辞として見做す。第１章で述べた字音
接頭辞の規定により、第２章では「某」を連体詞型字音接頭辞に分類している。山下
（2018）においても、「某」は指定を表す字音接頭辞に分類されている。

松本（1999）によると、（4a.）は定かつ特定、（4b.）は不定かつ特定、（4c.）（4d.）は不特定の解釈となる。（3）の主張を言い換えると、「ある」と「某」は不定解釈が強制され、また「ある」は特定解釈の場合もあれば、不特定解釈の場合もあるのに対して、「某」は特定解釈のみだということになる。

　第二に、後接する名詞のタイプに制約があるかどうかにおいても違いが見られる。松本（1999）によると、「某」は次の（5）で示すように、「人・場所・年月日などを表す名詞を主名詞としやすく、抽象的な対象を表す名詞や、人・場所以外の具象物を表す名詞を主名詞とした場合、不自然になる傾向にある」（p.42）。それに対して、「ある」の後接名詞には、そのような制約はない。

（5）a. 某研究者、某ディレクター、某テレビ番組、某諜報機関、某美術館、
　　　　某所、某年某日
　　　b.＊某発見、＊某概念、＊某自動車、＊某観葉植物、＊某動物

（松本1999：42）

2.2　松本哲也（1999）の問題点

　松本（1999）の「某」と「ある」に関する主張は参考になる点が多いが、問題点も存在し、以下の３点についてさらなる検討が必要である。

　第一に、「某」は不特定解釈も可能である点が指摘されていないことである。松本（1999）によると、「某」名詞句は不特定解釈が許されず、特定解釈が強制される。しかし、BCCWJ から収集した用例の中に、不特定解釈と考えられる用例が観察される。よって、本章では、不特定解釈の「某」が存在することを主張し、定・不定と特定・不特定という名詞の指示特性の枠組みの中における「某」の位置づけを検討する。これについては4.で行う。

　第二に、「某」は「ある」と異なる統語的特徴を持つという点について検討されていないことである。本章はコーパスから収集した実例の観察によって、「某」が独自に持つ統語的特徴を指摘する。これは5.において詳しく検討する。

　第三に、「某」が持つ不定機能はどこから生じるのか、「某」の意味論的位置づけが検討されていないことである。松本（1999）によると、「某」と「ある」

は不定解釈が強制され、不定機能を持つという点で共通する。しかし、その不定機能がどこから生じるのかという点で、「某」と「ある」は異なる。この点については6.で考察する。

3. 「某」の後接語について（結合機能）
3.1 「某」の後接語の語種
　表7-1は「某」の後接語について語種別にその異なり語数と延べ語数を示したものである。

表7-1　「某」の後接語の語種別語数と比率

語種		異なり語数	比率	延べ語数	比率
漢語	二字漢語	102	13.92%	235	20.38%
	三字漢語	72	9.82%	109	9.45%
	四字漢語	81	11.05%	125	10.84%
	五字漢語	26	3.55%	36	3.12%
	六字以上の漢語	21	2.86%	21	1.82%
	小計	302	41.20%	526	45.62%
和語		24	3.27%	42	3.64%
外来語		122	16.64%	240	20.82%
混種語		238	32.47%	296	25.67%
語レベルを超えるもの		34	4.64%	34	2.95%
その他[2]		13	1.77%	15	1.30%
合計		733	100.00%	1153	100.00%

2　「Ｎ○Ｋ」「ヨ¥バシ」のように、「○」「¥」などの符号が含まれる場合は語種の判別をせず、「その他」に分類している。

異なり語数も延べ語数も、「漢語＞混種語＞外来語＞和語」という順に語数が多いことがわかる。「某」の後接語が漢語である比率は、異なり語数も延べ語数も50％以下で、ほかの連体詞型字音接頭辞と比べて比率が低い。そのうち、特に二字漢語・三字漢語と結合する用例の比率が低い。そのかわりに四字以上の漢語と結合する用例の比率はほかの連体詞型字音接頭辞と比べて高い。また、表7-1からわかるように、「某」の後接語が混種語である比率は外来語より高く、異なり語数では約32％であり、延べ語数では約25％である。これもほかの連体詞型字音接頭辞と比べ、高い数値である。以上のように、二字漢語・三字漢語と結合する比率が低いことと、混種語と結合する比率が高いことが「某」の後接語の語種の特徴である。

3.2 「某」の後接語の意味分野

「某」の後接語の意味分野については、『分類語彙表』を参考にして分類を行った。後接語を意味分野の大項目別に示すと表7-2のようになる。表7-2からわかるように、「某」の後接語のうち、異なり語数も延べ語数も、75％以上は「大学」「メーカー」「選手」のような「1.2 人間活動の主体」を表す語である。

表7-2 「某」の後接語の意味分野（大項目）語数と比率

大項目	異なり語数	比率	延べ語数	比率
1.1 抽象的関係	37	5.05%	67	5.81%
1.2 人間活動の主体	570	77.76%	881	76.41%
1.3 人間活動精神および行為	94	12.82%	163	14.14%
1.4 生産物および用具	28	3.82%	34	2.95%
1.5 自然物および自然現象	4	0.55%	8	0.69%
合計	733	100.00%	1153	100.00%

次に、「某」の後接語の意味分野の中項目について分析する。表7-3はその調査結果を示したものである。

表7-3 「某」の後接語の意味分野（中項目）の語数と比率

意味コード	大項目	中項目	延べ語数	比率
1.10	抽象的関係	事柄	7	0.61%
1.11		類	3	0.26%
1.13		様相	3	0.26%
1.15		作用	1	0.09%
1.16		時間	2	0.17%
1.17		空間	50	4.34%
1.19		量	1	0.09%
1.20	人間活動の主体	人間	16	1.39%
1.21		家族	4	0.35%
1.22		仲間	8	0.69%
1.23		人物	68	5.90%
1.24		成員	236	20.47%
1.25		公私	18	1.56%
1.26		社会	470	40.76%
1.27		機関	61	5.29%
1.30	人間活動の精神および行為	心	9	0.78%
1.31		言語	101	8.76%
1.32		芸術	22	1.91%
1.33		生活	6	0.52%
1.35		交わり	5	0.43%
1.37		経済	15	1.30%
1.38		事業	5	0.43%
1.40	生産物および用具	物品	4	0.35%
1.41		資材	1	0.09%
1.43		食料	5	0.43%
1.44		住居	6	0.52%
1.45		道具	2	0.17%
1.46		機械	8	0.69%
1.47		土地利用	8	0.69%
1.52	自然物および自然現象	天地	4	0.35%
1.54		植物	4	0.35%
合計			1153	100.00%

表7-3からわかるように、最も多いのは「大学」「スーパー」「ホテル」などの「1.26 社会」であり、約40%を占めている。次に多いのは「選手」「支店長」「メーカー」などの「1.24 成員」であり、約20%を占めている。また、「1.23 人物」「1.27 機関」「1.17 空間」も比較的多い。

松本（1999：42）では、「「某」が主名詞（引用者注：本書の「後接語」に相当）にできる名詞の意味タイプは一見ばらばらだが、通常その指示対象が固有名を持っている（ことが期待される）点で共通している」と述べている。本章の後接語の意味分野を見てみると、比率が高い「社会」「成員」「人物」「機関」「空間」を表す名詞は固有名を持っているものが多い。例えば、「社会」に分類される「大学」「スーパー」「ホテル」などは、「○○大学」「○○スーパー」などのように、固有名を持っていることが想定される。「人物」に分類される「選手」「支店長」なども同様に固有名を持っていると考えられる。このように、比率の高い意味分野は固有名を持っていることがわかり、松本（1999）の主張は正しいといえる。

4. 指示特性の枠組みから見る「某」

定・不定と特定・不特定の概念は2.1で示した松本（1999）、および、福田（2016）、建石（2017）に従う。建石（2017）によれば、日本語における名詞の指示特性の枠組みは、次の表7-4のようになる。

表7-4　名詞の指示特性の枠組み（建石2017：20による）

特定性＼定性	定	不定
特定	固有名詞 前方照応に使用される指示詞	後方照応に使用される指示詞 「一＋助数詞＋の」・連体詞「ある」
不特定	ア系の指示詞 （疑問文の場合）	「一＋助数詞＋の」・連体詞「ある」 不定名詞

2.2で述べたように、表7-4で提示した枠組みの中で、「某」をどのように捉えればよいのかについてはまだ十分に検討されていない。松本（1999：42）

によると、「某」名詞句は、不定解釈および特定解釈が強制される。不定解釈が強制されることは問題がないが、特定解釈が強制されることは果たして正しいのだろうか。BCCWJ で収集した用例を確認すると、次の（6）（7）のように、不特定解釈の「某」も観察された。

（6）いつもお世話になっている、動物病院へ年賀状を出したいのですが、宛名書きは、〇〇病院御中でしょうか？
　　　付き合いが家族ぐるみなら<u>某</u>病院院長氏名様　そうでない場合は、<u>某</u>病院　御中　　　　　　　　　　　　　　　　（Yahoo！知恵袋 OC11_01326）
（7）例えば、落札者が、当該のオークションの落札額（プラス送料）と同じ金額で<u>某</u>第三者に商品を販売し（オークションでも通販でも何でも良い）、その代金の振込先を質問者さんの口座にすれば、質問者さんは落札者からの振込と信じ込んで、商品を発送することになると思います。
　　　　　　　　　　　　　　　　　　　　　　　　　　（Yahoo！知恵袋 OC14_02521）

　（6）の「某病院」、（7）の「某第三者」は、具体的に現実世界の特定の「病院」「第三者」を想定して発話されているわけではなく、不特定である。BCCWJ で収集した用例の中で、「某」名詞句が不特定解釈と考えられる用例は、（6）（7）の2例のみであるが、存在することは事実である。この点は6.2で考察する。
　不特定解釈の「某」の存在を認めることで、表7-4の枠組みの中に「某」を位置づけると、次の表7-5の通りである。
　表7-5の通り、「某」と「ある」は、指示特性の枠組みの中で同じ位置づけになる。この位置づけ自体には問題はないが、「某」と「ある」が持つ不定機能はどこから生じるのか、意味論的位置づけにおいては違いがある。それについては6. で詳しく検討する。

表7-5　名詞の指示特性の枠組みにおける「某」の位置づけ

特定性＼定性	定	不定
特定	固有名詞 前方照応に使用される指示詞	後方照応に使用される指示詞 「一＋助数詞＋の」 **連体詞「ある」・前接要素「某」**
不特定	ア系の指示詞 （疑問文の場合）	「一＋助数詞＋の」 **連体詞「ある」・前接要素「某」** 不定名詞

5.　「某」が独自に持つ統語的特徴

　2.2で述べたように、BCCWJ の用例観察によって、「某」が独自に持つ統語的特徴が確認された。独自の統語的特徴を持つ「某」は「ある」には置き換えられない。この点については松本（1999）では指摘されていない。5. では具体例を挙げ、詳しく検討する。

5.1　同じ形式が再度出現する場合

　「某／ある＋後接語」が文中に出現し、1 回目の「某／ある＋後接語」と同じ指示対象が 2 回目に出現する際、どのような形式が可能かという点で、「某」は「ある」と異なっている。

　「某＋後接語」の指示対象が再度出現する場合、（8）の点線部「その＋後接語」、（9）の点線部「その＋某＋後接語」に見られるように、指示表現「その」を付けることが可能である。

（8）某メーカーで製造している牛肉百％原料の商品にクレームがあったそうだ。その内容は「この商品を食べたが羊肉の味がする」だと。そのメーカーも商品を保健所などへ持っていき鑑定したところ羊の成分は 1 ％も検出されなかった。　　　　　　　　　　　（Yahoo！ブログ OY14_20150）

（9）実は、この赤ワインブームの仕掛けの陰には某ワイン国の国家戦略が隠されていたのではないかとうわさされるほど周到なもので、気がついてみたらその巧妙な宣伝工作に踊らされて、わが日本人は赤ワイン

好きに仕立て上げられてしまっていた。そもそも日本で飲まれていた白ワインというのは、ドイツ、イタリアの一部、そしてオーストラリア、南アフリカ、チリ、アルゼンチンあたりで生産されるものが大部分であり、その某ワイン国は赤ワインの伝統国である。

(『食の堕落と日本人』PB14_00132)

　また、「某＋後接語」が人間である場合は、「某＋後接語」の指示対象が再度出現するとき、(10) (11) のように人称代名詞「彼」で指すことも可能である。

(10) 去る7月9日、ビームスTにて某グラフィティーライターが手掛ける"ＴＩＧＨＴ©ＭＡＮＧＡＲＴ"のレセプションパーティーが行われた。"ＴＩＧＨＴ©ＭＡＮＧＡＲＴ"とは漫画とアートを融合し、壁・本・服など様々な形態で展開される彼の代表的なアートワークで、……（下略）。　　　　　　　　　　（『Boon』2002年9月号 PM21_00192）

(11) 某大臣はいくつもの会社を所有する金持ちだが、それは彼がとりわけて強力な呪力をもつからに他ならない。

(『太平洋のラスプーチン　ヴィチ・カンバニ運動の歴史人類学』PB12_00104)

　さらに、(12) (13) のように、指示詞や人称代名詞を使わず、「某＋後接語」という1回目と完全に同じ形式で指すことも可能である。

(12) 某牧場の生キャラメルよりは少し硬いですが、口に入れると溶けてきておいしいです。この材料に生クリームと水飴を足せば、某牧場の生キャラメルのレシピですね。　　　　　　（Yahoo！ブログ OY03_09349）

(13) 某支店長の旦那さんが亡くなられた。七十近くで身体を患っていたそうです。急変して一昨日……天敵と某支店長は昔は共に働いたこともある旧知の仲。『お通夜と告別式に参列するから（仕事を）お休みします。』その時の電話で某支店長の様子も話してくれました。

(Yahoo！ブログ OY14_50170)

(12) の「某牧場」、(13) の「某支店長」が再度出現する場合、1回目と同じ「某牧場」「某支店長」という形式が使用されており、かつ指示対象も同じである。指示詞や人称代名詞を使わなくても自然な文になっている。

それに対して、「ある」は「某」と異なり、指示詞や人称代名詞を使わず、「ある＋後接語」という1回目と同じ形式で指すことは不自然であり、例は少なくともコーパス上には現れない。(14) ～ (16) の点線部のように、指示詞や人称代名詞の使用が必須になる。

(14) 私はある女性に、このことについて尋ねました。するとその女性は、「私は十二年前、イエスを救い主として受け入れたときに、自分を全部ささげきりました」と言いました。　　　　　(『日ごと新たに』PB11_00044)

(15) ある人が死亡したら贈与するという債務があるとき、そのある人の死亡という事実を不確定期限といいます。

(『強制執行の仕方と活用法』LBp3_00052)

(16) 私がかつて知っていたある少女は、中学二年生のある時期までは、全くさえない、自信に乏しく、どこか暗い感じさえ与える生徒でした。ところが、ある劇団の一員として採用され、演技が認められたのがきっかけで、彼女は驚くほど変ってしまったのです。

(『中学生の心とからだ　思春期の危機をさぐる』LBk3_00094)

指示詞や人称代名詞を使わず、「ある＋後接語」という1回目と同じ形式で指すという用例はBCCWJからは確認されなかった。(17) のような例を作っても、指示詞が付いている用例より自然度が落ちることがわかる。

(17) 田中さんはある女優と偶然パーティーで知り合って、一ヵ月も経ってないのに、その女優／そのある女優／?? ある女優と婚約をしたのよ。

(作例)

「ある女優」の指示対象である「女優」が2回目に出現する際は、「その女優」、あるいは「そのある女優」というように、指示詞が前接する文が自然で

158

ある。「ある女優」という1回目と同じ形式で指す文は、「その女優」「そのある女優」と比べて、自然度が落ちることがわかる。

このように、同じ形式が再度出現することが許されるかどうかという点で「某」は「ある」と異なる。

5.2 主題に現れる場合

「某／ある＋後接語」が主題に現れるかどうかという点で、「某」は「ある」と異なる。

「某」と「ある」は不定を表すため、後接語と結合し、「某／ある＋後接語」という形式で不定名詞句を形成する。(18)(19)のように、不定名詞句は主題に現れ得ず、主題になる名詞は同定可能な名詞でなければならないとされている（益岡・田窪1992, 丹羽1999, 福田2016等）。

(18) ＊1人の<u>下人</u>は羅生門の下で雨やみを待っていた。　　（福田2016：172）

(19) ＊どの人はあなたのお兄さんですか。　　（益岡・田窪1992：146）

しかし、(20)(21)からわかるように、「某＋後接語」は主題に現れる。

(20) <u>某大臣</u>はいくつもの会社を所有する金持ちだが、それは彼がとりわけて強力な呪力をもつからに他ならない。　　（(11)の再掲）

(21) <u>某損保会社</u>は「皇紀」を使用しているので、二千年問題は難なく乗り切ったという例もあります。　　（Yahoo！知恵袋 OC03_02127）

それに対して、「ある」は不定を表す連体詞であり、「ある」が主題に現れることは基本的にはない。

(22) ？ある会社の社長<u>は</u>山田さんです。　　（丹羽1999：505）

(23) ＊ある<u>人</u>からは電話があった。　　（福田2016：172）

ただし、丹羽（1999, 2004）によると、「ある＋後接語」がまったく主題に現れ

ないというわけではない。

（24）ある大学生は、この問題について次のように述べた。　（丹羽1999：505）

（25）数年前大きな地震があった時、ある人は、人間が地球を搾取した祟り
　　　だと言った。　　　　　　　　　　　　　　　　　　　　（丹羽2004：6）

　丹羽（2004：7）では、「ある＋後接語」の「上位集合を表す適切な定名詞句
が文脈上想定できるという場合で、対象自体（引用者注：「ある＋後接語」自体）が
不定でも対象の存在する範囲が限定できるならば、その属性や状況を説明する
ことが可能である」と説明している。（25）の用例でいえば、「「何らかの出来
事に際して世間には何か言いたがる人がいるものだ」という一般論が成り立つ
中で、この「ある人」は「数年前の大きな地震があった時にそれに関して何か
言いたがった人たち」の一人としての「ある人」である」（丹羽2004：6－7）
と指摘している。
　以上のように、「某／ある＋後接語」は不定名詞句を形成するが，「某」は制
限なく主題に現れる。一方「ある」は、丹羽（2004）で指摘された文脈でなけ
れば、主題に現れ得ない。主題に現れるかどうかという点で「某」は「ある」
とは異なる特徴が見られる。

5.3　「ある」と共起する場合

　次の（26）（27）のように、「ある」と「某」は共起する用例も観察される。

（26）ある某バイクチェーン店で今年１月にアドレス百十を購入しました。

　　　　　　　　　　　　　　　　　　　　（Yahoo！知恵袋 OC06_00392）

（27）ある某巨大掲示板の占い板を偶然見たんですが、「何座と何座は合う？
　　　合わない？」等書かれているものがありました。

　　　　　　　　　　　　　　　　　　　　（Yahoo！知恵袋 OC01_10369）

　「ある」と「某」が共起する用例は、BCCWJで収集した用例の中で、（26）
（27）の２例のみである。また、「ある」と「某」が共起する場合、語順に特徴

が出る。(26) (27) で示したように、「ある」と「某」が共起する場合、通常は「ある＋某」が使用され、「ある」は「某」の前に位置する[3]。

　「ある」と「某」が共起できることは、両者の基本的意味が異なるという考え方もできる。6. では、「某」が「ある」には見られない統語的特徴が存在するという事実を根拠に、「某」と「ある」の不定機能がどこから生じるのかという意味論的位置づけが異なることを詳しく検討する。

　また、「ある」と「某」が共起する用例が非常に少ない理由、さらに語順が「ある＋某」に限られることについての分析は、意味論的位置づけを検討したあとで行い、6.1で考察する。

6. 「某」の意味論的位置づけ（意味添加機能）

　4. では「某」と「ある」は不定解釈が強制され、不定機能を持つ点で共通することを確認したが、5. では「某」が独自に持つ統語的特徴について述べ、両者には異なる点も存在することを見てきた。6. では、「某」の不定機能がどこから生じるのかという点に焦点を当て、「某」の意味論的位置づけを明らかにし、「某」と「ある」の基本的意味が異なることを示す。

3　「ある」も「某」も不定機能を表し、意味的には重複するため、「ある」と「某」が共起する用例には違和感が残り、規範的な表現ではないと考える母語話者が少なくないだろう。筆者も同じように考え、若干不自然であることを認める。しかし、ここでは、不自然であるより、実際に観察される用例であることを重視する。なぜ「ある」と「某」が共起する表現が一部の母語話者にとって許容範囲内なのか、なぜ共起する場合、「ある＋某」という語順で使用され、その逆がないのかといった問題に重点を置き、考察する必要があると考えられる。それについては6.1で検討する。また、本章で挙げた用例を見ると、出典が「Yahoo！知恵袋」「Yahoo！ブログ」である場合が多い。1. で述べたように、「某」をBCCWJで検索したところ、1153例が収集できた。その中の791例、68.6%が「Yahoo！知恵袋」「Yahoo！ブログ」の用例である。そのため、全体的には違和感が残り、イレギュラーに見える用例が多いというイメージが見受けられる。なお、なぜ「某」の用例が「Yahoo！知恵袋」「Yahoo！ブログ」に集中しているのかという点については今後の課題にする。

6.1 「某」の不定機能はどこから生じるのか

結論を先に述べると、「某」の指示対象は固有名を持っており、「某」とはその固有名の部分を何らかの理由によって明かさないという表現である。「某」が持つ不定機能は固有名の部分を明かさないことから生じるもので、語として本来的に持つものではない。

固有名の部分というのは、名詞句内のカテゴリー情報でない部分を指す。例えば、「上野動物園」「国立国語研究所」「国立新美術館」の「動物園」「研究所」「美術館」は当該名詞のカテゴリー情報を示す部分であり、「上野」「国立国語」「国立新」は固有名の部分に当たる。「某」は、「上野」「国立国語」「国立新」といった固有名の部分を何らかの理由によって明かさず、「某動物園」「某研究所」「某美術館」という形式で使用される。その固有名の部分を明かさないことから「某」の不定機能が生じる。

一方、「ある」の基本的意味は、松本（1999）が指摘するように、「主名詞（引用者注：本書の後接語）の表す集合から一要素を抜き出し、それを指示対象とすること」（松本1999：44）である。「ある」は語として不定機能を持っており、「某」とは本質的な違いが見られる。5. で述べた「某」の統語的特徴も、以上の主張の根拠になると思われる。

固有名詞は（28）のように、再度出現するときに「その」といった指示詞や人称代名詞を用いることは必須でなく、1回目と同じ形式で指示対象を指し示すことができる。また、（29）のように、主題に現れることもできる。

(28) 山田牧場の生キャラメルよりは少し硬いですが、口に入れると溶けてきておいしいです。この材料に生クリームと水飴を足せば、山田牧場の生キャラメルのレシピですね。　　　　　　　　　　　((12) による作例)

(29) 山田損保会社は「皇紀」を使用しているので、二千年問題は難なく乗り切ったという例もあります。　　　　　　　　　　　　　　　((21) による作例)

「某」は固有名の部分を明かさない表現であるため、固有名詞に類似した性質を持っていると考えられる。そのため、（30）のように、1回目と同じ形式で指すことも、（31）のように、主題に現れることもできる。

(30) 某牧場の生キャラメルよりは少し硬いですが、口に入れると溶けてきておいしいです。この材料に生クリームと水飴を足せば、某牧場の生キャラメルのレシピですね。 ((12) の再掲)

(31) 某損保会社は「皇紀」を使用しているので、二千年問題は難なく乗り切ったという例もあります。 ((21) の再掲)

一方、「ある」は語として不定機能を持ち、不定機能を持つ形式として典型例である。そのため、同じ形式が再度出現することも、主題に出現することもできない。

また、「某」と「ある」は本質的な違いがあるため、「ある某バイクチェーン店」「ある某巨大掲示板」というように、「ある」との共起も可能である。2. で確認したように、「ある」の後接名詞には制限がなく、名詞句でさえあれば「ある」と結合することができる。「某バイクチェーン店」「某巨大掲示板」も名詞句であるため、「ある某バイクチェーン店」「ある某巨大掲示板」という表現は統語的には成立可能である。

一方、「某」は固有名のカテゴリー情報を示す部分と結合する。「バイクチェーン店」「巨大掲示板」は固有名のカテゴリー情報を示す部分だと考えられるが、その前に「ある」が前接する「あるバイクチェーン店」「ある巨大掲示板」は固有名詞のカテゴリー情報を示す部分とは考えられない。そのため、「某あるバイクチェーン店」「某ある巨大掲示板」という形式は許容されないのである。ただし、「ある」と「某」は基本的意味が異なるとはいえ、不定機能を持つという点で共通する。同じ不定機能を持つ「ある」と「某」が同時に使用されるのは意味・機能的に重複しており、不自然である。そのため、「ある」と「某」の共起は規範的な表現ではなく、珍しい形であるといえる。

最後に、2. で示したように松本 (1999) は、「某」の後接名詞制約について、「人・場所・年月日などを表す名詞を主名詞としやすく、抽象的な対象を表す名詞や、人・場所以外の具象物を表す名詞を主名詞とした場合、不自然になる傾向にある」(松本1999：42) と述べている。「「某」が主名詞にできる名詞の意味タイプは一見ばらばらだが、通常その指示対象が固有名を持っている（こと

が期待される）点で共通している」（松本1999：42）と結論づけている。本章は、松本（1999）の「某」の後接名詞制約に関する主張には賛同するが、松本（1999）ではなぜ「某」の指示対象が固有名を持っているのかについて詳しく論じられていない。この点については本章が主張したように、「某」はただ固有名の部分を明かさない表現であるため、当然固有名を持っている名詞としか結合できず、「*某きっかけ」「*某こと」「*某事情」などの抽象名詞と結合できないのである。

　以上のように「某」の意味論的位置づけを明らかにした。「某」の指示対象は固有名を持っており、「某」とはその固有名の部分を何らかの理由によって明かさないという表現である。「某」の不定機能は固有名の部分を明かさないことから生じるものであり、語として本来的に不定機能を持つものではない。それが「某」の意味論的位置づけである。この点で語として本来的に不定機能を持つ「ある」とは本質的に異なる。5. で検討した「某」の独自に持つ統語的特徴はこの結論の根拠になる。なお、固有名の部分を何らかの理由によって明かさない「某」の「何らかの理由」とはどのような理由が考えられるのかについては次の6.2で詳しく検討する。

6.2　固有名の部分を明かさない理由

　「某」の指示対象は固有名を持っており、「某」とはその固有名の部分を何らかの理由によって明かさないという表現である。その「何らかの理由」とはどのような理由が考えられるかについて、本章は①指示対象はわかるが、意図的に示さないという理由、②指示対象がはっきりとわからないという理由、③指示対象がそもそも特定できないという理由、という３つの理由を考える。

6.2.1　指示対象はわかるが、意図的に示さないという理由

　まず指示対象はわかるが、意図的に示さないという理由について、次のような用例が挙げられる。

（32）この翌日に、当時某テレビ局で朝の気象を担当していた筆者は、ヘリ
　　　コプターで、急遽羽田から東京湾を横断して茂原市上空へ取材に向か

いました。　　　　　　　　　（『防災から見た季節と天気』PB54_00185)

(33) 知らない人に説明しますと、都営大江戸線は、<u>某都知事</u>の一言で名前
　　　が変更されました！　　　　　　　　（Yahoo！ブログ OY14_14977)

　(32) の「某テレビ局」は話し手自身の勤務先であるため、当然ながら指示
対象である「某テレビ局」は具体的にどのテレビ局を指すかを知っている。
(33) の「某都知事」も、大江戸線が開通された時期を調べれば、その「某都
知事」がだれを指すかも容易にわかるだろう。指示対象がわかるにもかかわら
ず、「某」をつけ、わざと指示対象を示さない。その理由については、「某」の
語用論的効果と深く関わるため、7.で考察する。

6.2.2　指示対象がはっきりとわからないという理由
　次に指示対象がはっきりとわからないという理由について、次のような用例
がある。

(34) 不動産会社の表示する徒歩１分は八十メートルを表しています。これ
　　　は<u>某不動産会社</u>の女子社員が自分の歩く速度を何度も計測し、業界が
　　　標準化されたものです。　　　　　　（Yahoo！知恵袋 OC12_00014)
(35) 「三十八式歩兵銃殿。<u>某二等兵</u>は、漢江河原の風に吹かれて、ボサーッ
　　　としておりまして、不十分な手入れを行ったのであります。……」と、
　　　「三十八式歩兵銃殿」に詫びる。　　（『帝国陸軍の教育と機構』PB33_00506)

　(34) (35) は、話し手が「某不動産会社」「某二等兵」を知っている可能性
はあるが、具体的にどの「不動産会社」「二等兵」なのか、知らない解釈も十
分に成立する。話し手もはっきりとわからないため、不定機能を持つ「某」を
つける必要がある。
　以上の２つの理由について多くの国語辞典に記述が見られる。

(36) 人の名前や、地名、場所、時などについて、それとはっきりわからな
　　　い場合、あるいはそれとはっきり示さずに表現するような場合に用い

る。 (『日国』)

(37) 名前の＜はっきりしない／をはっきり出したくない＞場合に使うこと
ば。 (『三国』)

(38) 〔具体名がわからない、また、具体名を明示したくない場合に用いる〕

(『新明解』)

例えば、(38) の「具体名がわからない」場合は本章の指示対象がはっきり
とわからないという理由[4]に対応し、「具体名を明示したくない場合」は本章の
指示対象はわかるが、意図的に示さないという理由に対応している。

6.2.3　指示対象がそもそも特定できないという理由

最後に、指示対象がそもそも特定できないという理由について、国語辞典で
は指摘されていない。3つ目の理由は不特定解釈の「某」に対応し、今まで
「某」は特定解釈のみとされてきたため、それについて指摘されていないのも
当然のことである。

4. では、不特定解釈の「某」が (39) (40) の2例のみということを述べた

4　国語辞典における「具体名がわからない」という記述も、本章の「指示対象がはっきり
とわからない」という記述も、不特定解釈を意味しない。指示対象がわからないが、名詞
句が指示する現実世界における唯一特定の対象であることは変わらない。例えば、(ア)
の「ある人」も (イ) の「某不動産会社」も、話し手が具体名を知らない可能性があるが、
現実世界における特定の「人」「不動産会社」であることは変わらない。そのため、不特
定解釈ではなく、特定解釈になる。

(ア) 昨日┊運送屋／ある人┊が本を届けに来た。(不定) ((4b.) の再掲)

(イ) 不動産会社の表示する徒歩1分は八十メートルを表しています。これは某不動産
会社の女子社員が自分の歩く速度を何度も計測し、業界が標準化されたものです。

((34) の再掲)

したがって、特定・不特定の定義として、松本 (1999：40) の「話し手が指示対象を知
っているかどうか」という記述より、建石 (2017：18) の「話し手が当該の指示対象を唯
一に同定することができれば、その名詞句は特定指示となり、話し手が当該の指示対象を
唯一に同定することができなければ、その名詞句は不特定指示となる」という記述のほう
がより適切だと考えられる。

が、その２例からはどのようなことがいえるのかについてここで検討する。

（39）いつもお世話になっている、動物病院へ年賀状を出したいのですが、
宛名書きは、○○病院御中でしょうか？
付き合いが家族ぐるみなら<u>某病院院長氏名様</u>　そうでない場合は、<u>某
病院　御中</u>　　　　　　　　　　　　　　　　　　　　　　　　（（6）の再掲）
（40）例えば、落札者が、当該のオークションの落札額（プラス送料）と同じ
金額で<u>某第三者</u>に商品を販売し（オークションでも通販でも何でも良い）、
その代金の振込先を質問者さんの口座にすれば、質問者さんは落札者
からの振込と信じ込んで、商品を発送することになると思います。

（（7）の再掲）

　文脈的条件としては、どちらも「Yahoo！知恵袋」の回答部分であることが
指摘できる。（39）は引用した全文脈、（40）は全文脈および「質問者さん」と
言っていることから、「某」が回答部分に用いられることがわかる[5]。
　（39）の「某病院」は現実世界の特定の「病院」を指していない不特定解釈
であるが、質問者がいつもお世話になっている動物病院は実在し、質問者にと
ってはっきりと想定できる存在である。回答者は質問者に代わって問題の解決
を試みるので、質問者の立場に立って考える。そのため、質問者にとって想定
できる存在は回答者（話し手）にとっても想定できる。（40）も「例えば」とい
う仮定の話で、「某第三者」は現実世界の特定の「第三者」を指していない不
特定解釈であるが、後文脈[6]に「これは、通販業者の方ではありますが、実際

5　BCCWJにおける（40）の全文脈を確認したところ、「某第三者」が使用された部分は回
　答部分ではなく、質問部分である。しかし、よく見ると、（40）は明らかに誰かの回答に
　対して、再質問の部分であることがわかる。つまり、（40）の全文脈の前に、もう１つの
　質問と回答が存在し、（40）は質問部分であるが、その前の回答をそのまま引用した部分
　である。しかし、その前の質問と回答はBCCWJに収録されていない。筆者が「Yahoo！
　ブログ」で検索したところ、その前の質問と回答が見つかり、「某第三者」が回答部分で
　使用されたことが確認できた。出典は以下の通りである。https://detail.chiebukuro.yahoo.
　co.jp/qa/question_detail/q144004749?__ysp=56ys5LiJ6ICF（最終確認：2019年11月12日）

に体験された話です。」とある。つまり、話し手が体験談に実在した「第三者」を意識したためか、仮定の話とはいえ、「第三者」の存在を想定できる。

建石（2017：60）では、「話し手が当該の事態の存在や生起をはっきりと想定している場合、その事態は現実的となる」とされている。「某」が不特定解釈である場合は、「話し手が当該の事態の存在や生起をはっきりと想定した現実的なもの」（建石2017：53）だと考えられる。また、建石（2017）によると、不特定解釈の「ある」も同様に、「「ある＋N」が使用された場合は、話し手が当該の事態の存在や生起をはっきりと想定した現実的なもの」（p.53）だと指摘されている。「ある」と比べて、不特定解釈の「某」のほうが現実性の度合いが高いと考えられるが、現段階で2例しか観察されていないため、今後用例を増やして検証する必要がある。

7.　「某」の語用論的効果

6.では、「某」の指示対象は固有名を持っており、「某」とはその固有名の部分を何らかの理由によって明かさないという表現だと述べ、その「何らかの理由」の1つ目として「指示対象はわかるが、意図的に示さない」という理由を挙げた。この種の「某」を用いることで、ある語用論的効果が期待される。7.では、そのような「某」がもたらす語用論的効果について検討する。

7.1　聞き手への配慮

まず、聞き手への配慮が考えられる。次の（41）（42）を挙げる。

(41) この翌日に、当時某テレビ局で朝の気象を担当していた筆者は、ヘリコプターで、急遽羽田から東京湾を横断して茂原市上空へ取材に向かいました。　　　　　　　　　　　　　　　　　　　　　　　（(32)の再掲）

(42) 本当は、某大学を受験して、文化人類学を勉強しようと思ったのです。
　　　　　　　　　　　　　　　　　　　　（Yahoo!ブログ OY15_17618）

6　ここの「後文脈」は（40）で提示した出典ではなく、注5で提示した出典を指す。

自分の勤務先の「テレビ局」、自分が受験しようとした「大学」なら、当然ながら、話し手はどの「テレビ局」、どの「大学」なのかを知っている。しかし、その具体的な固有名を示さずに、不定の「某」を使用し、情報量を減らす形で聞き手に提示している。

　建石（2017）によると、不定機能を持つ「ある」も同じ効果を持っている。例えば、次の（43）（44）のような用例における「ある」は「聞き手に配慮する用法」とされている。

（43）エヌ氏はある観光地で、街頭写真屋をやっていた。しかしカメラが普及するにつれて、あまりいい商売とはいえなくなってきた。

（建石2017：79）

（44）そんなわけで、二人は知り合いになった。女は由紀子といった。父はある会社の社長で、生活に困らない。外国へ留学して帰ってきて、いまは毎日ぶらぶらしているの。女はそんなふうに自己紹介した。

（建石2017：79）

　建石（2017：80）では、「話し手が聞き手に対して自分が知っていることをそのまま伝えるのではなく、情報量を減らす形で聞き手に提示するのには何らかの理由があると考えられる。例えば、聞き手がその具体名を知らない、聞き手に知られたくない、聞き手に対して必要ではないことまで伝達する可能性がある、現在の話の流れでは述べる必要がない、といった語用論的なことが要因となっている」と述べられている。

　このように、話し手が具体的な指示対象を知っているものの、意図的に指示対象を明かさない「某」を用いることによって、聞き手への配慮という語用論的効果が観察される。この点において、「某」と「ある」には似た特徴が見られる。

7.2　話し手の感情表出
　一方で、「ある」に見られない語用論的効果が「某」には観察される。それは、「某」以外の部分で情報を開示して定に近づけながら、表面的にはあくま

でも不定として把握・伝達する意図を示す場合である。そのことによって、軽蔑、嫌み、皮肉といった話し手の感情表出が見られる。

　「某」以外の部分で情報を開示して定に近づける用例は3つのパターンに分けられる。まず1つ目は、(45)(46)のように、一部を明かした固有名詞と結合する用例である。

(45) 日本社会でもいたる所で見つけることができます。<u>某S武王国</u>も似たようなものだったのではないでしょうか。　（Yahoo！知恵袋 OC12_00673）

(46) なんだかこのテストは<u>某J事務所</u>がお気に入りのようですよ。

（Yahoo！知恵袋 OY15_01669）

　「西武」「ジャニーズ事務所」は固有名詞であり、その固有名詞の一部を明かし、「S武」「J事務所」と表現し、その前に「某」を付ける。固有名の一部を明かしたことによって、聞き手にヒントを与えており、その聞き手にとってはもはや定になる。

　2つ目は修飾語で限定する用例である。「某」の用例の中では、(47)(48)のように、「某大（企業／都市等）」「某大手（菓子メーカー／結婚相談所等）」「某大物（政治家／芸能人等）」「某有名（アパレル企業／スーパー等）」などの用例が目立つ。

(47) バブルがはじけて、関西の<u>某大手の不動産会社</u>が破産した。

（『国を語る作法　勇の前に知を』PB32_00124）

(48) 彼女のご主人は<u>某有名お坊ちゃん大学法学部卒</u>で弁護士目指している最中に結婚。　（Yahoo！ブログ OY14_46259）

　BCCWJにおいて、(47)(48)のような用例は、「某」1153例のうち92例あり、約8％を占める。一方、「ある」21644例[7]のうち、わずか89例であり、約0.4％

7　検索方法は建石（2017：94）と同様に短単位検索でキーを「語彙素　が　或る　AND　品詞の大分類　が　連体詞」で2018年4月16日に検索した。ただし、「ある」の用例に関しては、誤解析などの確認や除外を行っていないため、誤差を含む数値になる。

を占める。「大手」「大物」「有名」を含む名詞句は、「ある」より「某」に後接しやすいことがわかる。

「家電量販店」「予備校」「政治家」等のカテゴリー情報に合致するメンバーが複数存在するが、「大手」「大物」「有名」などの修飾語で限定すると、メンバー数が一気に減少し、その分野の知識を持っている聞き手にわかってしまう可能性が高くなる。つまり、メンバー数が少ないカテゴリー情報に「某」が前接することによって、定に近づけているといえる。

3つ目はメンバーが1つしかないカテゴリー情報をわざと示す用例である。次の（49）を取り上げる。

(49) 過去の事を祝う場合でも「おめでとうございます」です。数年ぶりに会う人がとっくに結婚していた、などという場合でも然りです。オリンピックのインタビューで某国営放送でも「～した」というのを聞きましたが、恥ずかしくなりましたね。　　　　（Yahoo！知恵袋 OC11_00158）

（49）は「某」の後接語が「国営放送」というカテゴリー情報を示すものである。しかし、「国営放送」というカテゴリー情報は、日本で考えると、そのメンバーは「NHK」しかない[8]。「国営放送」は「NHK」しかないという知識を持っている聞き手にとって、「某国営放送」は「NHK」を指していることがわかってしまい、定だといえる。

このように、明らかに定、あるいは定に近い名詞句であるにもかかわらず、「某」の使用により、あたかも不定であるように扱われる。そのギャップから、指示対象に対して軽んじたり、皮肉、嫌みといった話し手の感情が表出される。このような「話し手の感情表出」という語用論的効果は、「ある」には見られない「某」特有の特徴である。

以上、7. では話し手は指示対象がわかるにもかかわらず、わざと示さない場合に焦点を当て、不定機能を持つ「某」を用いることによって、聞き手への配

8　厳密には、NHK は公共放送であり、国営放送ではない。ここでは日本の国営放送と言われたら NHK を想定するだろうという事実をもとに述べている。

慮もしくは話し手の感情表出という語用論的効果があることを検討した。聞き手への配慮という語用論的効果は「ある」にも見られるが、話し手の感情表出という語用論的効果は「某」独自の特徴であり、「ある」には見られない。

8. 本章のまとめ

本章で述べたことの要点をまとめておく。

A. 「某」がどのような後接語と結合するかを分析した結果、漢語、特に二字漢語と三字漢語と結合する比率がほかの連体詞型字音接頭辞と比べて、比較的低く、そのかわり、混種語と結合する比率が高いという特徴が明らかになった。また、後接語を意味分野で分類すると、「1.26 社会」「1.24 成員」「1.23 人物」「1.27 機関」「1.17 空間」など固有名を持っているものが多い中項目と結合する。

B. BCCWJ で収集した用例を確認すると、不特定解釈の「某」が２例観察されたため、不特定解釈の「某」の存在を認めるべきである。

C. 「某」に独自の統語的特徴が存在することを主張し、同じ形式が再度出現する用例、主題に現れる用例、「ある」と共起する用例をコーパスから確認した。いずれも「ある」単独では使用できない場合である。

D. 統語的特徴に基づいて、「某」の不定機能はどこから生じるのか、「某」の意味論的位置づけを明らかにした。「某」の指示対象は固有名を持っており、「某」とはその固有名の部分を何らかの理由によって明かさないという表現である。「何らかの理由」とは①指示対象はわかるが、意図的に示さない、②指示対象がはっきりとわからない、③指示対象がそもそも特定できない、という３つの理由が考えられる。また「某」の不定機能は固有名の部分を明かさないことから生じるものであり、語として本来的に持つものではない。それに対して、「ある」は語として本来的に不定機能を持っており、「某」とは本質的な違いが見られる。

E. 話し手は指示対象がわかるにもかかわらず、わざと示さない場合に焦点を当て、不定機能を持つ「某」を用いることによって、聞き手への配慮もしくは話し手の感情表出という語用論的効果があることを確認した。

補説 『遠野物語』における「何某」「何の某」[9]

　最後に『遠野物語』における「何某」「何の某」について述べたい。『遠野物語』において、本章の「「某」の指示対象は固有名を持っており、「某」とはその固有名の部分を何らかの理由によって明かさないという表現である」という主張を支持する「某」の使い方が見られる。

(50) 青笹村糠前の長者の娘、ふと物に取り隠されて年久しくなりしに、同
　　　じ村の<u>何某という</u>猟師、或る日山に入りて一人の女に遭う

　　　　　　　　　　　　　　　　　　（『遠野物語・山の人生』「山男　六」p.18）

(51) 上郷村の<u>何某</u>の家にても川童らしき物の子を生みたることあり。

　　　　　　　　　　　　　　　　（『遠野物語・山の人生』「河童　五十六」p.40）[10]

　例えば、(50) の下線で示したように、「猟師」は名前（固有名）を持っているが、その固有名の部分を何らかの理由によって明かさないため、「何某」という表現が使われたと考えられる。(51) も同様のことがいえる。

　さらに、次の (52) もある。

(52) この家も如法の豪家にて<u>○○○○○という</u>士族なり。村会議員をした
　　　ることもあり。　　　　　　　　　　　　　　（『遠野物語』「河童　五十五」p.43）[11]

　『注釈　遠野物語』（筑摩書房・1997年）においては、「当主の名は、「毛筆本」から「清書本」「初校本」まで実名を書いている。それが校正の過程で○○○○という伏せ字になったものである。柳田の事実譚にこだわる意志がうかがわれるが、内容からみて公表することは不適切であると判断したのであろう。」(p.181) という注釈がある。この注釈からわかるように、「○○○○○という士

9　『遠野物語』に出現する「何某」「何の某」については、赤坂憲雄氏（元学習院大学教授）
　　にご教示いただいた。記して感謝申し上げる。

10　岩波書店、2009年第49刷、振り仮名を省略、下線は筆者によるものである。

11　集英社文庫、2006年第9刷、振り仮名を省略、下線は筆者によるものである。

族」は実在し、その実名も最初書かれていたが、のちに校正の過程で○○○○○という伏せ字になったのである。興味深いことに、『遠野物語・山の人生』（岩波書店、2009年第49刷）では、○○○○○という伏せ字ではなく、「某」という表現が使われている。

(53) この家も如法の豪家にて何の某という士族なり。村会議員をしたることもあり。　　　　　　　　（『遠野物語・山の人生』「河童　五十五」p.40)

　字音接頭辞の「某」ではないが、もともと実名のところが変化し、○○○○○という伏せ字になり、さらに「何の某」に変化し、このように、『遠野物語』における表記の変化からも、「「某」とはその固有名の部分を何らかの理由によって明かさないという表現である」という本章の主張に合致することがわかる。本章は字音接頭辞の「某」を研究対象としているが、「何某」「何の某」の「某」は字音接頭辞ではない。しかし、「某」という文字を使用するため、使い方に共通する部分があるという指摘にとどまる。「何の某」の「某」や、「河村某」「作家某」のような後接要素として使われる「某」も本章の字音接頭辞の「某（ボウ）」と同じ特徴が見られるか、また稿を改めて論じることにする。

第 8 章

「全国民」の「全」、「総人口」の「総」
──「すべて」を表す連体詞型字音接頭辞──

　本章は、「すべて」という意味要素が深く関わる「全」と「総」を取り上げ、「全」と「総」はどのような後接語と結合するのか（結合機能）、どのような意味用法を持つのか（意味添加機能）という問題について考察する。

　1. では、考察資料と用例について述べる。2. では、「全」はどのような後接語と結合するのか（結合機能）について考察する。3. では、「総」はどのような後接語と結合するのか（結合機能）について考察する。4. と5. では、「全」と「総」はどのような意味用法を持っているのか（意味添加機能）について考察した上で、6. では、「全」と「総」の基本的意味を検討する。7. では両者の比較分析をする。最後に、8. では、本章の内容をまとめる。

1.　「全」と「総」の考察対象と用例

　「全」と「総」の用例収集には資料として、BCCWJ を使用した。中納言を使用し、2017年10月18日に用例を検索した。検索条件として、キーを未指定にし、前方共起をキーから 1 語に設定した。「全」については、「書字形出現形　が　全　AND　語彙素読み　が　ゼン」という指示で検索し、11274件の検索結果を得た。「総」については、「書字形出現形　が　総　AND　語彙素読み　が　ソウ」という指示で検索し、7945件の検索結果を得た。

　目視で用例を確認し、（1）のように、直後に数量表現が現れる場合[1]や、（2）のような略語である場合は、字音接頭辞とは認められないため、考察対象から除外する。また（3）のような一字漢語と結合し、二字漢語を形成するものを考察対象から除外する。

（1）十五年位前に「草の根出版会」ってところで、愛蔵版として全3巻で
　　　出ていました。　　　　　　　　　　　　　　　　（Yahoo！知恵袋 OC01_05423）
（2）ところが、そのころからはじまった北大での全共闘運動の逮捕者にた
　　　いして、……。　　　　　　　　　（『この国の奥深く法を撃つ人びと』LBa9_00075）
（3）慶長五年の関ヶ原の合戦のさい、毛利輝元は西軍の総師となり、東軍
　　　の徳川家康と敵対した。　　　　（『軍師と家老　ナンバー2の研究』LBn2_00067）

　最終的に考察対象となる用例は、「全」が異なり1833例、延べ8226例で、「総」
が異なり871例、延べ7720例であった。延べ語数で見ると、「全」と「総」はさ
ほど差がないが、異なり語数で見ると、「総」は、「全」と比べて、約1000例少
ない。つまり、「総」は比較的限られた後接語と結合し、繰り返し使用される
傾向があり、生産性という観点では、「全」と比べて、「総」は低いということ
がうかがえる。

2. 「全」の後接語について（結合機能）
2.1 「全」の後接語の語種
　表8−1は「全」の後接語について語種別にその異なり語数と延べ語数を示
したものである。
　表8−1から、異なり語数も延べ語数も「漢語＞外来語＞混種語＞和語」と
いう順に語数が多いことがわかった。漢語の語数は、ほかの語種と比べて圧倒
的に多い。異なり語数は約78％、延べ語数は約88％を占めている。特に二字漢
語が多く、延べ語数の約71％が二字漢語である。また、延べ語数の比率が異な
り語数より数値が高いのは二字漢語のみであり、約30％高い。使用頻度が高く
繰り返して出現する二字漢語が多いことがわかる。次の（4）で示す延べ語数
が多い上位10位の後接語はすべて二字漢語であり、かつ出現頻度が高い。

1　「全3巻」のように、直後に数量表現が現れる場合は、本章では考察対象から除外するが、
　語構成要素の接辞とするか、単独の文構成要素とするか、といった点はまだ議論する余地
　があり、稿を改めて論じることにする。「全」以外に、「約一キロ」の「約」、「満三才」の
　「満」、「築五年」の「築」などがある。

（4）世界（744）²、日本（740）、産業（181）、国民（141）、財産（129）、人類（115）、人口（111）、世帯（103）、社員（84）、自動（83）

表8-1　「全」の後接語の語種別語数と比率

語種		異なり語数	比率	延べ語数	比率
漢語	二字漢語	753	41.08%	5854	71.16%
	三字漢語	309	16.86%	784	9.53%
	四字漢語	253	13.80%	447	5.43%
	五字漢語	60	3.27%	80	0.97%
	六字以上の漢語	60	3.27%	104	1.26%
	小計	1435	78.29%	7269	88.37%
和語		47	2.56%	138	1.68%
外来語		212	11.57%	603	7.33%
混種語		122	6.66%	187	2.27%
語レベルを超えるもの		17	0.93%	29	0.35%
合計		1833	100.00%	8226	100.00%

2.2　「全」の後接語の意味分野

　「全」の後接語の意味分野については、『分類語彙表』を参考にして、分類を行った。後接語を意味分野の大項目別に示すと次の表8-2のようになる。

　異なり語数で見ると、「1.1　抽象的関係」「1.2　人間活動の主体」「1.3　人間活動精神および行為」が比較的語数が多い。延べ語数で見ると、「1.2　人間活動の主体」が最も語数が多い。延べ語数の比率が異なり語数の比率を上回っているのは、「1.2　人間活動の主体」のみである。それは、出現頻度が740以上の「世界」「日本」が「1.2　人間活動の主体」に属するからである。

2　（　）の中の数字は、出現頻度を表す。以下も同様。

表8-2 「全」の後接語の意味分野（大項目）語数と比率

大項目	異なり語数	比率	延べ語数	比率
1.1 抽象的関係	636	34.70%	2400	29.18%
1.2 人間活動の主体	580	31.64%	3563	43.31%
1.3 人間活動精神および行為	373	20.35%	1399	17.01%
1.4 生産物および用具	126	6.87%	291	3.54%
1.5 自然物および自然現象	118	6.44%	573	6.97%
合計	1833	100.00%	8226	100.00%

　次に、「全」の後接語の意味分野の中項目について分析する。表8-3はその調査結果を示したものである。

　比較的多いのは、「1.25 公私」「1.26 社会」「1.19 量」「1.24 成員」である。「1.26 社会」が多いのは、出現頻度が744であり、頻度が最も高い「世界」による影響だと考えられる。「1.25 公私」は、「日本」「アメリカ」「ヨーロッパ」などの国名・地域名がほとんどである。「1.19 量」は、「従業員数」「発熱量」「耕地面積」などの「○○数／量／面積…」である。「1.24 成員」は、「社員」「被雇用者」「検挙人員」などがある。

表8-3 「全」の後接語の意味分野（中項目）語数と比率

意味コード	大項目	中項目	延べ語数	比率
1.10	抽象的関係	事柄	88	1.07%
1.11		類	253	3.08%
1.12		存在	33	0.40%
1.13		様相	141	1.71%
1.14		力	88	1.07%
1.15		作用	236	2.87%
1.16		時間	346	4.21%
1.17		空間	400	4.86%
1.18		形	17	0.21%
1.19		量	798	9.70%
1.20	人間活動の主体	人間	27	0.33%
1.21		家族	8	0.10%
1.22		仲間	5	0.06%
1.23		人物	328	3.99%
1.24		成員	740	9.00%
1.25		公私	1273	15.48%
1.26		社会	974	11.84%
1.27		機関	208	2.53%
1.30	人間活動精神および行為	心	118	1.43%
1.31		言語	225	2.74%
1.32		芸術	111	1.35%
1.33		生活	123	1.50%
1.34		行為	126	1.53%
1.35		交わり	128	1.56%
1.36		待遇	17	0.21%
1.37		経済	272	3.31%
1.38		事業	279	3.39%
1.40	生産物および用具	物品	47	0.57%
1.41		資材	7	0.09%
1.43		食料	11	0.13%
1.44		住居	74	0.90%
1.45		道具	25	0.30%
1.46		機械	87	1.06%
1.47		土地利用	40	0.49%
1.50	自然物および自然現象	自然	71	0.86%
1.51		物質	77	0.94%
1.52		天地	135	1.64%
1.53		生物	47	0.57%
1.54		植物	3	0.04%
1.55		動物	127	1.54%
1.56		身体	73	0.89%
1.57		生命	40	0.49%
合計			8226	100.00%

3. 「総」の後接語について（結合機能）

3.1 「総」の後接語の語種

表8-4は「総」の後接語について語種別にその異なり語数と延べ語数を示したものである。

表8-4 「総」の後接語の語種別語数と比率

語種		異なり語数	比率	延べ語数	比率
漢語	二字漢語	278	31.92%	4798	62.15%
	三字漢語	205	23.54%	1545	20.01%
	四字漢語	132	15.15%	414	5.36%
	五字漢語	30	3.44%	91	1.18%
	六字以上の漢語	13	1.49%	19	0.25%
	小計	658	75.55%	6867	88.95%
和語		63	7.23%	398	5.16%
外来語		41	4.71%	150	1.94%
混種語		109	12.51%	305	3.95%
合計		871	100.00%	7720	100.00%

異なり語数は「漢語＞混種語＞和語＞外来語」という順に語数が多く、延べ語数は「漢語＞和語＞混種語＞外来語」という順に語数が多い。漢語の語数はほかの語種と比べて、圧倒的に多い。異なり語数は約75％、延べ語数は約89％を占めている。また、「株主」「仕上げ」「入れ歯」「元締め」「売り上げ」などの和語や、「トン数」「コレステロール値」「ページ数」「支払額」などのように、「外来語／和語＋数／量／値／額などの漢語」というパターンの混種語も一定数見られる。しかし、和語も混種語も延べ語数の比率が異なり語数より低く、出現頻度が高いものが少ない。次の（5）で示すように、出現頻度が高いのが漢語、特に二字漢語と三字漢語である。

（5）選挙（622）、生産（309）、人口（212）、動員（195）、書記（180）、資本（173）、

司令部（166）、需要（165）、資産（146）、重量（125）、司令官（123）、支配人（120）、以下省略

3.2 「総」の後接語の意味分野

「総」の後接語の意味分野については、『分類語彙表』を参考にして分類を行った。後接語を意味分野の大項目別に示すと表8-5のようになる。

表8-5 「総」の後接語の意味分野（大項目）語数と比率

大項目	異なり語数	比率	延べ語数	比率
1.1 抽象的関係	499	57.29%	2556	33.11%
1.2 人間活動の主体	132	15.15%	1752	22.69%
1.3 人間活動精神および行為	180	20.67%	3213	41.62%
1.4 生産物および用具	23	2.64%	63	0.82%
1.5 自然物および自然現象	37	4.25%	136	1.76%
合計	871	100.00%	7720	100.00%

異なり語数で見ると、「1.1 抽象的関係」が最も高く、半数以上を占めている。次は、「1.3 人間活動精神および行為」が約20%と「1.2 人間活動の主体」が約15%を占めている。延べ語数で見ると、「1.3 人間活動精神および行為」が最も高く、約41%であり、異なり語数と比べて20%ほど増えている。その理由は、（5）で示した出現頻度が高い「選挙」「生産」「動員」「資本」「需要」などはいずれも「1.3 人間活動精神および行為」に属するからである。また、異なり語数も延べ語数も「1.4 生産物および用具」「1.5 自然物および自然現象」が少ない。

さらに詳しく意味分野を分析するために、「総」の後接語を中項目で分類した。表8-6はその分類した結果である。

第8章 「全国民」の「全」、「総人口」の「総」　*181*

表8-6 「総」の後接語の意味分野（中項目）語数と比率

意味コード	大項目	中項目	延べ語数	比率
1.10	抽象的関係	事柄	3	0.04%
1.11		類	14	0.18%
1.12		存在	6	0.08%
1.13		様相	3	0.04%
1.14		力	22	0.28%
1.15		作用	239	3.10%
1.16		時間	94	1.22%
1.17		空間	7	0.09%
1.19		量	2168	28.08%
1.20	人間活動の主体	人間	1	0.01%
1.23		人物	15	0.19%
1.24		成員	1024	13.26%
1.25		公私	19	0.25%
1.26		社会	254	3.29%
1.27		機関	439	5.69%
1.30	人間活動精神および行為	心	176	2.28%
1.31		言語	34	0.44%
1.32		芸術	1	0.01%
1.33		生活	181	2.34%
1.34		行為	4	0.05%
1.35		交わり	127	1.65%
1.36		待遇	899	11.65%
1.37		経済	1407	18.23%
1.38		事業	384	4.97%
1.40	生産物および用具	物品	5	0.06%
1.41		資材	13	0.17%
1.42		衣料	10	0.13%
1.44		住居	29	0.38%
1.45		道具	3	0.04%
1.46		機械	2	0.03%
1.47		土地利用	1	0.01%
1.50	自然物および自然現象	自然	9	0.12%
1.51		物質	31	0.40%
1.53		生物	15	0.19%
1.54		植物	9	0.12%
1.56		身体	62	0.80%
1.57		生命	10	0.13%
合計			7720	100.00%

「生産額」「トン数」「排出量」などの「1.19 量」が最も多く、約28％を占めている。次は、「供給」「支出」「輸入」などの「1.37 経済」であり、約18％を占めている。また、「1.24 成員」「1.36 待遇」も多く、いずれも10％を超えている。「1.36 待遇」が多い理由は、出現頻度が高い「選挙」（622）と「動員」（195）が「1.36 待遇」に属すると考えられる。

4. 「全」の意味用法（意味添加機能）

4.1　林慧君 (2010) による分類

　「全」の意味用法について詳しく言及したものには、林 (2010) がある。林 (2010) では、「全」の意味用法を、「全ての～」という意、「～全体」という意、「全ての～」と「～全体」という両義、副詞的な用法という４つに分類している。用例を挙げながら、詳しく見ていく。

　まず、「全ての～」という意を表す「全」は、次の（6）～（8）がある。

（6）負担の多い遊撃手で全イニング出場中　　　　　　　　　　（林2010：102）

（7）発泡酒の国産全ブランドを100％天然水仕込みにする　　　（林2010：102）

（8）それには英語に限らず、全教科について、批判的な視点で読書していくや…　　　　　　　　　　　　　　　　　　　　　　　　　（林2010：102）

　（6）～（8）における「全」は、「全ての～」という意を表し、「全」が後接語を連体修飾する関係にある（林2010：102）としている。

　次に、「～全体」という意を表す「全」は、次の（9）～（11）がある。

（9）民主化の動きは、全アジアの潮流だ。　　　　　　　　　　（林2010：103）

（10）教科書会社には全ページ数の１割程度まで、…　　　　　　（林2010：103）

（11）一個の人間の全生涯をかけて、呼応しあっているかとも思う。

（林2010：103）

　（9）～（11）における「全」は、「～全体」という意を表し、「全～」全体が後接語の全ての範囲に及ぶ、ひとまとまりとしての総体をさす（林2010：103）

と指摘している。

さらに、「全」が両義性を持つ場合もある。

(12) 全住民が自由に往来できるようになって欲しい。　　　（林2010：105）

(13) 全住民の92％に当たる86人の行動を確認した。　　　（林2010：105）

（12）の「全住民」は、「全ての住民」という意味で、「全」は「全ての～」という意を表す。一方、（13）の「全住民」は、「住民全体」という意味で、「全」は「～全体」という意味を表す。林（2010）によると、「全住民」の「全」の意味は文脈によって「全ての～」にも「～全体」にもなる。

最後に、副詞的な用法の「全」もある。副詞的な用法の「全」をさらに２つに分ける。第一に、「全納」「全訳」「全廃」「全開」[3]の「全」は、「全て、全部」という意を表し、後接する動詞的な成分に対して、「全て、全部」という量的な側面から連用修飾している（林2010：106）と述べている。第二に、「全壊」「全癒」「全備」「全否定」の「全」は、「すっかり、完全に」という意を表し、質的な側面から「全」の後の要素を限定して連用修飾している（林2010：106）と述べている。

以上が林（2010）における「全」の意味用法の４分類であった。まとめると、表8-7のようになる。

表8-7　林（2010）による「全」の意味用法のまとめ

「全ての～」という意		全ジャンル、全機種、全球団など
「～全体」という意		全シリーズ、全世界、全関西など
「全ての～」と「～全体」という両義		全ページ、全自治体、全財産など
副詞的な用法	「全て、全部」	全納、全訳、全廃、全開、全勝、全滅など
	「すっかり、完全に」	全壊、全癒、全備、全否定など

3　林（2010）は「造語成分」を考察対象とするため、「全納」「全開」のような二字漢語も考察対象に入っている。本書は第１部で述べた「字音接頭辞」の定義に従い、二字漢語を考察対象から除外する。

4.2 林慧君 (2010) の問題点

　林 (2010) の最も大きい問題は、「全ての～」と「～全体」という両義というところにある。林 (2010) では明確に言及されていないが、後接語によって「全」の意味用法が分類されている。林 (2010) は「全ブランド」の「全」を「全ての～」という意味用法に分類しているようである。しかし、「全ブランド」は文脈によって「全」の意味も変わる。

　(14)　発泡酒の国産全ブランドを100％天然水仕込みにする。　　((7) の再掲)
　(15)　発泡酒の国産全ブランドの10％が赤字経営　　　　　　　　　　　(作例)

　(14) は、林 (2010) の「全ての～」という意を表す「全」の用例である。しかし、(15) のように、「数量・比率」を表す文脈を与えれば、「～全体」という意味になってしまう。つまり、後接語によって「全ての～」と「～全体」という両義の意味用法があるのではなく、文脈によっていずれかに決められるのである。例えば、表8-7で「全ての～」という意に分類されている「全ジャンル」「全エネルギー」「全機種」「全球団」などは、「数量・比率」を表す文脈を与えれば「～全体」という意味になる。このような点について、林 (2010) でははっきり指摘されていないが、本章は「全ての～」と「～全体」という両義を認めない。

　また、林 (2010) のもう１つの問題は、BCCWJ から収集した用例の中に、「全ガラス張り」「全金属製」「全都市化」などのように、林 (2010) の４分類のどれも当てはまらないものが存在する。本章は、それらの用例を考慮に入れ、「全」は「全てが～」という意を表す場合もあると主張し、詳しくは4.3で検討する。

4.3 本章における分類

　林 (2010) の分類を参考にしつつ、その問題点を克服するために、「全」の意味用法を大きく「全ての～」「～全体」「全てが～」「副詞的な用法」の４つに分類する。

「全ての〜」と「副詞的な用法」は林（2010）と同じである。副詞的な用法は、林（2010）に従って、さらに量的側面からの連用修飾と質的側面からの連用修飾という2つに分類する。

「全てが〜」という意を表す「全」は林（2010）にない分類であり、次の（16）〜（18）を取り上げる。

（16）<u>全ガラス張り</u>で高さ十一階の景色とおいしい料理が一緒に楽しめる。

（『デート限定ぴあ　東海版』PB1n_00076）

（17）フロートは<u>全金属製</u>で安定性、操縦性、凌波性ともに単発の水偵としては抜群の機体構造を持っていた。　　　　　（Yahoo! ブログ OY15_18573）

（18）こうしてついに<u>全電子式</u>テレビが実現したのである。

（『科学の世紀を開いた人々　下』LBn4_00006）

（16）の「全ガラス張り」は、「全てがガラス張り」という意味を表す。（17）（18）の「全金属製」「全電子式」も同様に、「全てが金属製」「全てが電子式」という意味を表す。このように、（16）〜（18）の「全」は、「全てが」という意味を表すが、これは林（2010）では指摘されていない。

「〜全体」は林（2010）にある分類であるが、本章では、さらに2つに分ける。1つは、後接語が「（空間的・時間的）範囲」を表すものであり、「全日本」「全関西」「全ヨーロッパ」「全期間」「全生涯」などの用例が挙げられる。もう1つは、「全ページ数」「全苦情件数」「全森林面積」「全輸出額」などのように、後接語が「数量・比率」を表すもの、あるいは、「数量・比率」を表す文脈（例13）である。

本章における「全」の意味用法をまとめると、次の表8-8のようになる。

表8-8　本書における「全」の意味用法のまとめ

①「全ての〜」という意	
②「〜全体」という意	a. 後接語が「(空間的・時間的) 範囲」を表すもの
	b. 後接語が「数量・比率」を表すもの、あるいは、「数量・比率」を表す文脈
③「全てが〜」という意	
④副詞的な用法	a.「全て、全部」(量的側面からの連用修飾)
	b.「すっかり、完全に」(質的側面からの連用修飾)

5.「総」の意味用法 (意味添加機能)

　「総」の意味用法を詳しく検討し、分類するものは、管見の限り見当たらない。4.3の「全」の意味用法を参考にして、本章は、「総」の意味用法を「〜全体」「全ての〜」「全てが〜」「全ておさめる、とりしまる」「副詞的な用法」の5つに分類する。

　まず、「〜全体」という意は「全」にもあるが、「総」は、「総カロリー」「総被害者数」「総出荷量」などのように、後接語が「数量・比率」を表すもの、あるいは、「数量・比率」を表す文脈のみである。「全」は「全日本」「全ヨーロッパ」などの後接語が「(空間的・時間的) 範囲」を表す場合があるという点で「総」と異なっている。

(19) このような状況のもと、電線メーカー全体で輸出を含めた総出荷量の
　　　1.5から7倍程度に当たる十分な供給余力が認められる。

　　　　　　　　　(『公正取引委員会年次報告：独占禁止白書』平成17年版 LBk2_00035)

(20) 憲法九十六条では、憲法改正の手続きとしては衆参両院がそれぞれ総
　　　議員の3分の2以上の賛成で発議し、国民投票で過半数の賛成を得る
　　　ことを定めています。　　　　(『現代用語の基礎知識学習版』PB43_00723)

　(19) の「総」の後接語である「出荷量」自体が「数量・比率」を表している。(20) の「総」の後接語である「議員」自体は、「数量・比率」を表してい

ないが、文脈全体から「数量・比率」を表していることが読み取れる。(19)
は「出荷量全体の1.5から7倍」、(20)は「議員全体の3分の2以上」という
意味を表し、「総」は「〜全体」という意を表す。

　次に、「全ての〜」という意と「全てが〜」という意は、「総」にもあり、
「全」とほぼ一致する。次の(21)(22)は「全ての〜」という意を表す「総」
の用例で、(23)(24)は、「全てが〜」という意を表す「総」の用例である。
また、「一億総中流」という用例を多く抽出したため、「全てが〜」という意を
表す「総」は「全」より多い。さらに、「一億総中流」に類する造語「一億総
オタク」「一億総アレルギー人」などの用例も多く見られる。

(21) 左に掲げたる原因より生じたる債権を有する者は、債務者の総財産の
　　　上に先取特権を有す。　　　　　　　　　（『C－book 民法』LBi9_00099)
(22) しかし、すべての株主が招集を請求できるわけではなく、6か月前か
　　　ら引き続いて総株主の議決権の百分の3以上を有する株主（複数株主が
　　　合算してもよい）に限られています。
　　　　　　　　（『すぐに役立つ会社経営の法律しくみと手続き』PM31_00002)
(23) 木の香漂う総ひのき造りの大浴場は、光が満ちあふれ、開放感満点。
　　　　　　　　　　　（『部屋まで選ぼう癒しの温泉宿百選』LBe9_00170)
(24) 企業の総コンビニ化ですね。　　　　（『火事場の経済学』LBc5_00020)

　さらに、「全ておさめる、とりしまる」という意を表す「総」は、「総支配
人」「総司令官」「総書記」「総政治部」などのように、後接語が「官職・組織」
である特徴がある。「全ておさめる、とりしまる」という意は、「全」にはない。
　最後に、「総選挙」「総動員」「総辞職」「総攻撃」「総点検」などのように、
「全」と同様に、副詞的な用法と見られる「総」がある。「選挙する」「動員す
る」などのように、副詞的な用法と見られる「総」の後接語は動詞的な成分で
ある。

6.「全」と「総」の基本的意味

　4. と5. では、「全」と「総」の意味用法を考察した。「全」の意味用法は大き

く「全ての～」「～全体」「全てが～」「副詞的な用法」の4つに分けられる。「総」の意味用法は「～全体」「全ての～」「全てが～」「全ておさめる、とりしまる」「副詞的な用法」の5つに分けられる。6.では、「全」と「総」の基本的意味を「全て」とし、後接語に応じて、「全ての～」「全てが～」などといった意を表すことになると主張する。

　まず「全」について検討する。後接語が「アジア」「生涯」のように、「(空間的・時間的) 範囲」を表すもの、あるいは、後接語が「ページ数」「苦情件数」のように、「数量・比率」を表すものである場合、「～の全て」「～全体」という意味を表すことになる。次に、後接語が「摘出」「否定」のような動詞的成分である場合、「全」が副詞的な用法になる。さらに、後接語が「ガラス張り」(例16)「金属製」(例17)のように、動詞的要素が入っている場合、あるいは「電子式」(例18)のように、「形容詞のような特徴を発揮する」[4] (村木2012：130) ものである場合、「全てが～」という意を表すことになる。最後に、後接語がそれ以外の場合は、「全」が「全ての～」という意を表す。以上のことをまとめると、次の表8-9のようになる。

4　村木 (2012：130) によると、「ある種の名詞が規定成分となるとき、形容詞のような特徴を発揮することがある。規定成分となる名詞は一般に関係規定をするが、例文 (15) ～ (17) (引用者注：次の (ア) ～ (ウ)) では先行する名詞は後接する名詞に対して属性規定をしている」との指摘がある。

　　(ア) 弾より速い鉄鋼の男の大活躍は、CG にうってつけ。　　　　　　(村木2012：131)
　　(イ) 無所属新人の○○○○氏 (46) は宮崎市周辺を選挙カーで回り「がけっぷちの戦い」と支持を訴えた。　　　　　　　　　　　　　　　　　　　(村木2012：131)
　　(ウ) 演奏家も大層な熱演で「朝飯前の仕事かな」と思っていたら大違いだった (笑い)。
　　　　　　　　　　　　　　　　　　　　　　　　　　　　　　　　(村木2012：131)

表8-9 「全」の後接語と意味用法の関係

	後接語	用例	意味用法
「全」基本的意味：「全て」	「(空間的・時間的) 範囲」を表すもの	「アジア」「生涯」	「〜全て」「〜全体」
	「数量・比率」を表すもの	「ページ数」「苦情件数」	
	動詞的な成分	「摘出」「否定」	「全て」「完全に」
	動詞的要素が入っている形容詞のような特徴を発揮する	「ガラス張り」「金属製」「電子式」	「全てが〜」
	それ以外	「機種」「ジャンル」	「全ての〜」

　次に「総」について検討する。後接語が「カロリー」「出荷量」のように、「数量・比率」を表すものである場合、「総」は「〜の全て」「〜全体」という意味を表すことになる。後接語が「選挙」「動員」のような動詞的な成分である場合、「総」が副詞的な用法になる。さらに、後接語が「ひのき造り」(例23)「コンビニ化」(例24) のように、動詞的要素が入っている場合、あるいは「中流」のように、「形容詞のような特徴を発揮する」(村木2012：130) ものである場合、「全てが〜」という意を表すことになる。後接語が「官職・組織」である場合は、「全ておさめる、とりしまる」という意を表すことになる。最後に、後接語がそれ以外の場合は、「総」が「全ての〜」という意を表す。以上のことをまとめると、次の表8-10のようになる。

表8-10 「総」の後接語と意味用法の関係

	後接語	用例	意味用法
「総」基本的意味：「全て」	「数量・比率」を表すもの	「カロリー」「出荷量」	「〜全て」「〜全体」
	動詞的な成分	「選挙」「動員」	「全て」「全部」
	動詞的要素が入っている形容詞のような特徴を発揮する	「コンビニ化」「中流」	「全てが〜」
	「官職・組織」を表すもの	「司令官」「政治部」	「全ておさめる」
	それ以外	「社員」「株主」	「全ての〜」

7. 「全」と「総」の比較
7.1 曹佳楽 (2018) について

「全」と「総」の比較分析に関する先行研究には、曹 (2018) がある。

まず、結合機能 (どのような後接語と結合するのか) についてまとめると、「全」は表8-11、「総」は表8-12のようになる。

表8-11　曹 (2018) による「全」の結合機能[5]

名詞性	地域	全選挙区、全日本、全地球、全自治体など
	組織	全農園、全中学校、全チーム、全球団など
	メンバー	全住民、全委員、全国民、全登録者など
	身体	全神経
	作品	全作品、全書類
	すでに限られている範囲か量	全過程、全会計、全音符、全回答
	事柄の詳細	
動詞性	動作作用のすべて	全否定、全半焼、全半壊
形容詞性	程度性	
数量関係	全+助数詞	全ページ
	全+数詞+助数詞	全12回、全17巻
	全+数詞+名詞	全47都道府県
	全+x+「数」	全住宅数

5　一字漢語と結合し、二字漢語を形成する用例を省略する。そのため、「事柄の詳細」「程度性」の箇所は空欄になっている。

表8-12　曹（2018）による「総」の結合機能

名詞性	各部分の量を合計した量		総資産、総金額、総面積、総距離など
	各部分をまとめる		総立ち、総当たり、総ぐるみなど
	上位概念	総括職、管理職	総領事、総料理長、総支配人、総参謀長
		上位にある部門	総連合会、総領事館、総代理店など
		その他	総まとめ、総仕上げ
動詞性	サ変動詞名詞	各部分の量を合計する	総決起、総辞職、総動員／総選挙、総延長、総生産
		各部分をまとめる	総攻撃、総行動、総点検／[6]
		上位概念	／総監督
数量関係	「総」＋x＋数		総来場者数、総発行数、総台数など
	「総」＋x＋費		総事業費、総工費、総建設費
	「総」＋x＋額		総債権額、総支払額
	「総」＋x＋量		総貯水量、総発電量

　次に、「全」と「総」の意味添加機能（どのような意味を表すのか）について、「全局・総局」「全会・総会」「全額・総額」「全量・総量」「全体・総体」「全力・総力」といった用例を用いて、「全―」はすでに決められた範囲のいっぱいであり、その範囲の割合を強調するか、その範囲にある100％を指すと述べている。それに対して、「総―」は各部分を統轄して、まとめること、足し算を表すと指摘している。

　しかし、曹（2018）には３つの問題点がある。

　第一に、結合機能の分類にわかりにくい点があり、また恣意的であり、客観的な分類基準が欠けている。例えば、表8-12に示した、「各部分をまとめる」「上位概念」などの用語はわかりにくいと言わざるを得ない。また、「総監督」と「総料理長」を違う分類に、「総まとめ」と「総当たり」を違う分類にして

6　「／」の左側は「サ変動詞」の例で、右側は「名詞」の例である。

いるが、さほど違いを感じない。これらは再現性がある分類基準の不足に起因
していると考えられる。

　第二に、結合機能の分析には主として三字漢語や混種語を用いているにもか
かわらず、意味添加機能の分析には二字漢語のみを用いていることである。例
えば、「全体・総体」の「全体」の意味は、「全」の意味プラス「体」の意味に
なるだろうか。「総体」の意味は、「総」の意味プラス「体」の意味になるだろ
うか。野村（1988）や本書第１部が指摘するように、三字以上の漢語や、和語、
外来語と結合する用例を分析するのが最も難がないため、二字漢語を分析する
のには慎重を期すべきである。

　第三に、結合機能の分析と意味添加機能の分析の関連が不明瞭である。表８
-11と表８-12の結合機能の分類と、「全」「総」の意味の分析には関連性が見ら
れない。

7.2　本章における分析

　4.3では、「全」の意味用法を大きく「全ての～」「～全体」「全てが～」「副
詞的な用法」の４つに分類した。5.では、「総」の意味用法を「～全体」「全て
の～」「全てが～」「全ておさめる、とりしまる」「副詞的な用法」の５つに分
類した。比較して見てみると、次の表８-13のようになる。

表8-13　「全」と「総」の比較

			「全」	「総」
ア	「全ての～」		3999 （ 48.61%）	239 （ 3.10%）
イ	「～全体」	「範囲」を表すタイプ	2410 （ 29.30%）	0 （ 0.00%）
ウ		「数量・比率」を表すタイプ	1443 （ 17.54%）	4014 （ 51.99%）
エ	「全てが～」		30 （ 0.36%）	192 （ 2.49%）
オ	「全ておさめる、とりしまる」		0 （ 0.00%）	1773 （ 22.97%）
カ	副詞的な用法		344 （ 4.18%）	1502 （ 19.46%）
	合計		8226 （100.00%）	7720 （100.00%）

表 8-13を見ると、「全日本」「全ヨーロッパ」「全期間」など、イ.「～全体」という意で、「範囲」を表すタイプは、「全」には2410例あるが、「総」にはない。また、「総支配人」「総書記」「総政治部」など、オ.「全ておさめる、とりしまる」という意は、「総」には1773例あるが、「全」にはない。イとオの用法に関しては、はっきりとした差が見られる。

しかし、ほかの用法を見てみると、「全」も「総」も一定数の用例が確認される。ア.ウ.カ.を中心に、それぞれの違いを後接語という観点から見ていく。

ア.「全ての～」という意を表す「全」と「総」

次の（25）（26）と（27）（28）からわかるように、「全」も「総」も「全ての～」という意味を表すが、（25）と（26）、（27）と（28）の「全」と「総」は互いに言い換えられない。

（25）このマニュアルを遵守し励行することが当社の全社員の責務であること
　　　　　　　　　　　　　　　　　　　　　　（『会社書式の作成全集』LBk3_00054）

（26）一般信書便事業者たる法人の解散の決議又は総社員の同意は、総務大臣の認可を受けなければ、その効力を生じない。
　　　　　　　　　　　（『民間事業者による信書の送達に関する法律』OW3X_00060）

（27）そこで、全株主に代わって経営を担当する機関が必要となります。
　　　　　　　　　　　　　　　　　　　　　　　（『株主会社の知識』LBr3_00169）

（28）当該承認を受けようとする者の保有する当該承認に係る少額短期保険業者の議決権の数を、当該少額短期保険業者の総株主の議決権で除して得た割合をいう。
　　　　　　　　　　　　　　　　　　　　　　　　　（『保険業法』PM31_00308）

用例数を見てみると、「全ての～」という意を表す「全」は3999例あり、「全」用例の約半数を占めている。「全ての～」という意を表す「総」は239例あり、「総」用例のわずか3.1％を占めているにすぎない。つまり、「全ての～」という意を表す際には、「総」より「全」のほうが用いられやすいことがわかる。

次に、後接語を見てみると、（26）（28）のように、「全ての～」を表す「総」は業界専門用語として使われる傾向が見られる（表8-14参照）。しかし、なぜ

「全ての〜」を表す「総」は業界専門用語として使われる傾向があるのかという点についてまだ解明しておらず、今後の課題としたい。

表8-14 「全ての〜」という意を表す「全」と「総」の後接語

「全」のみに付く	国民（138）、産業（109）、責任（78）、世帯（72）、作品（56）、職員（54）、都道府県（52）、日程（46）、方位（41）、人格（39）、精力（37）、神経（37）、従業員（33）、学年（33）、種類（33）、分野（29）、方向、業種（28）、年齢、市町村、天候（26）、生徒、存在（25）、閣僚、機種、加盟国、商品（22）、店舗、区間（21）、工程、教科、市民（20）、以下略
「総」のみに付く	勘定（13）、人員、定員（10）、従業者（6）、債務（5）、損失（4）、蛋白（3）、与信、脂質、議決権（2）、構成点、回転、農家ベース、普通出資者、新規採用者、優先出資者、戦果、得票、投資、在庫、キャッシュフロー、蓄積、正常ヘモグロビン、ショットカウンター、インタネットアクセスポイント、募集人員（1）
両方に付く	「全」が多い：財産（117：14）[7]、社員（82：11）、試合（58：1）、エネルギー（31：2）、過程（31：4）、行程（17：2）、事業（14：1）、兵力（13：3）、議員（12：1）、農家（9：3）、組合員（6：2）、債権者（5：4）、戦績（3：1）、農業集落（2：1） 「総」が多い：株主（8：80）、水銀（1：14）、労働（1：10）、価値（1：5）、死亡（1：2）、債権（1：2） 「全」と「総」が同じ：水田、生産物、退職者（1）

ウ．「〜全体」という意で、「数量・比率」を表すタイプの「全」と「総」

次の（29）（30）と（31）（32）からわかるように、「全」も「総」も「〜全体」という意味を表し、かつ「数量・比率」を表すタイプである。

（29）当時の関東全世帯数は約三百八十万だから、……。

（『最新放送メディア入門』LBm6_00003）

（30）加入世帯数を総世帯数で割った「組織率」は全国で六十二.五％

---

7 括弧内の数字は出現頻度を意味する。例えば「財産（117：14）」の「：」の左側の117は、「全」の用例数であり、「：」の右側の14は「総」の用例数である。他も同様。

（『情報通信白書』平成16年版 OW5X_00064）

(31) ３月期では不動産部門の売上高が<u>全売上高</u>の５割を超えているが、
……。　　　　　　　　　　　　　　　（『資金と支払能力の分析』PB23_00282）

(32) <u>総売上高</u>ではローソンが五位、ファミリーマートが七位。

（『流通経済の手引き』2004年版 OW1X_00044）

　（29）の「全世帯数」と（30）の「総世帯数」、（31）の「全売上高」と（32）の
「総売上高」の間には、意味の差はほとんど見られず、互いに置き換えられる。
　まず、用例数を見てみると、「総」は4014例あり、「総」の全用例の約半分を
占めている。「全」は1443例あり、「全」用例の約17％を占めている。つまり、
「〜全体」という意で、「数量・比率」を表すタイプである場合には、「全」よ
り「総」のほうが用いられやすいことがわかる。
　次に、後接語を見てみる。後接語をまとめると、次の表8-15のようになる。
「世帯数」「売上高」のように、後接語自体が「数量・比率」を表す場合、「総」
の用例数は3779例で、「全」はわずか765例である。「総」は「数量・比率」を
表す後接語と結合しやすく、「全」は「死亡者」「従業員」のように、「数量・
比率」を表さない後接語と結合しやすいという傾向が見られる。

カ．副詞的な用法の「全」と「総」

　最後に、副詞的な用法の「全」と「総」について少し考える。3.1で述べた
ように、林（2010）は、副詞的な用法の「全」をさらに２つに分けている。「全
摘出」の「全」は、「全て、全部」という意を表し、後接する動詞的な成分に
対して、「全て、全部」という量的な側面から連用修飾している。一方で「全
否定」の「全」は、「すっかり、完全に」という意を表し、質的な側面から
「全」の後の要素を限定して連用修飾しているものである。
　それに対して、副詞的な用法の「総」は、「総選挙」「総動員」「総辞職」「総
攻撃」「総点検」などのように、「すっかり、完全に」という意を表すとは考え
にくい。「全」とは異なり、質的な面からの連用修飾という用法はなく、副詞
的な用法の「総」は、「全て、全部」という量的な側面から連用修飾している
ものに限られている。

表8-15 「～全体」という意で「数量・比率」を表すタイプの「全」と「総」の後接語

「全」のみ に付く	産業（72）、体重（28）、年齢（18）、理事数（16）、肺気量（15）、負傷者数、住宅（14）、苦情、死亡者（12）、労働者（10）、法人、火災、学校（9）、常勤理事数、法人数、市町村（8）、地方公共団体、業種（7）、公害苦情件数、労働日、事業所、団体、刑法犯、指導内容別件数、卒業者（6）、被疑者、従業員、電荷量、交通事故死者数、旅行、騒音苦情、森林面積、送致人員、消費支出、用途、指数（5）、以下略
「総」のみ に付く	事業費（93）、所得金額（70）、利益（50）、トン数（48）、工費（38）、報酬（33）、実労働時間（32）、トン、排気量（30）、通話回数（29）、固定資本（23）、人件費（22）、コレステロール値（21）、席数（19）、支給額（18）、カロリー、工事費（17）、利潤（16）、加増（14）、経費、支払額（13）、輸出入、支出額（12）、コレステロール、契約数、通過時間（11）、回転数、金額、日数（10）、以下略
両方に付く	「全」が多い：世帯（31：5）、死者数（30：1）、行程（15：1）、検挙人員（13：6）、農家（13：2）、財産（12：2）、苦情件数（11：3）、議席（7：2）、雇用者（6：3）、個体数（5：2）、エネルギー（3：1）、就業人口（3：1）、エネルギー消費（2：1）、加入者（2：1）、企業数（2：1）、使用量（2：1）、収穫量（2：1）
	「総」が多い：生産（1：309）、人口（111：212）、資本（2：173）、需要（4：165）、資産（10：146）、重量（14：125）、面積（15：101）、支出（1：88）、延長（2：79）、供給（1：77）、生産額（1：70）、輸入（2：66）、輸出（4：55）、費用（7：51）、収入（8：47）、所得（2：46）、排出量（2：35）、生産量（7：35）、予算（2：32）、戸数（9：29）、輸出額（5：25）、回線数（3：24）、件数（6：24）、労働時間（2：22）、売上（4：20）、投資額（1：20）、売上高（4：19）、ページ数（1：18）、貸付残高（2：16）、雨量（1：16）、兵力（4：15）、コスト（1：14）、世帯数（8：13）、輸入額（2：13）、人員（1：10）、走行距離（3：10）、出荷量（1：8）、出火件数（1：8）、発行部数（1：8）、輸送量（1：8）、飼養頭数（1：8）、議員（1：8）、発電電力量（1：7）、販売額（2：7）、労働力人口（1：7）、エネルギー量（2：6）、得点（4：6）、発電量（1：6）、合計（1：6）、需要量（2：6）、資金（3：6）、従業者数（1：5）、地積（1：5）、発電設備容量（1：5）、容量（3：5）、時間（1：5）、職員数（4：5）、質量（1：5）、産出量（1：4）、広告費（1：4）、就業者数（2：4）、摂取カロリー（1：4）、輸入量（2：4）、輸入数量（1：4）、発生件数（1：3）、飛行時間（1：3）、検挙件数（1：3）、労働人口（1：3）、価格（1：3）、投資（1：3）、降水量（1：2）、貿設置数（1：2）、摂取量（1：2）、輸出入額（1：2）、体積（1：2）、製作本数（1：2）
	「全」と「総」が同じ：死亡（4）、出荷額、耕地面積、貿易量、研究費（2）、アイテム数、保有台数、残高、産卵数、発生量、給水量、計画、利用者、流通量、旅客輸送量、生活時間、施設数、授業時間、税収、消費量、戦力（1）

第8章 「全国民」の「全」、「総人口」の「総」　197

8. 本章のまとめ

本章で述べたことの要点をまとめておく。

A. 「全」がどのような後接語と結合するのかを分析した結果、後接語の語種については、異なり語数も延べ語数も「漢語＞外来語＞混種語＞和語」という順に語数が多いことがわかった。特に、漢語が圧倒的に多い。また、後接語の意味分野については、「1.25 公私」「1.26 社会」「1.19 量」「1.24 成員」が比較的多い。

B. 「総」はどのような後接語と結合するのかを分析した結果、後接語の語種については、漢語が圧倒的に多く、外来語は最も少ない。和語と混種語も一定数見られる。また、後接語の意味分野については、「1.19 量」「1.37 経済」「1.24 成員」「1.36 待遇」が比較的多い。

C. 「全」の意味用法を大きく「全ての〜」「〜全体」「全てが〜」「副詞的用法」の4つに分類する。「〜全体」はさらに2つに分ける。1つは後接語が「(空間的・時間的) 範囲」を表すもの、もう1つは後接語が「数量・比率」を表すもの、あるいは、文脈的に「数量・比率」を表すものである。また、副詞的な用法もさらに量的側面からの連用修飾と質的側面からの連用修飾という2つに分類する。

D. 「総」の意味用法を「〜全体」「全ての〜」「全てが〜」「全ておさめる、とりしまる」「副詞的な用法」の5つに分類する。

E. 「全」と「総」の基本的意味を「全て」とし、後接語に応じて「全ての〜」「全てが〜」などといった意を表すことになる。

F. 「全」と「総」の意味用法における共通点と相違点は表8-16を参照されたい。

表8-16 「全」と「総」の比較（簡略版）

			「全」	「総」
ア	「全ての～」		◎	△
イ	「～全体」	「範囲」を表すタイプ	◎	×
ウ		「数量・比率」を表すタイプ	△	◎
エ	「全てが～」		△	○
オ	「全ておさめる、とりしまる」		×	◎
カ	副詞的な用法		○	○

第 9 章

「両手」「両チーム」の「両」
──「二つの」を表す連体詞型字音接頭辞──

　本章は、「両手」「両チーム」などのように、「二つの」を表す連体詞型字音接頭辞「両」を取り上げ、「両」はどのような後接語と結合するのか（結合機能）、どのような意味用法を持つのか（意味添加機能）という問題について考察する。

　1.では、まず考察資料と用例について述べる。2.では、「両」はどのような後接語と結合するのか（結合機能）について考察する。3.では、先行研究の中川（2015）について概観し、問題点を指摘する。4.では、中川（2015）の考察を元に、「両」の意味添加機能についてさらに検討する。5.では、本章の内容をまとめる。

1.　「両」の考察資料と用例

　「両」の用例収集には資料として、BCCWJ を使用した。中納言を使用し、2017年5月25日に用例を検索した。検索条件として、キーを未指定にし、前方共起をキーから1語に設定し、「書字形出現形　が　両　AND　語彙素読みが　リョウ」という指示で検索し、5544件の検索結果を得た。目視で用例を確認し、（1）のような明らかに考察対象にならないもの、（2）のような一字漢語と結合し、二字漢語を形成するものを考察対象から除外する。最終的に考察対象となる用例は異なり971例、延べ3441例であった。

（1）すでに、存続の白電3両を合わせて7両基本編成にしました。

（Yahoo! ブログ OY14_39880）

（2）すなわち、末摘花、蓬生両巻に語られる故常陸宮邸の世界である。

（『源氏物語覚書』LBm9_00157）

2. 「両」の後接語について（結合機能）

2.1 「両」の後接語の語種

表9-1は「両」の後接語について語種別にその異なり語数と延べ語数を示したものである。

表9-1　「両」の後接語の語種別語数と比率

語種		異なり語数	比率	延べ語数	比率
漢語	二字漢語	489	50.36%	2043	59.37%
	三字漢語	146	15.04%	330	9.59%
	四字漢語	48	4.94%	73	2.12%
	五字漢語	17	1.75%	20	0.58%
	六字以上の漢語	7	0.72%	8	0.23%
	小計	707	72.81%	2474	71.90%
和語		96	9.89%	345	10.03%
外来語		108	11.12%	509	14.79%
混種語		57	5.87%	110	3.20%
語レベルを超えるもの		3	0.31%	3	0.09%
合計		971	100.00%	3441	100.00%

　異なり語数も延べ語数も「漢語＞外来語＞和語＞混種語」という順に多いことがわかる。漢語は異なり語数も延べ語数も70%を超え、圧倒的に多い。外来語は異なり語数より、延べ語数の比率が多い。それは、出現頻度が高い外来語が多いからである。例えば、出現数141の「サイド」（1位）、出現数121の「チーム」（3位）などが挙げられる。また、「手首」「足首」「手のひら」などの身体部分を表す和語も「両」とよく結合する。混種語はほかの語種と比べて少ない。

第9章　「両手」「両チーム」の「両」　201

2.2 「両」の後接語の意味分野

「両」の後接語の意味分野については、『分類語彙表』を参考にして、分類を行った。後接語を意味分野の大項目別に示すと表9-2のようになる。

表9-2 「両」の後接語の意味分野（大項目）語数と比率

大項目	異なり語数	比率	延べ語数	比率
1.1 抽象的関係	164	16.89%	754	21.91%
1.2 人間活動の主体	386	39.75%	1745	50.71%
1.3 人間活動精神および行為	209	21.52%	458	13.31%
1.4 生産物および用具	105	10.81%	191	5.55%
1.5 自然物および自然現象	107	11.02%	293	8.51%
合計	971	100.00%	3441	100.00%

異なり語数も延べ語数も「1.2 人間活動の主体」を表す語と最も結合する。特に、延べ語数は半数以上を占める。また、異なり語数より延べ語数の比率が多いのは、「1.1 抽象的関係」と「1.2 人間活動の主体」である。（3）で示すように、出現数上位20位の後接語を挙げると、10位の「手首」以外は、「1.1 抽象的関係」か「1.2 人間活動の主体」になっている。

（3）サイド（141）、陛下（128）、チーム（121）、議院（104）、陣営（85）、極端（75）、政府（58）、当事者（54）、殿下（40）、手首（37）、首脳（34）、方向（33）、地域（32）、国民（31）、大臣（30）、選手（29）、側面（28）、グループ（28）、リーグ（28）、法人（26）

次に、「両」の後接語の意味分野の中項目について分析する。表9-3はその調査結果を示したものである。

表9-3 「両」の後接語の意味分野（中項目）語数と比率

意味コード	大項目	中項目	延べ語数	比率
1.10	抽象的関係	事柄	41	1.19%
1.11		類	112	3.25%
1.12		存在	1	0.03%
1.13		様相	60	1.74%
1.14		力	16	0.46%
1.15		作用	22	0.64%
1.16		時間	26	0.76%
1.17		空間	364	10.58%
1.18		形	19	0.55%
1.19		量	93	2.70%
1.20	人間活動の主体	人間	14	0.41%
1.21		家族	16	0.46%
1.22		仲間	4	0.12%
1.23		人物	282	8.20%
1.24		成員	546	15.87%
1.25		公私	106	3.08%
1.26		社会	136	3.95%
1.27		機関	641	18.63%
1.30	人間活動の精神および行為	心	138	4.01%
1.31		言語	92	2.67%
1.32		芸術	20	0.58%
1.33		生活	63	1.83%
1.34		行為	28	0.81%
1.35		交わり	57	1.66%
1.36		待遇	15	0.44%
1.37		経済	23	0.67%
1.38		事業	22	0.64%
1.40	生産物および用具	物品	8	0.23%
1.41		資材	15	0.44%
1.42		衣料	19	0.55%
1.43		食料	2	0.06%
1.44		住居	11	0.32%
1.45		道具	52	1.51%
1.46		機械	38	1.10%
1.47		土地利用	46	1.34%
1.50	自然物および自然現象	自然	5	0.15%
1.51		物質	10	0.29%
1.52		天地	38	1.10%
1.53		生物	5	0.15%
1.54		植物	2	0.06%
1.55		動物	3	0.09%
1.56		身体	228	6.63%
1.57		生命	2	0.06%
合計			3441	100.00%

第9章 「両手」「両チーム」の「両」　203

まず、「両」の後接語は中項目すべてにわたる。物事が何か２つあれば、「両」で表すことができるため、「両」の生産性が高いといえる。全中項目のうち、最も多いのは、「1.27 機関」の18.63％である。例えば、「チーム」（121、3位）、「議院」（104、4位）、「陣営」（85、5位）などが挙げられる。次に多いのは、「1.24 成員」の15.87％である。例えば、「当事者」（54、8位）、「首脳」（34、11位）、「大臣」（30、15位）などが挙げられる。またその次に多いのは、「1.17 空間」の10.58％である。例えば、「サイド」（141、1位）、「方向」（33、12位）、「地域」（32、13位）などが挙げられる。

3. 先行研究：中川秀太 (2015)

3.1 中川秀太 (2015) の主張

中川（2015）では、「両」の意味用法が大きく二つに分けられている。

まず、二つと認められるものにつく「両」を語のレベルの問題として考察し、「両目」「両脇」などの身体部分と、「両扉」「両ハンドル」などの人工物に分けて、結合する語との間にどのような条件があるかについて論じている。本章も、二つあると認められるものにつく「両」を語レベルの問題とし、語レベルの「両」については中川（2015）の結論に従う。

次に、中川（2015）は、語レベルの問題だけでなく、本来的に二つとはいえない語につく「両」について、（4）の並列表現と（5）の照応表現に分け、両者を文レベルの問題として論じている。

（4）陸上、海上両自衛隊を海外に派遣する。　　　　　　　（中川2015：105）
（5）決議案にロシアと中国が拒否権を行使した。両国は……（中川2015：108）

（4）（5）のような文レベルの「両」には問題点が残る（3.2参照）。

3.2 中川秀太 (2015) の問題点

中川（2015）は、語レベルと文レベルの問題に分けて「両」を考察した点では参考になるが、以下の３点についてさらなる検討が必要だと考えられる。

第一に、文レベルの「両」が並列表現と照応表現に分けられているが、一方

を「並列」とし、もう一方を「照応」とするだけでは、両用法の関係が明らかではない。「並列」と「照応」は体系的に対応する用語でないため、なぜその2用法を持っているのかが説明できない。

第二に、中川（2015）では、「両」の用法をすべて網羅できているか、文レベルの「両」には並列表現と照応表現の2種類しかないのか、という問題がある。BCCWJ から収集した用例の中には、次の（6）のように、中川（2015）では指摘されていない用例が確認された。

（6）今両先生からそういう御回答をいただいて、私どもも非常に心強く感じた……。
　　　　　　　　　　　　　　　　　　　　　　　（国会会議録 OM31_00001）

「先生」は本来的に二つと認められるものでないため、語レベルの「両」ではない。また、中川（2015）の言う文レベルの並列表現でも照応表現でもない。（6）の「両先生」をどのように説明するのかという問題がある。

第三に、「両」は大きく語レベルの「両」と文レベルの「両」に分けられると述べているが、これらがどのように統一的に説明されるのかについて論じられていない。

4.　「両」の意味用法について（意味添加機能）
4.1　「並列表現」という用語の検討
　上述したように、4.1ではまず並列表現という用語を検討し、並列表現の「両」も照応表現の一種であることを主張する。

中川（2015）においても照応表現という用語が用いられているが、照応表現の定義について言及していない。本章の照応表現（第5章で提示した「照応用法」と同じ概念）は、一般に「文脈指示」とされるものと共通する部分が大きい。ある言語表現がどのような内容や対象を指すかが、その言語表現だけでは決まらず、前後の言語文脈を参照してはじめて指示対象が決まる表現のことを本章では照応表現[1]という。

（7）岩と砂ばかりの砂漠を走り続けると、目指すオアシスにたどり着いた。

ここで私たちは３日ぶりに心からの休息をとった。

（日本語記述文法研究会編2009：17）

（8）木村容疑者は<u>5日</u>朝、事情聴取のため県警に同行を求められたが、<u>同日</u>、殺人容疑で逮捕された。　　（日本語記述文法研究会編2009：41）

（7）の「ここ」は何を指すか、指示対象は何かということについては、「ここ」だけではわからず、前文脈に出現した「オアシス」を参照してはじめて「ここ」の指示対象が「オアシス」と決まるため、（7）の「ここ」は照応表現である。（8）の「同」も同様に、「同」は何を指すのか、前文脈に出現した「5日」を参照してはじめてわかるね、（8）の「同」も照応表現になる。

中川（2015）で並列表現とされる「両」はどうであろうか。

（9）また交渉当事者の<u>野村、来栖</u>両大使も、通牒を手交したあと、……。

（『日本のアジア支配を考える』LBl2_00075）

（10）<u>低・中級品、高級品</u>の両分野において、……。

（『中小企業白書』昭和51年版 OW1X_00097）

（9）の「両大使」だけでは、「二人の大使」という意味しか読み取れない。三人以上存在する「大使」の中のどの「二人の大使」を指すかは、前文脈に出現した「野村、来栖」を参照しないと決まらない。よって、（9）の「両大使」は、既出の「野村、来栖」という二人の大使を指し示す照応表現である。（10）の「両分野」も同様に、前文脈に出現した「低・中級品、高級品」の二つの分野を指し示す照応表現である。

したがって、中川（2015）で「並列表現」とされる「両」は、一種の照応表現だと考えられる。この種の「両」は「A、B（の）両X」という名詞句内にしか出現しないため、「名詞句内照応」と呼ぶことにする。

1　本書は一貫して「直示用法」「照応用法」という用語を使用するが、本章は中川（2015）に合わせて、便宜上「直示表現」「照応表現」を使用する。なお、本章の「直示表現」「照応表現」とほかの章で使用する「直示用法」「照応用法」は等価の用語として用いる。

それに対して、(11) (12) のように、中川 (2015) で「照応表現」とされる
「両」を「名詞句外照応」と呼び、「名詞句内照応」と区別する。

(11) 第2点は、都市用水部門のほとんどに適用される今渡ルール、馬飼ルールが有機的に連動していないことから、……両ルールの内容を見ると、……。 (『水資源政策の失敗』PB35_00315)

(12) 今年の全国高校選抜大会で愛知県勢として初の3位入賞。そしてインターハイの舞台でも、選手のケガというアクシデントに見舞われながらベスト8に進出した。両大会で見せた……。

(『月刊剣道日本』2003年12月号 PM31_00516)

4.2　文レベルの「両」の体系的説明

4.2.1　直示表現の「両」の存在

BCCWJ から収集した用例の中に、次の (13) (14) のように、中川 (2015) では指摘されていない用例が確認された。

(13) 今両先生からそういう御回答をいただいて、私どもも非常に心強く感じた……。 ((6) の再掲)

(14) 以上で両参考人の意見の開陳は終わりました。 (国会会議録 OM11_00005)

(13) (14) は国会会議録の用例であり、(13) (14) の「両先生」「両参考人」はその場にいる2名の先生、2名の参考人を指す直示表現である。

このように、文レベルの「両」には、名詞句内照応表現 (中川2015の「並列表現」)、名詞句外照応表現 (中川2015の「照応表現」) という照応表現だけでなく、直示表現の「両」も存在することがわかる[2]。

4.2.2　数量詞代名詞的用法からみる「両」

ではなぜ文レベルの「両」が照応表現と直示表現の用法を持っているのか。その根拠は数量詞代名詞的用法という概念によって裏付けられる。数量詞が代名詞的用法を持つという事実は、岩田 (2013) によってすでに指摘されており、

(15) のように定義されている。また岩田（2013）によると、数量詞代名詞的用法には照応表現（例（16））と直示表現（例（17））の用例があるという。

(15) 数量詞代名詞的用法の定義
　　　先行文脈に既出である、または現場に参加している指示物を数量詞が追跡する用法で、数量詞を、代名詞もしくは指示物そのものを表す名詞に置き換えることが可能なもの　　　　　　　　　　　　（岩田2013：127）
(16) 私のクラスには劉さんとジョンさんという留学生がいます。（彼ら／劉さんとジョンさん／二人）はとても明るく…　　　　　　　（岩田2013：130）
(17) （女性→聞き手二人への発話）
　　　「待って！！」「二人には言わなかったけど、ベイマーさんには村に下って、雪崩のことを知らせるようにお願いしたんです。」
　　　「すべて私の責任です。」　　　　　　　　　　　　　　（岩田2013：126-127）

　また、岩田（2013）によると、数量詞代名詞的用法はどんな数詞でも使えるわけではなく、「一」は使用できず、「二」の使用が圧倒的に多く、「三以上」になると使用が減っていく。
　「両」は2という数を表している。岩田（2013）によると、数量詞の「2」は代名詞的用法として用いられやすいことがわかる。以上のことを踏まえ、「両」も代名詞的用法を持つ可能性は十分にあると考えられる。そのため、「両」は

2　本章は『日本語文法事典』（大修館書店 .2014）の「指示」（執筆者：金水敏）に従い、「直示表現」は、一般に「現場指示」とされる概念に相当すると考える。また、既に述べた通り、本章の「照応表現」は、一般に「文脈指示」とされる概念に共通する部分が大きい。しかし、「照応」と「直示」について、定義やその用語が指す範囲に関しては、研究者によって異なる。例えば、『明解言語学辞典』（三省堂 .2015）の「照応」（執筆者：加藤陽子）を見ると、照応用法には、前方照応、後方照応、外界照応の3つがあることがわかる。本章で直示表現とする（3）は外界照応に当たり、照応の下位分類になってしまう。なお、中川（2015）では「照応表現」の定義がなされていない。また（3）のような直示表現の用例が1例も挙げられておらず、直示表現の用例が照応表現に含まれるかどうかについて言及されていない。この2点は中川（2015）の問題点だといえる。

照応表現と直示表現の用法を持つのである。このように、文レベルの「両」は数量詞代名詞的用法と同レベルの現象だと考えられ、文レベルの「両」が照応表現と直示表現の用法を持つ妥当性は数量詞代名詞的用法によって立証される。

　本章の主張を中川（2015）と比較してまとめると、次の表9-4のようになる。

表9-4　「両」の意味用法

	本章			中川（2015）
二つあると認められるものにつく「両」	語レベルの問題　例：「両目」「両扉」			
本来的に二つとはいえないものにつく「両」（文レベルの問題）	数量詞代名詞的用法	照応表現	名詞句内照応　例：（9）（10）	並列表現
			名詞句外照応　例：（11）（12）	照応表現
		直示表現　例：（13）（14）		×

　中川（2015）と異なる点を整理すると以下のようになる。第一に、中川（2015）で並列表現とされる「両」を本章では「名詞句内照応」とし、中川（2015）で照応表現とされる「両」を本章では「名詞句外照応」とし、両者を合わせて「照応表現」とする。第二に、本章は中川（2015）で指摘されていない「直示表現」の「両」も存在する。第三に、文レベルの「両」には照応表現と直示表現の2用法があり、かつ数量詞代名詞的用法によってこの2用法を体系的に説明することができる。

4.3　「両」の統一的説明

　語レベルの「両」は「両目」「両膝」「両扉」のように、本来的に二つあると認められるものと結合する。一方、文レベルの「両」は、「両国」「両大使」のように、本来的に二つとはいえないものと結合する。これらには共通点が存在する。それは「両」が「対になっている」ことを前提とするという点である。「数の二。ふたつ。ことに、ふたつで対になっている物の双方。両方。」（『日国』）という意味記述の、「対になっている」という点が「両」の意味用法を理解する上で重要なポイントだと考えられる。

ここでいう「対になっている」とは、そのものが二つしか存在せず、二つあるということが既知である状態を指す。例えば「両目」「両扉」の「目」「扉」は本来的に二つしか存在せず、「両」がなくても二つあるということが既知である。そのため、語レベルの「両」が結合する語の指示対象は、対になっているといえる。

　一方、文レベルの「両」は先行文脈に既出の二つの指示物（照応表現の「両」）、あるいは発話現場に存在する二つのもの（直示表現の「両」）を指し示す。その先行文脈あるいは発話現場という範囲の中で、既出の二つの指示物が臨時的に「対」を形成する。そのため、「両」の使用が許される。

　例えば、「陸上、海上両自衛隊」（例4）の「両自衛隊」は既出の「陸上、海上」という二つの自衛隊を指し示す照応表現である。この言語文脈の範囲の「自衛隊」は「陸上、海上」の二つの自衛隊しか存在しない。実際の自衛隊には航空自衛隊も存在するが、この言語文脈においては出現していないため「対」に含まれず、「両」がなくても、この文脈における「自衛隊」とは「陸上、海上」自衛隊のみを指すということが既知になる。そのため、「陸上、海上」という二つの自衛隊が文レベルで臨時的に「対」として形成されるのである。

　以上のように、語レベルの「両」も文レベルの「両」も対になっていることを前提とする表現であり、両者は統一的に説明することができる。

　「両」が対になっていることを前提とするという点は、「二（2）」との相違点である。中川（2015）では、2の数を表し「両」との類似が予想される「二（2）」についても検討され、「「二」は3以上の可能性もありうる物事について、「二重」「二塁」などの形で表現されることが多く、少なくとも語レベルの使用においては、「両重」「両塁」などの言い方はしにくい」（中川2015：114）と指摘している。「二（2）」は対になっていることを前提としないため、3以上の可能性も容易に想定できる物事につきやすいのである。一方、「両」は対になっていることを前提とするため、「両重」「両塁」とはいえず、また、次の(18)(19)においても「両」が使われにくい[3]。

(18)「同じ毒薬で殺した」2主婦殺害、上田容疑者が供述——愛犬家連続失
　　跡事件
　　　　　　　　　　　　　　　　　　　　　　　　　　　　　（東条2017：82）

（19）　4校のうち豊間小では津波で<u>2児童</u>が亡くなっており、新入生らが黙
とうした。

（東条2017：83）

　（18）は「殺害された主婦は2人」、（19）は「亡くなった児童は2人」とい
う情報を提示するが、具体的にどの2人の主婦、どの2人の児童なのか、言語
文脈に出現しておらず、「2主婦」「2児童」の指示対象が不明である。「2」
がなければ、「主婦」「児童」が二人存在することもわからない。二つ存在する
ことが既知でないため、「対になっている」ことも言語文脈において形成され
ておらず、「両」の使用が不可になる。

4.4　「両」の全体像

　本章は、先行研究の考察を元に、字音接頭辞「両」について検討し、次の3
点を新たに主張した。第一に、先行研究で指摘された並列表現も照応表現の一
種である。第二に、先行研究で指摘のない直示表現の「両」が存在し、照応表
現と直示表現の用法を持つ「両」は数量詞代名詞的用法によって体系的に説明
できる。第三に、「両」は対になっていることを前提とする表現である。以上
の3点の主張を通して「両」の全体像を明確にした。
　「両」は対になっていることを前提とする表現であり、対になることがどの
ように決められるかにより、語レベルの「両」と文レベルの「両」に分けられ
る。「両目」「両脇」「両扉」のように、本来的に二つあると認められる場合、
すなわち語彙的に対になっている場合は、語レベルの「両」である。本来的に
二つあるとは認められないが、言語文脈や発話現場によって臨時的に対が形成
された場合は文レベルの「両」である。先行文脈に既出の二つの指示物を指す
場合は照応表現の「両」であり、発話現場に存在する二つのものを指し示す場
合は直示表現の「両」である。「両」は対になっていることを前提とする表現
であるため、そうでない場合、「二（2）」は使用できるが、「両」は使用でき

3　ここに挙げる（18）（19）は東条（2017）の用例である。元となる出典は『CD－毎日新
　聞データ集』1991版である。なお、東条（2017）は「2主婦」「2児童」のような「擬似
　助数詞」に関する論文であり、「両」についての言及はない。

ず、置き換えもできない。

5. 本章のまとめ

本章で述べたことの要点をまとめておく。

A. 「両」はどのような後接語と結合するのかを分析した結果、後接語の語種については、異なり語数も延べ語数も「漢語＞外来語＞和語＞混種語」という順に語数が多いことがわかった。特に、漢語が圧倒的に多い。また、出現頻度が高い外来語も多い。後接語の意味分野については、「両」の後接語はすべての中項目にわたり、「両」の生産性が高い。すべての中項目のうち、特に「1.27 機関」「1.24 成員」「1.17 空間」が多い。

B. 「両」は中川（2015）を参考にして、二つあると認められるものにつく「両」（語レベル）と本来的に二つあるとはいえないものにつく「両」（文レベル）というように、大きく2つに分けられる。語レベルの「両」に関しては、中川（2015）に従うが、文レベルの「両」に関しては、次のように新たに主張する。①先行研究で指摘された並列表現も照応表現の一種である。②先行研究で指摘のない直示表現の「両」が存在し、照応表現と直示表現の用法を持つ「両」は数量詞代名詞的用法によって体系的に説明できる。

C. 「両」は対になっていることを前提とする表現である。「両目」「両脇」「両扉」のように、本来的に二つあると認められる場合、すなわち語彙的に対になっている場合は、語レベルの「両」である。本来的に二つあるとは認められないが、言語文脈や発話現場によって対になっていることが臨時的に形成された場合は、文レベルの「両」である。

第 10 章

「各地域」の「各」、「毎日曜日」の「毎」
── 「それぞれ」を表す連体詞型字音接頭辞──

　本章は、「それぞれ（の）」という意味で類似する連体詞型字音接頭辞「各」と「毎」を取り上げ、「各」と「毎」はどのような後接語と結合するのか（結合機能）、どのような意味用法を持つのか（意味添加機能）という問題について考察する。

　1. では、まず考察資料と用例について述べる。2. から4. では、用例数が多く、生産性が高い「各」について考察する。2. では、「各」はどのような後接語と結合するのか（結合機能）について考察する。3. では、「各」はどのような意味用法を持つのか（意味添加機能）について述べる。4. では、「各」を使わなくてもよい時に「各」が使われるという現象を指摘し、「各」は重複表現の一種であることを述べる。また、5. では、用例数が少なく、生産性が低い「毎」を取り上げ、「各」との比較によって、「毎」の結合機能と意味添加機能を明らかにする。最後に、6. では、本章の内容をまとめる。

1. 「各」と「毎」の考察資料と用例

　「各」と「毎」の用例収集には資料として、BCCWJを使用した。まず、「各」の用例検索について、中納言を使用し、2015年12月14日に用例を検索した。キーを未指定にし、前方共起をキーから1語に設定し、「書字形出現形　が　各　AND　語彙素読み　が　カク」という指示で検索し、20452件の検索結果を得た。用例を一例ずつ確認すると、対象外とするものがある。

　例えば、（1）のように、明らかに考察対象にならないものを対象外とする。

　（1）刻まれているのは、六諭衍義の「孝順父母」「尊敬長上」「教訓子孫」

「和睦郷里」「各安生理」「母作非為」の六つの教え。

（『市民のひろば』2008年07号 OP99_00002）

　また、（２）のように、一字漢語と結合し、二字漢語を構成する「各」は字音接頭辞として認めることができず、対象外とする。

（２）３歳以上で、集団保育が可能な心身障害児は、次の各園で入園を受け
　　　付けています。　　　（『広報しずおか「静岡気分」』2008年17号 OP56_00001）

　さらに、（３）のように、「各」の後ろに数字が来る場合もある。それも対象外とする。

（３）参考書と過去問題集、各１冊ずつで何とかなりますよ。

（Yahoo! 知恵袋 OC04_01262）

　（１）～（３）のいずれかに該当する例は3061あり、これを除いた、異なり3878例、延べ17391例の用例を考察対象とする。
　「毎」の用例検索については、「各」と同様の方法で、中納言を使用し、2015年12月14日に用例を検索した。キーを未指定にし、前方共起をキーから１語に設定し、「書字形出現形　が　毎　AND　語彙素読み　が　マイ」という指示で検索し、546件の検索結果を得た。一例ずつ目視で検討し、明らかに考察対象にならないものと後接語が一字漢語であるものを除外した結果、字音接頭辞の「毎」と考えられる用例数は、異なり65例、延べ458例であった。
　「各」と「毎」の用例数を表でまとめると、表10-1のようになる。

表10-1　BCCWJ から収集した「各」と「毎」の用例数

		「各」の用例数	「毎」の用例数
考察対象とするもの		17391（異なり3878）	458（異なり65）
考察対象としないもの	明らかに考察対象にならないもの	113	32
	後接語が一字漢語であるもの	391	56
	後接語が数字であるもの	2557	0
合計		20452	546

2.　「各」の後接語について（結合機能）

2.1　「各」の後接語の認定

　「各」の後接語について検討する前に、どこまでが後接語かという点が問題になる。「各」は（4）のような文字数の多い複合名詞と結合することもあれば、（5）のような語レベルを超えるものと結合することもある。（4）を例にすると、「各」は「公民館」までかかるのか、それとも、「公民館図書室」までかかるのかが問題になる。このような、後接語認定という問題は簡単ではない。

（4）図書館本館と平方・瓦葺・たちばな・大石・上尾駅前の各分館、上平・原市・大谷の各公民館図書室は、蔵書点検のため2月十一日（祝）から十八日（月）まで臨時休館します。

『広報あげお』2008年02号 OP24_00002）

（5）委員構成　計二十九人・各市町長及び副市町長（4市町×2人）・各市町議長及び議員代表（4市町×2人）・学識経験を有する者（4市町×3人＋1人）　　　　　　　　　　　　　『広報くりはし』2008年04号 OP25_00003）

（6）詳しくは、戸籍住民課または各総合支所生活環境課へ問い合わせてください。　　　　　　　　　　　　　　　『広報いせ』2008年05号 OP63_00002）

（7）平成二十一年からの実施を計画している「ごみの有料化について」の説明会が地域住民や事業所を対象に各公民館及び集会場等で行われています。　　　　　　　　　　　　　　『市民のひろば』2008年06号 OP99_00001）

（4）と（5）は文脈から判断できる。（4）は蔵書点検の話であり、「各」は「公民館」ではなく、「公民館図書室」までかかることが文脈からわかるだろう。（5）の「各」は、「（4市町×2人）」からわかるように、「及び」の前の「市町長」にかかるのではなく、「及び」という接続詞を超え、後ろの「副市町長」までかかる。

しかし、「各」は複合名詞や語レベルを超えるものと結合するのは義務的でないため、そうでない場合も当然ある。（6）の「各」は、「総合支所」までかかる「各[総合支所]生活環境課」という解釈と、「生活環境課」までかかる「各[総合支所生活環境課]」という解釈の二通りがある。（7）の「各」にも、「及び」を超えず「公民館」までかかる解釈と、「及び」を超えて「集会場」までかかる解釈の二通り[1]があり、より長い前後文脈を確認しても判断できる材料が見つからない。このように文脈から判断できない場合、「各」は短い言語単位までかかる解釈で統一することとした。よって、（6）は「総合支所」までかかると判断し、「各」の後接語は「総合支所生活安全課」ではなく、「総合支所」であるとした。（7）の「各」の後接語は「公民館及び集会場」ではなく、「公民館」であるとした。

2.2 「各」の後接語の語種

表10-2は「各」の後接語について語種別にその異なり語数と延べ語数を示したものである。

異なり語数も延べ語数も、「漢語＞外来語＞混種語＞和語」という順に語数が多い。「各」の後接語が漢語である比率は、異なり語数の65％、延べ語数の80％を超え、圧倒的に高い。そのうち、四字以上の漢語の異なり語数は1012、漢語全体の異なり語数2551の約40％を占める。四字以上の漢語の延べ語数は2594、漢語全体の延べ語数13951の約20％を占める。ほかの字音接辞と比べ、四字以上の漢語と結合する比率が比較的高いということが特徴である。

---

1 （7）は、通常「集会場」までかかり、「各公民館、および、各集会場」というように理解されるだろうが、その地域において、「集会場」という名前の場所があり、「集会場」を固有名詞として使用している可能性は否定できない。

表10-2　「各」の後接語の語種別語数と比率

語種		異なり語数	比率	延べ語数	比率
漢語	二字漢語	992	25.58%	9346	53.74%
	三字漢語	547	14.11%	2011	11.56%
	四字漢語	634	16.35%	1766	10.15%
	五字漢語	214	5.52%	425	2.44%
	六字以上の漢語	164	4.23%	403	2.32%
	小計	2551	65.78%	13951	80.22%
和語		134	3.46%	378	2.17%
外来語		488	12.58%	1841	10.59%
混種語		411	11.37%	855	4.29%
語レベルを超えるもの		264	6.81%	366	2.10%
合計		3878	100.00%	17391	100.00%

　また、「各」の後接語が混種語である比率は、異なり語数では、約11.37％である。これもほかの字音接辞と比べ、比較的高い数値である。混種語は「各場面」「各役柄」などのように、文字数が少ないものがあるが、「各音楽配信サイト」「各高松市立幼稚園」のように、文字数が多いものも多数存在することも事実である。混種語と結合する比率が高いという現象は、文字数が多い複合名詞と結合しやすいという結論の証拠になると考えられる。

　以上に述べた、「各」は四字以上の漢語と結合する比率が高いという現象と、混種語と結合する比率が高いという現象の２つから、「各」は文字数の多い複合名詞と結合しやすいことがいえる。

　なお、「語レベルを超えるもの」は異なり語数の6.81％を占める。これもほかの字音接辞と比べ、高い数値である。それについては、2.4において詳しく検討する。

2.3　「各」の後接語の意味分野

　「各」の後接語の意味分野については、『分類語彙表』を参考にして分類を行

った。後接語を意味分野の大項目別に示すと表10-3のようになる。表10-3からわかるように、「各」の後接語のうち、異なり語数も延べ語数も、「施設」「支所」「委員」のような「1.2 人間活動の主体」を表す語が最も多い。特に、延べ語数は50%に近く、使用頻度が高く繰り返し出現する「1.2 人間活動の主体」を表す語が多いことがわかる。

表10-3 「各」の後接語の意味分野（大項目）語数と比率[2]

大項目	異なり語数	比率	延べ語数	比率
1.1 抽象的関係	866	22.33%	5410	31.11%
1.2 人間活動の主体	1508	38.89%	8099	46.57%
1.3 人間活動成員および行為	740	19.08%	2228	12.81%
1.4 生産物および用具	345	8.90%	922	5.30%
1.5 自然物および自然現象	155	4.00%	366	2.10%
語レベルを超えるもの	264	6.81%	366	2.10%
合計	3878	100.00%	17391	100.00%

　次に、「各」の後接語の意味分野の中項目について分析する。表10-4はその調査結果を示したものである。

　表10-4からわかるように、「各」は、全43中項目を表す語と結合する用例が確認され、各中項目に広く分布している。「各」はほぼ制限なく、多種多様な意味を表す語と結合でき、その生産性[3]の高さがここでもうかがえる。

　しかしながら、データの偏りも確かに見受けられる。表10-3の大項目でいえば、「1.4 生産物および用具」「1.5 自然物および自然現象」の比率が低いといった数字の偏りがある。また、表10-4からわかるように、「各」は各中項目

---

2 「作家と作品」のように、「作家」は「1.24 成員」で、「作品」は「1.32 芸術」であり、同じ意味分野でまとめられない例が存在するため、本章は意味分野の分析にそのまま「語レベルを超えるもの」が入っている。

3 　生産性の定義および計算方法は終章で述べる。詳細は終章を参照されたい。

表10-4 「各」の後接語の意味分野（中項目）の語数と比率

意味コード	大項目	中項目	延べ語数	比率
1.10	抽象的関係	事柄	447	2.57%
1.11		類	1066	5.78%
1.12		存在	3	0.02%
1.13		様相	225	1.29%
1.14		力	15	0.09%
1.15		作用	206	1.18%
1.16		時間	870	5.00%
1.17		空間	2066	11.88%
1.18		形	100	0.58%
1.19		量	472	2.71%
1.20	人間活動の主体	人間	9	0.05%
1.21		家族	119	0.68%
1.22		仲間	5	0.03%
1.23		人物	209	1.20%
1.24		成員	1278	7.35%
1.25		公私	1218	7.00%
1.26		社会	2220	12.77%
1.27		機関	3041	17.49%
1.30	人間活動精神および行為	心	531	3.05%
1.31		言語	575	3.31%
1.32		芸術	52	0.30%
1.33		生活	70	0.40%
1.34		行為	107	0.62%
1.35		交わり	131	0.75%
1.36		待遇	49	0.28%
1.37		経済	152	0.87%
1.38		事業	561	3.23%
1.40	生産物および用具	物品	128	0.74%
1.41		資材	71	0.41%
1.42		衣料	8	0.05%
1.43		食料	24	0.14%
1.44		住居	252	1.45%
1.45		道具	113	0.65%
1.46		機械	175	1.01%
1.47		土地利用	151	0.87%
1.50	自然物および自然現象	自然	17	0.10%
1.51		物質	96	0.55%
1.52		天地	73	0.42%
1.53		生物	61	0.35%
1.54		植物	11	0.06%
1.55		動物	9	0.05%
1.56		身体	80	0.46%
1.57		生命	19	0.11%
語レベルを超えるもの			366	2.10%
合計			17391	100.00%

に広く分布しているといえるが、「総合支所」「区役所」「行政局」など、「1.27 機関」を表す語、「出張所」「保育園」「図書館」など、「1.26 社会」を表す語と、「地域」「方面」「分野」など「1.17 空間」を表す語に比較的偏る傾向が見られる。いずれも10%を超え、合わせて、延べ語数の40%ほどの比率を占める。

2.4 語レベルを超えるものについて

語レベルを超えるものは異なり264例、延べ366例抽出された。どのようなものがあるのかを見ていく。

第一に、「各保育所（園）」「各病（医）院」「各学童（こども）クラブ」のように、後接部分に「（ ）」がついているものが13例ある。本章では、「保育所（園）」「病（医）院」「学童（こども）クラブ」を「語レベルを超えるもの」とする。

第二に、（8）（9）のように、後接部分が連体修飾句であるものを「語レベルを超えるもの」とする。

（8）結果は全く各国内で同型に現われているので、両国とも<u>各全体集計の</u>
　　<u>グラフ</u>だけを掲げる。　　　　　　　　　　　（『比較演劇学』PB57_00031）

（9）あっ<u>各白いモノ</u>の名前に……ついてのツッコミは、ナッシングで（笑）
　　　　　　　　　　　　　　　　　　　　　　（Yahoo! ブログ OY14_53165）

（8）は「の」でつながる名詞による連体修飾句で、（9）は形容詞による名詞修飾句である。このように、「各」は「全体集計の」「白い」といった修飾部を超え、「グラフ」「モノ」といった主名詞までかかることができる。このようなタイプは26例ある。

第三に、（10）〜（12）のように、「・」「、」などの符号がついているものも「語レベルを超えるもの」とする。

（10）十一月十七日（月）〜十二月5日[4]（金）に、応募用紙（生涯学習センター、

4　漢数字と算用数字が混在しているが、すべて原文のままである。以下も同様。

各コミュニティセンター・公民館、市ホームページにあります）を生涯学習課（☎八百三十九. 二六三三）へ。　　　　　（『広報たかまつ』2008年22号 OP88_00002）

(11) 主に6～8月の夏場、各工場・工房では熟練工による製造の生の様子を見られる。　　　　　　　　　　　　　　（『るるぶ北欧』PB52_00088）

(12) このほか、各常任委員会、特別委員会の委員長、副委員長は、次のとおりです。　　　　　　　　　　　（『広報くさつ』2008年19号 OP65_00004）

このように、「各」は「・」「、」などの符号を超え、その符号の後ろの名詞までかかることがある。このパターンは最も多く、延べ366例中、237例はこのパターンである。しかし、(13)(14)からわかるように、「・」「、」の後ろに、また「各」がつくことができる。「各」は「・」「、」などの符号を超え、その符号の後ろの名詞までかかることは義務的ではない。

(13) 企業としてのビジョン、進む方向、社長の意思が各部門・各階層に徹底する。　　　　　　　　　　　　　（『品質管理入門』PB55_00113）

(14) 市役所、各出張所、各地区公民館などにある申込書に記入し、参加料（直接提出する場合▶現金、郵送の場合▶郵便局の定額小為替）を添えて、下記に提出または郵送。　　　　　　　　（『市報べっぷ』2008年02号 OP96_00002）

(14) は (12) と異なり、「、」の後ろの名詞の前にまた「各」が使われ、最初の「各」は「、」を超えず、「出張所」までかかる。(14) の「各出張所、各地区公民館」を「各出張所、地区公民館」に置き換えても、表す意味はほぼ変わらない。この両方が許容され、「各」のかかり先は「・」「、」を超えるかどうかは任意である。

第四に、(15) ～ (17) のように、「や」「と」などの並列助詞がついているものを「語レベルを超えるもの」とする。

(15) また、今後は市内の各保育園や幼稚園で実施し、行政・大学とも連携していけたらと考えています。（『市政広報ふくい』2008年08号 OP49_00003）

(16) 花壇作りや他の栽培活動、各授業や活動を通して「響き合う仲間」は

実践されています。　　　　　　　（『広報いず』2008年10号 OP59_00001）

(17) 該当するかたは、<u>各障害者手帳と印鑑</u>を持って手続きしてください。

（『広報あきた』2008年19号 OP09_00001）

このように、「各」は「や」「と」などの並列助詞を超え、その後ろの名詞ま
でかかることがある。このパターンは延べ366例中、53例あり、二つ目の「・」
「、」などの符号を超えるパターンより、はるかに少ない。「工場・工房」のよ
うに、「・」でつながるものは、まだ構成要素の結びつきが相対的に強く、1
語になっていると考えてよい。それに対し、「授業や活動」のように、「や」で
つながる名詞はそれぞれ独立して存在する意識が強く、「授業や活動」全体を
1語とみる意識がもはやないのではないか。よって、「各」は「や」「と」など
の並列助詞を超え、その後ろの名詞までかかる場合がまだ許容範囲であるもの
の、用例数としては少ないのである。また、「各保育園や幼稚園」を「各保育
園や各幼稚園」に置き換えても、表す意味はほぼ変わらないため、「各」は
「や」「と」などの並列助詞を超えるかどうかも義務的ではないといえる。

　最後に、(18)(19)のように、「または」「および」などの接続詞がついてい
るものを「語レベルを超えるもの」とする。

(18) 申４月十五日（火）までに直接、お住まいの区の保健福祉センター保
　　　健福祉サービス課または福祉事務所福祉サービス課へ。問<u>各保健福祉</u>
　　　<u>サービス課または福祉サービス課</u>

（『ちば市政だより若葉区版』2008年04号 OP26_00002）

(19) 行事を取材する<u>各言論社及び放送社</u>の担当者方々は下の連絡先で取材
　　　申し込んでください　　　　　　　（Yahoo! ブログ OY15_16481）

このパターンは延べ366例中、37例ある。「または」「および」などの接続詞
は自立語であり、自立語の「または」「および」でつながる前後の名詞は独立
して存在する意識がより一層強い。(19)のような「保険福祉サービス課また
は福祉サーボス課」を言語単位のひとまとまりとしてみることはまだ許容範囲
といえるが、一般的ではなくなっている可能性が高い。

以上、「語レベルを超えるもの」をまとめてきた。「各」のほかに、語レベル
を超えるものと結合する字音接辞がある。それらにはどのような共通点が見出
されるのかは興味深い課題である。

3.　「各」の意味用法について（意味添加機能）
3.1　全体型と個別型
　国語辞典では、「各」は「それぞれ（の）」（『新明解』）と記述され、それを
「各」の基本的意味だと理解するのは間違いないだろう。しかし、文脈によっ
ては、語用論的に意味の差が出てくると考えられる。

(20)　保育園就園前の子どもを対象に、保育園の生活を体験してもらうため
　　　の園開放、「にこにこ広場」が村内各保育園で行われています。

（『広報みなみみのわ』2008年07号 OP53_00002）

(21)　保育園により利用料金に違いがありますので詳細は、各保育園にお問
　　　い合わせください。　　　　　（『広報みぶ』2008年07号 OP18_00004）

(22)　平成十六年度より浦和区独自で行なっている事業で、「ごみのない美し
　　　いまちづくり」に向けて、区内の各自治会にそれぞれの地区において、
　　　一斉に清掃活動をしていただいております。

（『市報さいたま（浦和区版）』2008年11号 OP22_00011）

(23)　電子レンジは対象外ですので、粗大ゴミ、不燃物、産業廃棄物等、各
　　　自治体の処分方法で処分して下さい。　　　（Yahoo! 知恵袋 OC02_03849）

　(20) は「にこにこ広場」がもれなくすべての村内の保育園で行われている
という意味で、「各」は「もれなくすべての」を意味する。しかし、(21) は、
もれなくすべての保育園にお問い合わせくださいという意味で理解する人はお
そらく誰もおらず、自分が行きたい、その保育園に問い合わせるという意味で
一般的に理解され、「各」は「当該の（ものだけ）」を意味する。
　(20) のようなタイプを「全体型」と呼び、(21) のようなタイプを「個別
型」と呼んでおく。(22)(23) も同様である。(22) は「清掃活動」がもれな
くすべての自治会で行われるという意味で、全体型の「各」である。それに対

し、(23)は、すべての自治会の処分方法で処分するという意味ではなく、自分が所属する自治会、その自治会という意味で一般的に理解され、個別型の「各」である。図で表すと、下の図10-1と図10-2のようになる。

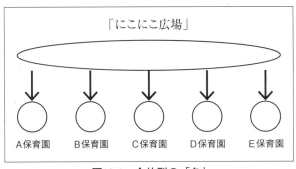

図10-1　全体型の「各」

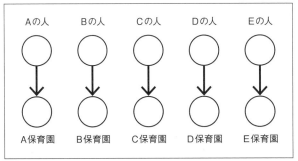

図10-2　個別型の「各」

2種の「各」は、図で示したように、矢印の上の形が一つであるのか、個別であるのかというところで異なる。(20)で説明すると、「にこにこ広場」という同じイベントが各保育園で行われるという意味で、矢印の上の形は一つの全体になり、「にこにこ広場」という同じものを表す。それに対し、(21)は、A保育園に行きたい場合、Aの人がA保育園に問い合わせる、B保育園に行きたい場合、Bの人がB保育園に問い合わせるという意味で、それぞれの保育園に問い合わせる人は違う人であり、矢印の上の「○」は個別にあり、それぞ

れ違う人を表す。

　矢印の上の形という点以外、図10-1と図10-2は同じである。「各」は基本的に「それぞれ（の）」という意味を表すため、図10-1と図10-2は似た構図になるといえる。

　なお、本章は「各」には「全体型」と「個別型」の2タイプがあるという指摘にとどめておく。全体型と個別型は必ず分けられるのか、どのような場合に全体型が使われているのか、どのような場合に個別型が使われるのか、などの課題は稿を改めて論じることにしたい。

　ただ、1点だけ触れておくと、BCCWJ のデータを見る限り、（20）と（22）の個別型の例文もそうであるが、個別型の「各」は、「各○○に、お問い合わせ／お申し出／お申し込み／ご提出／ご処分／ご相談ください」のように、依頼表現を伴う用例が多く存在する。

（24）古い保険証は、<u>各行政センター</u>に返却してください。　　　（作例）
（25）古い保険証は、<u>各行政センター</u>に返却することができる。　　（作例）

　（24）と（25）は、「てください」という依頼表現が使われるか否かという点だけで異なる。「てください」が使われる（24）は、「古い保険証を自宅に最も近い行政センター、行くのに最も便利な行政センターに返却する」という意味で理解されるのが普通だろうと思われ、（24）の「各」は個別型の「各」といえる。それに対し、「てください」が使われない（25）は、「古い保険証をすべての行政センターに返却することができる」という意味合いを持ち、（25）の「各」は全体型の「各」といえるのではないかと考えられる。

　「てください」のような依頼表現が用いられる「各」はすべて個別型になるのか、その反例はないのか、なぜ依頼表現を伴うと、「各」は個別型になるのか、両者の間にどのような関係があるのか、などの点は現段階ではまだ解明できておらず、併せて今後の課題にしたい。

3.2　照応用法としての「各」

　上述したように、「各」は「それぞれ（の）」という意味を表す。しかし、

(26) ～ (29) のように、何を「それぞれ (の)」と見るかについては、文脈の支えが必要となる用例もある。

(26) (財) 自治総合センターから、宝くじの収入をコミュニティ活動の発展に役立ててほしいと、楢山・東・南・将軍野・明徳・浜田・旭北地区の各コミュニティセンター運営委員会に、合わせて二百五十万円の助成がありました。　　　　　　　　　　（『広報あきた』2008年19号 OP09_00001）

(27) 折り込みを予定している新聞は、読売・朝日・毎日・東京・日本経済・産経・埼玉新聞の各朝刊です。（『広報あげお』2008年01号 OP24_00001）

(28) 午後１時から今泉小学校・西小学校・瓦葺中学校各ＰＴＡによる実践報告会を行います。　　　　　　（『広報あげお』2008年02号 OP24_00002）

(29) 区ではこれまで保健福祉の推進に向け、高齢者、障害者、保健医療の各分野の計画を平成17年３月に一元化して策定しました。

　　　　　　　　　　　　　　　　　（『広報としま』2008年33号 OP33_00004）

　(26) の「各」はその直前に出てきた「楢山・東・南・将軍野・明徳・浜田・旭北地区」の７地区のみを指す。このような文脈の支えが必要となる「各」は第９章の「両」（「野村、来栖両大使」）と同様に、名詞句内照応である。延べ17391例の用例のうち、602例が名詞句内照応である。

　第９章で述べたが、「両」には名詞句内照応のほかに、名詞句外照応と直示用法がある。「各」については直示用法が確認できず、また、名詞句外照応はわずか２例のみであった。

(30) 休館日　毎週月曜日、1月十四日、2月十一日の祝日は開館、各翌日は休館　　　　　　　　　　　　　（『広報まちだ』2008年01号 OP36_00001）

(31) 埼玉県の市は、東武伊勢崎線、上越高崎線、西武池袋線、東武東上線に沿って市が発展しています。その各路線に挟まれた地域と言うのは町が多くなっています。　　　　　　　　　　（Yahoo! 知恵袋 OC14_11023）

　(30) の「各翌日」は「1月十四日」の翌日と「2月十一日」の翌日を指す

照応用法であるが、（31）の「各路線」は少し事情が異なる。（31）の「各路線」はそのまま「東武伊勢崎線、上越高崎線、西武池袋線、東武東上線」を指すと、「その東武伊勢崎線、上越高崎線、西武池袋線、東武東上線に挟まれた地域と言うのは町が多くなっています」になるが、実は、そうではない。この文は、「東武伊勢崎線と上越高崎線に挟まれた地域、上越高崎線と東武東上線に挟まれた地域、東武東上線と西武池袋線に挟まれた地域」ということを示していると思われる。

　また、1. で述べたが、（32）〜（34）のように、「各」の後ろに数字が来る場合は対象外としたが、「各」の後ろに数字が来る用例は照応用法として機能していることを指摘しておく。

（32）参考書と過去問題集、各1冊ずつで何とかなりますよ。　　（（3）の再掲）

（33）いつもオーソドックスなレシピ（薄力粉・バター・粉砂糖各百グラム・タマゴ・バニラオイル）で作ってます。　　　　　（Yahoo! 知恵袋 OC08_03140）

（34）課題曲はバッハの平均律から任意の一曲、エチュードはショパン、リスト、ドビュッシーを各一曲、ロシアや現代エチュード群から一曲、全体でもう一曲の五曲、他に自由曲一曲を提出し、……。

（『200CD 国際ピアノ・コンクール鍵盤の覇者たち』LBt7_00012）

　本章は「各」はどのような後接語と結合するか、その後接語の語種と意味分野にどのような特徴があるかを明らかにすることも目的の一つである。「各」の後ろに数字が来る場合、語種と意味分野の分析ができないため、本章ではその用例を除外した。しかし、（35）で示すように、『新選』では、後接部分が数字である「各」も用例として挙げられている。後接部分が数字である「各」を語構成要素の接辞とするか、単独の文構成要素とするか、という点については今後の課題としたい。

（35）造　接頭　おのおの。めいめい。それぞれ。「各自・各種・各様」「赤・青の鉛筆を——一ダース」「——新聞社の記者」　　　　　　　　（『新選』）

4. 「各」と重複表現

　BCCWJ から膨大な数の用例を得たが、本当に「各」が必要なのか、使わなくてもよいときに、「各」をつけてしまう現象があるのではないかという疑問が生じた。

(36) 別府市では各小学校ごとに、給食集会や特別な献立（世界の料理、昔の料理）などの取組みを行った。　　　　　　　（『市報べっぷ』2008年3月 OP96_00003）

(37) 直径わずか8センチという的の中心を狙い、各距離ごとに三十六本ずつの矢を放ち総得点を競います。

　　　　　　　　　　　　（『広報しずおか「静岡気分」』2008年18号 OP56_00002）

(38) 朝の番組で「星占い」をやってますよね。各番組によって同じ星座なのに、最高のランクと最低のランクに分かれる時ってありますよね。

　　　　　　　　　　　　　　　　　　　　　　　　　（Yahoo! 知恵袋 OC01_10376）

(39) また、弁護士費用については昨年度までは弁護士会で一応の目安となる算定法が決まっていましたが、今年度からは自由競争でいいことになったので、各弁護士事務所によって異なります。

　　　　　　　　　　　　　　　　　　　　　　　　　（Yahoo! 知恵袋 OC08_06058）

(40) 脂肪吸引手術について各部位別に、もう少し詳しく説明しましょう。

　　　　　　　　　　　　（『金の糸＆フェザーリフト切らない若返り術』PB54_00189）

(41) 各省庁別に人材を登用し、登用された官僚の多くが一生その省庁に勤務する日本の官僚機構とは異なり、ＩＡＳ等の高官職は各省庁から委任されたものになっている。　　　　　（『巨大市場インドのすべて』LBt3_00128）

　「ごと（に）」「によって」「別」の前の名詞に、「各」がつかなくても、文意はほとんど変わらないだろう。つまり、(36) ～ (41) における「各」は余剰のものだと考えられ、使わなくてもよいときに「各」がついている。誤用というレベルではないが、重複を感じる。

　飯田（2009）は「同じ意味・内容の語句を重ねて使う言い方を重複表現（重言）といいます」（同：330）と述べ、「一番ベスト」「あとで後悔する」「水道が断水」などの例を挙げている。飯田（2009）では、「各」について言及されてい

ないが、「各」は「ごと（に）」「によって」「別」などの表現と重複しており、(36) ～ (41) のような使い方は重複表現に入れてもよいのではないかと思われる。(42)(43) からもわかる。

(42) 彼は、<u>会う人ごとに</u>、こんど建てた家のことを自慢している。

（『教師と学習者のための日本語文型辞典』p.119）

(43) <u>場合によっては</u>この契約を破棄しなければならないかもしれない。

（『教師と学習者のための日本語文型辞典』p.457）

『教師と学習者のための日本語文型辞典』（くろしお出版 1998、以下『日本語文型辞典』と省略）では、(42) のような「ごとに」は、「それぞれに、おのおのに、というような意味を表す」（p.119、傍点は筆者によるもの、以下も同様）と述べ、「各」が意味する「それぞれ、おのおの、めいめい」と重なる。(43) のような「によって」は、『日本語文型辞典』では、「「そのうちのいろいろな場合に応じて」という意味を表す」（p.457）と述べ、「各」が持っている意味と重なる部分があるといえるだろう。また、国語辞典では、「別」は「それぞれの違いによって分ける」（『新明解』）と意味記述される。本来「それぞれ」の意味合いを持っており、「各」が持っている「それぞれ」の意味合いを借りなくて済むと思われる。

　以上のように、「ごと（に）」「によって」「別」が持っている「それぞれ、いろいろ」の意味と、「各」が持っている「それぞれ」の意味と重なることがわかる。「各○○ごと（に）／によって／別」などの言い方は、同じ意味の語句を重ねて使う言い方であり、飯田 (2009) の「重複表現」の定義に一致し、「重複表現」の一種といえる。このような重複表現は、全部で779件（「ごと（に）」タイプは522例、「によって」タイプは86例、「別」タイプは171例）あり、さほど多くはないが、「各」を使わなくてもよいときに、使っている現象は確かに存在する。

5.　「各」との比較からみる「毎」

　最後に、「各」との類似が予想される「毎」を検討する。

　まず、「毎」の後接語について、延べ語数が多い順に並べると、上位10位の

後接語は次の通りである。

(44) 年度（159）、事業年度（81）、シーズン（24）、会計年度（20）、試合（20）、
　　　時間（18）、日曜日（11）、木曜（11）、決算期（10）、食後（10）

　延べ語数が10以上の後接語はちょうどこの10語であり、延べ語数の8割弱を占めている。「毎」の延べ語数は少なく、その後接語も一部の語に集中する傾向がある。このことから、「毎」の生産性は「各」と比べてはるかに低いといえる。

　次に、「毎」の後接語を意味で分類してみると、「時間」を表す語が全体の87.8％を占め、圧倒的に多い。つまり、「毎」は時間を表す語と集中的に結合し、どの意味分野の語とも結合できる「各」とは異なっている。時間を表す語が「毎」と結合し、それ以外の意味を表す語が「各」と結合するのは合理的だろうと考えられるが、「各」は時間を表す語と結合する場合もあり、相補分布をなしていない。

　よって、最後に、時間を表す語と結合する「各」と「毎」の違いを検討したい[5]。

(45) 六十年度以降、毎年度一兆三千五百億円の赤字国債減額が可能ですか。
　　　　　　　　　　　　　　　　　　　　　　　　（国会会議録 OM37_00001）

(46) 文庫開設以来、毎日曜日は、九時前から文庫が開くのを待っている子どもたちで、境内はにぎやかになりました。

　　　　　　　　　　　　　　　　　　　（『小学校低学年の読書教育』LBc0_00001）

(47) 棒グラフの数値は、各年度の対前年度増減率である。

　　　　　　　　　　　　　　　　　　　（『地方財政白書』平成17年版 OW6X_00035）

(48) 草木染教室　道端の草花で、オリジナルの風呂敷やひざ掛けを染めませんか。▷とき　十二月2日、十六日、来年1月十三日の各火曜日9：三十〜十二：００〔全3回〕　　（『広報くさつ』2008年19号 OP65_00004）

5　この部分の内容は竹内直也氏からのご教示に基づいている。

「毎年度」「毎日曜日」の「毎」は、「中断することがない」「連続する」「継続性がある」という意味特徴を持つ。それに対し、「各年度」「各火曜日」の「各」は必ずしも「連続する」「継続性がある」とは限らない。(48)の「12月2日、16日、来年1月13日」は連続の「火曜日」ではないため、連続性を問わない「各」が使われているのである。もし、「12月2日、9日、16日」というように、連続する日であれば、「毎火曜日」も使われることができるだろう。また、(48)の「各火曜日」は名詞句内照応でもあるということを考えて、「毎」は名詞句内照応用法がないといえる。

　また、「毎」は基準時にとって未来の時間を表す。(45)は「62年度」は基準時であり、それ「以降」の毎回の年度という意味である。(46)は「文庫開設」は基準時であり、それ「以来」の毎回の日曜日という意味である。それに対し、「各」はこのような制限がなく、基準時にとっての未来の時間も、過去の時間も指すことができる。つまり、「これからの毎年度」や「～以降／以来の毎年度」が使えるが、「今までの毎年度」や「～以前の毎年度」という表現、すなわち基準時にとっての過去の時間と結合する場合は不自然になる。それに比べ、基準時後の「～以降の各年度」も基準時前の「～以前の各年度」も自然な表現になる。

6.　本章のまとめ
　本章で述べたことの要点をまとめておく。
　A.「各」がどのような後接語と結合するかを分析した結果、文字数が多い複合名詞や、語レベルを超えるものとの結合が多いことが特徴である。また、後接語を意味分野で分類すると、各中項目分野に広く分布していることがわかり、「各」の生産性は強い。
　B.「各」の基本的意味は「それぞれ（の）」であるが、文脈によっては、語用論的に意味の差が出てくる場合がある。本章では、それを「全体型」と「個別型」と名付け考察した。さらに、照応用法の「各」があることも検討した。
　C.「各」を使わなくてもよい用例について検討し、「各○○ごと（に）／に

よって／別」などの言い方は、同じ意味の語句を重ねて使う言い方であり重複表現の一種ではないかと述べた。

D. 「各」と「毎」を比較分析すると、「毎」はもっぱら時間を表す語と結合し、延べ語数も少なく、各意味分野の語と結合し、多用される「各」とは異なっている。さらに、時間を表す語と結合する「各」と「毎」は連続性があるかどうか、基準時以前の時間を表すかどうかなどの点で異なる。

第11章

「現政権」の「現」、「今世紀」の「今」
──「現在」を表す連体詞型字音接頭辞──

　本章は、「今の、現在の」という意味で類似する連体詞型字音接頭辞「現」と「今」を取り上げ、「現」と「今」はどのような後接語と結合するのか（結合機能）、どのような意味用法を持つのか（意味添加機能）という問題について考察する。

　1.では、まず「現」には、大きく「修飾用法」と「照応用法」の2つの用法があることを確認しておく。2.では、本章の考察資料と用例について述べる。次に、3.と4.で、用例数が多い「現」から考察していく。3.では、「現」はどのような後接語と結合するのか（結合機能）について考察する。4.では、「現」はどのような意味用法を持つのか（意味添加機能）について述べる。また、5.では、用例数が少なく、生産性が低い「今」を取り上げ、「現」との比較によって、「今」の結合機能と意味添加機能を明らかにする。最後に、6.では、本章の内容をまとめる。

1.　「現」の2用法

　連体詞型字音接頭辞「現」は、（1）の「現政権」のように使われ、国語辞典では、「今の、現在の」という意味記述がされるのが一般的である（表11-1参照）。

（1）このような政府の姿勢は、現政権の弱さに起因しているところが大きいと考えられる。　　　　　　（『新興民主主義国の経済・社会政策』PB13_00556）

表11-1　国語辞典における「現」の意味記述

国語辞典	品詞認定	意味記述	用例（二字漢語の例を省略）
岩波		まのあたりにある。実際にある。	現住所
学研	接頭辞	「現在の」「今の」の意	現時点
三国	造語成分	今の。現在の。	現首相、現時点、現段階
集英社	造語成分	実際に。今の。うつつ。	現住所、現体制
新選	造語成分	［連体詞的に用いて］今の。現在の。	現会長、現段階
新明解	造語成分	今（実際に目の前にある）。	現住所

しかし、実際に用例を収集したところ、（2）のような例文が多数存在する。

（2）そこで、大阪市は、大正3年東京高等商業（現一橋大学）の教授の職に
　　　あった関一を大阪市に招き、助役に就任させた。

　　　　　　　　　　　　　　　　　　（『地下鉄の歴史首都圏・中部・近畿圏』PB46_00052）

　発話時点より前の名称に言及する時、「現」は「（昔は異なるが）今は…である」
という意味を表し、注釈のような機能をする。さらには、点線で示した「東京
高等商業」がなければ、「現一橋大学」という表現も成り立たないだろう。つ
まり、「東京高等商業」は先行詞と似た役割を果たし、「現一橋大学」は「東京
高等商業」に依存し、照応詞と似た役割を果たす。よって、（2）のような
「現」の用法を「現」の「照応用法」と名付ける。「現」の照応用法は、表11－
1に挙げた国語辞典のいずれにおいても記述されていないため、詳しく検討す
る必要があると考えられる。
　それに対し、（1）の「現政権」は、照応と関係なく、先行詞に依存せずに
使われている。「現」は「今の、現在の」という意味を表し、後接語である
「政権」を修飾し、修飾関係になる。よって、「現政権」「現首相」の「現」の
用法を「現」の「修飾用法」と名付け、照応用法と区別する。

2. 「現」と「今」の考察資料と用例

「現」と「今」の用例収集には資料として、BCCWJを使用した。まず、「現」の用例検索について、中納言を使用し、2016年3月28日に用例を検索した。キーを未指定にし、前方共起をキーから1語に設定し、「書字形出現形　が　現　AND　語彙素読み　が　ゲン」という指示で検索し、3823件の検索結果を得た。（3）のような明らかに考察対象にならないものを除くと、3508件のデータが分析対象となる。詳細は表11-2のように示される。

表11-2　BCCWJ から収集した「現」の用例数

	用例数	比率
修飾用法の「現」	2203	57.62%
照応用法の「現」	1305	34.14%
明らかに考察対象にならないもの	315	8.24%
合計	3823	100.00%

（3）大地震も気象異変も超兵器もなかったそのころ、神父さんのこんな話はひどく現実感が薄かった。

　　（『ノストラダムスの大予言31999年の破滅を決定する「最後の秘詩」』OB2X_00348)

次に、「今」の用例検索については、「現」と同様の方法で、中納言を使用し、2016年3月28日に用例を検索した。キーを未指定にし、前方共起をキーから1語に設定し、「書字形出現形　が　今　AND　語彙素読み　が　コン」という指示で検索し、3739件の検索結果を得た。しかし、「語彙素読み　が　コン」と指定したにもかかわらず、「今問題にしている」「今首相がおっしゃった」のように、「イマ」と読まれる例が多く出現した。一例ずつ検討した結果、「コン」と読んでよいと判断した用例数は、異なり25例、延べ1358例にとどまっている。

3. 「現」の後接語について（結合機能）

　前述した（2）「東京高等商業（現一橋大学）」のように、照応用法の「現」の
ほとんどは固有名詞と結合するものである。3.では、「現」の後接語がどのよう
な語種や意味分野の語なのかを考察するものであり、固有名詞に関しては、
その語種や意味分野を分析することは無意味で、有効なデータとはいえない。
よって、3.のデータとしては、修飾用法の「現」の異なり405例、延べ2203例
のデータを使うことにする。

3.1　「現」の後接語の語種

　表11-3は修飾用法の「現」の後接語について語種別にその異なり語数と延
べ語数を示したものである。

表11-3　「現」の後接語の語種別語数と比率

語種		異なり語数	比率	延べ語数	比率
漢語	二字漢語	137	33.83%	1835	83.30%
	三字漢語	47	11.60%	102	4.63%
	四字漢語	39	9.63%	48	2.18%
	五字漢語	11	2.72%	13	0.59%
	六字以上の漢語	16	3.95%	16	0.73%
	小計	250	61.73%	2014	91.42%
和語		13	3.21%	14	0.64%
外来語		39	9.63%	52	2.36%
混種語		93	22.96%	112	5.08%
語レベルを超えるもの		10	12.47%	11	0.50%
合計		405	100.00%	2203	100.00%

　異なり語数も延べ語数も、「漢語＞混種語＞外来語＞和語」という順に語数
が多いことがわかる。漢語が圧倒的に多く、延べ語数の比率は91.42%であり、
異なり語数の61.73%より、約30%上回っている。特に、二字漢語の延べ語数

の比率は83.30％であり、異なり語数の33.83％より、約50％上回っている。次の（4）で示す延べ語数が多い上位10位の後接語を見れば、その理由がわかるだろう。

（4）時点（898）、段階（274）、存在（109）、政権（63）、住所（54）、憲法（53）、病歴（29）、政府（26）、体制（25）、大統領（18）

この10語で延べ語数の7割強を占め、「現」の後接語が一部の語に集中する傾向が見られる。このことから、「現」の生産性は強いとはいえないだろう。さらに、（4）に示した上位10語のすべてが漢語であり、それに加えて、上位9語のすべては二字漢語である。漢語、特に二字漢語は繰り返し使用されることが多く、出現頻度が高い。そのため、二字漢語の延べ語数の比率は異なり語数の比率をはるかに上回っているのである。

また、「現」は文字数が多い語と結合する場合も少なからず存在し、そのため、「カブース国王体制」「WBC世界王者」「パリ駐在イギリス大使」のような混種語が多くなる。ただし、混種語の延べ語数の比率は約5％であり、異なり語数の約23％より、低い数字になっている。混種語は繰り返し使用されることが少なく、各語の出現頻度が低いことがうかがえる。

3.2 「現」の後接語の意味分野

修飾用法の「現」の後接語の意味分野については、『分類語彙表』を参考にして、分類を行った。後接語を意味分野の大項目別に示すと次の表11-4のようになる。

表11-4からわかるように、「現」の後接語のうち、異なり語数は、「首相」「天皇」「社長」などのような「1.2 人間活動の主体」を表す語が最も多く、66.17％を占めている。それに対し、延べ語数は、「年度」「段階」「存在」などのような「1.1 抽象的関係」を表す語が最も多く、65.86％を占めている。このような異なり語数と延べ語数の差も先の（4）の延べ語数上位10位の語を見れば、その理由がわかるだろう。上位3位である「年度」「段階」「存在」のいずれも、「1.1 抽象的関係」を表す語であるからである。それに対し、「1.2 人間

表11-4　「現」の後接語の意味分野（大項目）語数と比率

大項目	異なり語数	比率	延べ語数	比率
1.1 抽象的関係	53	13.09%	1451	65.86%
1.2 人間活動の主体	268	66.17%	482	21.88%
1.3 人間活動精神および行為	51	12.59%	219	9.94%
1.4 生産物および用具	21	5.19%	33	1.50%
1.5 自然物および自然現象	12	2.96%	18	0.82%
合計	405	100.00%	2203	100.00%

活動の主体」を表す語は種類が多いものの、各語の出現頻度は低いことがうかがえる。

　次に、修飾用法の「現」の後接語の意味分野の中項目について分析する。表11-5はその調査結果を示したものである。

　（4）で示した上位10語の影響で、一つの中項目に集中する傾向が見られる。例えば、出現頻度898の「時点」の影響で、「1.16 時間」が合計延べ語数の約42％を占めており、最も高い数字である。また、出現頻度274の「段階」の影響で、「1.11 類」が延べ語数で約12.5％を占めており、「1.16 時間」に次ぐ高い数字である。「現大統領」「現首相」「現会長」などのように、官職と結合する「現」が多く見られるため、「1.24 成員」が9.08％で高い数字である。

表11-5 「現」の後接語の意味分野（中項目）語数と比率

意味コード	大項目	中項目	延べ語数	比率
1.10	抽象的関関係	事柄	2	0.09%
1.11		類	277	12.57%
1.12		存在	109	4.95%
1.13		様相	34	1.54%
1.15		作用	2	0.09%
1.16		時間	925	41.99%
1.17		空間	93	4.22%
1.18		形	3	0.14%
1.19		量	6	0.27%
1.21	人間活動の主体	家族	14	0.64%
1.22		仲間	15	0.68%
1.23		人物	89	4.04%
1.24		成員	200	9.08%
1.25		公私	47	2.13%
1.26		社会	41	1.86%
1.27		機関	76	3.45%
1.30	人間活動精神および行為	心	82	3.72%
1.31		言語	10	0.45%
1.33		生活	4	0.18%
1.34		行為	109	4.95%
1.35		交わり	6	0.27%
1.36		待遇	1	0.05%
1.37		経済	6	0.27%
1.38		事業	1	0.05%
1.40	生産物および用具	物品	2	0.09%
1.42		衣料	3	0.14%
1.44		住居	20	0.91%
1.45		道具	1	0.05%
1.46		機械	1	0.05%
1.47		土地利用	6	0.27%
1.51	自然物および自然現象	物質	3	0.14%
1.52		天地	12	0.54%
1.55		動物	1	0.05%
1.57		生命	2	0.09%
合計			2203	100.00%

4. 「現」の意味用法について（意味添加機能）

1. で述べたように、「現」は大きく「修飾用法」と「照応用法」の2つに分けられる。4. では、この2つの用法を中心に論じる。まず、修飾用法から見ていく。

4.1 「現」の修飾用法

修飾用法の「現」について、以下の2点を明らかにしたい。

（5） I. 「現」の出現位置：「現XY」パターンと「X現Y」パターンの2
　　　　種がある。このような違いが出る理由は何だろうか。
　　　II. 「現」の機能：「現」をわざわざつける意味はどこにあるのか。

4.1.1 「現」の出現位置について

「現」の出現位置については、「現麻生内閣」「現滋賀県立図書館長」の「現XY」パターンと「麻生現内閣」「滋賀県立図書館現館長」の「X現Y」パターンの2種があるものの、意味的に差はほとんどない。「現XY」パターンの「現」はその直後の「X」ではなく、「Y」の部分を修飾すると、なぜ一般的に理解できるのだろうか。

まず、「現麻生内閣」「現東京副知事」などのように、Xの直前に「現」がついても、「今の麻生」ではなく、「今の内閣」という意味が理解される。これは「X」の性質と関わる。「X」は「麻生」のような変わることがない人名や、「東京」のような一般常識で近年変わったことがない地名である。「X」の性質により、「現」は「X」の直前についても、「Y」を修飾することが容易にわかるだろう。

しかし、「現キヤノン販売社長」「現滋賀県立図書館長」の「X」の部分である「キヤノン販売」「滋賀県立図書館」は上の「麻生」「東京」とは異なり、一意に定まらないものと考えられるため、「今のキヤノン販売」というように、「X」の部分を修飾するという解釈はまったく不可能ではないと考えられる。にもかかわらず、「今の社長」「今の館長」と一般的に理解される。なぜなら、（6）（7）からかわるように、Yの「社長」「館長」について語ることが明確

240

であれば、文脈を頼りに「現」がＸの前についても、「今のＸ」ではなく、「今のＹ」という解釈が成立するからである。

（6）米国時代に御手洗と一緒に仕事をした現・キヤノン販売社長の村瀬治男はこの会場にいた。　　　　　（『キヤノン高収益復活の秘密』PB15_00411）

（7）こうした社会的課題について学習をする際に、前川恒雄が『われらの図書館』（筑摩書房、千九百八十七年、著者は前日野市立図書館長、現滋賀県立図書館長）で展開した視点が重要になってくる。

（『生涯学習時代の社会教育をつくる』LBj3_00092）

　（6）の文の主題は「村瀬治男」であり、「村瀬治男」という人物について語るため、「現・キヤノン販売社長」は当然「現社長」と理解される。（7）のカッコ内の主題は「著者」であり、「著者」について語るため、「現滋賀県立図書館長」は「現館長」と理解されるのも当然であろう。

　つまり、「現」の出現位置について、2つのパターンが併存するものの、意味的に差がない理由としては、Ｘの性質および文脈の話題がＹであることと深く関わっているためであると考えられる。

4.1.2　「現」の機能について

　「こちらは社長の田中です」では「現」がなくても「今の社長」という意味が捉えられるが、「現」がつく意味はどこにあるのか。4.1.2では、「現」の機能として4点を指摘する。

　まず第一に、「時点」「政権」など「現」がつかないと意味が変わる語がある。「時点」と「現時点」、「政権」と「現政権」は意味が異なり、「現」がなければ、「今の」「現在の」という意味が捉えられない。この場合は、当然「現」が必要である。

　第二に、「現」には、所属などの古い情報が変わったことを強調する機能がある。

　（8）こうした社会的課題について学習をする際に、前川恒雄が『われらの

図書館』（筑摩書房、千九百八十七年、著者は<u>前日野市立図書館長</u>、<u>現滋賀県立図書館長</u>）で展開した視点が重要になってくる。　　　　　　　　（（7）の再掲）

（9）去年の秋、人事総務本部長の桜田洋一が、<u>当時はまだ社長だった現会長</u>の黒田美夫から社員の二割削減を厳命されて以来、この傾向にさらに強力な拍車がかかった。　　　　　　　（『左遷！商社マンの決断』LBe9_00114）

「前日野市立図書館長」「まだ社長だった」からわかるように、「以前とは違う」「古い情報が変わった」ということを明示するために、「現」をつけるのではないかと考えられる。

　第三に、「現」には、前後の文脈に出現する同レベルのものを区別する機能がある。

（10）まず、高市政務次官に来ていただいていますが、この問題で<u>堀内前大臣</u>と<u>与謝野現大臣</u>の間に引き継ぎが行われたでしょうか。

　　　　　　　　　　　　　　　　　　　　（国会会議録 OM51_00008）

（11）<u>初代社長</u>は土木工事を得意とする技術者でしたが、<u>二代目の現社長</u>は数字に非常に強く、経営者としての才覚もあったため、好景気の追い風を受けて順調に会社規模を拡大させました。

　　　　　　　　（『社長から始める IT 経営　これで会社を変える』PB23_00788）

前の文脈に「前大臣」「初代社長」が出ており、それと区別するために、「現」をつけて、「今の大臣」「今の社長」という意味を強調しているといえる。

　第四に、（12）（13）のように、歴史について客観的に述べる文脈では、第三者の誰が見ても、どの時点から見ても、発話時現在の事実を指すということを表す場合がある。

（12）<u>現スハルト政権</u>は六十八年３月に正式に発足し、八十八年３月の選挙で連続５期当選を果たし、……。

　　　　　　（『我が国の政府開発援助　1988（下巻（国別実績））』OW3X_00281）

（13）「創造と挑戦」──松下電器産業がより一層社会に役立つ企業への成長を

めざし、森下洋一現社長が九十三年二月の社長就任を機に打ち出した
経営スローガンである。　　　　　（『新聞広告で現代を読む』LBl6_00021）

4.2　「現」の照応用法

　以上のように、修飾用法の「現」について、その後接語、出現位置、機能など
の課題をめぐって考察した。以下では、照応用法の「現」の特徴を検討する。

(14)　昭和二十年八月十日午前二時、深いねむりに陥っていた新京（現・長春）
　　　市民の夢を破って、突如不気味なサイレンが鳴り出しました。

　　　　　　　　　　　　　　　　　　　　（『女の生き方四〇選　上』LBj3_00141）

(15)　本稿では、西アフリカの王制をもった二つの無文字社会、旧モシ王国
　　　（現ブルキナファソ）と旧ベニン王国（現ナイジェリア）の音と図像による
　　　歴史表象を相互に比較し、……。　　　　（『口頭伝承論　下』LBp3_00144）

(16)　竹田稔元判事（現弁護士）は「わが国における名誉・プライバシー侵害
　　　に対する慰謝料額は著しく低額であることが明らかであり」……。

　　　　　　　　　　　　　　　　　　　　　（『包囲されたメディア』LBq0_00014）

(17)　ちょうど、昆虫の関係で医学部の佐々学先生（現富山医科薬科大学学長）
　　　や加納六郎先生（現東京医科歯科大学学長）のところに出入りさせていた
　　　だいたことも動機になりました。

　　　　　　　　　　　　　　　（『ヒトの発見　分子で探るわれわれのルーツ』LBb4_00009）

(18)　ＭＢＩ日本語版の詳しいことについては、翻訳者である北岡（東口）和
　　　代氏（現石川県立看護大学）に直接確認されることをおすすめする。
　　　（BCCWJ『学校、職場、地域におけるストレスマネジメント実践マニュアル』
　　　PB44_00369）

(19)　こうしてわたしは、中野坂上駅（現・地下鉄丸ノ内線）から都電に乗り、
　　　新宿駅（現・ＪＲ線）で省線に乗りかえて、両国駅まで─というコース
　　　を、毎日、通うことになりました。　　　　（『半分のさつまいも』LBln_00003）

　(14) ～ (19) は「Ｘ（現Ｙ）」と一般化でき、先行詞相当のＸを点線で示し、
照応詞相当のＹを下線で示す。(14) ～ (19) の「現」はいずれも照応用法の

第11章　「現政権」の「現」、「今世紀」の「今」　243

「現」であるが、この6例には、さらに検討すべき違いもあると思われる。

　（14）の「新京」と、（15）の「モシ王国」「ベニン王国」は、そのもの自体の名称が変更され、昔の名称（X）が今の名称（Y）に変更されたもので、「X＝Y」という関係になる。そのため、「新京は現在長春である」も、「長春は昔新京であった」も事実として合っている。よって、（14）（15）のタイプを「一致関係タイプ」と名付ける。

　それに対し、（16）の「弁護士」と、（18）の「石川県立看護大学」は、「竹田稔元判事」や「北岡（東口）和代氏」といった人の名称が変更されたのではなく、肩書きといった状況や属性が変わったものである。先の一致関係タイプの「X＝Y」という関係ではなく、「XはどんなものであるかというとYだ」というような関係になる。これらのタイプを「属性説明タイプ」と名付けておく。

　さらに、（16）（17）と（18）（19）は同じ「属性説明タイプ」とはいえ、違いがある。（16）の「竹田稔元判事は現在弁護士である」、つまり「Xは現在Yである」は事実として合っているが、その反対である「弁護士は昔竹田稔元判事であった」（「Yは昔Xであった」）は事実として合っていない。それに対し、（18）の「北岡（東口）和代氏は現在石川県立看護大学である」も、その反対である「石川県立看護大学は昔北岡（東口）和代氏であった」も、事実として合っていない。つまり、「Xは現在Yである」が事実として合っているかどうかという点で、（16）（17）と（18）（19）は異なるため、（16）（17）を「属性説明タイプ①」、（18）（19）を「属性説明タイプ②」と名付けて区別する[1]。

　そのような違いが出る理由は、XとYが同じ意味カテゴリーの語であるかという点と関係する。（16）のXである「竹田稔元判事」とYである「弁護士」、（17）のXである「佐々学先生」「加納六郎先生」とYである「富山医科

1　（18）の先行詞に相当する「北岡（東口）和代氏」と照応詞に相当する「石川県立看護大学」はまったく別のものであるという理由から、（18）は、（14）〜（17）とは異なり、照応用法とはいえないという意見がある。（19）も同様である。「照応」の定義から見れば、その意見は否定することは難しいが、本章は、形の一致性を重視し、先行詞の直後に括弧があり、その括弧の中に、「現」が使用されるという共通点から、（18）（19）は、（14）〜（17）と同様に照応用法と見做す。

薬科大学学長」「東京医科歯科大学学長」は同じく、「人」を表す語で、同じ意味カテゴリーの語といえる。それに対し、（18）のXである「北岡（東口）和代氏」は「人」を表す語であるが、Yである「石川県立看護大学」は「勤務先」を表す語であり、同じ意味カテゴリーの語ではない。（19）も同様に、Xである「中野坂上駅」「新宿駅」は「駅名」、Yである「地下鉄丸ノ内線」「JR線」は「路線名」で、同じ意味カテゴリーの語ではない。

　もう一つ興味深い現象として、一致関係タイプの「現」の対義表現と属性説明タイプの「現」の対義表現に異なりが見られる。（15）の先行詞においては、「旧モシ王国」「旧ベニン王国」の「旧」が使われているのに対し、（16）では「竹田稔元判事」の「元」が使われている。

　BCCWJより、照応用法の「現」は1305件が得られたことはすでに述べた。さらに分類してみると、一致関係タイプは1019件、属性説明タイプ①は172件、属性説明タイプ②は114件で、属性説明タイプは合わせて286件になる。一致関係タイプの1019件のうち、先行詞に「旧」が使われる用例が60件ある。それに対し、「元」は5件、「前」は1件のみである。一致関係タイプの「現」の対義表現は「旧」が一般的に使われるといえる。一方、属性説明タイプの286件のうち、先行詞に「元」が使われる用例は20件、「前」は7件ある。それに対し、「旧」はわずか1件のみである。属性説明タイプの「現」の対義表現は「旧」より、「元」「前」が使われるのが一般的であろう。この違いも一致関係・属性説明2タイプを分ける証拠になるのではないかと考えられる。

　以上のように、照応用法の「現」はさらに「一致関係タイプ」「属性説明タイプ①」「属性説明タイプ②」の3つに細分類できることを述べた。まとめると表11-6のようになる。

表11-6　照応用法の「現」の3分類

分類	分類基準[2]	説明		例文	用例数	「現」の対義表現
一致関係タイプ	○　Xは現在Yである。 ○　Yは昔Xであった。	昔の名称（X）が今の名称（Y）に変更され、「X = Y」になる。		(14) (15)	1019例	「現」⇔「旧」
属性説明タイプ①	○　Xは現在Yである。 ×　Yは昔Xであった。	名称の変更ではなく、Xに関する属性や状況の変化。	XとYは同じ意味カテゴリーの語である。	(16) (17)	172例	「現」⇔「元」「前」
属性説明タイプ②	×　Xは現在Xである。 ×　Yは昔Xであった。		XとYは同じ意味カテゴリーの語ではない。	(18) (19)	114例	

5.　「現」との比較からみる「今」

　5. では、「今の、現在の」という意味で、「現」と類似する「今」について考察する。まず、5.1では、「今」はどのような後接語と結合するのか（結合機能）について考察する。次に、5.2では、「今」はどのような意味用法を持っているのか（意味添加機能）について考察する。最後に、5.3では、「現」と「今」の比較分析を行う。

5.1　「今」の後接語について（結合機能）

　2. で述べたように、「今」は異なり25例、延べ1358例を収集した。用例数がさほど多くないので、次の表11-7で「今」の後接語の全データを示す。

　表11-7からわかるように、「今」の延べ語数は少なく、その後接語も一部の語に集中する傾向がある。このことから、「今」の生産性は「現」と比べて低いといえる。後接語の語種については、「漢語」、意味分野については、「1.16 時間」に比較的集中している傾向が見られる。

2　「○」「×」は文法的に正しいかどうかではなく、事実として合っているかどうかを表す。

表11-7 「今」の後接語について

出現頻度の順位	後接語	出現頻度	語種	意味分野		
				意味コード	大項目	中項目
1	年度	725	漢語	1.16	抽象的関係	時間
2	世紀	248	漢語	1.16	抽象的関係	時間
3	国会	156	漢語	1.27	人間活動の主体	機関
4	大会	125	漢語	1.35	人間活動精神および行為	交わり
5	場所	44	混種語	1.16	抽象的関係	時間
6	シーズン	12	外来語	1.16	抽象的関係	時間
7	学期	9	漢語	1.16	抽象的関係	時間
8	議会	5	漢語	1.27	人間活動の主体	機関
9	会期	4	漢語	1.16	抽象的関係	時間
9	臨時会	4	漢語	1.27	人間活動の主体	機関
9	周期	4	漢語	1.16	抽象的関係	時間
12	時点	3	漢語	1.16	抽象的関係	時間
12	中間期	3	漢語	1.16	抽象的関係	時間
14	春闘	2	漢語	1.35	人間活動精神および行為	交わり
14	公演	2	漢語	1.38	人間活動精神および行為	事業
14	臨時国会	2	漢語	1.27	人間活動の主体	機関
14	任期	2	漢語	1.16	抽象的関係	時間
18	ｖｅｒ	1	外来語	1.38	人間活動精神および行為	事業
18	クール	1	外来語	1.16	抽象的関係	時間
18	東宮	1	漢語	1.21	人間活動の主体	家族
18	法案	1	漢語	1.30	人間活動精神および行為	心
18	内閣	1	漢語	1.27	人間活動の主体	機関
18	四半期	1	漢語	1.16	抽象的関係	時間
18	学年	1	漢語	1.19	抽象的関係	量
18	予選	1	漢語	1.35	人間活動精神および行為	交わり
	合計	1358				

5.2 「今」の意味用法について（意味添加機能）

　「今」の意味用法については、国語辞典の意味記述を参考にした。まとめると、表11-8のようになる。

表11-8　国語辞典における「今」の意味記述

	品詞認定	①今の、現在の	②きょうの	③このたびの、今回の
岩波		○	×	○「今学期」
学研	連体詞	○「今国会の会期」		
三国	連体詞	○「今シーズン・今世紀」	○「今十日・今早朝」	○「今事件」
集英社	造語成分	○	×	○「今世紀」
新選	造語成分	○「今学期・今シーズン」	○「今夜半・今早朝」	○「今国会・今総会」
新明解	造語成分	○	○「今十二日」	×

　全体を見てみると、『新明解』には「③このたびの、今回の」という意味記述がない。『岩波』と『集英社』は「②今日の」という意味記述がない。『学研』は「「現在の」「今の」「このたびの」「今日の」などの意」と、分けずに一括りで記述されている。『三国』『新選』では表11-8のように、3つに分けて意味記述がされている。

　また、用例を見てみると、「今世紀」は『集英社』では「③このたびの、今回の」に入っているが、『三国』では「①今の、現在の」に入っている。「今学期」は『岩波』では「③このたびの、今回の」に入っているが、『新選』では「①今の、現在の」に入っている。

　国語辞典を参考にし、本章は「今」の意味用法を3つに分けることにする。「今」が3つのどれかを表すかは、「今」の後接語の意味分野によって判断する。後接語が「世紀」「年度」など（時間）幅が長い時間を表す語であれば、「今」は「①今の、現在の」を表す。「十日」「早朝」など一日の時間単位と結合すれば、「今」は「②今日の」を表す。「大会」「春闘」など人間活動にかかわる語

であれば、「今」は「③このたびの、今回の」を表す。ただし、収集したデータを見ると、「今日の」という意味で使われる「今」は1例もなかった。

「今」の意味用法をまとめると、次の表11-9のようになる。

表11-9 「今」の意味用法

意味用法	後接語	語例
今の、現在の	主に（時間）幅が長い時間を表す語	年度（725）、世紀（248）、シーズン（12）、学期（9）、会期、周期（4）、時点、中間期（3）、任期（2）、クール、東宮、内閣、四半期、学年（1）
今日の	一日の時間単位を表す語	BCCWJには実例がない
このたびの、今回の	人間活動にかかわる語	国会（156）、大会（125）、場所（44）、議会（5）、臨時会（4）、春闘、公演、臨時国会（2）、ver、法案、予選（1）

5.3 「現」と「今」の比較

まず、「現」と異なり、照応用法の「今」はない。「今年度」「今大会」など、「今」は修飾用法として使われるのが普通である。また、修飾用法の「現」は、後接語がどのような意味分野の語であっても、「今の、現在の」という意味しか表さない。それに対し、「今」は「年度」「世紀」など「時間」を表す語と結合するときに、「今の、現在の」という意味を表す。それに、後接語が時間を表す語の場合に、「今」は「世紀」「年度」「学年」のような時間幅が長い語とよく結合するが、「現」は「時点」「局面」のような時間幅がない語とよく結合する。この点で「今」と「現」は異なる。最後に、「現」と「今」の相違点を表11-10に示す。

第11章 「現政権」の「現」、「今世紀」の「今」　249

表11-10 「現」と「今」の比較

	修飾用法			照応用法
	「今の、現在の」		「このたびの、今回の」	
	「時間」を表す語	「時間」以外		
「現」	○[時間幅がない]（現時点）	○（現首相）	×（現大会）	○
「今」	○[時間幅が長い]（今年度）	×（今首相）	○（今大会）	×

6. 本章のまとめ

本章で述べたことの要点をまとめておく。

A. 連体詞型字音接頭辞の「現」は、大きくは「修飾用法」と「照応用法」の2用法に分けられる。

B. 「現」がどのような後接語と結合するのかについては、「修飾用法」のデータを用いて考察した。後接語の語種については、異なり語数も延べ語数も「漢語＞外来語＞混種語＞和語」という順に語数が多いことがわかった。特に、漢語が圧倒的に多い。しかし、「現」の後接語は一部の語に集中する傾向があるため、異なり語数と延べ語数の比率はかなりの差が見られた。その差は、後接語の意味分野において、顕著に現れている。

C. 「現」の修飾用法において、「現」の出現位置については、「現麻生内閣」「現滋賀県立図書館長」の「現XY」パターーンと「麻生現内閣」「滋賀県立図書館現館長」の「X現Y」パターーンの2種があるものの、意味的に差はほとんどない。その理由としては、Xの性質および文脈の話題がYであることと深く関わっていると考えられる。

D. 「現」の修飾用法において、「現」をわざわざつける意味は何かという疑問に関連して「現」の機能について4点を指摘した。

　　①「時点」「政権」など「現」がつかないと意味が変わる語があり、当然「現」が必要である。

　　②「現」には、所属などの古い情報が変わったことを強調する機能がある。

　　③「現」には、前後の文脈に出現する同レベルのものを区別する機能が

ある。

　　④歴史について客観的に述べる文脈では、第三者の誰が見ても、どの時
　　　点から見ても、発話時現在の事実を指すということを表す機能がある。

E.「Xは現在Yである」「Yは昔Xであった」ということが事実として合
　うかを基準に、「現」の照応用法を、「一致関係タイプ」「属性説明タイプ
　①」「属性説明タイプ②」の3つに細分類できる。

F.「今」は用例数が少なく、後接語が一部の語に集中しており、生産性が
　低い。「今」の後接語は比較的漢語と時間を表す語と結合する。また、
　「今」の意味用法については、後接語が「大会」「春闘」など人間活動に
　かかわる語であれば、「今」は「このたびの、今回の」を表し、それに対
　し、「世紀」「年度」など時間のような抽象的関係を表す語であれば、「今」
　は「今の、現在の」を表す。

G.「現」と「今」は「時間」を表す語と結合し、「今の、現在の」という意
　味を表す点で、共通するが、その「時間」を表す語は時間幅がない語か
　時間幅が長い語かという点で異なる。また、「時間」以外の語と結合でき
　るか否か、「このたびの、今回の」という意味を表すか否か、照応用法を
　持っているか否かという点で、「現」と「今」は異なっている。

第11章　「現政権」の「現」、「今世紀」の「今」　251

第 12 章

「前首相」の「前」、「旧ソ連」の「旧」、「昨年度」の「昨」、「先場所」の「先」
──「過去」を表す連体詞型字音接頭辞──

　本章は、「過去」という意味で類似する連体詞型字音接頭辞「前」「旧」「昨」「先」を取り上げ、それぞれの字音接頭辞が、どのような後接語と結合するのか（結合機能）、どのような意味用法を持っているのか（意味添加機能）という点について考察する。

　1.～4.までは、「前」「旧」「昨」「先」の順番に考察する。5.では、本章の内容をまとめる。

1.　「前首相」の「前」

1.1　「前」の考察資料と用例

　「前」の用例収集には資料として、BCCWJ を使用した。中納言を使用し、2016年9月28日に用例を検索した。検索条件として、キーを未指定にし、前方共起をキーから1語に設定し、「書字形出現形　が　前　AND　語彙素読みが　ゼン」という指示で検索し、9708件の検索結果を得た。その中に、（1）のように、明らかに考察対象でないもの、（2）のように、一字漢語と結合し、二字漢語になるもの、（3）のように、「紀元前」という意味を表し、直後に年数が来るもの、（4）のように、直後に数字が来るものを考察対象から除外する。

　（1）「……それでこの前心持ちを悪くした」と憤慨した。

　　　　　　　　　　（『少年倶楽部の頃　昭和前期の児童文学』LBb9_00099）

（２）ミクロピペットを受精卵の一方の前核に近づける。

（『細胞分化　卵にひそむ力をさぐる』LBb4_00017）

（３）彼女の夢と、おだやかな日々は無残にも崩れ去った。前三十三年のことである。　　　　　　　　　　　　　（『NHK 大黄河　第２巻』LBa2_00027）

（４）しかし女性の場合、出産前６週間、出産後８週間の産前産後休業中は、健康保険の被保険者であれば１日につき標準報酬日額（標準報酬月額の三十分の１）の六十％の額が出産手当金として支給されます。

（『スグに使える労働法便利事典』PB53_00517）

また「前」は、第11章で取り上げた「現」と同様に、（５）のような修飾用法と（６）のような照応用法の２種類があり、いずれも本章の考察対象とする。

（５）六年前、塚本信夫は田山龍栄元首相に挑み、仲久保前首相と総理・総裁の座を賭けて戦い、敗れた。　　　　　　（『悠々たる打算』LBc9_0004）

（６）当時ＧＳのパージ担当官であったベアワルド中尉（前カリフォルニア大学教授）の筆者に対する証言（千九百八十六年八月六日）。

（『政治家追放』PB13_00315）

最終的に「前」の用例数は次の表12-1の通りである。

表12-1　BCCWJ から収集した「前」の用例数

		用例数
考察対象となるもの	修飾用法の「前」	5319
	照応用法の「前」	30
考察対象でないもの	明らかに考察対象にならないもの	2190
	一字漢語と結合し、二字漢語になるもの	114
	「紀元前」という意味を表し、直後に年数が来るもの	1165
	直後に数字が来るもの	890
合計		9708

第12章　「前首相」の「前」、「旧ソ連」の「旧」、「昨年度」の「昨」、「先場所」の「先」　253

1.2 「前」の後接語について（結合機能）

　上述したように、「前」は、第11章で取り上げた「現」と同様に、修飾用法と照応用法の２種類がある。「現」の分析・考察と同じように、本章も「前」の後接語がどのような語種や意味分野の語なのかを考察する。また、「現」と同様に、固有名詞の語種や意味分野を分析することは有効なデータにならないため、1.2の結合機能に関する分析では、修飾用法のデータのみ使用することを断っておく。

1.2.1　「前」の後接語の語種

　表12-2は「前」の後接語について語種別にその異なり語数と延べ語数を示したものである。

表12-2　「前」の後接語の語種別語数と比率

語種		異なり語数	比率	延べ語数	比率
漢語	二字漢語	174	33.85%	4506	84.72%
	三字漢語	59	11.48%	238	4.47%
	四字漢語	81	15.76%	209	3.93%
	五字以上の漢語	104	20.23%	123	2.31%
	小計	418	81.32%	5076	95.43%
和語		7	1.36%	10	0.19%
外来語		20	3.89%	136	2.56%
混種語		65	12.65%	90	1.69%
語レベルを超えるもの		4	0.78%	7	0.13%
合計		514	100.00%	5319	100.00%

　異なり語数も延べ語数も、「漢語＞混種語＞外来語＞和語」という順に語数が多いことがわかる。特に、漢語は圧倒的に多く、異なり語数の80％以上、延べ語数の95％以上占めている。また、二字漢語の延べ語数の比率は異なり語数

より、約50％上回っている。3072回出現する「年度」のように、二字漢語は繰り返し使用されることが多く、出現頻度が高いことがわかる。

　また、「米連邦準備制度理事会議長」「鹿児島商工会議所会頭」のように、「前」の後接語は「組織＋肩書き」というパターンが多いため、文字数が多い漢語や混種語と結合する場合も少なからず存在し、異なり語数が多い。ただし、延べ語数が少ないものは繰り返し使用されることが少なく、出現頻度が低いことがうかがえる。

1.2.2　「前」の後接語の意味分野

　「前」の後接語の意味分野については、『分類語彙表』を参考にして、分類を行った。後接語を意味分野の大項目別に示すと表12-3のようになる。

表12-3　「前」の後接語の意味分野（大項目）語数と比率

大項目	異なり語数	比率	延べ語数	比率
1.1　抽象的関係	65	12.65%	3726	70.05%
1.2　人間活動の主体	370	71.98%	1166	21.92%
1.3　人間活動精神および行為	44	8.56%	315	5.92%
1.4　生産物および用具	13	2.53%	33	0.62%
1.5　自然物および自然現象	22	4.28%	79	1.49%
合計	514	100.00%	5319	100.00%

　「前」の後接語のうち、異なり語数では、「大統領」「首相」「大臣」などのような「1.2　人間活動の主体」を表す語が最も多く、約72％を占めている。しかし、延べ語数では、3072回出現する「年度」の影響で、「1.1　抽象的関係」を表す語が最も多く、約70％を占めている。

　次に、「前」の後接語の意味分野の中項目について分析する。表12-4はその調査結果を示したものである。

第12章　「前首相」の「前」、「旧ソ連」の「旧」、「昨年度」の「昨」、「先場所」の「先」　255

表12-4 「前」の後接語の意味分野（中項目）語数と比率

意味コード	大項目	中項目	延べ語数	比率
1.10	抽象的関係	事柄	4	0.08%
1.11		類	11	0.21%
1.13		様相	4	0.08%
1.16		時間	3526	66.29%
1.17		空間	172	3.23%
1.19		量	9	0.17%
1.20	人間活動の主体	人間	1	0.02%
1.21		家族	9	0.17%
1.23		人物	158	2.97%
1.24		成員	919	17.28%
1.25		公私	3	0.06%
1.26		社会	24	0.45%
1.27		機関	52	0.98%
1.30	人間活動精神および行為	心	21	0.39%
1.31		言語	215	4.04%
1.32		芸術	2	0.04%
1.33		生活	2	0.04%
1.34		行為	46	0.86%
1.35		交わり	18	0.34%
1.36		待遇	3	0.06%
1.37		経済	5	0.09%
1.38		事業	3	0.06%
1.41	生産物および用具	資材	7	0.13%
1.44		住居	1	0.02%
1.45		道具	4	0.08%
1.46		機械	20	0.38%
1.47		土地利用	1	0.02%
1.56	自然物および自然現象	身体	79	1.49%
合計			5319	100.00%

最も多い中項目は「1.16 時間」であり、約66%を占めている。これは3072回出現する「年度」、128回出現する「近代」、119回出現する「段階」による影響だと考えられる。次に多いのは、「1.24 成員」であり、約17%を占めている。これは「前」が「首相」「大臣」「会長」などの「1.24 成員」を表す語と結合しやすいからである。

1.3 「前」の意味用法（意味添加機能）

上述したように、「前」には、修飾用法と照応用法という2用法がある。まず、照応用法について見ていく。

1.3.1 照応用法の「前」

照応用法の「前」は、「現」と同様に、（7）～（9）のように、先行詞の直後に括弧が使用される場合が確認される。

（7）中ソ合弁機械製作会社が引き継ぐのは、瀋陽・安東・ハルビン自動車修理組立製作工場（前満州自動車製造株式会社）。各工場とも民用自動車の製作を目標とし、戦車は作るべきでない）、金州重機械製作工場（前満州機械製作株式会社）とする。　（『中ソ関係史の研究　1945-1950』LBe3_00052）

（8）アジアなど非西欧圏の現代アートにも詳しい英国人デヴィッド・エリオット氏（前ストックホルム近代美術館館長）を館長に迎え、……。

（『装苑』2003年7月号 PM31_00073）

（9）アメリカから十年遅れて、日本でもそうした気運が高まり、室伏靖子先生（前、京都大学）がオーガナイザーとなって、……。

（『チンパンジーの心』LBo4_00015）

「前」は「（今は異なるが）昔は…であった」という意味を表し、「現」と同様に、括弧の中に位置し、注釈のように機能する。また、「現」と同様に、（7）のような一致関係タイプと（8）（9）のような属性説明タイプの2タイプが見られる。

「現」と異なる点も見られる。次の（10）のように、括弧内に「以下「前○

○」という」が明示されることによって、次に出現する際に、「前○○」という形で照応機能を持つ場合が「前」には見られる。

(10) 一　当該中期目標の期間（以下この項及び次項において「当該期間」という。）の直前の中期目標の期間（次号において「前期間」という。）の最後の事業年度に係る整理を行った後積立金がなかったとき　当該期間の最後の事業年度に係る整理を行った後の積立金の額に相当する金額　二　前期間の最後の事業年度に係る整理を行った後積立金があった場合であって、当該期間の最後の事業年度に係る整理を行った後の積立金の額に相当する金額が前期間の最後の事業年度に係る整理を行った後の積立金の額……。　　　　　（『独立行政法人造幣局法』OL6X_00018）

　点線で示した先行詞は厳密さと正確さを重視しての長い言い回しであり、その長い言い回しの繰り返しを避けるために、先行詞の直後の括弧内に、「次号において「前期間」という」という表現が明示されることによって、「前期間」という短い表現が用いられ、さらにこの「前期間」が照応機能を持つようになり、先行詞を指し示しているのである。このような用法は、「現」には見られない。

1.3.2　修飾用法の「前」

　修飾用法の「前」は、意味によって３分類することができる。まず一つ目は、「時間的な前、現在の一つ前」という意味を表す「前」である。以下の（11）～（13）を取り上げる。

(11) レーガン前大統領は自由貿易に確固たる信念をもっていた。
　　　　　　　　　　　　　（『ワシントン特派員の小さな冒険』LBf3_00072）

(12) ラジオ受信者数の推移を示すグラフで、前年度より上昇率が高いところは事変、戦争が起った時である。　　　　（『昭和文化』LBb3_00044）

(13) 平成十一年式で、前愛車のシーマと同年式だけど、未だに古さを感じさせないスタイリングでカッコいいんですよね～。

（Yahoo! ブログ OY15_07911）

　(11)の「前」は「大統領」という職業名と共起している。久保（2016）によると、「前」と共起できる職業名は、「大統領」「会長」「大臣」のように、「一人以上の定員を持つ」という特徴を持つ。久保（2016）の指摘を敷衍すれば、「前」は時間的に一つ前という意味を表すため、「前大統領」は、昔の大統領全員ではなく、現職の大統領の一つ前の大統領を指す。「前」は時間的に一つ前という意味を表すため、「一人以上の定員を持つ」職業名としか結合できず、「会社員」「先生」「職人」というように、「歴代」という意味が成立しない職業名と結合できない。
　(12)の「前年度」も同様に、「前」は時間的に一つ前という意味を表すため、「前年度」は、今年度の一つ前の年度を指す。このように、「前」は、「シーズン」「段階」「世紀」などの時間を表す語と結合し、時間的に一つ前という意味を表す。
　(13)の「前」は、「愛車」というモノを表す名詞と結合する用例であるが、「大統領」と類似し、「歴代」という意味を持つ。「前愛車」は、今の愛車の一つ前の愛車を指し、「前」は(11)(12)と同様に、時間的に一つ前という意味を表す。
　図で示すと、図12-1のようになる。

図12-1　「時間的な前、現在の一つ前」という意味を表す「前」

　二つ目の意味は、「空間的な前、前の部分に位置する」という意味である。次の(14)〜(16)を取り上げる。

(14) 人の脊柱は前額面ではまっすぐであるが、矢状面では生理的に彎曲している。　　　　　　　　　　　　　　　　　　　（『整形外科学』PB54_00157）
(15) 男は後ろにのけぞり、前甲板に倒れ込んだ。
　　　　　　　　　　　　　　　　　　　（『フロリダ半島壊滅』LBd9_00071）
(16) 「……被告人の両手を掴んで自らの前頸部にあてがい、お願いだから、後生だからと重ねて懇願した」　　　　　　　（『半落ち』OB6X_00222）

　(14)の「前額面」は、「額面」という全体の前の部分を指す。(15)の「前甲板」と(16)の「前頸部」も同様であり、「甲板」「頸部」という全体の前の部分を指す。このように、(14)～(16)の「前」は、空間的に前の部分に位置するという意味を表し、空間を表す語や、身体部分を表す語とよく結合する。
　図で示すと、図12-2のようになる。

「前」

図12-2　「空間的な前、前の部分に位置する」という意味を表す「前」

　三つ目の意味は、主に発達段階について、あるときより前という意味を表す。次の(17)～(19)を取り上げる。

(17) 古代ギリシャから中世イングランドまで、前近代のスポーツが、文明的な優雅に欠けていたことは、容易に説明できる。
　　　　　　　　　　　　　　　　　　　（『「非人間化」の時代』LBa3_00008）
(18) ……諸制度間の調整調和をはかる連帯基金の考え方を理解するためには、これらの前社会保障期における経過を知る必要があるだろう。
　　　　　　　　　　　　　　　　　　　（『フランスの社会保障』LBd3_00069）
(19) 4　前青春期　概ね八歳半～十歳　「親密欲求」が起こり、「親友」と

の水入らずの関係を作る時期である。

（『「非行」は語る　家裁調査官の事例ファイル』LBq3_00047)

　(17) の「前近代」は、「近代」という段階より前の段階を指す。(18) の
「前社会保障期」は、「社会保障期」という段階より前の段階を指す。(19) の
「前青春期」も同様に、「青春期」という段階より前の段階を指す。このように、
(17) ～ (19) の「前」は、あるときや段階より前という意味を表し、発達段
階を表す語と結合することが多い。

1.4　統語と意味の関係から見る「前」と「元」

　過去性を持つ接頭辞は字音接頭辞だけでなく、和語接頭辞「元」もある。
「元」は、次のような用例が BCCWJ から観察される。

(20)　その故に、かつて田中元首相は竹下政権づくりを遅らせることに腐心
　　　したものだった。　　　　　　　　　　　　　　　（『永田町の暗闇』LBe3_00067)
(21)　元ヤマメ料理店を利用した広々とした建物。

（『Angling』2001年12月号 PM11_01367)
(22)　上梅さんは元刑事ですし、……。　　　（『非情連鎖　密殺警視』PB49_00605)
(23)　元タレントの高見知佳さんをお招きして……。

（『市民のひろば』2008年07号 OP99_00002)
(24)　野末陳平さん（元参院議員）もいました。

（『北海道新聞』2001年6月15日夕刊 PN1e_00013)

　上記の例文からわかるように、「元」は「首相」「ヤマメ料理店」「刑事」な
どの名詞が後接し、発話時現在は「元首相」「元刑事」という状態で、現在は
「首相」「刑事」ではないという意味を表す。すなわち、「元」は直後に位置す
る「首相」「刑事」にかかり、その後接語に意味を添加し、後接語を修飾する。
このように、「元」の直後に位置する名詞と「元」の意味が添加される名詞が
一致する場合を、本章では「元」の「基本的な用法」と呼ぶ。また、後接語は
職業名だけでなく、「ヤマメ料理店」のような職業名以外と結合する用例も存

第12章　「前首相」の「前」、「旧ソ連」の「旧」、「昨年度」の「昨」、「先場所」の「先」　*261*

在する。そして「元＋後接語」は主語、補語、述語、ノ格規定語などの文の成分として用いられる。

　一方、「元」の直後に名詞が後接してはいるものの、意味的には「元」がその後接語にかかるとはいえない用例がBCCWJから観察される。そのような「元」の用例について論じるものは管見の限り見当たらない。よって、本章は、後接語にかかるとはいえない「元」に焦点を当て、そのケースとして、「元」の「副詞的用法」と「所属を含めた名詞句との結合用法」の2種を取り上げ、それぞれの特徴を明らかにすることを目的とする。また、後接語にかかるとはいえない事例が、「元」にはあるが、意味的に類似する「前」にはないということも併せて指摘する。

1.4.1　「元」の「副詞的用法」

　本章では、後接語にかかるとはいえない「元」の第一のケースとして、「元」の「副詞的用法」を取り上げて考察する。

（I）副詞的用法とは

　国語辞典における「元」の意味記述に、「副詞的」という表現が見られる。

（25）「彼はもと教員だった」[1]のように副詞的に使われる。　　　　（『新選』）

（26）副詞的にも使う。「彼は―軍人だった」　　　　　　　　　　（『岩波』）

　（25）（26）を見ると、副詞的に使われる「元」は、「だった」のような過去形（以下、タ形）と関係があるようである。実例を挙げながら、副詞的に使われる「元」はタ形とどのような関係があるのか、基本的な用法の「元」とどのような違いが見られるのかについて確認する。

1　『新選』では、「もと」という平仮名表記が用いられているが、本章は「元」という漢字表記の用例のみ取り上げる。平仮名表記が使われても、接頭辞であることは変わらないが、表記の違いは副詞的用法とどう関係しているのかという問題はさらに検討する必要があり、今後の課題にしたい。

262

(27) 速水は、日商（日商岩井の前身）創立者の一人で、元社長である永井幸
太郎の三女の娘婿である。　　　　　　　　（『現代』2004年11月号 PM41_00348）

(28) 一人娘が嫁ぎ、奥さんと二人暮しの元小学校教師である。

（『私の海彦山彦』LBd9_00096）

(29) 病棟に元校長先生だった男性患者がいますが、……。

（『安楽病棟』LBn9_00258）

(30) アップルの創始者で現 CEO のスティーブ・ジョブズは元ヒッピー
だった。

（『すでに始まっている未来　会社は、サラリーマンは変われるか』LBr3_00180）

　(25)(26)と同様に、(27)～(30)の「元＋後接語」は名詞述語文の述語
名詞として使われている。(27)(28)は非過去形（以下、ル形）の「である」、
(29)(30)はタ形の「だった」が使われている。

　(27)(28)は「である」を用い、発話時現在の状態を述べる。発話時現在に
おいては「元社長」「元小学校教師」という状態で、現在は「社長」「小学校教
師」ではないという意味を表す。(27)(28)の「元」は後接語の「社長」「小
学校教師」にかかって、後接語に意味を添加し、名詞を修飾する。つまり、基
本的な用法である。

　一方、(29)(30)は「だった」を用い、発話時より前の状態を述べる。もし
(27)(28)と同様に基本的な用法だと考えるならば、過去のある時点において
「元校長先生」「元ヒッピー」という状態であったことを表すので、その過去の
ある時点においては「校長先生」「ヒッピー」ではなかったという意味を表す
ことになってしまう。しかし、(29)(30)はその意味ではなく、過去のある時
点においては「校長先生」「ヒッピー」であったという意味である。(29)(30)
の「だった」を「である」に置き換えても文意は変わらないからである。だと
すると、(29)(30)は基本的な用法として解釈するのは無理がある。「元」の
直後に名詞の「校長先生」「ヒッピー」が位置し、形式的には後接語にかかる
が、意味的には「元」は「だった」というタ形と共起し、「だった」にかかる
と考えられる。このように、(29)(30)のような「元」を「副詞的用法」と呼

ぶこととする。

　以上をまとめると、「元」の副詞的用法とは（31）のようになる。

（31）「元」の副詞的用法とは、形式的に「元」の直後に名詞が位置するが、
　　　その後接語にかかるのではなく、過去を表すタ形と共起し、述語のタ
　　　形にかかる用法である[2]。

　それでは、なぜ、「元校長先生だった男性患者」のように過去のタ形が用い
られるのか。

　大島（2003：107）では、「「～の」による連体修飾はいわば節による連体修飾
の縮約版であり、節の形式にパラフレーズできる」と述べられている。「元校
長先生の男性患者」における「の」はパラフレーズすると「元校長先生である
男性患者」となる。さらに「元」が「むかし」「以前」といった＜過去＞の意
味を持ち、その＜過去＞の意味による影響で述語がタ形になると想定される。
つまり、「元」が持つ＜過去＞の意味の影響で、連体修飾節がタ形をとるとい
うことになり、これが「元」がタ形にかかる理由だと考えられる[3]。

2　（31）において、副詞的用法の「元」は述語のタ形にかかると述べた。しかし、（29）（30）
　と同様に「元＋後接語」が名詞述語文の述語名詞であり、かつタ形が用いられているが、
　副詞的用法とはいえない用例がある。

（ア）元教師だった結城のことを、加護と辻だけはいまだに "結城先生" と呼んでいた。
　　　　　　　　　　　　　　　　　　　　　（『ミニモニ。におまかせっ！』PB39_00372）
（イ）ガイドは元兵士だったから、大胆で慎重だった。　　　（『戦場特派員』LBp9_00127）

（ア）（イ）は一見（29）（30）と同じように見えるが、副詞的用法とはいえない。なぜなら、
（ア）（イ）では、主節述語「呼んでいた」「慎重だった」が表す過去の時点において、既
に「元教師」「元兵士」であるため、波線のタ形は主節の影響（いわば「時制の一致」）で
タ形となっているのであって、「元」が持つ＜過去＞の意味によるわけではないとも考え
られるからである。つまり（ア）（イ）の「元」は基本的な用法と解釈される。本章では
このような用例を除き、確実に副詞的用法といえるもののみを扱うことにする。

（Ⅱ）出現する構文的条件

　副詞的用法と解釈される際に、「元」はタ形と必ず共起することを述べたが、ここでは、出現するための構文的条件について考察する。

（ⅰ）「元＋後接語」が名詞述語文の述語名詞である場合

　国語辞典の用例（25）（26）も、BCCWJの実例（29）（30）も、「元＋後接語」が名詞述語文の述語名詞として用いられている。次の（32）（33）も同様である。

（32）元労務担当役員であった副社長の堂本信介は、現在、運航、営業、人
　　　事を統括する立場で、団交の席には出席しない。

『沈まぬ太陽　２（アフリカ篇　下）』OB5X_00112

（33）みちのく北方漁船博物館展示機は、元日本エアコミューターの機体だ
　　　ったが、日本エアシステムの塗装で展示されている。

（Yahoo！ブログ OY14_11635）

　（29）（32）のように、「元＋後接語」を用いた名詞述語文が連体修飾節になっている場合を、便宜上「連体用法」と呼ぶ。一方、（30）（33）のように「元＋後接語」を用いた名詞述語文が文末や連用節に使われる場合を、便宜上「終止用法」と呼ぶ。これらは「元＋後接語」が名詞述語文の述語名詞として用いられ、「元」の直後に位置する名詞にかかるのではなく、「元」がコピュラのタ形と共起し、副詞的用法としてタ形にかかる点で共通する。

（ⅱ）「元＋後接語」が動詞述語文の補語である場合

　以上、見てきた名詞述語文の述語名詞だけでなく、「元＋後接語」が動詞述語文の補語として用いられる場合の「元」にも副詞的用法の用例が観察される。次の（34）〜（37）を取り上げる。

3　ただし、「元校長先生の男性患者」から、「元校長である男性患者」を経由せずに、「元校
　長先生だった男性患者」が直接的に派生する、という可能性も考えられる。

第12章　「前首相」の「前」、「旧ソ連」の「旧」、「昨年度」の「昨」、「先場所」の「先」　　265

（34）Hさんは元新聞記者をした方で今は"歩こう会"の会長です。

（Yahoo！ブログ OY14_23746）

（35）元運輸大臣をなさった細田委員ですね、こういうふうにおっしゃっていますね。　　　　　　　　　　　　　　　　　　（国会会議録 OM35_00006）

（36）元山形県庁拓務課に勤務していた大江善松氏がつぎのように証言している。　　　　　　　　　　　　　　　　　（『日本列島に住く3』PB13_00845）

（37）長沼氏は東京都職員で元萩山実務学校に勤務された人。

（『感化院の記憶』PB13_00620）

（34）（35）は「人や組織が、（職業や社会的な立場などに関する）ある職務や任務を行う」4という意味を表す「する」「なさる」が使われている。（36）（37）は「所属先＋動詞」という所属先を表す文である。いずれも動詞述語文である。このような職歴を表す動詞述語文の場合も、「元」は後接語の「新聞記者」「山形県庁拓務課」にかかるのではなく、「した」「勤務していた」などの述語のタ形にかかり、副詞的用法として解釈される。

（34）～（37）は「連体用法」の場合であるが、当然ながら（38）（39）のような「終止用法」の用例もある。

（38）元車関係の仕事してました。　　　　　（Yahoo！知恵袋 OC06_05633）

（39）【片山甚市君】その副社長は中島博という人ですが、その人の前歴はどういうものでしょうか。

【参考人（川原正人君）】私が承知している範囲では、ある日本の大新聞の元モスクワの特派員をしておられたというふうに聞いております。

（国会会議録 OM18_00001）

しかし、動詞述語文の用例の中に、職歴を表す動詞述語文の補語でない用例

4　国立国語研究所『基本動詞ハンドブック』（http://verbhandbook.ninjal.ac.jp）の「する」という項目によるものである。

もBCCWJから観察された。

(40) 木造法道仙人立像（国重文）は元開山堂にあったもので、老人の風貌で鎌倉時代の写実的な作風を示す。　　　　　（『兵庫県の歴史散歩』LBe2_00034）

(41) 元少女漫画で育った世代としては、今の少女漫画は少女漫画のカテゴリに入れたくないです。　　　　　　　　　（Yahoo！知恵袋 OC09_04660）

(42) もっともその夢は果せるわけもなく、十五万円で買った元世田谷区役所で使っていたという中古のステーションワゴンを、東京鎌倉往復書斎道具運搬車として活用している貧しい現実なのです

（『スーパー書斎の遊戯術』LBl5_00020）

　「元」はそれぞれ「あった」「育った」「使っていた」などの述語のタ形にかかる副詞的用法である。広く捉えれば、（40）〜（42）は経歴を表す文だと考えられる。例えば、（40）は、木造法道仙人立像は昔開山堂に安置された時期があったというように、一種の経歴として理解できる。職歴は経歴の下位概念とも考えられ、当然ながら経歴を表している。副詞的用法の「元」がどのような動詞述語文に用いられるのか、より多くの用例を考察する必要があるが、本章では、経歴を表す動詞述語文に用いられると規定する。
　以上、副詞的用法の出現する構文的条件は2つあると述べた。1つは、「元＋後接語」が名詞述語文の述語名詞として用いられる場合、もう1つは、経歴を表す動詞述語文の補語として用いられる場合である。以下では、この2つの構文的条件の関係について検討する。

（iii）2つの構文的条件の関係

　まず、共通点について確認する。共通点は2つあり、1つは「元＋後接語」を用いた名詞述語文や動詞述語文がどちらも経歴を表すことである。動詞述語文の場合についてはすでに述べたが、名詞述語文の場合も経歴を表すと考えられる。（30）の「ジョブズは元ヒッピーだった」、（32）の「元労務担当役員であった副社長」といった表現は、職歴・経歴を表している。
　もう1つの共通点は、「元」を用例から取り除いても述べられた事実が大き

く変わることはないということである。副詞的用法の「元」は＜過去＞の意味を持つため、過去を表すタ形と意味が重なり、タ形が存在することによって、副詞的用法の「元」を用例から取り除いても述べられた事実は変わらない。(32) の「元労務担当役員であった副社長」と「労務担当役員であった副社長」、(34) の「元新聞記者をした方」と「新聞記者をした方」、といった用例では「元」がなくても、述べられた事実は変わらない。「元々労務担当役員だった」「元々新聞記者をした」[5]といった事実を強調したいときに、あるいは強く印象づけるために、意味の重複が多少あるにもかかわらず、副詞的用法の「元」が使用されると考えられる[6]。

　次に、相違点について確認する。名詞述語文の場合は、コピュラのタ形をル形に置き換えても述べられた事実は変わらない。(30) の「ジョブズは元ヒッピーだった」を「ジョブズは元ヒッピーである」に、(32) の「元労務担当役員であった副社長」を「元労務担当役員である副社長」に置き換えても、述べられた事実は変わらない。実際、コピュラのル形が用いられている用例もBCCWJ から確認される。

　それに対して、動詞述語文の場合は、そのタ形をル形に置き換えると不自然になる。(34) の「元新聞記者をした方」を「?? 元新聞記者をする方」に、(38) の「元車関係の仕事をしてました」を「?? 元車関係の仕事をしてます」に置き換えると、いずれも不自然になる。また動詞のル形の用例は BCCWJ か

5　副詞的用法の「元」は「元々」「元々は」と類似し、置き換えられる場合が存在する。三者の関係も興味深いことであり、今後の課題にする。

6　副詞的用法の「元」と同様に、「元卒業生」という表現の「元」も余分に使用されている。

　　（ウ）終戦直前、学童疎開と空襲で卒業式を開くことができなかった豊玉第二国民学校（現練馬区立豊玉第二小学校）の卒業式が三十一日、五十五年ぶりに同小で行われ、<u>元卒業生</u>四人に卒業証書が手渡された。　　　　　　（読売新聞2000年11月1日）

　「卒業生」は一度卒業してしまえば永久にその属性が付与されているため、「元」がつかなくても、述べられた事実は変わらない。なぜ、「元」が余分に使用されるのか。その理由は副詞的用法の「元」と共通する側面を有する。最近卒業したばかりではなく、何十年も前に卒業したという意味を強調するため、「元」が使用されたのではないかと考えられる。「元卒業生」という表現と本章の副詞的用法の「元」は同レベルのものなのか、という点についてはさらなる検討を要するものであり、また稿を改め論じることにしたい。

らは確認されなかった。

　上述した共通点と相違点は何を意味するのか。まず名詞述語文の場合、連体用法の（32）の「元労務担当役員であった副社長」については、前述のように、「元労務担当役員の副社長」における「の」をパラフレーズして「元労務担当役員である副社長」として、さらに「元」の持つ＜過去＞の意味の影響で、連体修飾節でタ形をとったものと考えられる。つまり、コピュラのタ形はル形から派生したものともいえる。また終止用法の場合も、「元」が持つ＜過去＞の意味の影響で、コピュラのタ形がル形から派生したと見做せるだろう。

　それに対して、動詞述語文の場合は、ル形では同義の表現が成り立たないため、動詞のタ形はル形から派生したとは考えられない。動詞述語文の場合は、名詞述語文の場合と同様に＜経歴＞を表すために派生した、すわなち、動詞述語文でのタ形は名詞述語文のタ形から派生してきたのではないかと考えられる。

　以上で述べた内容をまとめると、次の（43）と図12-3のようになる。

（43）（ア）「元＋後接語」が名詞述語文の述語名詞として、（イ）「元＋後接語」が経歴を表す動詞述語文の補語として、それぞれ用いられる際に、副詞的用法として解釈される。また（ア）のタ形は「元」が持つ＜過去＞の意味の影響により派生し、（イ）は（ア）から派生したと考えられる。

元社長の田中　→　元社長である田中　→　（Ⅰ）元社長だった田中
　　　　　　　　　　　　　　　　　　　　　　　　　　↓
　　　　元社長を務めている田中　⇸　（Ⅱ）元社長を務めていた田中

図12-3　２つの構文的条件の関係

（Ⅲ）接頭辞の副詞的用法と副詞

　以下では、「元」と共起するタ形述語の制限と「元」の出現位置という２点から、「元」はあくまでも接頭辞であり、副詞ではないということを論じる。
　まず、副詞的用法の「元」と共起するタ形述語には制限がある。上述したよ

うに、「元」は名詞述語文の「だった」、あるいは、経歴を表す動詞述語文の述語夕形にかかる。それ以外の動詞述語や形容詞述語の夕形にかかることはできない。

(44) 元次官を刺した　　　　　　　　　　　（Yahoo！ブログ OY01_02483）

(45) 実際にパーティーには元役員も出席した。

（『サンデー毎日』2002年4月14日号 PM21_00116）

(44)(45) の動詞述語文は経歴を表すものではない。そのため、「元」は「刺した」「出席した」といった動詞の夕形にかかることができず、副詞的用法として解釈されない。しかし、「昔次官を刺した」「以前役員も出席した」などのように、「昔」「以前」「かつて」といった時間関係の副詞は、述語に制限を持っていない。その点から考えれば、「元」は典型的な時間関係の副詞とは異なり、あくまでも接頭辞である。

　次に、副詞的用法の「元」は出現位置も限定され、述語の夕形にかかるとしても、述語の直前ではなく、後接語の直前に位置するのが自然である。

(46) a.　元通商大臣をやった八木沢代議士

（『寝台特急「あさかぜ1号」殺人事件』LBr9_00114）

　　 b. ?? 通商大臣を元やった八木沢代議士

　　 c.　昔通商大臣をやった八木沢代議士

　　 d.　通商大臣を昔やった八木沢代議士

(47) a.　元モスクワの特派員をしておられた　（第80回国会会議録 OM18_00001）

　　 b. ?? モスクワの特派員を元しておられた

　　 c.　昔モスクワの特派員をしておられた

　　 d.　モスクワの特派員を昔しておられた

(46)(47) の c. と d. で示したように、「昔」のような時間関係の副詞の出現位置は比較的自由である。それに対して、「元」は a. のように、「通商大臣」

「モスクワの特派員」といった名詞の前に位置するのが一般的であり、b. のように動詞の前に位置すると、不自然になる。これは「元」が副詞とは異なり、後接語の前に位置し、名詞を修飾する接頭辞であることを示している。

1.4.2 「元」の「所属を含めた名詞句との結合用法」

次に、後接語にかかっていないもう1つのケースとして、所属を含めた名詞句との結合用法を検討する。

（Ｉ）所属を含めた名詞句との結合用法とは

まず、(48) (49) の例を取り上げ、所属を含めた名詞句との結合用法とは何かについて述べる。

(48) 元ＳＭＡＰの森が初Ｇ１　　　　　　　　　　　（Yahoo！ブログ OY15_17873）

(49) 元ロッテの早川健一郎さんと、元日本ハムの田中聡さんである。

（『背番号三桁　僕達も胴上げに参加していいんですか？』LBs7_00036）

(48) の「元」の直後に「SMAP」という名詞が後接し、「元」は「SMAP」にかかるように見えるが、「SMAP」というグループそのものの改名や消滅といった経歴の変化を意味するものではない。(48) は「森という人が過去にはSMAP のメンバーだったが、現在はSMAP のメンバーではない」という意味を表し、「森」という人の経歴の変化を述べるものである。つまり、(48) の「元」は厳密に言えば、「SMAP」にかかるのではなく、「SMAP」という所属を含めた「SMAP の森」という名詞句全体にかかる。このように、直後の「SMAP」にかかるのではなく、「SMAP」といった所属を含めた「SMAP の森」という名詞句全体にかかる用法を本章では「所属を含めた名詞句との結合用法」と呼ぶ。

(49) も同様であり、「ロッテ」「日本ハム」という組織そのものの経歴の変化を意味するものではない。(49) は「早川健一郎」「田中聡」という人の経歴の変化を表すものである。「元」は「ロッテ」「日本ハム」という所属を含めた「ロッテの早川健一郎」「日本ハムの田中聡」という名詞句全体にかかる。

第12章　「前首相」の「前」、「旧ソ連」の「旧」、「昨年度」の「昨」、「先場所」の「先」　*271*

（Ⅱ） 基本的な用法との違い

　所属を含めた名詞句との結合用法は、基本的な用法とどのように異なるのか、用例を比較しながら確認しておく。

(50) マスコミ各社に一斉に送られたこの文書で元フジテレビの近藤サトアナウンサー（三十五才）が結婚報告をした。

（『女性セブン』平成16年2月12日号 PM41_00174）

(51) 元国立科学博物館の浅間一男教授は、……。

（『アインシュタイン TV』LBg4_00003）

　まず、後接語の種類が異なる。(50)(51) の「元」は所属を含めた名詞句との結合用法である。(51) を例にすると、「元」の後接語は「国立科学博物館」であるが、「国立科学博物館に所属している浅間一男教授という状態」から「国立科学博物館に所属しない浅間一男教授という状態」への変化を含意し、「元」は「国立科学博物館」にかかるのではなく、「国立科学博物館の浅間一男教授」という名詞句全体にかかる。(50)(51) からわかるように、「元」の後接語は「フジテレビ」「国立科学博物館」といった所属を表す名詞である。

　それに対して、基本的な用法の「元」は (52)(53) のように、後接語の直後に「の」がない場合もあれば、(54)(55) のように、「の」がある場合もあるが、後接語は職業を表す名詞が多く、所属を表す語ではない。

(52) その故に、かつて田中元首相は竹下政権づくりを遅らせることに腐心したものだった。 （(1) の再掲）

(53) 上梅さんは元刑事ですし、……。 （(3) の再掲）

(54) 子どもへの英語教育活動を行っている元ＮＨＫアナウンサーの久保純子さんは、……。 （『早期教育と脳』PB43_00321）

(55) 元サッカー選手の中田英寿さんが出席、……。

（Yahoo！ブログ OY11_05875）

また、所属を含めた名詞句との結合用法の（50）（51）も、基本的な用法の（54）（55）も、「元＋後接語＋の＋固有名詞」という構造を持っているが、その「の」の意味解釈にも違いがある。（54）「元 NHK アナウンサーの久保純子さん」と（55）「元サッカー選手の中田英寿さん」の「の」は、「コレラ患者の大学生」「ピアニストの政治家」の「の」と同様に、西山（2003）の「タイプ[B]：NP1である NP2」である。一方、（50）「元フジテレビの近藤サトアナウンサー」と（51）「元国立科学博物館の浅間一男教授」の「の」は、「洋子の首飾り」「北海道の俳優」と同様に、西山（2003）の「タイプ[A]：NP1と関係 R を有する NP2」である。また、西山（2003）によると、タイプ[A]の「NP1の NP2」において示しているのはあくまでも NP1と NP2は関係 R を有することであり、スロット R の具体的な値はコンテクストのなかで語用論的に補充される。しかし、語用論的に自由な読みができるタイプ[A]であっても、「元」の存在によって、「NP1の NP2」全体が職歴・経歴という意味の限定が起きると考えられる。

（Ⅲ）副詞的用法との関係

　上述した通り、副詞的用法の「元」はタ形にかかる。よって、（56）（57）のように、述語のタ形が用いられていないものは、副詞的用法ではなく、所属を含めた名詞句との結合用法である。

（56）福祉財団を立ち上げた元ヤマト運輸の小倉昌男氏。

（『コミュニケーションのノウハウ・ドゥハウ』PB53_00654）

（57）元放送部の吉岡聖恵が、……。　　　　（Yahoo！ブログ OY04_08546）

　しかし、次の（58）（59）で示すように、（56）（57）の所属を表す名詞の直後の「の」を「にいた」「に所属した」に置き換えても、文意はさほど変わらない。

（58）福祉財団を立ち上げた元ヤマト運輸にいた小倉昌男氏。

（（56）による作例）

(59) 元放送部に所属した吉岡聖恵が、……。　　　　　((57) による作例)

　(58) (59) は、「元」は「いた」「所属した」といった動詞のタ形にかかる副詞的用法である。一方 (56) (57) は「にいた」「に所属した」といった動詞ではなく、「の」が使われている以上、厳密に言えば副詞的用法ではないが、その「の」が「にいた」「に所属した」にといった動詞に置き換えられても文意が変わらないという点で、(56) (57) のような所属を含めた名詞句との結合用法は副詞的用法とは無関係ではなく、副詞的用法に近い側面を有するといえる。

1.4.3　字音接頭辞「前」との比較
　字音接頭辞「前」は、次のような用例が BCCWJ から観察される。まず、「前」と「元」の類似性を確認しておく。

(60) しかし、橋本政権となれば、竹下前首相の力は急速に弱まることが予想される。　　　　　　　　　　　　　　（『永田町の暗闇』LBe3_00067）
(61) 相川は管理部門育ちで、前社長時代には秘書課長を務めていた。
　　　　　　　　　　　　　（『白い眼　リクルート・ファイル』LBd9_00162）

　「前」は「首相」「社長」といった名詞に後接し、発話時現在は「前首相」「前社長」という状態であり、現在は「首相」「社長」ではないという意味を表す。このように、「前」は基本的な用法の「元」と同様に、直後に位置する「首相」「社長」にかかり、その後接語に意味を添加し、名詞を修飾する。
　「元」と「前」の比較について論じるものには久保 (2016) がある。久保 (2016) では、「元」と「前」の共起関係と意味について考察を行っている。「元」が「個体の属性」として解釈され、「前」が「履歴上の値」として解釈されるという差異が、「元」と「前」の共起関係と意味の差異に影響している（同：74）と指摘している。
　しかし、久保 (2016) の考察では、基本的な用法の用例しか扱われておらず、副詞的用法と所属を含めた名詞句との結合用法に関する指摘はない。
　述語のタ形にかかる副詞的用法の「元」を述べたが、BCCWJ で「前」の用

例を収集したところ、副詞的用法のように、夕形にかかる用例は見つからなかった。

また、（62）のような所属を表す名詞と結合する用例がBCCWJから観察されたが、所属を含めた名詞句との結合用法の用例は見つからなかった。

（62）阪神の町田（前広島）、広島の福井（前巨人）、ロッテの林（元ダイエー、前日本ハム）のうち、今シーズン最も活躍できるのは誰でしょうか。

（Yahoo！知恵袋 OC06_04533）

よって、先行研究で指摘された「元」と「前」の接頭辞そのものの意味解釈の違いだけでなく、後接語にかからない副詞的用法と所属を含めた名詞句との結合用法を有するかどうかにおいても違いが見られるということになる[7]。

2. 「旧ソ連」の「旧」
2.1 「旧」の考察資料と用例
「旧」の用例収集には資料として、BCCWJを使用した。中納言を使用し、2016年9月28日に用例を検索した。検索条件として、キーを未指定にし、前方共起をキーから1語に設定し、「書字形出現形　が　旧　AND　語彙素読みが　キュウ」という指示で検索し、6503件の検索結果を得た。目視で用例を確認し、字音接頭辞でないものを考察対象から除外する。

また「旧」も、「現」「前」と同様に、（63）のような修飾用法と（64）のような照応用法の2種類があり、いずれも本章の考察対象になる。

（63）その一つに、旧市街のベツレヘム広場にある、「ナープルステク美術

7　ただし、BCCWJからは後接語にかからない「前」の用例は確認されなかったが、ネット検索では「前衆議院議員だった大村秀章氏」「前理事長を務めた元放駒親方（元大関魁傑）の急な訃報」といった副詞的用法と考えられる「前」の用例が見られる。「前」も「元」と同様に副詞的用法を獲得しているといえるのか、「元」の副詞的用法と同様の特徴が見られるのかといった問題はさらに用例収集の範囲を広げて調査する必要があり、今後の課題としたい。

館」〈アメリカ・アフリカ・アジア美術館〉―がある。

（『ブラハ幻景　東欧古都物語』LBb2_00035）

(64) 個人の総合的な人物理解を目指して開発されたＨＲＲ株式会社（旧（株）
人事測定研究所）が行っているテストである。

（『行動目標達成のための「チーム医療」ポイント50』PB44_00311）

最終的に「旧」の用例数は次の表12-5の通りである。

表12-5　BCCWJ から収集した「旧」の用例数

		用例数
考察対象となるもの	修飾用法の「旧」	5446
	照応用法の「旧」	589
考察対象でないもの		468
合計		6503

2.2　「旧」の後接語について（結合機能）

上述したように、「旧」は、「現」「前」と同様に、修飾用法と照応用法の２
種類がある。「現」「前」と同様に、結合機能に関する分析では、修飾用法のデ
ータのみ使用することを断っておく。

2.2.1　「旧」の後接語の語種

次の表12-6は「旧」の後接語について語種別にその異なり語数と延べ語数
を示したものである。

漢語が最も多く、異なり語数は約50％で、延べ語数は約60％を占めている。
「旧」の後接語には、「東ドイツ」「フセイン政権」「会津藩」などの固有名詞[8]
が多く、混種語はほかの接頭辞と比べ多く結合される。異なり語数は33％、延

8　固有名詞の語種について、便宜上音読みするものは漢語で、訓読みするものは和語とし
て判断した。

べ語数も27％を占めている。漢語と混種語は合わせて80％以上を占めている。和語と外来語は少なく、異なり語数と延べ語数の差もほとんどない。

表12-6　「旧」の後接語の語種別語数と比率

語種		異なり語数	比率	延べ語数	比率
漢語	二字漢語	403	20.42%	1716	31.51%
	三字漢語	257	13.02%	833	15.30%
	四字漢語	154	7.80%	399	7.33%
	五字以上の漢語	197	9.78%	311	5.71%
	小計	1007	51.01%	3529	59.84%
和語		146	7.40%	338	6.21%
外来語		142	7.19%	342	6.28%
混種語		655	33.18%	1481	27.19%
語レベルを超えるもの		24	1.22%	26	0.48%
合計		1974	100.00%	5446	100.00%

2.2.2　「旧」の後接語の意味分野

　「旧」の後接語の意味分野については、『分類語彙表』を参考にして分類を行った。意味分野の大項目別に後接語を示すと次の表12-7のようになる。

　異なり語数も延べ語数も、「ソ連」「市街」「東ドイツ」「東海道」などのように「1.2　人間活動の主体」を表す語が最も多く、半数以上を占める。次に多いのは、「民法」「制度」「自治令」などの「1.3　人間活動精神および行為」を表す語である。

表12-7 「旧」の後接語の意味分野（大項目）語数と比率

大項目	異なり語数	比率	延べ語数	比率
1.1 抽象的関係	143	7.24%	619	11.37%
1.2 人間活動の主体	1127	57.09%	3322	61.00%
1.3 人間活動精神および行為	324	16.41%	869	15.96%
1.4 生産物および用具	337	17.07%	548	10.06%
1.5 自然物および自然現象	43	2.18%	88	1.62%
合計	1974	100.00%	5446	100.00%

　次に、「旧」の後接語の意味分野の中項目について分析する。表12-8はその調査結果を示したものである。

　最も多い中項目は「1.25 公私」であり、31％を占めている。「旧」は、「ソ連」「赤石村」「満州」などの固有地名や政治的区画を表す語とよく結合しやすいことがわかる。次に多いのは、「1.27 機関」であり、「国鉄」「幕府軍」「厚生省」などの語が挙げられる。また、「民法」「事業団法」「郵便振替法」などの法律を表す語も「旧」とよく結合するため、「1.30 心」も多い。

表12-8 「旧」の後接語の意味分野（中項目）語数と比率

意味コード	大項目	中項目	延べ語数	比率
1.10	抽象的関係	事柄	15	0.28%
1.11		類	68	1.25%
1.12		存在	2	0.04%
1.13		様相	110	2.02%
1.14		力	28	0.51%
1.15		作用	4	0.07%
1.16		時間	267	4.90%
1.17		空間	111	2.04%
1.18		形	3	0.06%
1.19		量	11	0.20%
1.20	人間活動の主体	人間	2	0.04%
1.21		家族	8	0.15%
1.22		仲間	4	0.07%
1.23		人物	206	3.78%
1.24		成員	103	1.89%
1.25		公私	1688	31.00%
1.26		社会	597	10.96%
1.27		機関	714	13.11%
1.30	人間活動精神および行為	心	441	8.10%
1.31		言語	184	3.38%
1.32		芸術	23	0.42%
1.33		生活	22	0.40%
1.34		行為	34	0.62%
1.35		交わり	25	0.46%
1.36		待遇	28	0.51%
1.37		経済	80	1.47%
1.38		事業	32	0.59%
1.40	生産物および用具	物品	18	0.33%
1.41		資材	3	0.06%
1.42		衣料	2	0.04%
1.43		食料	1	0.02%
1.44		住居	286	5.25%
1.45		道具	19	0.35%
1.46		機械	48	0.88%
1.47		土地利用	171	3.14%
1.52	自然物および自然現象	天地	76	1.40%
1.55		動物	8	0.15%
1.56		身体	4	0.07%
合計			5446	100.00%

2.3 「旧」の意味用法（意味添加機能）

上述したように、「旧」には、修飾用法と照応用法という2用法がある。まず、照応用法について見ていく。

2.3.1 照応用法の「旧」

照応用法の「旧」には、「前」と同様の特徴が見られる。まず「現」「前」と同様に、（65）～（67）のように、先行詞の直後に括弧が使用される場合が確認される。

(65) 演劇「ＫＯＺＡ二千五」は、空港通り（旧ゲート通り）のライブハウスが舞台。　　　　　　　　　　　（『琉球新報』2005年8月30日朝刊 PN5o_00013)

(66) 日本の銀行は財務省（旧大蔵省）の影響が強いので半国有化みたいなものですよ。　　　　　　　　　　　　　　　　　（Yahoo! 知恵袋 OC03_00254)

(67) 東プロイセン（旧ドイツ領）から引き上げた人たちの設立した、異色の博物館であった。　　　　　　　　　（『ドイツ　ビールへの旅』PB35_00336)

「旧」は「前」と同様に、「（今は異なるが）昔は…であった」という意味を表し、括弧の中に位置し、注釈のような機能をする。また、「現」「前」と同様に、（65）（66）のような一致関係タイプと（67）のような属性説明タイプの2タイプが見られる。

さらに、「前」と同様に、括弧内に「以下「旧○○」という」が明示されることによって、次に出現する際に、「旧○○」という形で照応機能を持つ場合が見られる。次の（68）（69）を取り上げる。

(68) 社会保険や共済組合など、被用者保険※の被保険者が長寿医療制度へ移行するため、六十五歳から七十四歳までの被扶養者（旧被扶養者といいます）が国民健康保険に加入することになった場合は、申請により2年間、保険税の所得割額と資産割額が免除されるとともに、均等割が半額となります。さらに、世帯内の国保加入者が、全員旧被扶養者のみであった場合には、平等割も半額となります。

280

（『広報みぶ』2008年06号 OP18_00003）

(69) 第十一条　この法律の施行の際現に附則第三条の規定による改正前の海上運送法（以下「旧海上運送法」という。）第二条第八項の海上運送取扱業について旧海上運送法第三十三条（旧海上運送法第四十四条において準用する場合を含む。）において準用する旧海上運送法第二十条第一項の届出をしている者は、……。

（『貨物利用運送事業法』OL3X_00050）

「前」と同様に、点線で示した先行詞は厳密さと正確さを重視しての長い言い回しであり、その長い言い回しの繰り返しを避けるために、先行詞の直後の括弧内に、「旧被扶養者といいます」「以下旧海上運送法という」という表現が明示されることによって、「旧被扶養者」「旧海上運送法」という短い表現で使用され、照応機能を持つようになり、先行詞を指し示す[9]。

2.3.2　修飾用法の「旧」

「旧」の意味に関する先行研究には、田中・上野（2002）があり、「旧」を3タイプに分けており、本章もそれに従う立場を採る。

　まず一つ目は、限定修飾の構造の「旧」であり、「結合型」と呼ばれ、「旧X」以外のXも存在することを含意する（田中・上野2002：107）ものである。「旧石器」「旧大陸」「旧情報」「旧体制」「旧条約」などのように、「名詞Xが指す複数の対象のうちの「旧い」部分を示す」（田中・上野2002：107）。例えば、「旧石器」は、「通常、複数種類のある「石器」の集合における「旧」の部分という意味解釈しか許容されない」（田中・上野2002：107）。

　二つ目は、非限定修飾の構造の「旧」であり、「分離型」と呼ばれ、「旧X」のX部のみを言及する（田中・上野2002：107）ものである。これは「旧ソ連」「旧国鉄」「旧満州」「旧住専」「旧さくら」などのように、「名詞Xが指すある特定の対象が、かつてのものであり、現在はXではないことを示す」（田中・上野2002：107）。例えば、「旧ソ連」は、「「ソ連」という特定の国を言及し、それが「かつてのもの」であり、今はソ連ではないことを意味している」（田中・上野2002：107）。

　三つ目は、「旧校舎」「旧病棟」「旧社屋」「旧メンバー」「旧領地」などのよ

うに、両方の解釈ができるタイプである。田中・上野（2002：107-108）では、例えば、「旧校舎」が結合型として現れる場合は、複数ある校舎のうちの「旧いもの」という、限定修飾の解釈がなされる。一方、分離型として現れる場合は、ある特定の校舎が「かつてのもの」、すなわち、今は校舎ではなく別の建物（あるいは廃墟）であると解釈されると指摘されている。

　BCCWJから収集した「旧」の用例を見てみると、田中・上野（2002）の3タイプによって十分に説明することができる。よって、本章は、修飾用法の「旧」の意味用法に関して、田中・上野（2002）の論に従う。

9　次の（エ）～（カ）のような例は、括弧内に「以下「○○」という」が明示されることによって、次に出現する際に、「○○」という形で括弧前の指示対象を指すという点で共通する。しかし、「以下「○○」という」が明示されるからといって、照応用法を持つとは限らない。（エ）の「旧」、（オ）の「甲」「乙」は照応用法として認められるのに対して、（カ）は照応用法として認められない。

　（エ）第十一条　この法律の施行の際現に附則第三条の規定による改正前の海上運送法（以下「旧海上運送法」という。）第二条第八項の海上運送取扱業について旧海上運送法第三十三条（旧海上運送法第四十四条において準用する場合を含む。）において準用する旧海上運送法第二十条第一項の届出をしている者は、……。

((69) の再掲)

　（オ）株式会社凹凸企画（以下、甲）と国民放送協会（以下、乙）は、上記番組における共同制作契約を結び、甲は企画段階をおもに担当し、乙は実際の制作を担当するものとする。制作された番組の著作権は甲乙両者に帰属する。

（日本語記述文法研究会編2009：42）

　（カ）二　株式会社の設立に際して執行役となる者（以下「設立時執行役」という。）を選任すること。三　設立時執行役の中から株式会社の設立……。

（『会社法』OL6X_00029）

「前」「旧」のような字音接頭辞も、「甲」「乙」のような言語形式も、実質的な意味を表さないという点で共通する。実質的な意味を表さない言語形式が「以下「○○」という」に用いられる場合、照応用法として認められる。それに対して、（カ）の「設立時執行役」のような実質的な意味を表す語が「以下「○○」という」に用いられた場合には、照応用法として認められない。

3. 「昨年度」の「昨」

3.1 「昨」の考察資料と用例

「昨」の用例収集には資料として、BCCWJ を使用した。中納言を使用し、2016年9月28日に用例を検索した。検索条件として、キーを未指定にし、前方共起をキーから1語に設定し、「書字形出現形　が　昨　AND　語彙素読みが　サク」という指示で検索し、531件の検索結果を得た。目視で用例を確認し、字音接頭辞でないものを考察対象から除外する。最終的に考察対象となる用例は異なり8例、延べ503例であった。

3.2 「昨」の後接語について（結合機能）

「昨」の後接語は、異なり語数8しかないため、全データを示す。次の（70）の通りである。

(70) 年度（351）、シーズン（91）、日を表す語（例：二十八日、33）、年を表す語（例：昭和8年、21）、オフ（4）、月を表す語（例：9月）、ドラフト、晩ご飯（1）

（70）から「昨」の後接語は、時間を表す語であることがわかる。

3.3 「昨」の意味用法（意味添加機能）

「昨」の後接語を見てみると、第11章で述べた「今」の後接語と同じものがあり、「昨」と「今」は意味的に体系性を持つといえる。「今」の意味用法を参考に、「昨」の意味用法を示すと、次の表12-9の通りである。

表12-9 「昨」の意味用法

意味用法	後接語	語例
「今の、現在の」に対する、前の	主に（時間）幅が長い時間を表す語	年度（351）、シーズン（91）、「昭和8年」などの年を表す語（21）、「9月」などの月を表す語（1）
「今日の」に対する、前の	一日の時間単位を表す語	「二十八日」などの日を表す語（33）、晩ご飯（1）
「このたびの、今回の」に対する、前の	人間活動にかかわる語	ドラフト（1）[10]

4. 「先場所」の「先」

4.1 「先」の考察資料と用例

「先」の用例収集には資料として、BCCWJ を使用した。中納言を使用し、2017年12月16日に用例を検索した。検索条件として、キーの品詞の大分類を名詞に指定し、前方共起をキーから1語に設定し、「書字形出現形　が　先 AND　語彙素読み　が　セン」という指示で検索し、1198件の検索結果を得た。目視で用例を確認し、字音接頭辞でないものを考察対象から除外する。最終的に考察対象となる用例は異なり16例、延べ97例であった。

4.2 「先」の後接語について（結合機能）

「先」の後接語には、「シーズン」「カンブリア紀」「土器時代」など、時間・年代を表す語が多いものの、必ずしもそうではない。「先」の後接語の全データを示すと、次の表12-10のようになる。

---

10 「昨大会」という表現は BCCWJ から抽出できなかったが、新聞記事のスポーツ面でよく目にする表現であり、「「今回」のに対する、前の」というグループに属するものである。

表12-10 「先」の後接語

時間・年代	シーズン（11）、カンブリア時代（6）、Ⅰ期、王朝時代（3）、土器時代（2）、カンブリア紀、カンブリア系、コロンブス期、古典期、土器（1）
その他	場所（27）、順位（23）、発明（10）、国会（5）、古墳、経験（1）

4.3 「先」の意味用法について（意味添加機能）

「時間・年代」を表す語と結合する「先」の意味用法は、「前」の三つ目の意味、主に発達段階について、あるときより前という意味と類似する。「先カンブリア時代」「先土器時代」「先古典期」の「先」は、あるときや段階より前という意味を表す。後接語が「その他」である場合、「先」の意味を一般化することは難しい。

5. 本章のまとめ

本章で述べたことの要点をまとめておく。

A. 「前」がどのような後接語と結合するのかを分析した結果、後接語の語種については、漢語が圧倒的に多く、特に、二字漢語には出現頻度が高いものが多い。文字数が多い漢語と混種語も多い。また、後接語の意味分野については、「1.16 時間」「1.24 成員」が多い。

B. 「前」がどのような意味用法を表すのかを分析した結果、大きく照応用法と修飾用法の2つに分けられる。さらに、照応用法は先行詞の直後に括弧が使用されるタイプと、括弧内に「以下「前○○」という」というように明示されることによって、次に出現する際に「前○○」という形で照応機能を持つタイプの2つに分けられる。修飾用法はさらに「時間的な前、現在の一つ前」という意味、「空間的な前、前の部分に位置する」という意味、主に発達段階について、あるときより前という意味の3つに分けられる。

C. 「前」と「元」の違いは、共起する後接語や意味という点で違いがあることはすでに研究されているが、副詞的用法を持つかどうか、所属を含めた名詞句との結合用法を持つかどうかという点においても違いが見られる。「元」には、副詞的用法と所属を含めた名詞句との結合用法が観察

されたが、「前」には、所属を含めた名詞句との結合用法の用例は見つからなかった。

D. 「旧」がどのような後接語と結合するのかを分析した結果、後接語の語種については、漢語が最も多く、混種語も多い。各語種の異なり語数と延べ語数の比率に差がないことも特徴である。また、後接語の意味分野については、「1.25 公私」「1.27 機関」「1.30 心」が多い。

E. 「旧」がどのような意味用法を表すのかを分析した結果、大きく照応用法と修飾用法の2つに分けられる。さらに、照応用法は先行詞の直後に括弧が使用されるタイプ、と括弧内に「以下「旧○○」という」というように明示されることによって、次に出現する際に「旧○○」という形で照応機能を持つタイプの2つに分けられる。修飾用法は田中・上野(2002)に従って、限定修飾の構造（結合型）、非限定修飾の構造（分離型）、両方の解釈ができるものという3つに分けられる。

F. 「昨」と「先」の用例は少なく、生産性が低い。「昨」は意味的に「今」と体系性を持つ。「先」は時間・年代を表す語とよく結合し、「前」の3つ目の意味と類似し、あるときより前という意味を表す。

第 13 章

「翌年度」の「翌」、「来シーズン」の「来」、「明十五日」の「明」、「後半生」の「後」
──「未来」を表す連体詞型字音接頭辞──

　本章は、「次の、明くる」という意味で類似する連体詞型字音接頭辞「翌」「来」「明」「後」を取り上げ、それぞれどのような後接語と結合するのか（結合機能）、どのような意味用法を持っているのか（意味添加機能）について考察する。

　1. では「翌」、2. では「来」、3. では「明」についてそれぞれ考察する。次に4. では、「翌」「来」「明」「後」の関係について整理する。5. では、「後」について言及する。さらに6. では、第11章と第12章の内容を合わせて、「時間・順序」を表す字音接頭辞の体系性について検討する。最後に、7. では、本章の内容をまとめる。

1.　「翌年度」の「翌」
1.1　「翌」の考察資料と用例
　「翌」の用例収集には資料として、BCCWJ を使用した。2017年10月18日に用例を検索し、キーを未指定にし、前方共起をキーから1語に設定し、「書字形出現形　が　翌　AND　語彙素読み　が　ヨク」という指示で検索し、1924件の検索結果を得た。「翌る朝」などのような明らかに考察対象にはならない「翌」と、「翌日」などの一字漢語と結合し、二字漢語を形成する「翌」を除外すると、延べ1882例のデータを得た。

1.2 「翌」の後接語について（結合機能）

「翌」の後接語は（1）に示すように、時間を表す語としか結合しない。

（1）年月日を表す語（例：翌寛政12年、翌1925年、翌7月21日など、1573例）、年度（182）、営業日（25）、曜日を表す語（20）、事業年度、早朝（18）、期首、午前（8）、シーズン（5）、開庁日（4）、場所（3）、決算期、連結事業年度、四半期（2）、あさ、冬、払暁、会計年度、開館日、請求月、深夜、未明、戊戌年、夕方、一週間、終戦当日（1）

次の（2）～（4）のように、年・月・日を表す語に付く「翌」が1573例あり、最も多い。

（2）明治二十二年（千八百八十九）、ドイツの細菌学者ロベルト・コッホの研究所に勤務していた北里柴三郎は、破傷風菌の培養に成功、翌二十三年には、その免疫体（抗毒素）を発見したことにより広く世界に盛名をとどろかすに至った。

（『エリート教育のすすめ こうして日本は生まれ変わる』PB23_00532）

（3）天平九年二月の帰朝報告によると、新羅は日本からの使節を、外交使節に対する礼儀で迎えず、相手にしなかったという。……翌三月、朝廷は、諸国に釈迦三尊像の造立と大般若経の書写を命ずる。

（『大系日本の歴史』LBc2_00011）

（4）さて彼等が右の「内命」を受けるとともに「帰郷旅行自由たる可し」と告げられたのは、五月十六日のことであった。……故郷の一番遠い陳重は翌十七日横浜発、海路大阪で乗り換えて二十四日宇和島に着き、約二週間滞在して六月七日出発し十五日帰京する。

（『明治一法学者の出発 穂積陳重をめぐって』LBc2_00042）

1.3 「翌」の意味用法（意味添加機能）

「翌」がどのような意味用法を持っているのかについては、次の（5）に示す『大辞林』における「翌」の意味記述が特に参考になる。

（5）その次、の意。年月など時に関する名詞の上に付いて複合語をつくり、
　　　ある基準になる日時の次の日時である意を表す。　　　　　　　（『大辞林』）

　「ある基準になる日時の次の日時」というのは、発話時を基準とするもので
はないという意味になる。つまり、「翌」は発話時を基準とする直示的な字音
接頭辞ではない。先行詞にあたるものが「ある基準」になり、その基準によっ
て「翌」の値が決まる照応的な字音接頭辞である。
　例えば、（2）の「翌23年」は発話時が明治22年であり、その発話時を基準
として、その次の23年という意味で解釈されるわけではない。点線で示した明
治22年にある出来事が起こり、文脈に出現した明治22年を基準にして、その次
の23年という意味で解釈される。（3）（4）も同様に、文脈に出現した「天平
9年2月」「5月16日」を基準に、その次の「3月」「17日」という文脈で理解
される。「翌」は直示的ではなく、点線で示した先行詞にあたるものを基準と
しており、その基準がなければ「翌」の値が決まらず、表現として成立しない。

2.　「来シーズン」の「来」
2.1　「来」の考察資料と用例
　「翌」と同様に、資料として BCCWJ を使用した。2017年10月18日に用例を
検索し、キーを未指定にし、前方共起をキーから1語に設定し、「書字形出現
形　が　来　AND　語彙素読み　が　ライ」という指示で検索し、1851件の
検索結果を得た。「すでに40年来議論されてきた」「20年来努力している」とい
うように、明らかに字音接頭辞として使われない「来」を除外した。一例ずつ
目視で検討した結果、字音接頭辞として使われる「来」の用例数は、異なり10
例、延べ517例にとどまっている。

2.2　「来」の後接語について（結合機能）
　まず、「来」はどのような後接語と結合するのか（結合機能）という問題につ
いて、「来」の後接語を示すと、（6）のようになる。

（6）年度（422）、シーズン（67）、世紀（20）、春闘（2）、クール、国会、九
月五日、明治十一年二月一日、学期、周期（1）

「来」は用例数が少なく、生産性が低いといえる字音接頭辞であり、後接語
についての顕著な特徴が見られないが、1点指摘できることがある。それは、
「九月五日」「明治十一年二月一日」以外の、「来」につく後接語8つが、第10
章で見た「今」の後接語にも出現したということである。つまり、「来」と結
合する後接語のすべては、「今」と結合することもできるといえる。

2.3　「来」の意味用法（意味添加機能）

次に、「来」はどのような意味用法を持っているのか（意味添加機能）につい
て考える。上述したように、「来」と「今」の後接語が一致していることから、
「来」は、「今」と体系性を持つ。第11章で述べた「今」の意味用法を参考に、
「来」の意味用法を示すと、次の表13-1の通りである。

表13-1　「来」の意味用法

意味用法	後接語	語例
「今の、現在の」に対する、次の	主に（時間）幅が長い時間を表す語	年度（422）、シーズン（67）、世紀（20）、クール、学期、周期（1）
「今日の」に対する、次の	「来」にはこの意味がない	
「このたびの、今回の」に対する、次の	人間活動にかかわる語	春闘（2）、国会（1）

ただし、「「今回の」に対する次の」を表す用法が、延べ3例しかなく、ほと
んど使用されていない。また、「来」は、「今」と体系性をなすということは、
「翌」と異なり、発話時現在を基準とする「その次の」という意味を表し、直
示的な字音接頭辞である。

3. 「明十五日」の「明」

3.1 「明」の考察資料と用例

「翌」「来」と同様に、資料として BCCWJ を使用した。2017年10月18日に用例を検索し、キーを未指定にし、前方共起をキーから１語に設定し、「書字形出現形 が 明 AND 語彙素読み が ミョウ」という指示で検索し、6件しか得られなかった。しかし、「明年度」を検索語として検索してみたところ、22件の検索結果が得られたことから、前述の検索方法では、「明」の用例をうまく抽出できないことがわかった。よって、検索方法を変更し、2017年11月14日に、キーを未指定にし、前方共起をキーから１語に設定し、「書字形出現形 が 明」という指示で改めて検索すると、1511件を得られた。検索方法を変更することによって、字音接頭辞として使われていない用例や、「ミョウ」と読まない用例も同時に多く抽出された。一例ずつ目視で検討した結果、字音接頭辞として使われる「明」の用例数は延べ55例のみであり、「明」は、字音接頭辞としての生産性が極めて低いと考えられる。

3.2 「明」の後接語について（結合機能）

「明」の後接語は「十五日」のような日付を表す語、「年度」、「早朝」の３種類である。用例数が少なく、後接語については、顕著な特徴が見られない。次の（7）のように、後ろに「日付」が付く場合が32例あり、最も多い。

（7） 地方自治法等の一部を改正する法律案の審査のため、<u>明十五日</u>午前九時に参考人の出席を求め、その意見を聴取することに御異議ございませんか。

（国会会議録 OM65_00003）

しかし、（1）～（3）で示したように、「年・月・日」とも結合できる「翌」と異なり、（7）のように、「明」と結合するのは「日」のみである。

3.3 「明」の意味用法（意味添加機能）

2.3で確認したように、「来」は、「今」の「今の、現在の」と「このたびの、今回の」という２つの意味用法と体系性を持つ。第11章で述べたが、「今」は

もう1つ「今日の」という意味用法を持っている。（7）の「明十五日」という例と合わせて考えれば、「今」は、日時と結合し、「きょうの」という意味を表す点で、「明」と体系性を持つことがわかる。つまり、「明」は、「「きょう」に対する、次の」という意味が主要な意味だと考えられる。

また、（7）の「明十五日」のように、日時と結合する32例の「明」の中に、31例が国会会議録の例がある。「明」は、「今」「来」と同様に、発話時現在を基準とする直示的な字音接頭辞であるため、書き言葉では使用されにくく、話し言葉に近い「国会会議録」から多くの例が検出されたと考えられる。

4. 「翌」「来」「明」の関係について

まず、「翌」「来」「明」の共通点について確認しておく。時間を表す語ともっぱら結合し、「次の」「明くる」という意味を表すことが三者の共通点になるだろう。

次に、「翌」「来」「明」の相違点について検討する。

「来」「明」は直示的な接頭辞であり、発話時現在を基準にし、その「次の、未来の」時間を表す。それに対し、「翌」は、「来」「明」と異なり、直示的な接頭辞ではなく、前文脈で既に出現したある話題になっている時間を基準に、その時間に対して「次の、未来の」時間を表す。

また、「来」「明」は直示的である点で共通するが、相違点は、字音接頭辞「今」の意味の分類にヒントがある。第11章の5.2で、「今」の意味を国語辞典から3つ抽出した。『三国』と『新選』で記述されている「①今の、現在の」「②きょうの」「③このたびの、今回の」という3つの意味である。「来」は、「今」の「①今の、現在の」「③このたびの、今回の」という2つの意味で、「今」と体系性を持つ。それに対し、「明」は、「今」の「②きょうの」という意味で、「今」と体系性を持つ。よって、「来」は、「「現在の」に対する、次の」「「今回の」に対する、次の」という意味を表す。一方、「明」は、「「きょうの」に対する、次の」という意味を表す。その点で、「来」と「明」の違いが見られるといえる。

「翌」「来」「明」の関係をまとめると、次の表13-2のようになる。

表13-2 「翌」「来」「明」の関係

発話時基準 （直示的）	「今」	①今の、現在の	→	「現在の」に対する、次の	「来」
		②きょうの	→	「きょうの」に対する、次の	「明」
		③このたびの、今回の	→	「今回の」に対する、次の	「来」
前文脈に出現したある話題になっている時間を基準にする（照応的）					「翌」

5. 「後半生」の「後」について

　「翌」「来」「明」と同様に、資料としてBCCWJを使用した。2017年10月18日に用例を検索し、キーを未指定にし、前方共起をキーから1語に設定し、「書字形出現形　が　後　AND　語彙素読み　が　コウ」という指示で検索し、14件を得た。しかし、「後半期」を検索語として検索してみたところ、42件の検索結果が得られたことから、「明」と同様に、前述の検索方法では、「後」の用例をうまく抽出できなかったということになる。よって、2017年11月14日に、検索方法を変更し、キーの品詞の大分類が名詞で指示し、前方共起をキーから1語に設定し、「書字形出現形　が　後」という指示で改めて検索すると、10175件を得られた。

　しかし、「後」という字は、「のち」「あと」「ご」「こう」など多様な読み方がある。確実に「こう」と読む用例を判断することは難しい[1]。大まかな傾向としては、「前」と体系性を持つといえる。つまり、「後」は、「空間的な後ろ、後ろの部分に位置する」という意味と、主に発達段階について、あるときより後という意味を表す。「空間的な後ろ、後ろの部分に位置する」という意味を表す「後」には、「後甲板」「後頸部」などの用例が挙げられる。主に発達段階について、あるときより後という意味を表す「後」には、「後近代」が典型例だといえる。

1　複数名の日本語母語話者に収集した用例にある「後」の読み方（例：「後足部」「後銅壺」「後三者」「後工事」「後バラ肉」等）を確認したところ、「こう」と読むかどうかわからないといった返答をいただいた。

6. 「時間・順序」を表す字音接頭辞の体系性

　ここで取り上げる「時間・順序」を表す字音接頭辞とは第11章～第13章で述べた「前」「旧」「昨」「先」「現」「今」「翌」「来」「明」「後」の10の字音接頭辞を指す。第11章～第13章の考察に基づいて、「時間・順序」を表す字音接頭辞の体系性について検討したい。

　「時間・順序」を表す字音接頭辞の体系性を示すと、次の表13-3のようになる。

　表13-3からは、以下の5点が指摘できる。

Ⅰ．修飾用法においても照応用法においても、「前」「旧」と「現」が対義関係になっている。

Ⅱ．空間的な前か後ろか、および発達段階の前か後ろかで、「前」「先」と「後」が対義関係になっている。

Ⅲ．旧いか新しいかという意味で、限定修飾構造の「旧」と「新」が対義関係になっている。

Ⅳ．時間関係の前か今か次かという意味で、「昨」と「今」と「来」「明」が対義関係になっている。

Ⅴ．「翌」と対義関係になる字音接頭辞がない。

表13-3 「時間・順序」を表す字音接頭辞の体系性

		（過去）	（現在）	（未来）
修飾用法		「**前**」：時間的な前、現在の一つ前という意味 「**旧**」：非限定修飾構造	「**現**」：今の、現在の	× （「次期」などの言い方）
		「**前**」：空間的な前、前の部分に位置するという意味	「**後**」：空間的な後ろ、後ろの部分に位置するという意味	
		「**前**」「**先**」：主に発達段階について、あるときより前という意味	「**後**」：主に発達段階について、あるときより後という意味	
		「**旧**」：限定修飾構造	（「**新**」）	
		「**昨**」：「今の、現在の」に対する、前の	「**今**」：今の、現在の	「**来**」：「今の、現在の」に対する、次の
		「**昨**」：「今日の」に対する、前の	「**今**」：今日の	「**明**」：「今日の」に対する、次の
		「**昨**」：「このたびの、今回の」に対する、前の	「**今**」：このたびの、今回の	「**来**」：「このたびの、今回の」に対する、次の
		×	×	「**翌**」：（照応的）
照応用法		「**前**」：先行詞の直後に括弧が使用される場合	「**現**」：先行詞の直後に括弧が使用される場合の一致関係タイプ	×
		「**旧**」：先行詞の直後に括弧が使用される場合	「**現**」：先行詞の直後に括弧が使用される場合の属性説明タイプ	×
		「**前**」「**旧**」：括弧内に「以下「△○○」という」が明示されることによって、次に出現する際に、「△○○」という形で照応機能を持つという場合	×	×

第13章 「翌年度」の「翌」、「来シーズン」の「来」、「明十五日」の「明」、「後半生」の「後」　*295*

7. 本章のまとめ

本章で述べたことの要点をまとめておく。

A. 「翌」は時間を表す語としか結合せず、年・月・日を表す数字に付く「翌」がほとんどである。意味用法としては、前文脈で既に出現したある話題になっている時間を基準に、その時間に対しての「次の、未来の」時間を表す、照応用法が見られる。

B. 「来」につく後接語は、「今」と結合することができる。意味用法としては、「今」の意味用法を参考に、「「現在の」に対する、次の」「「今回の」に対する。次の」というようにまとめた。

C. 「明」の後接語は、「〇日」のように日付を表す語がほとんどである。意味用法としては、「今」の意味用法を参考に、「「きょうの」に対する、次の」というようにまとめた。

D. 「翌」は照応的で、「来」「明」は直示的である。また、「来」は、「今」の「①現在の」「③今回の」という意味で、「今」と体系性を持ち、「明」は、「今」の「②きょうの」という意味で、「今」と体系性を持つという関係が見られる。

E. 「時間・順序」を表す字音接頭辞の体系性を簡潔に示すと、次のようになる。

　　　「前」「旧」　⇔　「現」

　　　「前」「先」　⇔　「後」

　　　「旧」　　　⇔　（「新」）

　　　「昨」　　　⇔　「今」　　　⇔　「来」「明」

第 14 章

「副社長」の「副」、「助監督」の「助」、「半導体」の「半」、「準決勝」の「準」、「准教授」の「准」、「亜熱帯」の「亜」
——「不完全」を表す連体詞型字音接頭辞——

　本章は、「不完全」という意味で類似する連体詞型字音接頭辞「副」「助」「半」「準」「准」「亜」を取り上げ、それぞれどのような後接語と結合するのか（結合機能）、どのような意味用法を持っているのか（意味添加機能）について考察する。

　まず、1. では「不完全」とは何かという点について述べておく。2.～7. までは、「副」「助」「半」「準」「准」「亜」について順番に考察する。次に、8. では、「不完全」という点で共通しているこれらの字音接頭辞の関係について整理した上で、それらの相違点を明らかにする。最後に、9. で本章の内容をまとめる。

1.　「不完全」とは

　国語辞典を確認すると、本章の考察対象である「副・半・準・准・亜・助」といった字音接頭辞の中に、「不完全」という意味解釈が記述されているのは、「半」のみである。例えば、次の（1）は『大辞林』における「半」の意味記述である。

　（1）名詞の上に付いて複合語をつくり、なかば、半分、不完全などの意を表す。「—病人」「—殺し」「—煮え」　　　　　　　　　（『大辞林』）

　（1）を見れば、「半」を「不完全」を表す字音接頭辞だと位置づけることに

問題がないだろう。しかし、そのほかの「副・準・准・亜・助」の意味記述には、「不完全」という表現が見当たらず、それらの表す「不完全」とは何かについて補足して説明しておく必要がある。

　例えば、「副社長」は社長ではないが、社長に最も近い、社長の下の段階という意味である。「準優勝」は、優勝ではないが、優勝に次ぐ、ほかの順位と比べて優勝に最も近い段階という意味である。「准教授」の「准」も同様に、教授ではないが、教授に次ぐ、教授に最も近い、その下の段階という意味である。「亜熱帯」の「亜」も、熱帯ではないが、熱帯に次ぐ、その下の段階という意味である。「助監督」は、監督ではないが、主に監督を補助する役割をする。

　このように、本章の「不完全」とは、「Xに最も近い、Xに次ぐ段階」という意味で使われる場合があることから、「半」と合わせて、「副・準・准・亜・助」も便宜的に「不完全」を表す字音接頭辞として一括して論を進める。「不完全」という表現は、最善の命名でないかもしれないが、便宜上「不完全」という表現を用いることを断っておく。

2. 「副社長」の「副」

2.1 「副」の考察資料と用例

　「副」の用例収集には資料として、BCCWJを使用した。中納言を使用し、2016年9月28日に用例を検索した。検索条件として、キーを未指定にし、前方共起をキーから1語に設定し、「書字形出現形　が　副　AND　語彙素読みが　フク」という指示で検索し、5759件の検索結果を得た。目視で用例を確認し、「主副ともに花筋が入らない」というような字音接頭辞でないものを考察対象から除外した結果、最終的に考察対象となる用例は異なり255例、延べ5623例であった。

2.2 「副」の後接語について（結合機能）

2.2.1 「副」の後接語の語種

　表14-1は「副」の後接語について語種別にその異なり語数と延べ語数を示したものである。

表14-1　「副」の後接語の語種別語数と比率

語種		異なり語数	比率	延べ語数	比率
漢語	二字漢語	140	54.90%	4496	79.97%
	三字漢語	55	21.57%	891	15.85%
	四字漢語	29	11.37%	156	2.77%
	五字漢語	5	1.96%	5	0.09%
	六字以上の漢語	3	1.18%	3	0.05%
	小計	232	90.98%	5551	98.74%
和語		3	1.18%	9	0.16%
外来語		7	2.75%	20	0.36%
混種語		13	5.10%	42	0.75%
合計		255	100.00%	5622	100.00%

　表14-1からわかるように、「副」の後接語は、漢語が圧倒的に多い。異なり語数の90％以上、延べ語数の98％以上を占めている。特に、二字漢語の延べ語数は、約80％であり、異なり語数より約25％高い。二字漢語の中に、出現頻度が高いものが多いことがわかる。また、三字漢語も、異なり語数の約21％、延べ語数の約16％であり、少なくない。

　次の（2）で示す出現頻度が高い上位20語を見れば、二字漢語と三字漢語が多いことがわかる。

（2）作用（1278）、社長（397）、会長（309）、大臣（298）、大統領（185）、長官
　　（164）、産物（151）、議長（149）、甲状腺（141）、部長（129）、首相（124）、
　　委員長（116）、交感神経（112）、都心（108）、知事（99）、院長（92）、総
　　裁（81）、理事長（77）、市長（69）、鼻腔（66）

2.2.2　「副」の後接語の意味分野

　「副」の後接語の意味分野については、『分類語彙表』を参考にして、分類を行った。後接語を意味分野の大項目別に示すと表14-2のようになる。

表14-2　「副」の後接語の意味分野（大項目）語数と比率

大項目	異なり語数	比率	延べ語数	比率
1.1　抽象的関係	13	5.10%	1300	23.12%
1.2　人間活動の主体	186	72.94%	3535	62.87%
1.3　人間活動精神および行為	18	7.06%	122	2.17%
1.4　生産物および用具	19	7.45%	266	4.73%
1.5　自然物および自然現象	19	7.45%	400	7.11%
合計	255	100.00%	5623	100.00%

　異なり語数も延べ語数も「1.2　人間活動の主体」を表す語が最も多く、異なり語数の約73％、延べ語数の約63％を占めている。「副」とよく結合する「社長」「会長」「大統領」などの身分・官職を表す語は、「1.2　人間活動の主体」に属するからである。また、「1.1　抽象的関係」の延べ語数が急増したのは、1278回出現する「作用」という語の影響だと考えられる。

　次に、「副」の後接語の意味分野の中項目について分析する。表14-3はその調査結果を示したものである。

　最も多い中項目は当然「社長」「会長」「大統領」がある「1.24　成員」であり、約56％を占めている。次に多いのは、「1.15　作用」である。それは、1278回出現する「作用」という語の影響だと考えられる。また、「1.56　身体」も約６％であり、三番目に多い。「甲状腺」「交感神経」「鼻腔」など、「副」と結合する身体部分を表す語も少なくないことがわかる。

表14-3 「副」の後接語の意味分野（中項目）語数と比率

意味コード	大項目	中項目	延べ語数	比率
1.11	抽象的関係	類	6	0.11%
1.15		作用	1289	22.92%
1.17		空間	3	0.05%
1.19		量	2	0.04%
1.20	人間活動の主体	人間	23	0.41%
1.23		人物	230	4.09%
1.24		成員	3165	56.29%
1.25		公私	108	1.92%
1.26		社会	6	0.11%
1.27		機関	3	0.05%
1.30	人間活動精神および行為	心	33	0.59%
1.31		言語	48	0.85%
1.34		行為	4	0.07%
1.35		交わり	5	0.09%
1.36		待遇	7	0.12%
1.37		経済	19	0.34%
1.38		待遇	6	0.11%
1.40	生産物および用具	物品	164	2.92%
1.41		資材	34	0.60%
1.43		食料	19	0.34%
1.44		住居	10	0.18%
1.45		道具	2	0.04%
1.46		機械	37	0.66%
1.50	自然物および自然現象	自然	7	0.12%
1.51		物質	10	0.18%
1.53		生物	4	0.07%
1.54		植物	3	0.05%
1.56		身体	334	5.94%
1.57		生命	42	0.75%
合計			5623	100.00%

2.3 「副」の意味用法（意味添加機能）

　「副」の後接語を語種と意味分野という観点から詳しく見てきたが、ここでは、「副」の意味用法を検討するために、「副」の後接語を意味によって、大まかに身分・官職を表すもの、身体部分を表すもの、その他という３つに分類をした。まとめると、次の表14-4のようになる。

表14-4　「副」の後接語の３分類

身分・官職 （異なり180、 延べ3401）	社長（397）、会長（309）、大臣（298）、大統領（185）、長官（164）、議長（149）、部長（129）、首相（124）、委員長（116）、知事（99）、院長（92）、総裁（81）、理事長（77）、市長（69）、本部長（60）、主席（58）、操縦士（47）、総理（39）、総統、校長（38）、頭取（31）、頭目（28）、代表、所長（27）、団長（25）、検事（24）、将軍（23）、参事、学長（22）、隊長、会頭、主任、幹事長（20）、局長、編集長（19）、領事（18）、支店長（17）、館長、署長、支部長（16）、司令官（15）、駅長（13）、支配人（12）、担任、園長（11）、町長、住職（10）、主査、看守長、施設長（9）、課長、総監、保安官（8）、特使、指揮官（7）、担当、座長、管区長、キャプテン、走査（6）、住民、店長、総長、総督（5）、出現頻度４以下は省略
身体部分 （異なり12、 延べ338）	甲状腺（141）、交感神経（112）、鼻腔（66）、睾丸（7）、細胞（4）、呼吸筋（2）、神経、性器、気管支、神経核、腎皮質、内側核（1）
その他 （異なり63、 延べ1884）	作用（1278）、産物（151）、都心（108）、反応（44）、読本（32）、反射鏡（27）、守護神（22）、収入（19）、音声（14）、資材、食物（12）、教材（11）、回線（8）、教本、生物、食品、調整室、変速機（7）、主題、原料（6）、地獄、助詞、武装、主幹、生成物（5）、出現頻度４以下は省略

　表14-4で挙げた「副」の後接語を見ると、中心となるもの、主要となるものであるといえる。例えば、身分・官職を表す語の「社長」「会長」は、ある会社の中で中心となる人物であり、通常一人しかいない。「大統領」「首相」も、ある国の中で中心となる人物であり、通常一人しかいない。「副」をつけることによって、中心・主要でなく、その中心・主要となるものの下の段階という意味を表す。また、後接語を見ると、「社長」「大臣」「部長」などのように、「一人以上の定員を持つ」（久保2016）という特徴を持つ。中国語では、「准教授」

という意味で、「副教授」という言い方をするが、日本語では、「副教授」という言い方はない。それは、「教授」は一人以上の定員を持たないため、「副」との結合条件に一致しないためであると考えられる。

「その他」の語もほぼ同じことがいえる。例えば、薬はある特定の病気を治すという中心・主要となる作用がある。その中心・主要となる作用とは別に出てくる作用は副作用になる。「中心・主要でない」という意味で、官職・身分を表す語と共通する。また、「都心」も同様に、ある都市に1つしかなく、名の通りで中心となる存在である。「副都心」は、中心となる存在でなく、都心の下の段階で、都心を補助する働きをする。「その他」を表す語も、官職・身分を表す語と同様に、「副」をつけることによって、「中心でない」「主要でない」という意味を表す。また後接語によって、間接的に「補助的」「付随して生じる」という意味も生じることがいえる。

身体部分を表す語は医学専門用語が多く、一概にはいえないが、例えば「副甲状腺」は甲状腺の左右両葉の裏面に上下2対ある。機能からすれば甲状腺とは別の器官になるが、存在位置からすれば甲状腺に付随して存在するものである。「副」が表す「付随的」「中心でない」という意味が効いていると考えられる。

3. 「半導体」の「半」

3.1 「半」の考察資料と用例

「半」の用例収集には資料として、BCCWJ を使用した。中納言を使用し、2016年9月28日に用例を検索した。検索条件として、キーを未指定にし、前方共起をキーから1語に設定し、「書字形出現形　が　半　AND　語彙素読みが　ハン」という指示で検索し、9936件の検索結果を得た。目視で用例を確認し、「1時間半以内」のような字音接頭辞でないものや、「半インチ」の「半」のように、「不完全」という意味を表さず、「0.5」という意味で使われるものを考察対象から除外する。最終的に考察対象となる用例は異なり288例、延べ2152例であった。

3.2 「半」の後接語について（結合機能）
3.2.1 「半」の後接語の語種
　表14-5は「半」の後接語について語種別にその異なり語数と延べ語数を示したものである。

表14-5　「半」の後接語の語種別語数と比率

語種		異なり語数	比率	延べ語数	比率
漢語	二字漢語	148	51.39%	1730	80.39%
	三字漢語	42	14.58%	91	4.23%
	四字漢語	13	4.51%	15	0.70%
	五字漢語	3	1.04%	3	0.14%
	小計	206	71.53%	1839	85.46%
和語		48	16.67%	127	5.90%
外来語		24	8.33%	176	8.18%
混種語		10	3.47%	10	0.46%
合計		288	100.00%	2152	100.00%

　表14-5からわかるように、「半」の後接語は漢語が最も多い。異なり語数の70％以上、延べ語数の85％以上を占めている。特に、二字漢語の延べ語数は約80％であり、異なり語数より約30％高い。二字漢語には出現頻度が高いものが多いことがわかる。また、異なり語数を見れば、三字漢語や和語も少なくない。しかし、延べ語数では比率が低くなり、出現頻度が高いものが少ないことがわかる。
　また、出現頻度が高い上位20語を示すと、次の（3）のようになる。

（3）導体（840）、透明（188）、ズボン（94）、永久（64）、狂乱（50）、製品（45）、地下（39）、回転（32）、植民地（29）、強制（28）、自動（27）、解凍（25）、ずり（20）、同棲、乾燥（18）、貴石（17）、クラッチ、音階（16）、陰陽（13）、封建（12）

3.2.2 「半」の後接語の意味分野

「半」の後接語の意味分野については、『分類語彙表』を参考にして分類を行った。後接語を意味分野の大項目別に示すと表14-6のようになる。

表14-6 「半」の後接語の意味分野（大項目）語数と比率

大項目	異なり語数	比率	延べ語数	比率
1.1 抽象的関係	96	33.33%	389	18.08%
1.2 人間活動の主体	27	9.38%	70	3.25%
1.3 人間活動精神および行為	88	30.56%	282	13.10%
1.4 生産物および用具	31	10.76%	247	11.48%
1.5 自然物および自然現象	46	15.97%	1164	54.09%
合計	288	100.00%	2152	100.00%

異なり語数を見ると、「1.1 抽象的関係」を表す語が最も多く、約33％を占めている。次に多いのは、「1.3 人間活動精神および行為」であり、約30％を占めている。延べ語数を見れば、「1.5 自然物および自然現象」が最も多く、約54％を占めており、異なり語数より約40％高い。理由は、840回出現する「導体」、188回出現する「透明」の影響だと考えられる。

次に、「半」の後接語の意味分野の中項目について分析する。表14-7はその調査結果を示したものである。

最も多い中項目は「1.51 物質」であり、約41％を占めている。それは、840回出現する「導体」という語の影響だと考えられる。次に多いのは、「1.50 自然」である。それは、188回出現する「透明」という語の影響だと考えられる。また、「1.15 作用」「1.42 衣料」も比較的多い。「1.15 作用」には、「回転」「自動」「ずり」などの語が挙げられる。「1.42 衣料」には、「ズボン」「コート」「長靴」などが挙げられる。

表14-7 「半」の後接語の意味分野（中項目）語数と比率

意味コード	大項目	中項目	延べ語数	比率
1.10	抽象的関係	事柄	4	0.19%
1.12		存在	6	0.28%
1.13		様相	27	1.25%
1.14		力	6	0.28%
1.15		作用	182	8.46%
1.16		時間	75	3.49%
1.17		空間	59	2.74%
1.18		形	5	0.23%
1.19		量	25	1.16%
1.20	人間活動の主体	人間	9	0.42%
1.21		家族	3	0.14%
1.23		人物	25	1.16%
1.24		成員	3	0.14%
1.25		公私	30	1.39%
1.30	人間活動精神および行為	心	89	4.14%
1.31		言語	14	0.65%
1.32		芸術	5	0.23%
1.33		生活	45	2.09%
1.34		行為	4	0.19%
1.35		交わり	5	0.23%
1.36		待遇	59	2.74%
1.37		経済	3	0.14%
1.38		事業	58	2.70%
1.40	生産物および用具	物品	1	0.05%
1.41		資材	5	0.23%
1.42		衣料	131	6.09%
1.43		食料	19	0.88%
1.44		住居	15	0.70%
1.45		道具	55	2.56%
1.46		機械	20	0.93%
1.47		土地利用	1	0.05%
1.50	自然物および自然現象	自然	226	10.50%
1.51		物質	889	41.31%
1.52		天地	10	0.46%
1.53		生物	1	0.05%
1.54		植物	5	0.23%
1.55		動物	1	0.05%
1.56		身体	6	0.28%
1.57		生命	26	1.21%
合計			2152	100.00%

3.3 「半」の意味用法（意味添加機能）

「半」の後接語を語種と意味分野という観点から詳しく見てきたが、ここでは、「半」の意味用法を検討するために、「半」の後接語を4種に大別する。「半」の後接語は、「半」がどの部分を修飾するのかを基準に、大まかに動詞・形容詞[1]として使われるもの、動詞、形容詞的要素が現れているもの、量・長さと関わるもの、その他という4種に分けられる。まとめると、次の表14-8のようになる。

表14-8　「半」の後接語の4分類

動詞・形容詞として使われるもの（異なり116、延べ599）	透明（188）、狂乱（50）、回転（32）、強制（28）、解凍（25）、ずり（20）、同棲（18）、乾燥（18）、割り（11）、押し、健康（10）、笑い（8）、完成、独立、返し縫い、発酵（7）、固定、覚醒、促成（4）、立ち、練り、切り、脱ぎ、刈り、折り、抽象、熟練、断食、失業、同居、固結、合成、公然（3）、出現頻度が3以下のものを省略
動詞・形容詞的要素が現れているもの（異なり42、延べ1056）	導体（840）、永久（64）、製品（45）、自動（27）、流動（9）、長靴（8）、病人（6）、耐久、遠洋性（5）、恒久（4）、硬質、名人、畜養（3）、耐寒性、遊動、高層、識字、抜糸（2）、出現頻度が1のものを省略
量・長さと関わるもの（異なり31、延べ231）	ズボン（94）、地下（39）、直線（11）、整数（11）、コート、ライス（9）、パンツ、チャーハン（7）、定量、キャップ（6）、地階（5）、地下室、袴（3）、画角、股引、のれん（2）、出現頻度が1のものを省略
その他（異なり99、延べ266）	植民地（29）、貴石（17）、クラッチ、音階（16）、陰陽（13）、封建（12）、母音、加算器、砂漠（6）、労働力、SS、磁器（5）、ドア、立体、逆光（4）、均質、奴隷、プロレタリアート、濁音、教養、懸崖、金属（3）、出現頻度が2以下のものを省略

　表14-8で示した後接語と結合する「半」は程度性を持つ語と結合しやすく、その程度が十分でないという意味を表すと考えられる。

1　形容動詞も含む。

仁田（2002：147）では、＜程度性＞というものは、属性（質）や状態が幅・度合い・スケールを帯びて、その属性や状態として成り立っていることから生じると指摘されている。また、ある属性や状態には、様々なレベル・段階が存在し、属性や状態の程度性が変化するということは、属性や状態のレベル・段階が変わることだと述べられている。

　通常、程度性を持つ語は動詞や形容詞が一般的であるが、「半」の後接語の中には、まず、「透明」「狂乱」などのように、サ変動詞・形容動詞の語幹として使われるものがある。また、「ずり」「割り」「笑い」などのように、動詞の連用形がそのまま名詞として使われるものもこのグループに入れている。「半透明」は、「透明」に近いが、「透明」の程度が十分でない、十分に「透明」でないという意味を表す。「半狂乱」も、「狂乱」に近いが、「狂乱」の程度が十分でない、十分に「狂乱」でないという意味を表す。

　また、「半」の後接語の中には、直接動詞・形容詞として使われるものではないが、動詞・形容詞的要素が現れているものがある。例えば、「導体」には「導」という動詞的要素が現れており、「遠洋性」には「遠」という形容詞的要素が現れている。「半」は「導体」の「導」や「遠洋性」の「遠」という動詞・形容詞的要素を修飾し、「半導体」は、「導」の程度が十分でない「導体」という意味を表し、「半遠洋性」も、「遠」の程度が十分でない「遠洋性」という意味を表す。

　次に、「半」の後接語の中には、量・長さと関わるものがある。量・長さと関わるものは、幅・度合い・スケールを帯びているため、程度性を持つと考えられる。例えば、「半ズボン」は「ズボン」の長さが十分でない「ズボン」をいう意味を表し、「半ライス」も、「ライス」の量が十分でない「ライス」という意味を表し、「半」はその量や長さが十分でないという意味を表す。

　最後に、「半」の後接語の中には、「植民地」「母音」「砂漠」など、程度性が感じにくい語がある。しかし、「植民地」「母音」「砂漠」が持つ性質が十分でないということを「半」で表すと考えられる。

　よって、「半」は程度性を持つ語と結合しやすく、その程度や性質が十分でないという意味を表すということがいえる。ただし、「半」という漢字が持つ「半分」という意味の影響で、「その程度や性質が十分でない」といっても、半

分以下という程度では意味的に許されない。例えば、「透明」の程度性を数値化すると、「透明」は透明の度合いの最大値1、「不透明」は透明の度合いの最小値0になる。「半」という漢字の意味によって、透明の度合いが0.5以下になると、「半透明」という言い方を普通しないだろう。

4. 「準決勝」の「準」

4.1 「準」の考察資料と用例

　「準」の用例収集には資料として、BCCWJ を使用した。中納言を使用し、2017年10月18日に用例を検索した。検索条件として、キーを未指定にし、前方共起をキーから1語に設定し、「書字形出現形　が　準　AND　語彙素読みが　ジュン」という指示で検索し、1446件の検索結果を得た。目視で用例を確認し、「点検用準器」のような字音接頭辞でないものを考察対象から除外する。最終的に考察対象となる用例は異なり241例、延べ1370例であった。

4.2 「準」の後接語について（結合機能）

4.2.1 「準」の後接語の語種

　次の表14-9は「準」の後接語について語種別にその異なり語数と延べ語数を示したものである。

　表14-9からわかるように、「準」の後接語は、漢語が圧倒的に多く、異なり語数の85％以上、延べ語数の90％以上を占めている。二字漢語が最も多いが、異なり語数を見ると、三字漢語と四字漢語も少なくない。しかし、延べ語数では、比率が低くなり、出現頻度が高いものが少ないことがわかる。和語、外来語と混種語は比較的語数が少ない。

　また、出現頻度が高い上位20語を示すと、次の（4）のようになる。

（4）決勝（383）、優勝（196）、構成員（40）、禁治産（39）、大手（27）、オープン（21）、ミリ波、一級（19）、加盟、指定地（18）、二級（16）、防火地域、工業地域（15）、社員、主役（13）、軍属、司法（12）、地下街、消費貸借（11）、会員、指導員、抗告（10）

表14-9　「準」の後接語の語種別語数と比率

語種		異なり語数	比率	延べ語数	比率
漢語	二字漢語	100	41.49%	911	66.50%
	三字漢語	40	16.60%	195	14.23%
	四字漢語	49	20.33%	115	8.39%
	五字漢語	14	5.81%	18	1.31%
	六字漢語	4	1.66%	7	0.51%
	小計	207	85.89%	1246	90.95%
和語		4	1.66%	30	2.19%
外来語		11	4.56%	46	3.36%
混種語		19	7.88%	48	3.50%
合計		241	100.00%	1370	100.00%

4.2.2　「準」の後接語の意味分野

　「準」の後接語の意味分野については、『分類語彙表』を参考にして、分類を行った。後接語を意味分野の大項目別に示すと表14-10のようになる。

表14-10　「準」の後接語の意味分野（大項目）語数と比率

大項目	異なり語数	比率	延べ語数	比率
1.1　抽象的関係	49	20.33%	173	12.63%
1.2　人間活動の主体	70	29.05%	278	20.29%
1.3　人間活動精神および行為	90	37.34%	840	61.31%
1.4　生産物および用具	18	7.47%	40	2.92%
1.5　自然物および自然現象	14	5.81%	39	2.85%
合計	241	100.00%	1370	100.00%

　異なり語数を見ると、「1.3　人間活動精神および行為」を表す語が最も多く、約37％を占めている。次に多いのは、「1.2　人間活動の主体」と「1.1　抽象的関

係」であり、それぞれ約30％と20％を占めている。三者の差はさほど大きくない。しかし、延べ語数を見ると、「1.3 人間活動精神および行為」を表す語の比率は、約61％を占めており、異なり語数より約25％高い。理由は、383回出現する「決勝」、196回出現する「優勝」などの高頻度の語による影響だと考えられる。

　次に、「準」の後接語の意味分野の中項目について分析する。表14-11はその調査結果を示したものである。

　最も多い中項目は「1.35 交わり」であり、約44％を占めている。それは、383回出現する「決勝」、196回出現する「優勝」による影響だと考えられる。次に多いのは、「1.24 成員」であり、約13％を占めている。「構成員」「社員」「主役」などの語が挙げられる。また、「1.36 待遇」「1.11 類」も比較的多い。「1.36 待遇」には「禁治産」「司法」「抗告」などの語が挙げられる。「1.11 類」には「一級」「二級」「一流」などが挙げられる。

表14-11 「準」の後接語の意味分野（中項目）語数と比率

意味コード	大項目	中項目	延べ語数	比率
1.10	抽象的関係	事柄	1	0.07%
1.11		類	62	4.53%
1.12		存在	3	0.22%
1.13		様相	8	0.58%
1.15		作用	20	1.46%
1.16		時間	12	0.88%
1.17		空間	47	3.43%
1.18		形	1	0.07%
1.19		量	19	1.39%
1.20	人間活動の主体	人間	5	0.36%
1.21		家族	4	0.29%
1.23		人物	5	0.36%
1.24		成員	183	13.36%
1.25		公私	26	1.90%
1.26		社会	37	2.70%
1.27		機関	18	1.31%
1.30	人間活動精神および行為	心	13	0.95%
1.31		言語	20	1.46%
1.32		芸術	14	1.02%
1.33		生活	22	1.61%
1.34		行為	25	1.82%
1.35		交わり	608	44.38%
1.36		待遇	100	7.30%
1.37		経済	30	2.19%
1.38		事業	8	0.58%
1.40	生産物および用具	物品	1	0.07%
1.41		資材	3	0.22%
1.43		食料	3	0.22%
1.44		住居	3	0.22%
1.45		道具	1	0.07%
1.46		機械	9	0.66%
1.47		土地利用	20	1.46%
1.50	自然物および自然現象	自然	27	1.97%
1.51		物質	1	0.07%
1.52		天地	6	0.44%
1.54		植物	1	0.07%
1.55		動物	1	0.07%
1.56		身体	1	0.07%
1.57		生命	2	0.15%
合計			1370	100.00%

4.3 「準」の意味用法（意味添加機能）

上述したように、「半」は程度性を持つ語と結合しやすく、その程度が十分でないという意味を表す。一方、「準」の後接語は、「半」とは異なる特徴が見られる。「準」は、段階性がある語と結合しやすく、その段階ではない、その段階に次ぐものであるという意味を表す。

まず、「段階性」とは何かについて見てみる。例えば、「準決勝」は、「決勝」ではないが、「決勝」の前の段階、「決勝」に次ぐ段階という意味を表す。「決勝」「準決勝」「準々決勝」の間に、明確な境界が存在し、それぞれの範囲が明確に定められており、図14-1のようなヒエラルキー状のイメージが想定される。本章は、「決勝」「準決勝」「準々決勝」のように明確な境界が存在し、それぞれの範囲が明確に定められており、ヒエラルキー状のイメージが想定される特徴を「段階性」と呼ぶ。

図14-1「準決勝」

ほかの例も検討してみる。「準優勝」は、「優勝」ではないが、「優勝」に次ぐ段階という意味を表す。「優勝」「準優勝」「第三位」のように明確な境界が存在し、それぞれの範囲が明確に定められ、段階性を持つと考えられる（図14-2）。また「準工業地域」もそうであり、「工業地域」ではないが、「工業地域」に次ぐ段階という意味を表す。「工業専用地域」「工業地域」「準工業地域」のように段階性があり、それぞれの間に明確な境界が存在し、範囲が明確に定められているという特徴が見られる（図14-3）。

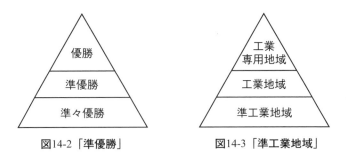

図14-2「準優勝」　　　　図14-3「準工業地域」

　3.3で主張した「程度性」と4.3の「段階性」についてもう少し確認しておく。「段階性」については、上述したように明確な境界が存在し、それぞれの範囲が明確に決められているという特徴を持つ。それに対して、「程度性」とは、明確な境界や範囲が存在しないものを指す。例えば、「透明」（透明の度合いが最大値）と「不透明」（透明の度合いが最小値）の間には連続しており、「半透明」はどこからどこまでを指すか、明確な境界や範囲が存在しない。段階性はヒエラルキー（図14-1～3）、程度性はスケール（図14-4）のイメージが考えられる。

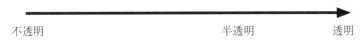

図14-4「半透明」

　ただし、段階性があるかないかというように二分することが難しいというのも事実であろう。「準大手」「準新作」という用例もBCCWJから収集されたが、「大手」「新作」などの語は、どのように段階性があると理解すればよいのかという問題が確かに存在する。「大手」と「大手でない」の中間段階として「準大手」、「新作」と「新作でない」の中間段階として、「準新作」が使われるということから見れば、段階性として理解できる。しかし、明確な境界・範囲が存在する段階性というより、むしろ明確な境界・範囲が存在しない程度性としてのほうが理解しやすいのではないかと思われる。「大手」「新作」といった語の中には、「大（きい）」「新（しい）」という形容詞的要素が存在する。「準大手」は、「大手」の程度が十分でないという意味を表し、「準新作」は、「新作」の

程度が十分でない、十分に「新作」でないという意味を表す。このように見ると、「準」というより、むしろ「半」のほうと結合しやすいが、なぜ「半」ではなく、「準」と結合するのかという点が疑問として残る。これは興味深い問題で、歴史的な変化を確認する必要がある。字音接頭辞を通時的研究の視点で考察することを今後の課題にしたい。

「大手」「新作」のように、段階性があると考えにくく、むしろ程度性があると考えやすい語と結合する場合は、なぜ「半」ではなく「準」が使われるのかという問題は難しい。しかし、「準」のほうは、明確な境界・範囲が存在するもの、段階性があるものと結合しやすく、その段階ではない、その段階に次ぐものであるという意味を表す。それに対して、「半」のほうは、明確な境界・範囲が存在しないもの、程度性を持つものと結合しやすく、その程度が十分でないという意味を表す。「半」と「準」の使われ方の差には、このような傾向があるのではないかと思われる。

5. 「准教授」の「准」

5.1 「准」の考察資料と用例

「准」の用例収集には資料として、BCCWJ を使用した。中納言を使用し、2017年10月18日に用例を検索した。検索条件として、キーを未指定にし、前方共起をキーから1語に設定し、「書字形出現形　が　准　AND　語彙素読みが　ジュン」という指示で検索し、233件の検索結果を得た。目視で用例を確認し、「准天長元年」のような字音接頭辞でないものを考察対象から除外した。最終的に考察対象となる用例は異なり19例、延べ196例であった。

5.2 「准」の後接語について（結合機能）

「准」の後接語は、異なり19例しかないため、全データを示す。次の（5）の通りである。

（5）教授（67）、看護師（55）、看護婦（18）、士官（13）、組合員（11）、豊臣（6）、男爵（5）、看護（4）、学士、元帥（3）、太上天皇、訓導（2）、博士、官人、看護士、陸尉、名人、研究員、医師（1）

「准」の後接語は「人」を表す語がほとんどであり、「准」は生産性が低く、ほぼ慣用的で決まった言い方であることがわかる。

5.3 「准」の意味用法（意味添加機能）

意味用法としては、「准」は「準」に近く、段階性がある語と結合しやく、その段階ではない、その段階に次ぐものであるという意味を表す。「准教授」という表現は、中国語では「副教授」という表現が使われるということを2.3で述べた。「教授」「准教授」「専任講師」というように段階性があり、「教授」という段階ではない、「教授」に次ぐ段階という意味を表すため、日本語では、「副」ではなく「准」が使われると考えられる。

意味用法という点で、「准」は「準」と類似するが、生産性という点で異なる。「準」は生産性が高く、段階性がある語と幅広く結合する一方で、「准」は生産性が低く、「人」を表す語としか結合しないという点で違いが見られる。

6. 「亜熱帯」の「亜」
6.1 「亜」の考察資料と用例

「亜」の用例収集には資料として、BCCWJを使用した。中納言を使用し、2016年9月28日に用例を検索した。検索条件として、キーを未指定にし、前方共起をキーから1語に設定し、「書字形出現形　が　亜　AND　語彙素読みが　ア」という指示で検索し、812件の検索結果を得た。目視で用例を確認し、「日亜化学」のような字音接頭辞でないものを考察対象から除外した。最終的に考察対象となる用例は異なり39例、延べ549例であった。

6.2 「亜」の後接語について（結合機能）

「亜」の後接語は、異なり39例しかないため、全データを示す。次の（6）の通りである。

（6）　熱帯（168）、硝酸（69）、酸化窒素（51）、硫酸（43）、寒帯（40）、急性（22）、
　　　大陸（20）、高山帯（18）、宇宙（17）、音速（12）、高山（11）、南極（10）、

リアリズム、脱臼（8）、共晶（7）、空間（6）、分類（4）、有茎性、硫酸（3）、テロメア、メラニン、成層圏、高木、間氷期、区域、砂漠、塩素酸、原子粒子（2）、リン酸、成体、腹側、幹線、瀝青炭、全リンパ節照射、群集、社会性、氏族、形態、葉酸（1）

「亜」の後接語は、地理や化学を表す語が多く、「亜」は、「准」と同様に、生産性が低く、慣用的で決まった言い方が多いことがわかる。

6.3 「亜」の意味用法（意味添加機能）

意味用法としては、「亜」は「準」に近く、段階性がある語と結合しやすく、その段階ではない、その段階に次ぐものであるという意味を表す。例えば、出現数が最も高い「亜熱帯」は、「熱帯」「亜熱帯」「温帯」というように、段階性があり、「熱帯」という段階ではない、「熱帯」に次ぐ段階という意味を表す。

意味用法という点で、「亜」は「準」と類似する点があるが、生産性という点で異なる。「準」は生産性が高く、段階性がある語と幅広く結合する一方で、「亜」は生産性が低く、地理や化学を表す語と結合することが多いという点で違いが見られる。

7. 「助監督」の「助」

7.1 「助」の考察資料と用例

「助」の用例収集には資料として、BCCWJ を使用した。中納言を使用し、2016年9月28日に用例を検索した。検索条件として、キーを未指定にし、前方共起をキーから1語に設定し、「書字形出現形　が　助　AND　語彙素読みが　ジョ」という指示で検索し、977件の検索結果を得た。目視で用例を確認し、「助八郎」のような字音接頭辞でないものを考察対象から除外した。最終的に考察対象となる用例は異なり12例、延べ794例であった。

7.2 「助」の後接語について（結合機能）

「助」の後接語は、異なり12例しかないため、全データを示す。次の（7）の通りである。

（7）教授（485）、動詞（206）、監督（85）、数詞（6）、修士（3）、教諭、酸素
　　（2）、成分、教員、司祭、外野手、修女（1）

　「助」の後接語は異なり語数が少ないため、明確な特徴が見られないが、「人」
を表す語が多い。「助」は「准」「亜」と同様に生産性が低く、ほぼ慣用的で、
決まった言い方であることがわかる。

7.3　「助」の意味用法（意味添加機能）

　生産性が低いという点で、「助」は、「准」「亜」と同じであるが、意味用法
としては、「助」は、中心・主要となるものを助けるという意味を表す。その
意味で、意味用法としては、「助」は、「准」「亜」ではなく「副」に近いので
はないかと考えられる。

8.　「不完全」を表す連体詞型字音接頭辞の体系性

　以上のように、「不完全」という意味で類似する字音接頭辞「副」「半」「準」
「准」「亜」「助」を見てきた。8. では、それらの体系性について考える。
　まず、中心・主要となるものではないという意味を表すか、性質が十分でな
いという意味を表すか、という2点によって大きく2種に大別する。中心・主
要となるものではないという意味を表すのは、「副」と「助」である。性質が
十分でないという意味を表すのは、「半」「準」「准」「亜」の4つである。また、
性質が十分でないという意味を表すものは、後接語が明確な境界・範囲が存在
しないもの、程度性を持つものであるか、後接語が明確な境界・範囲が存在す
るもの、段階性を持つものであるか、さらに2分類することができる。後接語
に明確な境界・範囲が存在しないもの、程度性を持つものには「半」がある。
後接語に明確な境界・範囲が存在するもの、段階性を持つものには「準」「准」
「亜」がある。
　また、生産性が高いか低いかという観点からも分類することができる。生産
性が高いのは「副」「半」「準」である。生産性が低いのは「助」「准」「亜」で
ある。

以上のことをまとめると、次の表14-12のようになる。

表14-12 「不完全」を表す連体詞型字音接頭辞の体系性

		意味		
		中心・主要となるものではないという意味を表す	性質が十分でないという意味を表す	
			後接語が程度性を持つ	後接語が段階性を持つ
生産性	高	「副」	「半」	「準」
	低	「助」	×	「准」「亜」

9. 本章のまとめ

本章で述べたことの要点をまとめておく。

A. 「副」がどのような後接語と結合するのかを分析した結果、後接語の語種については漢語が圧倒的に多く、特に、二字漢語が圧倒的に多い。また、後接語の意味分野については「1.24 成員」「1.15 作用」「1.56 身体」が多い。「副」はどのような意味用法を表すのかを分析した結果、「副」は中心・主要となるものではないという意味を表す。

B. 「半」がどのような後接語と結合するのかを分析した結果、後接語の語種については、漢語が最も多く、特に、二字漢語は出現頻度が高いものが多い。また、後接語の意味分野については、「1.51 物質」「1.50 自然」「1.15 作用」「1.42 衣料」が多い。「半」はどのような意味用法を表すのかを分析した結果、「半」は、程度性を持つものと結合し、その程度が十分でないという意味を表す。

C. 「準」がどのような後接語と結合するのかを分析した結果、後接語の語種については漢語が圧倒的に多い。また、後接語の意味分野については、「1.35 交わり」「1.24 成員」「1.36 待遇」「1.11 類」が多い。「準」はどのような意味用法を表すのかを分析した結果、「準」は段階性があるものと結合し、その段階ではない、その段階に次ぐものであるという意味を表す。

D. 「准」「亜」「助」は生産性が低く、後接語の異なり語数が少ない。「准」「助」の後接語は人を表す語が多く、「亜」の後接語は地理・化学を表す

語が多い。意味用法としては、「准」「亜」は「準」に近く、段階性があるものと結合し、その段階ではない、その段階に次ぐものであるという意味を表す。「助」は「助ける」という意味が強く出ており、中心・主要となるものを助けるという意味を表し、「副」に近い。

第 15 章

「当該チーム」「当該列車」の「当該」
——二字連体詞型字音接頭辞——

　本章は連体詞型字音接頭辞「当該」を取り上げ、どのような後接語と結合するのか（結合機能）、どのような意味用法を持つのか（意味添加機能）という問題について考察する。

　その前に、まず1.で二字字音接辞という概念を取り上げ、「当該」は字音接頭辞といえるのかという問題について検討する。次に2.で本章の考察資料と用例について述べる。3.では、「当該」はどのような後接語と結合するのか（結合機能）について考察する。4.では、「当該」を用法分類し、5.では、「当該」はどのような基本的意味を持つのか（意味添加機能）について述べる。最後に、6.では、本章の内容をまとめる。

1. 二字字音接辞について

　1.では、まず「二字字音接辞」という概念の存在を主張し、「当該」は字音接辞といえるのか、「当該」のほかに二字字音接辞はどのようなものがあるのかという2点を中心に論じる。

1.1 「当該」は字音接辞といえるのか

　二字漢語については、石井（2007）のように二字漢語を複合語と見做す研究もあれば、野村（1988）のように、現代日本語の語構成意識に基づき、二字漢語を単純語と見做す研究もある。立場は違えど、二字の字音接辞というものは確かに従来の日本語研究における形態論的単位として一般的とはいえないだろう。そのため、積極的に二字字音接辞を認める研究はない。

　「当該」が字音接頭辞といえるのかという問題を解決するには、まず字音接

辞とは何かについて確認しておく必要がある。本書の「字音接辞」の定義は、第1章で述べたように、二字以上の漢語や和語、外来語に前接または後接して合成語を形成する字音形態素のことである。つまり、ある字音形態素が二字以上の漢語や和語、外来語と結合する以上、「字音接辞」として認め、一般的に認識されている「単独で語を構成することができない」「形式的な意味を表す」などといった接辞の性質は重要視しない。

　しかし、本書や山下（2018）の規定は、「不」「的」「化」などの一字字音形態素には有効であるが、二字字音形態素には有効とはいえない。例えば、「縦社会」「グローバル社会」「高齢化社会」の「社会」や、「ふぐ料理」「イタリア料理」「家庭料理」の「料理」は、二字以上の漢語や和語、外来語と結合することができるため、上の説明によると字音接辞と認められるはずであるが、「社会」「料理」を接辞と認めることは一般的な言語意識にそぐわないだろう。よって、二字字音形態素が接辞であるかどうかを判断する際に、「どのような言語単位と結合するのか」という側面だけでなく、「単独で語を構成することができるかどうか」という側面も重要になってくる。「社会」「料理」などの二字字音形態素は単独で語を構成することができるため、字音接辞とは認められない。

　一字字音形態素が接辞であるかどうかを判断する際には、「どのような言語単位と結合するのか」という側面のみで十分である。ある一字字音形態素が二字以上の漢語や和語、外来語と結合する用例が多く確認されれば接辞として認められる。それに対して、二字字音形態素が接辞であるかどうかを判断する際には、「どのような言語単位と結合するのか」のみならず、「単独で語を構成することができるかどうか」という側面も見なければならない。ある二字字音形態素が二字以上の漢語や和語、外来語と結合する用例が確認され、かつ単独で語を構成することができなければ、その二字字音形態素が接辞として認められるのではないかと考えられる。

　本章の考察対象である「当該」はどうだろうか。「当該」は次の（1）〜（3）のように、その後ろに二字以上の漢語や和語、外来語と結合することができる。

（1）日米両政府は、宇宙空間の安全保障の側面を認識し、責任ある、平和的かつ安全な宇宙の利用を確実なものとするための両政府の連携を維持し及び強化する。<u>当該取り組み</u>の一環として、……。

（ヨミダス 2015.4.28）

（2）ランス・アームストロング氏（米）が2000年シドニー五輪の個人ロードタイムトライアルで獲得した銅メダルの剝奪を決めたことが17日、分かった。ＩＯＣのアダムス広報部長によると、16日にアームストロング氏に文書を送付し、<u>当該レース</u>での失格を伝え、銅メダルの返還を求めた。

（ヨミダス 2013.1.18）

（3）追加種目は、ＩＯＣが進める五輪改革の目玉の一つとして導入された。開催都市の組織委員会が、<u>当該五輪</u>で実施する種目を提案できるようにした。

（ヨミダス 2016.8.5）

また、「当該が〜」「当該を〜」のように、「当該」を主語や補語として使うことはできないため、「当該」は接辞として十分に認められる。

1.2　二字字音接辞はほかにどのようなものがあるのか

二字字音接辞の内包的定義と外延的定義については、さらに検討する必要があり、ここでは二字字音接辞の全体像を示すことができないが、「当該」のほかに、二字字音接辞といえそうなものにどのようなものがあるのかについて少し述べておく。

1.2.1　山下喜代（2008）のデータについて

まず、山下（2008）のデータに、二字字音接辞と考えられるものが挙げられている。山下（2008）は主に小型国語辞典を資料として、見出し語として収録されている「接辞」と「造語成分」を抽出し、「造語成分データベース」を作成した。その中に、二字以上の字音形態素も含まれている。その全データを示すと、次の表15-1のようになる。

表15-1　山下（2008）における二字以上の字音形態素

	前後接[1]	前接	後接
二字	以下、解析、金庫、工学、時間、時限、週間、待遇、単位、不可、立方	一次、一大、一日、一両、一回、一挙、一昨、移動、衛星、海事、蓋然、苟性、可塑、可燃、擬古、義勇、共産、強制、経口、遣外、原生、国際、後家、五大、五分、再再、再来、三大、三段、次次、自動、四半、姉妹、洒落、袖珍、主戦、準々、焼夷、奨学、消極、食肉、処女、身上、数理、赤色、積極、先先、前前、代議、対校、対日、多角、知日、中高、中小、超常、天竺、伝書、等差、等時、等比、特別、南京、二元、二大、馬鹿、非核、賦活、不許、不凍、不等、文化、平方、望遠、某某、泡沫、保冷、摩訶、万年、明後、民主、名神、名誉、野外、夜行、唯心、唯美、唯物、遊魚、翌々、来来、立体、臨地、連体、連邦	愛人、以遠、以外、以後、以降、以上、以西、以前、一遍、以東、以内、以南、以北、以来、院殿、回忌、皆兵、各位、箇月、加減、か国、か所、か条、閣下、格好、合切、か日、か年、猊下、見当、居士、御前、三界、山人、散人、三宝、三昧、至極、自身、次第、自体、車身、者流、周忌、周年、旬間、書院、史要、上戸、場裡、書屋、女史、親等、前後、先生、千万、相当、層倍、層楼、十辞、反歩、丁度、町歩、丁目、艇身、程度、殿下、同士、頭身、等星、等等、読本、内外、年間、年生、年配、馬身、番線、飯店、半分、風情、陛下、法師、坊主、放題、無比、文字、有半、有余、洋行
三字以上	なし	一昨昨、水酸化、全天候、二酸化	妃殿下

　表15-1で示した二字のものはすべて二字字音接辞として認められるかというと、そうではなく、二字字音接辞とはいえないものがある。例えば、「時間」「文化」「程度」などのように、単独で語を構成できるものがあり、これを二字字音接辞と認めることはできない。また、「蓋然性」の「蓋然」や、「不凍港」の「不凍」などのように、二字以上の漢語や和語、外来語と結合しないものもあり、これも二字字音接辞として認められない。よって、表15-1から単独で

1　「前接」は、語構成上前部分になるもの、「後接」は、語構成上後部分になるもの、「前後接」はその両方になりうるものを指す。

語を構成することができるもの、二字以上の漢語や和語、外来語と結合しない
ものを排除する必要がある。

　また、「国際」「原生」などのように、「国際化」「原生林」のように、一字漢
語と結合する用例もあれば、「国際結婚」「原生植物」のように、二字以上の漢
語や和語、外来語と結合する用例もある。本書はそれらを分けて考える立場を
とる。

　第1章では、「卒業式」「スパルタ式」「電動式」の「式」を字音接辞と見做
し、「形式」「旧式」「公式」の「式」は二字以上の漢語や和語、外来語と結合
していないため、字音接辞と認めず、「二字漢語の構成要素」と呼んだ。この
ように、具体的にどのように使われるかによって、「式」は接辞にも二字漢語
の構成要素にもなり得るという動的な見方で考える。

　本書の二字字音接辞も同様である。「国際結婚」の「国際」や、「原生植物」
の「原生」は、二字以上の漢語や和語、外来語と結合するため、二字字音接辞
として認められる。それに対して、「国際化」の「国際」や、「原生林」の「原
生」は、一字漢語との結合であるため、二字字音接辞として認められず、本書
では、「合成形式専用の複合字音語基」[2]と呼ぶことにする。

1.2.2　竝木崇康（2009, 2013）の「意味要素の稀薄化」について

　竝木（2009, 2013）でいう「意味要素の稀薄化」が生じたものの中には、二字
字音接辞と考えられるものも存在する。まず「意味要素の稀薄化」について見
てみる。

　竝木（2013：48-49）によると、例えば「音痴」という語は、単独で使われた
場合には、「音程や調子が外れて歌を正確に歌えないこと」というような意味
を表す。しかし、「方向音痴」「運動音痴」「味覚音痴」などのように、複合語
の後部要素として「～音痴」という形で使われると、その「音痴」は本来の意
味ではなく、「～が苦手でよくわからないこと、うまくできないこと」という、

2　斎藤（2016）による用語である。ただし、指す範囲は本書と異なる。斎藤（2016）では、
　「国際化」の「国際」も、「国際結婚」の「国際」も、合成形式専用の複合字音語基と位置
　づけられている。

音楽とは無関係な、より一般的な意味に変化する。「音痴」の「音楽」という特定の意味要素がなくなっており、そのかわりに、「方向」「運動」が元の要素の意味を埋めている。つまり、「方向音痴」「運動音痴」における「音痴」が持っていた意味全体の一部がなくなっているという点から、「意味要素の稀薄化」と呼んでいる。

　竝木（2009, 2013）によると、「音痴」以外に、以下のような二字字音形態素も意味の稀薄化が生じていることがわかる[3]。

（4）王子：ハンカチ王子、ハニカミ王子、体操王子
　　　銀座：戸越銀座、上野銀座、谷中銀座
　　　大使：親善大使、平和大使、囲碁大使
　　　茶碗：ごはん茶碗、めし茶碗、湯呑み茶碗
　　　難民：介護難民、ネットカフェ難民、お産難民
　　　博士：お天気博士、お魚博士、虫博士

　「音痴」を含めて、以上の二字字音形態素は単独で語を構成することができ、二字字音接辞ではないように見える。しかし、「音程や調子が外れて歌を正確に歌えないこと」という意味を表す「音痴」は確かに単独で語を構成することができるが、「方向音痴」「運動音痴」などのように、「～が苦手でよくわからないこと、うまくできないこと」という意味を表す場合は、単独で語を構成することができない。つまり、意味要素の稀薄化が生じていない「音痴」は単独で語を構成することができるため、二字字音接辞とはいえないが、意味要素の稀薄化が生じた「音痴」は単独で語を構成することができず、「和語・外来語の語基、および、字音複合語基」と結合する用例も確認されるため、二字字音

3　本章はあくまでも意味要素の稀薄化が生じたものの中に二字字音接辞といえそうなものがあるのではないかと主張するものであり、竝木（2009, 2013）で挙げられた例の中から二字字音形態素をリストアップし、（4）のようにひとまとまりにした。ただし、（4）で挙げた用例は、意味要素の稀薄化が生じたものとはいえ、すべてが同じレベルではないということを断っておく。ここでは詳しく検討しないが、詳細は竝木（2009, 2013）を参照されたい。

接辞と認められるのではないかと考えられる[4]。（4）で挙げた「王子」「銀座」「大使」なども「音痴」と同様に考えることができる。

　以上のように、「当該」のほかに、二字字音接辞といえそうなものにはどのようなものがあるのかについて見てきた。1.の冒頭でも述べたように、二字字音接辞の内包的定義と外延的定義については、さらに検討する必要があり、現段階では二字字音接辞の全体像を示すことができない。今後の課題にする。

2.　「当該」の考察資料と用例

　第4章で述べたように、「当該」が新聞記事で頻繁に使用されることと、「当該」が照応用法と関わり、全文脈を把握する必要があることという2点を理由として、本章は、ヨミダスを資料として使用した。2012年1月1日から、2016年12月31日の計5年間を指定し、「当該」という検索語で計628例を収集した。収集した用例数を示すと、表15-2のようになる。

表15-2　ヨミダスから収集した「当該」の用例数

当該＋名詞	当該＋の＋名詞	当該＋する＋名詞
586例	41例	1例
当該列車、当該チームなど	当該の選手、当該の設問など	当該する自治体

　次の（5）（6）と（7）（8）を見れば、「当該＋名詞」というパターンと、「当該＋の＋名詞」というパターンにおける「当該」は意味的な差が見られないということがわかる。

（5）ソチ五輪では、ドーピングをしていた選手の尿検体を、<u>当該選手から</u>事前に採取して冷凍保存していたクリーンな尿検体とすり替える隠蔽

4　「方向音痴」「運動音痴」の「～音痴」や、「介護難民」「ネットカフェ難民」の「～難民」は、竝木（2013）では、「複合語の後部要素」という用語を使っている。「複合語」というのは、語基同士が組み合わされた語のことであり、竝木（2013）では、「～音痴」「～難民」などは語基という認識であることがわかる。

手法が、連邦保安局（ＦＳＢ）の職員などによって用いられた。

(ヨミダス 2016.7.20)

（６）2012年ロンドン五輪で採取した検体を再検査した結果、5競技の23人がドーピングの陽性反応を示したと発表した。当該の選手を今夏のリオデジャネイロ五輪に出場させないため、ＩＯＣは6か国・地域のオリンピック委員会に通知する。　　　　　　　　　　(ヨミダス 2016.5.28)

（７）化学の問題では、設問文に不備があり、厳密に問題を解こうとすると6問の答えが出なかったという。大手予備校からの指摘で発覚した。理学部や工学部などを志望する受験生308人が受験し、当該設問については全員に満点を与えた。　　　　　　　　　　　　(ヨミダス 2014.3.2)

（８）松山大（松山市）は17日、1月25日に実施した薬学部の一般入試で、生物の問題の一部に出題ミスがあったと発表した。当該の設問を受験した36人全員を正解としたが、合否判定に影響はなかった。

(ヨミダス 2015.3.18)

　（５）の「当該選手」を「当該の選手」に、（７）の「当該設問」を「当該の設問」に置き換えても、文意が変わることはなく、意味の差が見られない。その逆も同様である。（６）の「当該の選手」を「当該選手」に、（８）の「当該の設問」を「当該設問」に置き換えても、文意が変わることはない。

　しかし、本章は字音接頭辞である「当該」を考察対象とし、「の」の研究ではないため、（６）「当該の選手」、（８）「当該の設問」の「当該の」はひとまず本章の考察対象としない。

　また、「当該」も1.2.1で見てきた「国際」「原生」と同様に、「当該便」「当該号」のように、一字漢語と結合する用例もあれば、「当該チーム」「当該列車」のように、二字以上の漢語や和語、外来語と結合する用例もある。1.2.1で述べたように、「当該チーム」「当該列車」の「当該」は、二字以上の漢語や和語、外来語と結合するため、二字字音接辞として認められる。それに対して、「当該便」「当該号」の「当該」は、一字漢語との結合であるため、二字字音接辞として認められず、対象外とする。

　したがって、表15-2で示した「当該＋名詞」の586例の中から、「当該便」

「当該号」などの一字漢語と結合する57例を除いた、529例を本章の考察対象とする。

3. 「当該」の後接語について（結合機能）

3.1 「当該」の後接語の語種

表15-3は「当該」後接語について語種別にその異なり語数と延べ語数を示したものである。

表15-3 「当該」の後接語の語種別語数と比率

語種		異なり語数	比率	延べ語数	比率
漢語	二字漢語	110	56.12%	289	54.63%
	三字漢語	23	11.73%	46	8.70%
	四字漢語	18	9.18%	48	9.07%
	五字漢語	6	3.06%	8	1.51%
	六字以上漢語	5	2.55%	5	0.95%
	小計	162	82.65%	396	74.86%
和語		7	3.57%	8	1.51%
外来語		13	6.63%	105	19.85%
混種語		9	4.59%	15	2.84%
語レベルを超えるもの		5	2.55%	5	0.95%
合計		196	100.00%	529	100.00%

異なり語数も延べ語数も、「漢語＞外来語＞混種語＞和語」という順に語数が多いことがわかる。「当該」の後接語が漢語である比率は、異なり語数の80％、延べ語数の70％を超え、圧倒的に高い。外来語の異なり語数は6.63％であるのに対し、延べ語数は19.85％まで上昇している。理由としては、出現頻度1位の「当該チーム」の「チーム」が88例抽出されたからである。混種語と和語の出現は比較的少ない。なお、「語レベルを超えるもの」の5例としては、「当該保有する行政機関」「当該他の行政機関」「当該営業・就労」「当該整合の

第15章 「当該チーム」「当該列車」の「当該」　*329*

とれた行動」「当該指定の日」の5例である。

3.2 「当該」の後接語の意味分野

「当該」の後接語の意味分野については、『分類語彙表』を参考にして、分類を行った。後接語を意味分野の大項目別に示すと以下のようになる。

表15-4 「当該」の後接語の意味分野（大項目）語数と比率

大項目	異なり語数	比率	延べ語数	比率
1.1 抽象的関係	34	17.35%	84	15.88%
1.2 人間活動の主体	75	38.27%	237	44.80%
1.3 人間活動精神および行為	55	28.06%	142	26.84%
1.4 生産物および用具	25	12.76%	56	10.59%
1.5 自然物および自然現象	7	3.57%	10	1.89%
合計	196	100.00%	529	100.00%

異なり語数も延べ語数も、「1.2 人間活動の主体」＞「1.3 人間活動精神および行為」＞「1.1 抽象的関係」＞「1.4 生産物および用具」＞「1.5 自然物および自然現象」という順に語数が多いことがわかる。「当該」は、「1.5 自然物および自然現象」と結合する語は少ないが、1つの大項目に集中する傾向が見られない。また、異なり語数と延べ語数の比率の差はほとんどない。「1.2 人間活動の主体」の延べ語数の約45％が、異なり語数の約38％より、約7.5％が多いのは、「当該チーム」の「チーム」が88例抽出されたことによる結果である。

次に、「当該」の後接語の意味分野の中項目について分析する。表15-5はその調査結果を示したものである。

表15-5　「当該」の後接語の意味分野（中項目）語数と比率

意味コード	大項目	中項目	延べ語数	比率
1.10	抽象的関係	事柄	17	3.21%
1.11		類	3	0.57%
1.15		作用	4	0.76%
1.16		時間	13	2.46%
1.17		空間	37	6.99%
1.19		量	10	1.89%
1.21	人間活動の主体	存在	13	2.46%
1.23		人物	22	4.16%
1.24		成員	41	7.75%
1.25		公私	20	3.78%
1.26		社会	12	2.27%
1.27		機関	129	24.39%
1.30	人間活動精神および行為	心	21	3.97%
1.31		言語	26	4.91%
1.33		生活	2	0.38%
1.34		行為	28	5.29%
1.35		交わり	20	3.78%
1.36		待遇	13	2.46%
1.37		経済	5	0.95%
1.38		事業	27	5.10%
1.40	生産物および用具	物品	8	1.51%
1.41		資材	2	0.38%
1.44		住居	3	0.57%
1.45		道具	6	1.13%
1.46		機械	28	5.29%
1.47		土地利用	9	1.70%
1.51	自然物および自然現象	物質	4	0.76%
1.52		天地	4	0.76%
1.53		生物	1	0.19%
1.55		動物	0	0.00%
1.57		生命	1	0.19%
語レベルを超えるもの			5	0.95%
合計			529	100.00%

第15章　「当該チーム」「当該列車」の「当該」　*331*

「当該チーム」の「当該」が88例抽出されたことによって、「1.27 機関」を表す語が約24％あり、最も多い。それ以外の中項目は８％以下にとどまり、集中する傾向が見られず、ほぼ均等に各中項目が分布している。「当該」は、「チーム」と結合する用例が多いが、特定した意味分野の語と結合する傾向が見られず、制限なく、種々の語と均等に結合するといえるだろう。

4. 「当該」の用法分類について

　管見の限り、「当該」の意味用法を丁寧に記述する研究は見当たらない。国語辞典の意味記述を見てみると、類似した記述が見られる。

（９）そのことに関係があること。該当。　　　　　　　　　　　（『日国』）

（10）そのことに関係のあること。当の、それにあたるなどの意で連体詞的に用いる。　　　　　　　　　　　　　　　　　　　　　　　　　（『大辞林』）

（11）そのこと、そのものにあたっていること。　　　　　　　（『新選』）

「当該」という語の意味は何かという問いに対しては、（９）〜（11）のように国語辞典に書いてある意味記述は「模範解答」だといえるが、その「模範解答」はわかるものなのかと言われてみれば、そうではない。そのため、「当該」の意味用法を繊密に検討する必要があるのではないかと思われる。

　4.では、先行詞が明示されているかどうかという基準によって、「当該」を２種類に分け、それぞれの特徴を指摘する。

4.1　先行詞が明示されている「当該」

　先行詞が明示されている「当該」の用例として、次の（12）〜（15）を取り上げる。

（12）10日午前６時15分頃、都城市平塚町のＪＲ日豊線五十市—財部駅間の線路上で、女性が都城発鹿児島中央行きの下り普通列車（６両）にはねられ、死亡した。……ＪＲ九州によると、特急上下２本が部分運休、当該列車を含む上下４本が最大１時間50分遅れ、約800人に影響が出た。

（ヨミダス　2016.3.11）

(13) 昨年9月下旬に<u>1人の女子選手</u>への暴力行為が通報され、両者とも事実と認めたにもかかわらず、リオ五輪に向け園田監督の続投を10月末に早々内定。<u>当該選手</u>への謝罪が行われたのは、約1か月も後だった。

（ヨミダス　2013.2.1）

(14) 燕市は17日、今年度の4〜6月分の国民健康保険税の納税通知書について、<u>払う必要のない56世帯</u>に誤って送付したと発表した。
同市の税務処理を担当したシステム会社の操作ミスが原因で、同市は<u>当該世帯</u>に電話と文書で謝罪したという。　　　　（ヨミダス　2012.4.18）

(15) 府は25日、昨年12月13〜18日に「脱法ドラッグ」の買い上げ調査を行い、<u>大阪市内の4店舗</u>で扱っていた<u>4商品</u>から薬事法で規制されている成分が検出されたと発表した。健康被害の報告はされていないが、府は各店に、<u>当該商品</u>の撤去を指導した。　　（ヨミダス　2013.2.26）

　点線で示したように、(12)〜(15)の「当該」は先行詞が明示されている。(12)の「当該列車」は線路で女性をはね、人身事故を起こした都城発鹿児島中央行きの下り普通列車を指し示す。(13)の「当該選手」は暴力行為を受けた1人の女子選手を指し示す。(14)の「当該世帯」は払う必要がないのに、納税通知書を送った56世帯を指し示す。(15)の「当該商品」は薬事法で規制されている成分が検出された4商品を指し示す。(12)〜(15)の「当該」の先行詞が明示されており、前文脈に既出したものを指し示す点で共通することがわかる。

　ただし、(12)(13)の「当該」は指示対象が1つであり、(14)(15)の「当該」は指示対象が複数という点で異なる。(12)は文脈からわかるように、「当該」の指示対象である「列車」は1つである。(13)の先行詞は「1人の女子選手」と明示されており、指示対象が1つであることが明確である。それに対して、(14)(15)の先行詞に「56」「4」という数字の明示によって、指示対象が複数であることがわかる。

4.2 先行詞が明示されていない「当該」

先行詞が明示されていない「当該」の用例として、次の（16）～（19）を取り上げる。

(16) 〈ペルソナ・ノン・グラータ〉
外交関係に関するウィーン条約で定められた外交官に対する措置の一つ。ラテン語で、「好ましからざる人物」と訳され、主に当該外交官が犯罪を犯した場合に受け入れ国が通告する。派遣元の国は、召還するか任務を解かねばならない。
(ヨミダス 2012.6.7)

(17) ◆ロンドン五輪の参加標準記録
国際陸連が定めた五輪出場資格となる記録。低めに設定されたB標準と、より難しいA標準の2種類がある。各国・地域の陸連は、各種目とも最大3人の出場選手枠の中で、A標準をクリアした選手なら3人まで、B標準突破者なら1人のみ当該種目に出場させることができる。
(ヨミダス 2012.5.21)

(18) ■いじめの定義
当該児童と一定の関係にある他の児童らが行う心理的または物理的な影響を与える行為（インターネットを通じて行われるものを含む）で、当該行為の対象となった児童らが心身の苦痛を感じているもの
(ヨミダス 2014.3.2)

(19) 県は、4月から県内を7海域に分け、週1回計100検体を採取。規制値超の魚が出た場合、その海域から当該魚種を出荷することを自粛するよう関係団体に求める独自の方針を決めている。　(ヨミダス 2012.3.30)

（16）の「当該外交官」は前文脈に出現したある特定の外交官を指し示すものではない。犯罪を犯した外交官であれば、どの外交官でも指し示すことができる。つまり、（16）の「当該」は犯罪を犯した外交官という集合の中に、任意の1人の外交官を表すのである。（17）の「当該種目」、（18）の「当該児童」「当該行為」、（19）の「当該魚種」も同様であり、前文脈に出現したある特定のものを指し示すのではなく、ある集合の中の任意の1つを表すものである。

このように、「当該」は特定のものではなく、集合の中の任意の1つを表すため、先行詞は当然ながら出現しない。

「当該」と同様に、指示詞の中にも先行詞が明示されていない場合がある。小林（1997）は、先行詞が明示されていない「その」[5]について考察したものである。次の（20）（21）は先行詞が明示されていない「その」の用例であり、先行詞が明示されていない「当該」と類似する。

(20) 麻雀も腕だけでは勝てない。その時の運に左右されることが非常に多い。その運もしばしば片よっている。つきだすと、つきまくるが、つきに見放されるとどんなにあがいても駄目である。堅実な麻雀は、打つことはできるが、人生と同じように浮き沈みがなくなることは、絶対にないのではなかろうか、又、麻雀にはその人の性格もあらわれる。
(小林1997：70)

(21) 私は大学で講義を聴き、その最後の日まで、十八年親炙した折口信夫先生とたびたび旅行のお供もしたが、宿でその日のスケジュールをきめる時に、おどろくほど入念に、予定を立てた。　　　　(小林1997：70)

小林（1997：70）によると、（20）の「その時」は麻雀をやる「時」のうちの任意の1つを表す。「その人」は「人」のうちの任意の1人を表す。（21）の「その日」も同様に、旅行した「日」のうちの任意の1日を表す。(16)〜(19)で見てきた先行詞が明示されていない「当該」と類似した特徴を持っている。

また、小林（1997：71）によると、（20）の「その時」が麻雀をする時であることや、（21）の「その日」が旅行をしている日であることは先行する文からわかるが、これも「先行詞」とはいえない。その理由については、小林（1997：71）では、「集合全体が制限されているだけで、「その時」「その日」がその集合のどの一つかを規定してはいないからである。……（中略）「先行詞」は、指示語の意味内容を規定するものだから、ここでは「その」の方の働き、つまり任意の一つを選びだす働きの方に関わるのでなければ「先行詞」とはいえな

5　小林（1997）では、「先行詞をもたない」という言い方を使用している。

い」と述べられている。

　以上で述べた小林（1997）の論は、「当該」にも当てはまる。（17）の「当該種目」がロンドン五輪の陸上の種目であることや、（19）の「当該魚種」が規制値超の魚であることは先行文脈からわかるが、先行詞ではない。その理由も小林（1997）で述べられているように、「当該種目」「当該魚種」がその集合のどの1つかを規定していないからである。

5.　「当該」の基本的意味（意味添加機能）

　4.では、「当該」を先行詞が明示されているかどうかによって、先行詞が明示されている「当該」と先行詞が明示されていない「当該」の2種類に分けた[6]。なぜ「当該」はこの異質の2用法を持っているのか。この2種類の「当該」に共通する性質は何かということについて、5.で考える。

5.1　話し手の知識状態に基づいたもの

　本章は「話し手の知識状態」という概念を用いて、「当該」を統一的に説明することを試みる。話し手の知識状態に基づいた文法概念として、名詞の特定性が挙げられる。建石（2017：18）によると、特定性とは「より一般的に使用されている話し手の立場からの分類」であり、その規定について、次のように述べている。

6　もう1種類の「当該」がある。それは次の（ア）（イ）のような引用表現の中の「当該」である。

（ア）豊岡市役所であった締結式で、同市の中貝宗治市長は「災害直後、当該自治体は大変混乱するので、いざという時には押し掛けて応援する内容にした」と説明。

（ヨミダス　2014.2.26）

（イ）松野哲市長は「極めて遺憾で市民に深くおわびする。再発防止を徹底し、当該職員には厳正に対処する」とコメントを発表した。　　　（ヨミダス　2016.5.14）

引用表現の中の「当該」が、引用されたことによって、先行詞を失っているため、「当該」はもともと先行詞を持っているのか、持っているとすれば、何を指し示すのかといったことがわからなくなる。よって、引用表現の中の「当該」は5.の分析対象から除外する。

336

(22) 特定指示　：話し手が当該の指示対象を唯一に同定することができる
　　　　　　　　場合

　　　不特定指示：話し手が当該の指示対象を唯一に同定することができな
　　　　　　　　い場合　　　　　　　　　　　　　　　　　　　　（建石2017：18）

　建石（2017）では、特定指示の例は（23）（24）、不特定指示の例は（25）（26）を挙げている。

(23) 私には忘れられない恩師がいる。その恩師は自分の人生を変えた人でもある。　　　　　　　　　　　　　　　　　　　　　　　　　　　（建石2917：20）

(24) 昨日一人の学生から質問を受けました。それは山田花子さんです。彼女は学内でも熱心なことで有名ですからね。　　　　　　　　　（建石2017：21）

(25) Ａ：去年の高校野球で優勝した高校はどこ？
　　 Ｂ：それは駒大苫小牧高校だよ。　　　　　　　　　　　　（建石2017：21）

(26) このグランドは１周が400メートルあります。つまり、例えば誰かが５周走ったとすると２キロ走ったことになるわけです。　　　　　（建石2017：21）

　（23）（24）は話し手自身のことについて述べており、当然ながら、「その恩師」「一人の学生」が誰なのかを知っているため、話し手は「その恩師」「一人の学生」の指示対象を唯一に同定できるため、特定指示である。それに対して、（25）の「去年の高校野球で優勝した高校」の指示対象が唯一には同定できないからこそ、聞き手に尋ねるという文脈である。（26）は「誰か」という不定名詞が使われ、話し手がある特定の人物を念頭に置いて述べるものではないため、不特定指示になる。

5.2　話し手の知識状態による「当該」の分析
　5.1では、話し手の知識状態に基づいた名詞の特定性という概念を確認した。5.2では、話し手の知識状態を用いて、「当該」は話し手の知識状態を想定しない、あるいは、想定する程度が低いことを表す表現だと結論づける。

5.2.1　話し手の知識状態による先行詞が明示されていない「当該」の分析

　まず、次の（27）～（30）のような先行詞が明示されていない「当該」について検討する。

（27）〈ペルソナ・ノン・グラータ〉
　　　外交関係に関するウィーン条約で定められた外交官に対する措置の一つ。ラテン語で、「好ましからざる人物」と訳され、主に当該外交官が犯罪を犯した場合に受け入れ国が通告する。派遣元の国は、召還するか任務を解かねばならない。
　　　　　　　　　　　　　　　　　　　　　　　　　　　　　　　　（（16）の再掲）

（28）◆ロンドン五輪の参加標準記録
　　　国際陸連が定めた五輪出場資格となる記録。低めに設定されたＢ標準と、より難しいＡ標準の２種類がある。各国・地域の陸連は、各種目とも最大３人の出場選手枠の中で、Ａ標準をクリアした選手なら３人まで、Ｂ標準突破者なら１人のみ当該種目に出場させることができる。
　　　　　　　　　　　　　　　　　　　　　　　　　　　　　　　　（（17）の再掲）

（29）選挙区の区割り規定が投票価値の平等に反して違憲であると判断される場合に、これに基づく選挙を直ちに無効とした場合、当該選挙区から選出された議員が存在しない状態で選挙区割り規定の是正を行わざるを得ないなど、憲法の予定しない事態が現れることによる不都合などが生じる。
　　　　　　　　　　　　　　　　　　　　　　　　　　　（ヨミダス 2013.3.7）

（30）中小企業診断協会によると、試験には１次と２次があり、１次合格者は２次試験を当該年度と翌年度の２回受ける資格がある。
　　　　　　　　　　　　　　　　　　　　　　　　　　　（ヨミダス 2015.1.7）

　上述したように、（27）～（30）の「当該」をともなった名詞句は、話し手がある特定の「外交官」「種目」「選挙区」「年度」を念頭に置いて述べるものではなく、ある集合の中に、任意の１つを表すものである。そのため、話し手は指示対象を唯一に同定することができず、不特定指示になる。不特定指示であるということは、話し手の知識状態を想定しないということを意味すると考えられる。つまり、先行詞が明示されていない「当該」の場合は、話し手の知

識状態を想定しないということになる。

5.2.2　話し手の知識状態による先行詞が明示されている「当該」の分析

　次に、(31) 〜 (36) のような先行詞が明示されている「当該」について検討する。

(31) 10日午前６時15分頃、都城市平塚町のＪＲ日豊線五十市—財部駅間の線路上で、女性が都城発鹿児島中央行きの下り普通列車（６両）にはねられ、死亡した。……（中略）ＪＲ九州によると、特急上下２本が部分運休、当該列車を含む上下４本が最大１時間50分遅れ、約800人に影響が出た。　　　　　　　　　　　　　　　　　　　　　　　　（(12) の再掲）

(32) 国際オリンピック委員会（ＩＯＣ）のロゲ会長は12日、サッカー男子３位決定戦、日本—韓国戦の後、韓国の朴鍾佑（パクジョンウ）が、「独島（トクト）（竹島の韓国名）は我々の領土」などと、ＩＯＣが競技会場内で禁止する政治的メッセージを掲げたことについて、当該選手のメダルはＩＯＣが預かっている。　　　　　　　　　（ヨミダス 2012.8.13）

(33) 11月30日【日曜版】「オンリーワン　青木隆治の変幻自在ものまね」の記事で、「今まで誰もやってこなかった芸にチェレンジしたい」とあるのは、「チャレンジしたい」の誤りでした。入力ミスです。
　◎一部地域で当該記事が掲載されていない場合があります。
　　　　　　　　　　　　　　　　　　　　　　　　（ヨミダス 2014.12.1）

(34) 燕市は17日、今年度の４〜６月分の国民健康保険税の納税通知書について、払う必要のない56世帯に誤って送付したと発表した。
　同市の税務処理を担当したシステム会社の操作ミスが原因で、同市は当該世帯に電話と文書で謝罪したという。　　　　　　　（(14) の再掲）

(35) 県は25日、県内の市町村で所在が把握できない18歳以下の子どもが５月１日現在、９市に85人いると発表した。……。
　県は当該児童について所在を把握、安全を「目視」で確認し、虐待などの可能性がある場合は児童相談所や警察に連絡するよう９市に求めた。　　　　　　　　　　　　　　　　　　　　　（ヨミダス 2014.7.26）

（36）新たに誤りが見つかったのは、伊賀営業所の上野天理線と桑名営業所の桑名阿下喜線。上野天理線では4月の1か月間、39区間で運賃を10〜70円少なく表示。……。

対象期間に、上野天理線の当該区間の利用者は10人程度で、収受不足は200円程度。

（ヨミダス 2015.5.2）

　（31）〜（36）の「当該」をともなった名詞句は、それぞれ点線で示した指示対象を指し示し、前文脈に出現した特定の「列車」「選手」「記事」「世帯」「児童」「区間」を指し示すことがわかる。話し手が指示対象を同定できるため、「当該」をともなった名詞句は特定指示になる。特に、（32）「当該選手」の指示対象は、「朴鍾佑」という固有名詞であり、特定指示であることが明確である。特定指示であるということは、話し手の知識状態を想定するということを意味すると考えられる。

　しかし、（31）〜（36）の「当該」をともなった名詞句は特定指示であるものの、話し手の知識状態を想定する程度が高いとはいえない。

　例えば、（31）は人身事故についての記事であり、（31）の記事にとって、事故の発生時刻、発生場所、被害状況など、具体的にどのような事故が起こったのかという情報が重要であり、話し手はその情報を把握する必要はあるが、事故を起こした列車は具体的にどのような列車なのかは重要な情報ではない。話し手はその列車についての情報を把握する必要はない。よって、「当該」の指示対象である「列車」に対して、話し手の知識状態を想定する程度が低いと考えられる。（32）の「当該」の指示対象は「朴鍾佑」という固有名詞であり、特定指示になるが、その「朴鍾佑」がどのように規則を違反するのかということは記事にとって重要な情報であり、「朴鍾佑」という選手は、サッカーの技術がうまいかどうか、結婚しているかどうかというように、具体的にどのような選手であるかということは重要な情報ではない。そのため、「当該」の指示対象である「朴鍾佑選手」に対して、話し手の知識状態を想定する程度が低い。（33）も同様であり、「記事が掲載されていないこと」が重要な情報であり、その「記事」は具体的にどのような内容の記事なのかについて話し手が把握しなくても、「当該記事」という表現を用いることができる。よって、「当該」の指

示対象である「記事」に対して、話し手の知識状態を想定する程度が低い。

　また、(34) ～ (36) のような指示対象が複数である場合は (31) ～ (32) のような指示対象が1つである場合よりも、話し手の知識状態を想定する程度が低い。(34) の指示対象は「56世帯」であり、話し手はその「56世帯」を逐一把握する必要は当然ない。(35) の85人の所在不明の児童や、(36) の「39区間」も同様である。話し手はその複数の「児童」「区間」を逐一把握しなくても、「当該児童」「当該区間」などの表現を用いることができるということは、「児童」「区間」などの指示対象に対して、話し手の知識状態を想定する程度が低いという証拠になるのではないかと考えられる。

　以上のように、「話し手の知識状態」という概念を用いて、「当該」の2用法を統一的に説明することを試みた。「当該」は話し手の知識状態を想定しない、あるいは、想定する程度が低いことを表す表現である。

6.　本章のまとめ

　本章で述べたことの要点をまとめておく。

A.「当該」は漢字二字であるものの、字音接頭辞と認め、本書の記述研究対象とする。

B.「当該」の後接語を語種と意味分野を中心に分析した結果、語種については、「漢語＞外来語＞混種語＞和語」という順に語数が多く、漢語との結合が圧倒的に多いことがわかった。また、後接語の意味分野については、1つの意味分野に集中する傾向が見られず、ほぼ均等に各意味分野の語が後接語として結合される。

C. 先行詞が明示されているかどうかによって、先行詞が明示されている「当該」と先行詞が明示されていない「当該」の2種類に分けた。

D.「話し手の知識状態」という概念を用いて、「当該」を統一的に説明することを試み、「当該」は話し手の知識状態を想定しない、あるいは、想定する程度が低いことを表す表現だと結論づけた。まとめると、次の表15-6のようになる。

表15-6 「当該」の用法分類

本章の分類	用例数[7]	特定性	統一的説明
先行詞が明示されている「当該」	209例	特定指示	話し手の知識状態を想定しない、あるいは、想定する程度が低いことを表す
先行詞が明示されていない「当該」	241例	不特定指示	

7　注6で言及した引用表現の中の「当該」は79例ある。先行詞が明示されている「当該」の209例と先行詞が明示されていない「当該」の241例を合わせて、529例になり、2.の最後に示した本章の対象となる「当該」の529例という数字に一致する。

第16章

その他の連体詞型字音接頭辞

　本章は、用例数が少なく、意味用法が複雑でないもの、あるいは、ほかの連体詞型字音接頭辞との関連性がない「一」「原」「故」「諸」「正」「続」「他」「汎」を取り上げる。意味用法が複雑でないため、どのような後接語と結合するのか（結合機能）を中心に論を進める。どのような意味用法を持っているのか（意味添加機能）ということについては、国語辞典を参考にして簡単にまとめ、提示する方法を採る。

　1.～8. では、それぞれ「一」「原」「故」「諸」「正」「続」「他」「汎」について考察する。9. では、本章の内容をまとめる。

1.　「一会社員」の「一」

1.1　「一」の考察資料と用例

　「一」の用例収集には資料として、BCCWJ を使用した。中納言を使用し、2017年12月15日に用例を検索した。検索条件として、キーの品詞の大分類を名詞に指定し、前方共起をキーから１語に設定し、「書字形出現形　が　一 AND　語彙素読み　が　イチ」という指示で検索し、194242件の検索結果を得た。データ数が膨大であるため、100000件のデータを無作為抽出でダウンロードした。

　1.では、「一会社員」「一市民」「一考察」などのように、数詞の「一」とはいえず、接頭辞である「一」を考察対象とする。しかし、100000件の用例のうち、「一キロ」「一カップ」などのように、「一」の直後に助数詞や計量詞が付いており、数詞である「一」の用例が多く含まれる。そのため、数詞である「一」を考察対象から除外する必要がある。しかし、「一エピソード」「一自治

体」「一宗派」などのように、その「一」が数詞であるか、接頭辞であるか、判断が難しいものが存在する。よって、数詞の「一」なのか、接頭辞の「一」なのか、明確に二分する基準が必要である。この基準については、影山編（2011）、東条（2014）にヒントがある。

影山編（2011：12）では、助数詞かどうかを見分ける方法として、助数詞に「何（なん）」という疑問詞を付けるテストを提示している。「助数詞に「何（なん）」がつくと、「何匹、何冊、何台、何社」のように対象物の数を尋ねる働きをする。「何（なん）」が数を質問する意味になるなら、それは助数詞である」（同：12）と述べている。

東条（2014）は、影山編（2011）と同じ方法を使用し、「可付番性」という用語を使用している。まず、東条（2014）を取り上げる。通常、助数詞と呼ばれるものは、「1枚」の「枚」や、「1冊」の「冊」などのように、数詞と切り離した時に独立して用いることができないものが典型的な助数詞とされている。しかし、「1世帯」「3大学」のように、数詞と切り離しても独立して用いることができる助数詞も数多く存在する。それらは名詞型助数詞と呼ばれ、東条（2014）の主な考察対象である。

東条（2014：16）によると、「名詞型助数詞はまず、容器となる名詞を基準に量を測る「容器型助数詞」と名詞の性質を残す「非容器型助数詞」に区分でき、後者は、前接する数の制限に関する「可付番性」の有無により「準助数詞」と「擬似助数詞」という二つの下位類にさらに分けられる」と述べている。その可付番性があるかどうかを判断する方法は、影山編（2011）と同様に、「各々の名詞型助数詞の前に、数を特定しない不定数（疑問数）の形式である「何（なん）」をおき、不自然であれば「前に来る数に制限がある」とし、自然ならば「前に来る数に制限がない」」（東条2014：21）としている。つまり、「何（なん）」を名詞型助数詞の前におき、不自然であれば、可付番性がなく、その名詞型助数詞を「擬似助数詞」とし、自然ならば可付番性があり、その名詞型助数詞を「準助数詞」としている。次の（1）（2）を参照してほしい。

（1）何ページ読みましたか？ （東条2014：21）
（2）＊何作業部会が設置されましたか？ （東条2014：21）

「何ページ」といえるため、「ページ」は前に来る数が制限されない名詞型助数詞だと判断し、可付番性があり、「準助数詞」としている。一方、「何作業部会」とはいえないため、「作業部会」は前に来る数が制限される名詞型助数詞だと判断し、可付番性がなく、「擬似助数詞」であるとしている。

　本章は、影山編（2011）、東条（2014）に従って、「一」の後接語の前に「何（なん）」を付けて、数を質問する意味の自然な言い方であるかどうかで判断する。「何（なん）会社員」「何（なん）市民」「何（なん）考察」はいえないため、これらの「一」は数詞ではなく、接頭辞ということになる。一方、「何（なん）キロ」「何（なん）ページ」はいえ、かつ数を質問する意味になるため、「キロ」「ページ」の前の「一」は数詞と考えられる。

　また、注意する点が１つある。東条（2014）では、「「何」を冠することができるかどうかは、内省によらず、検索エンジン google にて「何○○」の形で完全一致検索し、１例でも用例があれば可能と判断した」（同：21）という方法を採っている。しかし、この方法には問題点がある。それは、検索した用例の中に、「何」が「なん」ではなく、「なに」と読まれ、「どの」「どのような」という意味を表すものが含まれる可能性がある。例えば、「何銀行」という表現は、「なにぎんこう」と読まれ、「どの銀行」という意味を表す可能性がある。検索エンジン google を使用すると、用例数が膨大であるため、逐一チェックするのは不可能に近いという問題もあれば、検索結果は毎回同じであるとは限らないという難点もある。

　よって、本章は「何（なん）」を冠することができるかどうかは、東条（2014）のデータ、ネイティブ２名による内省判断および『国語研日本語ウェブコーパス』での用例検索という３つの方法で総合的に判断することにする。

　東条（2014）では、可付番性のある「準助数詞」の239種も、可付番性のない「擬似助数詞」の147種も、全データを公開しているため、それを参考にする。ただし、前述のように、東条（2014）の判断方法には問題点があるため、本章の最終結果は東条（2014）の結果と完全に一致するものではない。

　また、用例数が膨大であるため、アンケート調査ではなく、日本語ネイティブ２名に依頼し、時間をかけて丁寧に判断してもらうという方法にした。

さらに、『国語研日本語ウェブコーパス』にて、検索系「梵天」の文字列検索を使用して、「何○○」の形で検索する。『国語研日本語ウェブコーパス』は国立国語研究所で制作されたコーパスであり、ウェブを母集団として100億語規模を目標として構築した日本語コーパスであり[1]、規模として十分だと判断した。検索した用例の「何」は数を質問する意味の「なん」なのか、「どの」「どのような」という意味を表す「なに」なのか、確認することができる。

以上の３つの方法にて総合的に判断し、最終的に字音接頭辞である「一」と判断した用例は、異なり508例、延べ1908例であった。

1.2 「一」の後接語について（結合機能）

1.2.1 「一」の後接語の語種

表16-1は「一」の後接語について語種別にその異なり語数と延べ語数を示したものである。

表16-1 「一」の後接語の語種別語数と比率

語種		異なり語数	比率	延べ語数	比率
漢語	二字漢語	339	66.73%	1700	89.10%
	三字漢語	76	14.96%	97	5.08%
	四字漢語	46	9.06%	53	2.78%
	五字以上の漢語	14	2.76%	18	0.94%
	小計	475	93.50%	1868	97.90%
和語		8	1.57%	8	0.42%
外来語		11	2.17%	17	0.89%
混種語		9	1.77%	10	0.52%
語レベルを超えるもの		5	0.98%	5	0.26%
合計		508	100.00%	1908	100.00%

---

1 http://pj.ninjal.ac.jp/corpus_center/nwjc/ を参照（最終確認：2018年９月16日）。

表16-1からわかるように、「一」の後接語は漢語が圧倒的に多い。異なり語数では、93%以上、延べ語数では、約98%を占めている。特に二字漢語が多く、延べ語数の約90%を占めている。（3）で示す出現数が多い上位20位の後接語は、すべて二字漢語である。

（3）時期（315）、部分（239）、直線（174）、大事（47）、生涯（42）、個人（41）、
　　時代（36）、手段（27）、投足（26）、挙手（24）、兵卒（22）、市民（21）、側面、
　　民族（20）、企業（17）、考察、航艦（15）、要因（12）、専攻（11）、地方（10）

1.2.2 「一」の後接語の意味分野

「一」の後接語の意味分野については、『分類語彙表』を参考にして分類を行った。後接語を意味分野の大項目別に示すと表16-2のようになる。

表16-2 「一」の後接語の意味分野（大項目）語数と比率

大項目	異なり語数	比率	延べ語数	比率
1.1 抽象的関係	100	19.69%	1066	55.87%
1.2 人間活動の主体	292	57.48%	571	29.93%
1.3 人間活動精神および行為	87	17.13%	223	11.69%
1.4 生産物および用具	16	3.15%	32	1.68%
1.5 自然物および自然現象	13	2.56%	16	0.84%
合計	508	100.00%	1908	100.00%

異なり語数を見ると、最も多いのは、「1.2 人間活動の主体」を表す語であり、半数以上を占めている。「一」が「1.2 人間活動の主体」を表す語と多く結合することがわかる。一方、延べ語数を見ると、「1.1 抽象的関係」を表す語が最も多く、半数以上を占めている。出現頻度が高い語には、「1.1 抽象的関係」を表す語が多いことがわかる。

次に、「一」の後接語の意味分野の中項目について分析する。表16-3はその調査結果を示したものである。

表16-3 「一」の後接語の意味分野（中項目）語数と比率

意味コード	大項目	中項目	延べ語数	比率
1.10	抽象的関係	事柄	73	3.83%
1.11		類	58	3.04%
1.13		様相	39	2.04%
1.14		力	4	0.21%
1.15		作用	8	0.42%
1.16		時間	420	22.01%
1.17		空間	217	11.37%
1.18		形	7	0.37%
1.19		量	240	12.58%
1.20	人間活動の主体	人間	30	1.57%
1.21		家族	2	0.10%
1.22		仲間	6	0.31%
1.23		人物	92	4.82%
1.24		成員	222	11.64%
1.25		公私	110	5.77%
1.26		社会	50	2.62%
1.27		機関	59	3.09%
1.30	人間活動精神および行為	心	98	5.14%
1.31		言語	22	1.15%
1.32		芸術	6	0.31%
1.33		生活	9	0.47%
1.34		行為	57	2.99%
1.35		交わり	9	0.47%
1.36		待遇	6	0.31%
1.37		経済	8	0.42%
1.38		事業	8	0.42%
1.40	生産物および用具	物品	1	0.05%
1.44		住居	9	0.47%
1.45		道具	3	0.16%
1.46		機械	16	0.84%
1.47		土地利用	3	0.16%
1.52	自然物および自然現象	天地	8	0.42%
1.53		生物	1	0.05%
1.56		身体	3	0.16%
1.57		生命	4	0.21%
合計			1908	100.00%

比率が最も高い中項目は「1.16 時間」であり、約22%を占めている。315回出現する「時期」、42回出現する「生涯」、36回出現する「時代」などの高頻度の語による影響だと考えられる。また、「1.19 量」「1.24 成員」「1.17 空間」も多く、10%以上の比率である。「1.19 量」は、239回出現する「部分」による影響である。「1.24 成員」には、「兵卒」「議員」「外交官」などの「ヒト」を表す語が挙げられ、「一」と多く結合する。「1.17 空間」が多いのは、174回出現する「直線」による影響が大きい。

1.3 「一」の意味用法（意味添加機能）
1.3.1 不定を表す用法と全体性を表す用法

数詞ではなく、字音接頭辞や語構成要素として用いられる「一」について考察する先行研究は、管見の限り見当たらない。数詞の「一」の特殊性について考察するものには、岩田（2013）があり、参考になる点が多い[2]。

本章の考察対象となる「一市民」「一企業」は、「一人の市民」「一つの企業」という解釈が自然であり、そのような「「一」＋助数詞＋「の」＋名詞」というパターンは、岩田（2013）では「（1Q）の NC 型」[3]となり、不定を表す用法、全体性を表す用法、共有の意味を表す用法という3つの用法があると指摘している。

まず一つ目は不定を表す用法であり、次の（4）（5）が挙げられる。

（4）京都の下鴨に一軒の寿司屋がある。　　　　　　　　　　（岩田2013：172）

（5）若い刑事は、一枚のぶあつい封筒をぼくに手渡し、…　（岩田2013：173）

（4）の「一軒の寿司屋」と（5）の「一枚のぶあつかい封筒」の「一」は、不定冠詞的な働きをし、新情報として談話に導入されるときに使われていると

2　数詞「一」の特殊性についての先行研究は、ほかには、Downing（1996）、加藤（2003）、建石（2009）がある。それらの研究については、岩田（2013）において、詳しくまとめられている。詳細は岩田（2013）を参照されたい。

3　岩田（2013：5）によると、N・C・Qという表記は Noun「名詞」、Case「格助詞」、Quantifier「数量詞」を表すものである。

指摘している。

　二つ目は全体性を表す用法であり、次の（6）（7）が挙げられる。

（6）（日本企業で働く外国人を対象に）
　　　「会社でどんな役割を果たしていますか」との問いに対しては、「専門
　　知識を活かす仕事」「一つの事務所を任されている」……（岩田2013：174）
（7）母は二分間で一人の人間を知り尽くしたようなつもりになっている。

（岩田2013：174）

　岩田（2013）では、（6）も（7）も、「一」が「‘全体として’とか‘すべて’
といった意味で「ある固体の全体」を表している」（同：175）と述べている。
また、次のように変えても、あまり意味の違いが感じられないと説明している。

（6'）（日本企業で働く外国人を対象に）
　　　「会社でどんな役割を果たしていますか」との問いに対しては、「専門
　　知識を活かす仕事」「事務所を一つ任されている」……　（岩田2013：175）
（7'）母は二分間で人間を一人知り尽くしたようなつもりになっている。

（岩田2013：175）

　三つ目は共有の意味を表す用法であり、次の（8）（9）が挙げられる。

（8）戦前と戦後では完全に　世代的な断絶があるが　戦後の人間は今に至
　　るまで1つの流れでつながっている　　　　　　　　（岩田2013：177）
（9）当店の麺類は一つの釜にて茹であげております。そばアレルギーのお
　　客様はご容赦くださいませ　　　　　　　　　　　　（岩田2013：177）

　（8）（9）の「1つ」「一つ」は、「同じ」という意味を表し、「同じ」とい
うフレーズを入れてみても意味はあまり変わらずしっくりくると指摘している。

（8'）同じ1つの流れでつながっている　　　　　　　　　（岩田2013：177）

（9'）当店の麺類は同じ一つの釜にて茹であげております　　（岩田2013：177）

　本章の字音接頭辞として用いられる「一」の用例を確認すると、その大多数は不定を表す用法である。次の（10）〜（12）を取り上げる。

（10）もっと社交夫人になって、上流社会の人とつき合いたいという気持ちもあったが、そういうことは我慢をして、夫の会社での地位根応の暮らし、一サラリーマンの妻としてやってきた。

（『メンタルヘルスのすすめ』LBc4_00012）

（11）「広島は防げるでしょうね」と電車のなかの一市民が将校に対して話しかけると、将校は黙々と肯くのであった。　　（『作家の自伝』LBm9_00181）

（12）国防に関する意識の差も、日本が経済成長第一主義の予算を組める一要因である。　　　　　　　　（『ジャパンアズナンバーワン』LBs3_00042）

　（10）の「一サラリーマン」は「一人のサラリーマン」、（11）の「一市民」は「一人の市民」、（12）の「一要因」は「一つの要因」という解釈であり、字音接頭辞の「一」は（4）（5）と同様に、不定冠詞的に働き、不定を表す用法である。

　『新明解』の「一」の意味解釈では明確に不定を表す用法とは書かれていないが、「ある（或）」という語釈があり、「一官吏」が例として挙げられている。「或る」は不定を表す連体詞であるため、「一」も不定を表すと考えられる。

　また、文脈によっては、不定を表す用法の「一」は、「ただの、単なる」というニュアンスが出やすい。

（13）しかし、ここではすでに、畿内の王権に属して、能登の船団を指揮する一部将にすぎない。　　　　　　　　　　（『鬼の宇宙誌』LBf7_00035）

（14）実際は、そうした権限とは縁のない一民間人でしかありません。

（『法月綸太郎の冒険』LBj9_00119）

（15）ビザンツ帝国はのちにコンスタンティノープルを回復したが、もはや「帝国」などではなく、単なる一地方王朝としての実力さえ残されてい

なかった。 (『世界の歴史』LBm2_00063)

　「にすぎない」「でしかない」「単なる」などの表現によって、「一」は、単純に「一人の部将」「一人の民間人」「一つの地方王朝」という意味だけではなく、「ただの、単なる」というニュアンスも出てくる。

　また、少数ではあるものの、「一」の後接語や文脈によって、全体性を表す用法の場合もある。

(16) 予算あるいは権限、そして組織の面で、一環境省の枠内に入る、おさまり切る問題ではないわけですけれども……。 (国会会議録 OM61_00001)

(17) これは一沖縄県とか特定の地域だけではなくして、しばしばマスコミ等で報道されておりますように、……。 (国会会議録 OM22_00001)

(18) 〈図７〉に示したのは、ある会社の一事業部の主要製品ごとの使用総資本利益率（ROCE）である。(『企業参謀　戦略的思考とはなにか』LBn3_00143)

　「環境省」「沖縄県」は固有名詞であり、その前の「一」は明らかに不定を表す用法ではない。「一」は、「全体として、すべて」という意味で、「ある個体の全体」を表し、全体性を表す用法である。「事業部」は固有名詞ではないが、文脈によって、（６）（７）と同様に、全体性を表す用法であることがわかる。

　共有の意味を表す字音接頭辞の「一」は、無作為抽出の用例からは見つからず、字音接頭辞の「一」は数詞の「一」とは異なり、共有の意味を表す用法がなかなか見出せないということがいえる。

1.3.2　要素包含型と要素取り出し型

　岩田（2013）は、数詞「一」の用法を分類するだけでなく、「一」という概念には２つのタイプがあり、その２タイプを提示することによって、数詞「一」の用法を説明できると主張している。

　岩田（2013：185-187）は、「一」という概念をどうやって成立したのかについて、二の概念の後で一の概念は成立したという先行研究の指摘に賛成し、'二以上'をまとめて'一'にする場合と、'二以上'の中から'一'を取り出

す場合という2つのタイプがあることを指摘している。'二以上'をまとめて'一'にする場合を「要素包含型」と呼んでおり、'二以上'の中から'一'を取り出す場合を「要素取り出し型」と呼んでいる。図で示すと、次の図16-1のようになる。

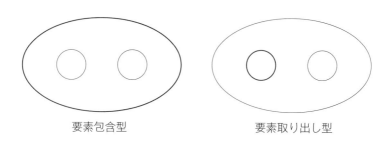

図16-1 '一'のイメージスキーマ（岩田2013：187の図1による）

1.3.1で述べたように、「(1Q) のNC型」は、不定を表す用法、全体性を表す用法、共有の意味を表す用法という3つの用法がある。要素包含型と要素取り出し型でいうと、どうなるか。岩田（2013）によると、不定を表す用法は要素取り出し型であり、全体性を表す用法と共有の意味を表す用法は要素包含型である。

最後に、岩田（2013：194-195）は数詞'一'を含む熟語を取り上げ、「一部分」「一因」「一案」「一意見」「一個人」「一員」「一教師」「一外交官」「一主婦」「一社員」の「一」は、不特定多数の中の一つ、一人という意味で、要素取り出し型になる。一方、「一門」「一味」「一座」「一家」「一派」は、人間の集団を前提として、その全体を表しているため、要素包含型になると指摘している。

岩田（2013）の数詞'一'を含む熟語は、本章の考察対象である字音接頭辞の「一」と重なる部分が大きい。本章は、数詞ではなく字音接頭辞として位置づけるが、数詞「一」と並行的に捉えることができる。

1.3.1では、字音接頭辞「一」は、不定を表す用法と全体性を表す用法があることを述べた。要素包含型と要素取り出し型でいうと、数詞「一」と同様に、

第16章　その他の連体詞型字音接頭辞　353

不定を表す用法は要素包含型であり、全体性を表す用法は要素取り出し型であるということになる。

1.4　本当に字音接頭辞といえるのか

　1.1では、数詞の「一」か、接頭辞の「一」か、明確に二分することが難しいということを確認した。本章は東条（2014）のデータ、ネイティブ２名による内省および『国語研日本語ウェブコーパス』の用例検索という方法で、字音接頭辞である「一」を取り出した。しかし、取り出した用例の中に、本当に字音接頭辞といえるのか定かではない用例も存在する。

　まず、「一大事」「一時期」「一挙手一投足」などの慣用的表現のように、その「一」は数詞でないことは確かであるが、字音接頭辞であるというと、本当にそうなのかという疑問も生じる。「一大事」「一時期」などは、字音接頭辞「一」プラス後接語というより、一まとまりとしての意識が強いかもしれない。

　また、（19）〜（21）のように、字音接頭辞というより、数詞「一」に近い用例も存在する。

　（19）　小泉総理は政治主導で構造改革を行うと言い、<u>一内閣一閣僚</u>をうたっ
　　　　　て、それをほかから言われて変えることなどできないと、……。

（国会会議録 OM65_00010）

　（20）　そのための大原則は一文には<u>一概念</u>しか盛り込まないということだ。

（『大学で教える小論文の書き方　みるみる文章力がアップする！』LBr8_00011）

　（21）　Ｃ獄舎には、六十名の女囚が収容されていた。<u>一監房</u>に四名ずつであ
　　　　　る。

（『明日があるなら』OB3X_00119）

　（19）〜（21）の「一」は、本章では字音接頭辞であると判断したが、文脈では、数詞の「一」に近い。字音接頭辞の「一」のデータのさらなる精密化は、今後の課題にする。

2. 「原材料」の「原」

2.1 「原」の考察資料と用例

「原」の用例収集には資料として、BCCWJ を使用した。中納言を使用し、2017年12月１日に用例を検索した。検索条件として、キーを未指定にし、前方共起をキーから１語に設定し、「書字形出現形　が　原　AND　語彙素読みが　ゲン」という指示で検索し、2053件の検索結果を得た。目視で用例を確認し、「仙石原高原」のような字音接頭辞でないものを考察対象から除外した。最終的に考察対象となる用例は異なり126例、延べ1400例であった。

2.2 「原」の後接語について（結合機能）

2.2.1 「原」の後接語の語種

表16-４は「原」の後接語について語種別にその異なり語数と延べ語数を示したものである。

表16-4　「原」の後接語の語種別語数と比率

語種		異なり語数	比率	延べ語数	比率
漢語	二字漢語	90	71.43%	1293	92.36%
	三字漢語	21	16.67%	55	3.93%
	四字漢語	1	0.79%	1	0.07%
	小計	112	88.89%	1349	96.36%
和語		0	0.00%	0	0.00%
外来語		12	9.52%	45	3.21%
混種語		2	1.59%	6	0.43%
合計		126	100.00%	1400	100.00%

表16-４からわかるように、「原」の後接語は漢語が圧倒的に多い。特に二字漢語は延べ語数の約92％を占めている。(22) で示す出現数が多い上位20位の後接語は、「データ」「資格国」以外は二字漢語である。

第16章　その他の連体詞型字音接頭辞　*355*

(22) 材料 (664)、風景 (74)、判決 (69)、単位 (58)、燃料 (58)、計画 (25)、
体験 (24)、位置 (20)、データ (20)、処分 (19)、鑑定 (19)、記録 (18)、
裁判 (16)、漢文 (16)、疾患 (16)、印象 (15)、戸籍 (14)、資格国 (14)、
裁定 (12)、史料 (9)

「原」の後接語には、和語がない。混種語は「ゲルマン語」「場面」の2語の
みである。外来語は「データ」「テキスト」「イメージ」など少数ある。

2.2.2 「原」の後接語の意味分野

「原」の後接語の意味分野については、『分類語彙表』を参考にして、分類を
行った。後接語を意味分野の大項目別に示すと表16-5のようになる。

表16-5 「原」の後接語の意味分野（大項目）語数と比率

大項目	異なり語数	比率	延べ語数	比率
1.1 抽象的関係	31	24.60%	156	11.14%
1.2 人間活動の主体	17	13.49%	58	4.14%
1.3 人間活動精神および行為	54	42.86%	324	23.14%
1.4 生産物および用具	7	5.56%	730	52.14%
1.5 自然物および自然現象	17	13.49%	132	9.43%
合計	126	100.00%	1400	100.00%

異なり語数では、「1.3 人間活動精神および精神」を表す語が最も多く、約
42%を占めている。延べ語数で最も多いのは「1.4 生産物および用具」であり、
約52%を占めている。それは、出現数が多い「材料」(664)、「燃料」(58) が
「1.4 生産物および用具」に属するからである。

次に、「原」の後接語の意味分野の中項目について分析する。表16-6はその
調査結果を示したものである。

表16-6 「原」の後接語の意味分野（中項目）語数と比率

意味コード	大項目	中項目	延べ語数	比率
1.10	抽象的関係	事柄	41	2.93%
1.11		類	7	0.50%
1.12		存在	1	0.07%
1.13		様相	6	0.43%
1.15		作用	1	0.07%
1.16		時間	5	0.36%
1.17		空間	26	1.86%
1.18		形	3	0.21%
1.19		量	66	4.71%
1.20	人間活動の主体	人間	9	0.64%
1.21		家族	4	0.29%
1.23		人物	6	0.43%
1.24		成員	6	0.43%
1.25		公私	24	1.71%
1.26		社会	1	0.07%
1.27		機関	8	0.57%
1.30	人間活動精神および行為	心	116	8.29%
1.31		言語	70	5.00%
1.32		芸術	10	0.71%
1.33		生活	4	0.29%
1.34		行為	1	0.07%
1.36		待遇	110	7.86%
1.37		経済	12	0.86%
1.38		事業	1	0.07%
1.41	生産物および用具	資材	722	51.57%
1.42		衣料	1	0.07%
1.43		食料	6	0.43%
1.47		土地利用	1	0.07%
1.50	自然物および自然現象	自然	1	0.07%
1.51		物質	5	0.36%
1.52		天地	87	6.21%
1.53		生物	12	0.86%
1.54		植物	3	0.21%
1.55		動物	2	0.14%
1.56		身体	6	0.43%
1.57		生命	16	1.14%
合計			1400	100.00%

最も多い中項目は当然「材料」「燃料」がある「1.41 資材」である。「1.41 資材」以外に多いのは、「1.30 心」「1.36 待遇」「1.52 天地」である。「1.30 心」には、「計画」「体験」「鑑定」「印象」などの語が挙げられる。「1.36 待遇」には、「判決」「処分」「裁判」などが挙げられる。「1.52 天地」が多いのは、74回出現する「風景」による影響だと考えられる。

2.3 「原」の意味用法（意味添加機能）

国語辞典における「原」の意味記述を示すと、以下の通りである。

（23）本来。元来の。 （『日国』）

（24）漢語の上に付いて連体詞的に用いる。本来の。元来の。 （『大辞林』）

（25）もとの。もとからの。 （『新選』）

以上の意味記述を参考し、「原」は「材料」「風景」「判決」などの語に付いて、「もとの」「本来の」「元来の」という意味を表すとする。

3. 「故ダイアナ妃」の「故」

3.1 「故」の考察資料と用例

「故」の用例収集には資料として、BCCWJ を使用した。中納言を使用し、2017年12月1日に用例を検索した。検索条件として、キーを未指定にし、前方共起をキーから1語に設定し、「書字形出現形　が　故　AND　語彙素読みが　コ」という指示で検索し、740件の検索結果を得た。目視で用例を確認し、「無事故無違反」のような字音接頭辞でないものを考察対象から除外した。最終的に考察対象となる用例は異なり486例、延べ559例であった。

3.2 「故」の後接語について（結合機能）

「故土光敏夫氏」「故桜川忠七さん」「故信長」などのように、「故」の後接語に人名しか来ない場合もあれば、「故太閤殿下」や、「故ケネディ大統領」「故湯川秀樹博士」など、「故」の後接語が官職・肩書き・敬称である場合、あるいは、「人名＋官職・肩書き」といった複合形式である場合もある。

3.3 「故」の意味用法（意味添加機能）

「故」の意味用法は単純で、「故」を人名や官職・肩書きの前につけて、その人がすでになくなっていることを表す。

4. 「諸外国」の「諸」
4.1 「諸」の考察資料と用例

「諸」の用例収集には資料として、BCCWJ を使用した。中納言を使用し、2015年10月 5 日に用例を検索した。検索条件として、「WHERE 句」をキーとして検索した。「WHERE 句が書字形出現形 LIKE "諸 %" AND 語彙素読み="ショ"」という条件で検索し、7376件の検索結果を得た。目視で用例を確認し、「諸司厨町」のような字音接頭辞でないものを考察対象から除外した。最終的に考察対象となる用例は異なり726例、延べ7135例であった。

4.2 「諸」の後接語について（結合機能）
4.2.1 「諸」の後接語の語種

次の表16-7 は「諸」の後接語について語種別にその異なり語数と延べ語数を示したものである。

表16-7 からわかるように、「諸」の後接語は漢語が圧倒的に多い。特に二字漢語は延べ語数の約95％を占めている。（26）で示す出現数が多い上位20位の後接語は、すべて二字漢語である。

(26) 外国（774）、問題（531）、施策（262）、条件（234）、活動（176）、大名（174）、民族（157）、制度（147）、経費（138）、事情（95）、学校（94）、機能（91）、関係（89）、都市（86）、要素（84）、国民（74）、団体（72）、課題（71）、費用（71）、要因（68）

表16-7　「諸」の後接語の語種別語数と比率

語種		異なり語数	比率	延べ語数	比率
漢語	二字漢語	562	77.41%	6798	95.28%
	三字漢語	44	6.06%	61	0.85%
	四字漢語	42	5.79%	57	0.80%
	五時以上の漢語	4	0.55%	5	0.07%
	小計	652	89.81%	6921	97.00%
和語		28	3.86%	120	1.68%
外来語		29	3.99%	72	1.01%
混種語		16	2.20%	21	0.29%
語レベルを超えるもの		1	0.14%	1	0.01%
合計		726	100.00%	7135	100.00%

4.2.2　「諸」の後接語の意味分野

　「諸」の後接語の意味分野については、『分類語彙表』を参考にして、分類を行った。後接語を意味分野の大項目別に示すと表16-8のようになる。

表16-8　「諸」の後接語の意味分野（大項目）語数と比率

大項目	異なり語数	比率	延べ語数	比率
1.1　抽象的関係	165	22.73%	1597	22.38%
1.2　人間活動の主体	193	26.58%	2182	30.58%
1.3　人間活動精神および行為	305	42.01%	3210	44.99%
1.4　生産物および用具	36	4.96%	72	1.01%
1.5　自然物および自然現象	27	3.72%	74	1.04%
合計	726	100.00%	7135	100.00%

　異なり語数も延べ語数も、最も多いのは、「1.3　人間活動精神および行為」であり、いずれも約42%以上を占めている。次に多いのは、「1.2　人間活動の

主体」である。「1.4 生産物および用具」と「1.5 自然物および自然現象」を表す語は少ない。

次に、「諸」の後接語の意味分野の中項目について分析する。表16-9（次ページ）はその調査結果を示したものである。

最も多い中項目は「1.30 心」である。「問題」（531）、「施策」（262）、「制度」（147）などの出現頻度が高い語が多く含まれる。次に多いのは「1.25 公私」である。「1.25 公私」が多いのは、774回出現する「外国」の影響と考えられる。また「1.11 類」「1.37 経済」「1.27 機関」も比較的多い。「1.11 類」には、「条件」「関係」「要因」などの語が挙げられる。「1.37 経済」には、「経費」「費用」「手当」などが挙げられる。「1.27 機関」には「団体」「機関」「施設」などの語が挙げられる。

4.3 「諸」の意味用法（意味添加機能）

国語辞典における「諸」の意味記述を示すと、以下の通りである。

(27) 漢語の名詞の上に付けて、もろもろの、の意を表わす。多くの。いろいろの。 （『日国』）

(28) 接頭語的に用いて、いろいろの、いくつかの、多くのの意を表す。 （『大辞林』）

(29) さまざまの。いろいろの。もろもろの。多くの。 （『新選』）

以上の意味記述を参考し、「諸」は「外国」「問題」「施策」などの語に付いて、「多くの」「いろいろの」「さまざまの」という意味を表す。

表16-9 「諸」の後接語の意味分野（中項目）語数と比率

意味コード	大項目	中項目	延べ語数	比率
1.10	抽象的関係	事柄	297	4.16%
1.11		類	584	8.19%
1.12		存在	6	0.08%
1.13		様相	249	3.49%
1.14		力	40	0.56%
1.15		作用	120	1.68%
1.16		時間	42	0.59%
1.17		空間	183	2.56%
1.18		形	35	0.49%
1.19		量	41	0.57%
1.20	人間活動の主体	人間	6	0.08%
1.21		家族	22	0.31%
1.22		仲間	3	0.04%
1.23		人物	326	4.57%
1.24		成員	324	4.54%
1.25		公私	1001	14.03%
1.26		社会	133	1.86%
1.27		機関	367	5.14%
1.30	人間活動精神および行為	心	1787	25.05%
1.31		言語	208	2.92%
1.32		芸術	46	0.64%
1.33		生活	128	1.79%
1.34		行為	343	4.81%
1.35		交わり	46	0.64%
1.36		待遇	78	1.09%
1.37		経済	444	6.22%
1.38		事業	130	1.82%
1.40	生産物および用具	物品	7	0.10%
1.41		資材	14	0.20%
1.44		住居	13	0.18%
1.45		道具	24	0.34%
1.46		機械	12	0.17%
1.47		土地利用	2	0.03%
1.50	自然物および自然現象	自然	1	0.01%
1.51		物質	10	0.14%
1.52		天地	19	0.27%
1.53		生物	2	0.03%
1.54		植物	1	0.01%
1.55		動物	1	0.01%
1.56		身体	8	0.11%
1.57		生命	32	0.45%
合計			7135	100.00%

5. 「正社員」の「正」

5.1 「正」の考察資料と用例

「正」の用例収集には資料として、BCCWJ を使用した。中納言を使用し、2017年12月1日に用例を検索した。検索条件として、キーを未指定にし、前方共起をキーから1語に設定し、「書字形出現形 が 正 AND 語彙素読み が セイ」という指示で検索し、3257件の検索結果を得た。目視で用例を確認し、「正承公」のような字音接頭辞でないものを考察対象から除外した。最終的に考察対象となる用例は異なり73例、延べ1548例であった。

5.2 「正」の後接語について（結合機能）

「正」の後接語を大きく「身分」「形」「方向」「その他」という4分類をし、その全データを示すと、次の表16-10のようになる。

表16-10 「正」の後接語

身分	社員（613）、組合員（25）、会員（24）、捕手（21）、教授（13）、守護神、看護婦（10）、ゴールキーパー（8）、看護師（7）、教員（5）、操縦士、遊撃手（3）、選手、ネギ（2）、夫人、住民、顧問、局員、僧正、市長、投手、訓導、劇団員、三塁手、指揮者（1）
形	三角（69）、四面（19）、四角（18）、中心（16）、多面（8）、八面（6）、五角（5）、斜体（4）、二十面（3）、六面、九十六角（2）、9角、八角、七角、姿勢、十二角、十二面、n角（1）
方向	反対（483）、比例（19）、位置、射影（7）、循環、方向（5）、反射方向、船首（4）、回転（2）、首尾、船尾（1）
その他	断層（14）、反応（11）、帰還（7）、バイアス（6）、シート、楷書体（4）、基準、ネジ、御殿（2）、性質、機能、スタート、解説、漢文、仮名遣い、ネジアタッチメント（1）

5.3 「正」の意味用法について（意味添加機能）

5.2では、「正」の後接語を「身分」「形」「方向」「その他」という4分類をした。

まず、「正」の後接語が「社員」「組合員」「会員」などの「身分」を表す語

第16章　その他の連体詞型字音接頭辞　*363*

である場合、「正」は、「主となるもの」「正式なもの」「本格の」という意味を表す。

次に、「正」の後接語が「三角」「四面」「四角」などの「形」を表す語である場合、「正」は、「形の正しい」「形としてきちんとした」という意味を表す。

さらに、「正」の後接語が「反対」「比例」「位置」などの「方向」を表す語である場合、「正」は、「方向としてのまっすぐ」「かたよりのない」という意味を表す。

最後に、「正」の後接語が「その他」である場合、「正断層」「正反応」「正帰還」などのように、「正」の意味を一般化することが難しい。

6. 「続群書類従」の「続」

6.1 「続」の考察資料と用例

「続」の用例収集には資料として、BCCWJ を使用した。中納言を使用し、2017年12月1日に用例を検索した。検索条件として、キーを未指定にし、前方共起をキーから1語に設定し、「書字形出現形　が　続　AND　語彙素読みが　ゾク」という指示で検索し、394件の検索結果を得た。目視で用例を確認し、「直続する」「続想」のような字音接頭辞でないものを考察対象から除外した。最終的に考察対象となる用例は異なり122例、延べ209例であった。

6.2 「続」の後接語について（結合機能）

「続」の後接語は、延べ209例の内、205例は本や映画の作品名、すなわち固有名詞である。残りの4例は「続縄文時代」である。

6.3 「続」の意味用法について（意味添加機能）

「続」は、次の（30）～（32）のように、本や映画の作品名と結合し、二番目以降の作品という意味を表す。

(30) この水路の時期は不明ですが、『続風土記拾遺』などに書かれていないところから、藩政中期以降に造られたものではないかと推測されています。
　　　　　　　　　　　　　　　（『広報なかがわ』2008年9月号 OP92_00002）

(31) その結果は『続比較演劇学』に、八ページにわたって分類収録してお
いた。　　　　　　　　　　　　　　　　　（『比較演劇学　続々』PB57_00031）

(32) 星紀市は砂川にかんする二本のセミ・ドキュメンタリ映画、『塹壕』
『続・塹壕』を作製、それはこの闘争の戦闘性を高めることにもなった。
　　　　　　　　（『海の向こうの火事ベトナム戦争と日本1965-1975』LBe2_00029）

　上述したように、このような用例は、209例のうち、205例を占める。残りの
4例は、次の（33）のように、「続縄文時代」の用例である。

(33) 日本の弥生時代のはじまりからややおくれて、約二千年前ごろから金
属器と石器をいっしょに使うようになった。この時代を続縄文時代と
よんでいる。続縄文時代の遺跡から、石おのなどといっしょに、鉄製
の小刀や短剣、こはくやガラス玉のアクセサリーがでている。
　　　　　　（『日本の歴史　ジュニア・ワイド版　世界の歴史もわかる　第1巻』LBen_00030）

　「縄文時代」に連続する特徴を有するため、「連続」という意味で、「続縄文
時代」という言い方が使われると考えられる。

7.　「他地域」の「他」
7.1　「他」の考察資料と用例

　「他」の用例収集には資料として、BCCWJ を使用した。中納言を使用し、
2017年12月2日に用例を検索した。検索条件として、キーを未指定にし、前方
共起をキーから1語に設定し、「書字形出現形　が　他　AND　語彙素読み
が　タ」という指示で検索し、31458件の検索結果を得た。考察対象でないも
のが多すぎるため、検索条件を変更し、再検索することにした。「キーを未指
定」から、「キーの品詞の大分類を名詞に指定」に変更した。ほかの検索条件
は変更しない。そのように検索すると、5264件の検索結果を得た。目視で用例
を確認し、「その他諸々」のような字音接頭辞でないものを考察対象から除外
した。最終的に考察対象となる用例は異なり242例、延べ1488例であった。

7.2 「他」の後接語について（結合機能）

7.2.1 「他」の後接語の語種

表16-11は「他」の後接語について語種別にその異なり語数と延べ語数を示したものである。

表16-11 「他」の後接語の語種別語数と比率

語種		異なり語数	比率	延べ語数	比率
漢語	二字漢語	151	62.40%	1229	82.59%
	三字漢語	17	7.02%	19	1.28%
	四字漢語	17	7.02%	23	1.55%
	五字以上の漢語	3	1.24%	3	0.20%
	小計	188	77.69%	1274	85.62%
和語		4	1.65%	5	0.34%
外来語		43	17.77%	175	11.76%
混種語		6	2.48%	33	2.22%
語レベルを超えるもの		1	0.41%	1	0.07%
合計		242	100.00%	1488	100.00%

表16-11からわかるように、「他」の後接語は漢語が圧倒的に多い。特に二字漢語は延べ語数の約82％を占めている。（34）で示す出現数が多い上位20位の後接語は、「チーム」「メーカー」「場面」以外は二字漢語である。

（34）地域（118）、産業（103）、用途（73）、球団（70）、民族（64）、部門（58）、チーム（48）、メーカー（45）、府県（40）、企業（40）、機関（32）、大学（30）、業種（26）、場面（25）、分野（23）、銀行（22）、産地（20）、地方（20）、団体（18）、地区（17）

「他」の後接語には、外来語は「チーム」「メーカー」「ブランド」「メンバ

ー」など少数ある。和語と混種語は非常に少ない。

7.2.2 「他」の後接語の意味分野

　「他」の後接語の意味分野については、『分類語彙表』を参考にして、分類を行った。後接語を意味分野の大項目別に示すと表16-12のようになる。

表16-12　「他」の後接語の意味分野（大項目）語数と比率

大項目	異なり語数	比率	延べ語数	比率
1.1　抽象的関係	55	22.73%	508	34.14%
1.2　人間活動の主体	110	45.45%	676	45.43%
1.3　人間活動精神および行為	45	18.60%	231	15.52%
1.4　生産物および用具	15	6.20%	37	2.49%
1.5　自然物および自然現象	17	7.02%	36	2.42%
合計	242	100.00%	1488	100.00%

　異なり語数も延べ語数も、最も多いのは、「1.2 人間活動の主体」であり、いずれも約45%を占めている。「1.1 抽象的関係」の延べ語数の比率は、異なり語数と比べて、10%以上増えている。出現頻度が高い語が多く含まれるからだと考えられる。「1.4 生産物および用具」と「1.5 自然物および自然現象」を表す語は比較的少ない。

　次に、「他」の後接語の意味分野の中項目について分析する。表16-13はその調査結果を示したものである。

　語数が多い中項目は「1.27 機関」「1.11 類」「1.17 空間」「1.26 社会」である。「1.27 機関」には、「球団」「機関」「団体」「省庁」などの語が挙げられる。「1.11 類」には、「用途」「部門」「業種」などが挙げられる。「1.17 空間」が多いのは、118回出現する「地域」の影響と考えられる。「1.26 社会」には、「企業」「大学」「銀行」などの語が挙げられる。

表16-13 「他」の後接語の意味分野（中項目）語数と比率

意味コード	大項目	中項目	延べ語数	比率
1.10	抽象的関係	事柄	21	1.41%
1.11		類	224	15.05%
1.13		様態	10	0.67%
1.14		力	1	0.07%
1.15		作用	7	0.47%
1.16		時間	44	2.96%
1.17		空間	199	13.37%
1.18		形	1	0.07%
1.19		量	1	0.07%
1.20	人間活動の主体	人間	1	0.07%
1.21		家族	4	0.27%
1.22		仲間	1	0.07%
1.23		人物	79	5.31%
1.24		成員	81	5.44%
1.25		公私	71	4.77%
1.26		社会	183	12.30%
1.27		機関	256	17.20%
1.30	人間活動精神および行為	心	35	2.35%
1.31		言語	41	2.76%
1.32		芸術	5	0.34%
1.33		生活	11	0.74%
1.34		行為	2	0.13%
1.37		経済	15	1.01%
1.38		事業	122	8.20%
1.40	生産物および用具	物品	20	1.34%
1.41		資材	2	0.13%
1.43		食料	1	0.07%
1.45		道具	9	0.60%
1.46		機械	3	0.20%
1.47		土地利用	2	0.13%
1.51	自然物および自然現象	物質	2	0.13%
1.52		天地	7	0.47%
1.53		生物	5	0.34%
1.55		動物	1	0.07%
1.56		身体	11	0.74%
1.57		生命	10	0.67%
合計			1488	100.00%

7.3 「他」の意味用法について（意味添加機能）

国語辞典における「他」の意味記述を示すと、以下の通りである。

(35) ちがった。異なった。別の。ほか。　　　　　　　　　　　（『日国』）

(36) ほかの。別の。よそ。　　　　　　　　　　　　　　　　（『大辞林』）

(37) 自分以外のもの。ほか。べつ。　　　　　　　　　　　　（『新選』）

以上の意味記述を参考し、「他」は「自分と異なった」「ほかの」という意味を表すとする。

8. 「汎スラヴ」の「汎」

8.1 「汎」の考察資料と用例

「汎」の用例収集には資料として、BCCWJを使用した。中納言を使用し、2017年12月2日に用例を検索した。検索条件として、キーを未指定にし、前方共起をキーから1語に設定し、「書字形出現形　が　汎　AND　語彙素読みが　ハン」という指示で検索し、90件の検索結果を得た。目視で用例を確認し、「汎欧構想」のような字音接頭辞でないものを考察対象から除外した。最終的に考察対象となる用例は異なり30例、延べ82例であった。

8.2 「汎」の後接語について（結合機能）

「汎」の後接語には、「スラヴ」「ヨーロッパ」「世界」など、地域・範囲を表す語が多い。しかし、必ずしもそうではない。「汎」の後接語の全データを示すと、次の表16-14のようになる。

表16-14 「汎」の後接語

地域・範囲	スラヴ（11）、ヨーロッパ（10）、欧州、世界（4）、アフリカ、地球（3）、アジア、アラブ、太平洋（2）、イスラム、ゲルマン、ドイツ、マラヤ、マレーシア・イスラム、日本、中国、中国語文化圏（1）
病気・症状	細気管支炎（6）、血球減少（6）、適応症候群（5）
その他	関数（7）、ロールプレイング、悲劇観、民族、人間、時代、時間、性欲、言語、知学的・教育学的（1）

8.3 「汎」の意味用法について（意味添加機能）

国語辞典における「汎」の意味記述を示すと、以下の通りである。

(38)（英panを類義の字「汎」にあてたもの）名詞に添えて、広くそれにわたる意、または構成要素の結合・統一の意を表わす。　　　　　　　（『日国』）

(39)〔英語の接頭辞panの音訳〕名詞に付いて、広くそのすべてにわたるという意を表す。　　　　　　　　　　　　　　　　　　　（『大辞林』）

(40) ひろく全体にわたることをあらわす語。英語の「パン（pan）にあたる」　　　　　　　　　　　　　　　　　　　　　　　　　　（『新選』）

以上の意味記述を参考し、「汎」は広く全体にわたるという意味を表すとする。

9.　本章のまとめ

本章で述べたことの要点をまとめておく。

A.「一」がどのような後接語と結合するのかを分析した結果、後接語の語種については、漢語が圧倒的に多く、特に、二字漢語には出現頻度が高いものが多いことを明らかにした。また、後接語の意味分野については、「1.16 時間」「1.19 量」「1.24 成員」「1.17 空間」が多い。「一」はどのような意味用法を表すのかを分析した結果、「一」は不定を表す用法と全体性を表す用法を持ち、不定を表す用法は要素取り出し型で、全体性を表す用法は要素包含型であることがわかった。

B. 「原」がどのような後接語と結合するのかを分析した結果、後接語の語種については漢語が圧倒的に多く、特に二字漢語の延べ語数が多いことを明らかにした。また、後接語の意味分野については「1.41 資材」「1.30 心」「1.36 待遇」「1.52 天地」が多い。「原」はどのような意味用法を表すのかを分析した結果、「原」は「もとの」「本来の」「元来の」という意味を表すことを指摘した。

C. 「故」は人名や官職・肩書き・敬称であるものと結合し、その人がなくなっていることを表す。

D. 「諸」がどのような後接語と結合するのかを分析した結果、後接語の語種については漢語が圧倒的に多く、特に、二字漢語の延べ語数が多いことを明らかにした。また、後接語の意味分野については「1.30 心」「1.25 公私」「1.11 類」「1.37 経済」「1.27 機関」が多い。「諸」はどのような意味用法を表すのかを分析した結果、「諸」は、「多くの」「いろいろの」「さまざまの」という意味を表すことを指摘した。

E. 「正」の後接語を「身分」「形」「方向」「その他」という4つに分類した。「身分」である場合、「正」は、「主となるもの」「正式なもの」「本格の」という意味を表す。「形」である場合、「正」は、「形の正しい」「形としてきちんとした」という意味を表す。「方向」である場合、「正」は、「方向としてのまっすぐ」「かたよりのない」という意味を表す。「その他」である場合、「正断層」「正反応」「正帰還」などのように、「正」の意味を一般化することが難しい。

F. 「続」は本や映画の作品名と結合し、2番目以降の作品という意味を表す。

G. 「他」がどのような後接語と結合するのかを分析した結果、後接語の語種については漢語が圧倒的に多いことを明らかにした。また、後接語の意味分野については「1.27 機関」「1.11 類」「1.17 空間」「1.26 社会」が多い。「他」はどのような意味用法を表すのかを分析した結果、「他」は「自分以外の」「ほかの」という意味を表すことを指摘した。

H. 「汎」は地域・範囲を表す語と結合することが多く、広く全体にわたるという意味を表す。

終章

字音接辞のカテゴリー記述と今後の課題

1. 本書のまとめと字音接辞のカテゴリー記述

　本書は字音接辞を研究対象とし、連体詞型字音接頭辞を中心に、その造語機能を記述した。

　第1部では、準備段階として、基本概念である「字音接辞」「造語機能」について述べた。第1章では、字音接辞をどのように規定すべきか、第2章では、字音接辞にはどのようなものがあるか、どのように分類すればよいかについて考察し、第3章では、字音接辞はどのような造語機能を持っているかについて述べた。

　第1章では、字音接辞をどのように規定すればよいか、その内包的定義を述べた。本書は、字音接辞であるかどうかについて、「どのような言語単位と結合するか」ということを重視し、二字以上の漢語や和語、外来語に前接または後接して合成語を形成する字音形態素のことを「字音接辞」と規定した。また、語源的な観点ではなく、現代日本語の語構成意識を重視し、二字漢語を単純語として取り扱い、その二字漢語を構成する一字漢語は接辞と見做さない。

　第2章では、字音接辞の分類とその方法について述べた。本書は国語辞典7種を参照し、そこに挙げられている用例に基づいて字音接辞を選定した。また、字音接頭辞は「①名詞型」「②形容詞型」「③連体詞型」「④副詞型」「⑤動詞型」「⑥助動詞型」「⑦助詞型」「⑧接続詞型」の8種に分類し、字音接尾辞は大きく「①名詞型」「②動詞型」「③助詞型」「④接尾辞型」の4種に分類した。そのうち、字音接尾辞の「①名詞型」をさらに「ア.もの性」「イ.こと性」「ウ.ひと性」「エ.ところ性」「オ.組織性」「カ.とき性」の6種に細分類した。

　第3章では、字音接辞はどのような造語機能を持つかという問題について述

372

べた。山下（2013b）に従い、字音接辞には、結合機能・意味添加機能・品詞決定機能・文法化機能の４つの造語機能があることを認める。本書の研究対象である「連体詞型字音接頭辞」は、結合機能と意味添加機能しか持たないため、それぞれの連体詞型字音接頭辞が、どのような語基と結合し、どのような意味用法を持っているのかということを中心に記述した。

　第２部では、連体詞型字音接頭辞の造語機能を具体的に記述した。個々の連体詞型字音接頭辞の記述に入る前に、まず第４章で、連体詞型字音接頭辞全体について説明した。次に、第５章〜第16章では、個々の連体詞型字音接頭辞の造語機能の記述を行った。

　第４章では、第２部の研究対象とする連体詞型字音接頭辞には、「亜」「一」「各」「旧」「現」「原」「故」「後」「今」「昨」「准」「準」「諸」「助」「正」「先」「全」「前」「総」「続」「他」「当」「同」「当該」「半」「汎」「副」「某」「本」「毎」「明」「翌」「来」「両」の計34形式があることを確認した。次に第３章で述べたように、連体詞型字音接頭辞がどのような語と結合するか（結合機能）、連体詞型字音接頭辞自体がどのような意味を表すか（意味添加機能）という２つの造語機能を中心に、個々の連体詞型字音接頭辞の記述的研究を行うことを述べた。用例は基本的にBCCWJから集めたが、ヨミダスや、テレビ番組、ウェブサイトなどを補助的に利用した。

　第５章〜第16章では、個々の連体詞型字音接頭辞の結合機能と意味添加機能の記述を行った。個々の結論については各章を参照されたいが、ここでは、「生産性」と「指示詞的用法」から連体詞型字音接頭辞全体の結合機能と意味添加機能について検討する。

1.1　生産性から考える連体詞型字音接頭辞の結合機能

1.1.1　生産性と生産性指数

　中俣（2015a）で指摘されたように、「従来、「生産性」は主として接辞研究の文脈で使用されてきた用語である」（p.275）。しかし、接辞研究において、「生産性が高い」「生産性が低い」といった記述は見られるが、その高低を判断できる客観的な基準が見られない。この客観的な基準を論じたのは中俣（2015a, b）の初級文法項目の生産性についての研究である。本書は中俣（2015a, b）が

提案した「生産性指数」を用いて連体詞型字音接頭辞の生産性の高低を示す。

　本書における「生産性」は、以下の中俣（2015a）の定義に従う。

　（1）ある形式 X が一定の関係 R で結びつく要素の多寡の度合い P を生産
　　　　性と呼ぶ。

（中俣2015a：275）

　本書においては、X は連体詞型字音接頭辞となり、R を後接語に絞る。その
上で、コーパスの調査を元に生産性 P の高低を示す。その生産性 P の高低を
計算する方法は中俣（2015a, b）が主張した「生産性指数」を用いる。中俣
（2015a, b）を参考にすると、生産性指数は以下の式で示される。

　（2）生産性指数 $= \dfrac{\text{異なり語数}}{\sqrt{\text{延べ語数}}}$

　（2）により、連体詞型字音接頭辞の生産性を計算し、示すと表1のように
なる。

表1　連体詞型字音接頭辞の生産性

順位	字音接頭辞	異なり語数	延べ語数	生産性指数
1	各	3878	17391	29.41
2	旧	1983	5428	26.92
3	某	733	1153	21.59
4	全	1833	8226	20.21
5	両	971	3441	16.55
6	一	987	3706	16.21
7	総	871	7220	10.25
8	本	541	3246	9.50
9	現	405	2203	8.63
10	諸	726	7135	8.59
11	前	515	5320	7.06
12	当	233	1119	6.97
13	準	241	1370	6.51
14	他	242	1488	6.27
15	半	288	2152	6.21
16	後	59	269	3.60
17	副	255	5623	3.40
18	原	126	1400	3.37
19	汎	30	82	3.31
20	毎	65	458	3.04
21	正	73	1548	1.86
22	亜	39	546	1.67
23	先	16	97	1.62
24	准	19	196	1.36
25	故	21	559	0.89
26	今	25	1358	0.68
27	翌	26	1882	0.60
28	来	10	517	0.44
29	助	12	794	0.43
30	明	3	55	0.40
31	昨	8	503	0.36
32	続	2	209	0.14

終章　字音接辞のカテゴリー記述と今後の課題　*375*

1.1.2　生産性の高低

　表1から連体詞型字音接頭辞の生産性の高低がわかる。連体詞型字音接頭辞の中で、生産性指数が15以上で、生産性が高い字音接頭辞は、「各」「旧」「某」「全」「両」「一」の6つである。「各」と「全」は延べ語数が多く、使用頻度が高い。そのため、生産性も高いと考えられる。一方、「旧」「某」の延べ語数は決して多い数字ではないが、異なり語数が多く、使用頻度が高く繰り返して出現する後接語が少ない。そのため、生産性が高いと考えられる。

　生産性が低いものも同様に2つのパターンがある。生産性指数が5以下で、生産性が低い字音接頭辞は17も存在する。「汎」「先」「明」などはそもそも延べ語数が低く、使用頻度が低いため、生産性も低いと考えられる。一方、「副」「原」「正」「今」のように、延べ語数が決して少なくないが、使用頻度397の「副社長」、664の「原材料」、613の「正社員」、725の「今年度」などは、使用頻度が高く、繰り返して出現する後接語が多いため、生産性が低いと考えられる。

1.1.3　問題点

　生産性指数を計算するに当たり、いくつかの問題が残ったことをここで断っておく。

　まず、「同」「当該」が含まれていないことである。表1で示したデータはBCCWJで検索し、計算したデータである。第4章で述べたように、「同」と「当該」のデータはBCCWJではなく、ヨミダスから収集した。使用データが異なることから、「同」と「当該」は含めなかった。

　次に、固有名詞に接続する「現」の扱いである。第11章で述べたように、「現」には（3）のような修飾用法と（4）のような照応用法を持っていることを明らかにした。

（3）このような政府の姿勢は、現政権の弱さに起因しているところが大きいと考えられる。　　　　　　（『新興民主主義国の経済・社会政策』PB13_00556）

（4）そこで、大阪市は、大正3年東京高等商業（現一橋大学）の教授の職にあった関一を大阪市に招き、助役に就任させた。

　　　　　　　　　　　　（『地下鉄の歴史首都圏・中部・近畿圏』PB46_00052）

このような照応用法の「現」は固有名詞と結合するものであり、「前」と「旧」も同様である。現段階ではそのデータを使用しないことにした。そのため、「現」「前」「旧」のデータには照応用法が含まれていない。

また、固有名詞と関係するが、「翌」の後接語が年月日（例：「翌1925年」「翌7月21日」等）、「続」の後接語が作品名（例：「続比較演劇学」「続梓考略図」等）、「故」の後接語が人名（例：故佐藤栄助氏、故清水宏監督等）である場合は、異なり語数が1とカウントする。

最後に、「一」と「後」のデータについてである。「一」をBCCWJで検索したところ、194242件の検索結果を得た。膨大であるため、100000件を無作為抽出した。その中で、「一会社員」「一市民」のような連体詞型字音接頭辞は異なり語数508、延べ語数1908件存在する。ここから、参考までに194242件の場合の値を求めると、異なり語数987、延べ語数3706になるため、そのデータで生産性指数を計算した。「後」については、第12章で述べたように、「後」という字は、「のち」「あと」「ご」「こう」など多様な読み方がある。確実に「こう」と読む用例を判断することが難しい。「後」の異なり語数「59」と延べ語数「269」は、あくまでも「後」という字が接頭辞として用いられる用例数で、必ずしも「こう」と読むとは限らない。

このように、言語資料の収集方法が異なるため、統計的な比較が難しいということを、調査上の問題点として付記しておく。

1.2　指示詞的用法から考える連体詞型字音接頭辞の意味添加機能

連体詞型字音接頭辞の中に、指示詞的用法を持つものが少なくないため、指示詞的用法から連体詞型字音接頭辞の意味添加機能を分析することにする。1.2の考察対象は「本」「当」「同」「両」「各」「某」「現」「旧」「前」の9つ[1]である。これらがどのような指示詞的用法を持つか、なぜ指示詞的用法を持つかについて論じる。

本章では、「本」「当」「同」「両」「各」「某」「現」「旧」「前」の9つの字音接頭辞を大きく2種類に分ける。第一に、名前の部分（＝固有名に当たる部分）が字音接頭辞によって置き換えられ、カテゴリー情報を示す部分の追跡によっ

て指示詞的用法を持つタイプである。このようなタイプは、「本」「当」「同」「両」「各」「某」の6つがある。第二に、先行表現の直後に来る丸括弧の囲みなどによって表示される補足情報によって指示詞的用法を持つタイプである。このようなタイプは、「現」「旧」「前」の3つである。

1.2.1　タイプ1の「某」

まず、「某」は不定指示という点で定指示の「本」「当」「同」「両」「各」と異なる。

第7章からわかるように、「某」の指示対象は固有名を持っており、「某」とはその固有名の部分を何らかの理由によって明かさないという表現である。「某」が持つ不定機能は固有名の部分を明かさないことから生じるもので、語として本来的に持つ機能ではない。「某+後接語」は固有名詞に近い性質と、不定の意味を表す連体詞「ある」には見られない性質を持っていることが特徴である。

次に、固有名詞と「某+後接語」の性質を比べるために、（5）（6）の例で検討してみよう。固有名詞は（5）のように、「その」などの指示詞や人称代名詞を用いることは必須でなく、1回目に出現する同じ形式で再度出現し、指示対象を指し示すことができる。また、（6）のように、主題に現れることもできる。

（5）山田牧場の生キャラメルよりは少し硬いですが、口に入れると溶けてきておいしいです。この材料に生クリームと水飴を足せば、山田牧場の生キャラメルのレシピですね。　　　　　　　　（（7）による作例）

1　「本」「当」「同」「両」「各」「某」「現」「旧」「前」の9つ以外に、「翌」「一」「当該」も指示詞的用法を持っている。第13章で述べた「翌9月」の「翌」は照応的である。第16章で述べた「一サラリーマン」の「一」は不定を表す用法を持っている。第15章で述べた「当該」は、先行詞が明示されている「当該」と先行詞が明示されていない「当該」の2種類があり、いずれも指示詞的用法である。「翌」「一」「当該」の指示詞的用法は連体詞型字音接頭の中でどのように位置づけすればよいか、まだ検討する必要があり、今後の課題にしたい。

378

（6）山田損保会社は「皇紀」を使用しているので、二千年問題は難なく乗り切ったという例もあります。　　　　　　　　　　（（8）による作例）

「某」も固有名詞に類似した性質を持っていると考えられる。そのため、固有名詞と同じく（7）のように、1回目に出現する同じ形式で指すことも、（8）のように、主題に現れることもできる。

（7）某牧場の生キャラメルよりは少し硬いですが、口に入れると溶けてきておいしいです。この材料に生クリームと水飴を足せば、某牧場の生キャラメルのレシピですね。　　　　　　　（Yahoo！ブログ OY03_09349）
（8）某損保会社は「皇紀」を使用しているので、二千年問題は難なく乗り切ったという例もあります。　　　　（Yahoo！知恵袋 OC03_02127）

一方、「ある」は語として不定機能を持ち、不定機能を持つ形式の典型的な存在である。そのため、同じ形式が再度出現することも、主題に出現することもできない。

1.2.2　タイプ1の「本」「当」

「本」は（9）（10）、「当」は（11）（12）で示すように、指示詞的用法を持つ。

（9）第2期科学技術基本計画においては、優れた成果を生み出す科学技術システムを実現するための柱のひとつとして、評価システムの改革が挙げられている。本基本計画に基づき、……。

　　　　　　　　　　　　　（『科学技術白書』平成14年版 OW6X_00192）

（10）6.　鉄鋼委員会　本委員会は、78年10月に設立され、OECD 加盟二十カ国及び EC が参加しており、……。7.　科学技術政策委員会　本委員会は、各国の科学技術政策の立案、実施についての意見交換を行う場として設けられた。　　　（『通商白書（各論）』昭和61年版 OW2X_00263）

（11）工務店等向けに障害のある人にも対応した「高齢化対応住宅リフォー

終章　字音接辞のカテゴリー記述と今後の課題　　379

ムマニュアル」を作成し、その普及を図るとともに、増改築相談員等
に対し、当マニュアルを用いて研修を行っている。

（『障害者白書』平成12年版 OW5X_00471）

（12）今回、ダートマス大学の招きに応じたのは、当大学の図書館の資料を
かつて利用していたことに対する感謝の気持ちの表現だといわれてい
る。

（ヨミダス 1991.6.25）

「本」と「当」は、名前の部分「鉄鋼」「高齢化対応住宅リフォーム」がそれ
ぞれ「本」「当」によって置き換えられ、カテゴリー情報を示す部分「委員会」
「マニュアル」の追跡によって、「本」と「当」は先行表現を指し示すことがで
きる。このように、「本」と「当」は指示詞的用法を持つのである。

両者の違いについては、「本」は「この」との性質が一致する点が多く、「そ
の」との類似点を持っていないのに対し、「当」は「本」と比べ、「この」との
類似性が弱く、「その」との類似性もあると、第5章で指摘した。また、「本」
には（10）のように、テキストダイクシスと考えられる用例があるのに対し、
「当」には存在しない。

また、「本」「当」は照応用法だけでなく、（13）（14）の直示用法も見られる。

（13）開始式で同協会会長の■■■■さんは、「二年前から本協会と丹波自然
運動公園が共催し、行政の手を借りない手作りの大会として新たな歴
史を刻んできた。……」とあいさつ。

（『広報京丹波』2008年12号 OP69_00005）

（14）資格商法と不実告知ケース6　Xの勤務先に、Y企業経営協会から電
話があり、「当協会で開いている講座を受講すれば、企業経営コンサル
タントの資格を取得できます。この資格は、……。

（『民法講義1（総則）』LBt3_00125）

第5章では、直示用法の「本」「当」は話し手が自分側と関係している何か
を改まりの気持ちで指す点で共通すると述べ、両者の違いを「心理的立場関
係」によって説明した。すなわち、話し手の心内に帰属意識や誇りといった感

情が現れ、聞き手と心内で同じ立場関係にあると認識する場合は「本」が用いられるのに対し、話し手が心内で聞き手に対して対立的な立場関係と認識する場合は「当」が用いられると解釈した。

1.2.3 タイプ1の「同」

第6章では、カテゴリー情報を示す部分が同一指示を保証する部分であり、それを除いた部分、すなわち名前の部分を「同」で置き換え、「同＋カテゴリー情報を示す部分」で先行詞を指し示すことを指摘した。具体的には次の（15）〜（17）のような用例がある。

（15）……試合が19日、高崎市の高崎八千代グラウンドで行われ、高崎商と樹徳が勝ち上がった。1回戦の残り2試合は20日に同グラウンドで行われる。　　　　　　　　　　　　　　　　　　　（ヨミダス 2013.10.20）

（16）日本書芸美術院の公募書道展「日書美展」が、岸和田市立文化会館（荒木町）で開かれ、……また、同美術院理事長の樽谷龍風さん（84）の作品は気迫にあふれて深みがあり、……。　　　　　（ヨミダス 2013.11.20）

（17）青森ピンクリボンプロジェクト実行委員会が主催。……同プロジェクトは「気軽に足を運んでもらい、乳がん検診への理解を深めてほしい」と……。　　　　　　　　　　　　　　　　　　（ヨミダス 2013.10.20）

名前の部分「高崎八千代」「日本書芸」「青森ピンクリボン」が「同」によって置き換えられ、カテゴリー情報を示す部分「グラウンド」「美術院」「プロジェクト」の追跡によって、「同」は先行表現を指し示すことができる。このように、「同」は指示詞的用法を持つのである。

また、カテゴリー情報を示す部分の追跡だけでなく、「同」という漢字が持つ「（前と）同じ」という意味からしても、前文脈のどれを指すかが比較的わかりやすい。そのため、（16）のように、「同美術院」の直後に「理事長」を付け加えるという言語単位の拡張や、（17）のように、先行表現「青森ピンクリボンプロジェクト実行委員会」の一部「青森ピンクリボンプロジェクト」のみを切り取って用いた場合も使用可能である。

終章　字音接辞のカテゴリー記述と今後の課題　*381*

1.2.4　タイプ1の「両」「各」

第9章では、「両」が照応用法を持っていることを明らかにした。

(18)　2点は、都市用水部門のほとんどに適用される今渡ルール、馬飼ルールが有機的に連動していないことから、木曾川河川水の有効利用を妨げていることである……両ルールの内容を見ると、……。

（『水資源政策の失敗』PB35_00315）

(19)　また交渉当事者の野村、来栖両大使も、通牒を手交したあと、……。

（『日本のアジア支配を考える』LBl2_00075）

　(18) の「両ルール」は、点線で示した先行する「今渡ルール」と「馬飼ルール」を指し示す照応用法であることは問題ない。また、第9章で述べたように、(19) の「両大使」だけでは、「二人の大使」という意味にしか読み取れない。3者以上存在する「大使」の中のどの「二人の大使」を指すかは、前文脈に出現した「野村、来栖」を参照しないと決まらないはずである。よって、(19) の「両大使」は、既出の「野村、来栖」という二人の大使を指し示す照応用法であるといえる。

　さらに、「両」には直示用法もある。(20) は国会会議録の用例であり、「両先生」はその場にいる先生2名を指す直示用法である。

(20)　今両先生からそういう御回答をいただいて、私どもも非常に心強く感じたわけでございます。　　　　　　（国会会議録 OM31_00001）

　第9章では、「両」が照応用法と直示用法を持っている理由について、岩田 (2013) の数量詞代名詞的用法という概念によって説明できるとした。「両」は数量詞としての2という数を表すため、代名詞的用法を持つ可能性があり、そのため、照応用法と直示用法を持つと考えられる。

　一方、「両」と比べ、「各」は直示用法を持っておらず、(21) (22) のような名詞句内照応は多く存在する。また、(23) (24) のような名詞句外照応はこの2例しか確認されていない。

（21）折り込みを予定している新聞は、読売・朝日・毎日・東京・日本経済・産経・埼玉新聞の各朝刊です。（『広報あげお』2008年01号 OP24_00001）

（22）午後１時から今泉小学校・西小学校・瓦葺中学校各ＰＴＡによる実践報告会を行います。　　　　　　（『広報あげお』2008年02号 OP24_00002）

（23）休館日　毎週月曜日、１月十四日、２月十一日の祝日は開館、各翌日は休館　　　　　　　　　　　（『広報まちだ』2008年01号 OP36_00001）

（24）埼玉県の市は、東武伊勢崎線、上越高崎線、西武池袋線、東武東上線に沿って市が発展しています。その各路線に挟まれた地域と言うのは町が多くなっています。　　　　　　　　　　（Yahoo! 知恵袋 OC14_11023）

1.2.5　タイプ1のまとめ

　以上のように、名前の部分が字音接頭辞によって置き換えられ、カテゴリー情報を示す部分の追跡によって指示詞的用法を持つ「本」「当」「同」「両」「各」「某」を見てきた。

　「某」は不定指示であり、指示的用法を持つものの中ではほかの字音接頭辞と異なる。定指示の「本」「当」「同」「両」「各」の中では、「本」「当」の指示性が高い。その理由は２つある。第一に、指示詞的用法でない場合が存在しない。第二に、直示用法と照応照応の２用法を持っている。「両」は、「本」「当」と同様に、直示用法と照応用法の２用法を持っているが、「両手」「両脇」「両扉」「両ハンドル」のように、指示詞的用法でない場合も存在する。そのため、「本」「当」より指示性が低い。次に、「同」は照応用法しか持っておらず、直示用法を持っていない。さらに、「同学年」「同世代」のように、指示詞的用法でない場合も存在する。そのため、「同」は「本」「当」「両」より指示性が低い。最後に、「各」は照応用法を持っているとはいえ、ほとんど名詞句内照応に限定されている。直示用法も持っていない。また、「各言語」「各部分」のように、指示詞的用法でない場合も存在する。指示性に関してはタイプ１の中で最も低いと思われる。

1.2.6 タイプ2の「現」「旧」「前」

本節では、先行表現の直後に来る丸括弧などによる補足情報によって指示詞的用法を持つタイプの「現」「旧」「前」の３つを取り上げる。

(23) こで、大阪市は、大正３年東京高等商業（現一橋大学）の教授の職にあった関一を大阪市に招き、助役に就任させた。

（『地下鉄の歴史首都圏・中部・近畿圏』PB46_00052）

(24) 日本の銀行は財務省（旧大蔵省）の影響が強いので半国有化みたいなものですよ。　　　　　　　　　　　　　　　　　（Yahoo! 知恵袋 OC03_00254）

(25) アメリカから十年遅れて、日本でもそうした気運が高まり、室伏靖子（前、京都大学）がオーガナイザーとなって、……。

（『チンパンジーの心』LB04_00015）

指示詞的用法を持つ「現」「旧」「前」は、(23) ～ (25) のように括弧の中に位置し、注釈のような機能を果たす。さらに、その括弧は先行表現の直後に位置する。括弧の存在および位置によって、「現」「旧」「前」は指示詞的用法を持つことになる。

また、(26)(27) のように、括弧内に、「以下「旧○○／前○○」という」というように、明示されることによって、次に出現する際に、「旧○○」「前○○」という形で照応用法として解釈されるというタイプもある。このタイプは、「現」にはないが、「旧」「前」にはある。

(26) 第十一条　この法律の施行の際現に附則第三条の規定による改正前の海上運送法（以下「旧海上運送法」という。）第二条第八項の海上運送取扱業について旧海上運送法第三十三条（旧海上運送法第四十四条において準用する場合を含む。）において準用する旧海上運送法第二十条第一項の届出をしている者は、……。　　　　　　（『貨物利用運送事業法』OL3X_00050）

(27) 一　当該中期目標の期間（以下この項及び次項において「当該期間」という。）の直前の中期目標の期間（次号において「前期間」という。）の最後の事業年度に係る整理を行った後積立金がなかったとき　当該期間の最後の

事業年度に係る整理を行った後の積立金の額に相当する金額　二　<u>前</u><u>期間</u>の最後の事業年度に係る整理を行った後積立金があった場合であって、……。　　　　　　　　　　（『独立行政法人造幣局法』OL6X_00018）

　一見してわかるように、点線で示した先行表現は厳密さを追求したために表現として長くなった例である。その先行表現が何度も出現する場合、先行表現の直後の括弧内に「旧海上運送法」「前期間」という短い表現で使用されることで、照応用法として解釈されるのである。

2.　今後の課題

　最後に、今後の課題について述べておく。

　第一に、本書は字音接辞の造語機能を記述するものである。主要な研究対象となる連体詞型字音接頭辞は、結合機能と意味添加機能しか持っていないため、この2つについて記述してきた。しかし、結合機能の分析結果と意味添加機能の分析結果は有機的に結び付いていないという点が問題である。どのような後接語と結合するかという結合機能は、どのような意味用法を持つかという意味添加機能とどのように関連づけられるか、今後の課題の一つである。

　第二に、本研究の用例は、主にBCCWJという書き言葉のコーパスから収集した。しかし、その中には、書き言葉では用いられるが、日常生活や話し言葉では使われない用例が多く見られる。例えば、字音接頭辞の「毎」の用例に、「毎日曜日」という用例があるが、「毎日曜日」は話し言葉では使わないという意見がある。話し言葉では、字音接辞の使用頻度が書き言葉より下がると思われ、このような話し言葉における字音接辞の使用実態も課題の一つである。

　第三に、他言語との対照研究という視点も重要である。中国語では、日本語と同様に、「本」「某」「各」「副」などが接辞として使われている。日本語と比較して、どこが同じか、どこが違うかという問題も興味深い。また、中国語だけでなく、英語にも接辞がある。例えば、本研究の記述対象ではないが、「再出発」「再作動」の「再」は、英語の「re－」との比較研究も可能である。他言語との対照研究によって、日本語の特徴がさらに見えてくるといえる。

　第四に、通時的研究の視点も必要である。例えば、本研究の研究対象である

「毎」「助」「亜」「准」などは用例が少なく、使用頻度が低く、生産性が低いと結論づけた。なぜ、そうなったのかという問題を解決するためには、通時的研究の視点が必要になってくる。生産性が高い字音接辞も同様であり、その接辞はどのように生まれたのか、どのように変化してきたのかを考察することによって、現代語における意味用法の分析にも役立つと考えられる。

　第五に、字音接辞の研究はどのように日本語教育に応用できるかという点も考える必要がある。語彙指導の理想は、一つ一つの語を学習者に機械的に暗記させるのではなく、相互の関連づけや共通点を見極め、語を体系的に把握し、効率よく語彙能力を向上させることである。そのような理想を実現させるには、「接辞」の習得、特に造語力が強いと認識される「字音接辞」の習得は重要な役割を果たしている。字音接辞研究成果を、語彙指導や語彙教育においてどのように応用すればよいかということも今後の課題である。

参考文献

相原林司（1986）「不〜　無〜　非〜　未〜」『日本語学』5-3.pp.67-72. 明治書院

秋元美晴（2005）「単純語」日本語教育学会（編）『新版日本語教育事典』.p.240. 大修館書店

飯田晴巳（2009）「重複表現」『みんなの日本語事典』.pp.330-331. 明治書院

庵功雄（2007）『日本語におけるテキストの結束性の研究』くろしお出版

石井正彦（2007）「複合語」飛田良文［他］（編）『日本語学研究事典』.pp.169-170. 明治書院

石川創（2016）「接頭語・接尾語」『品詞別　学校文法講座　第四巻　副詞・連体詞・接続詞・感動詞』pp.86-107. 明治書院

石野博史（1988）「語構成」金田一春彦・林大・柴田武（編）『日本語百科大事典』.pp.418-419. 大修館書店

岩田一成（2013）『日本語数量詞の諸相——数量詞は数を表すコトバか——』くろしお出版

大島資生(2003)「第5章　連体修飾の構造」北原保雄(編)『朝倉日本語講座5　文法 I』.pp.90-108.　朝倉書店

大場美穂子（2002）「日本語の助動詞「ようだ」と「らしい」の違いについて」『マテシス・ウニウェルサリス』3-2.pp.99-114. 獨協大学外国語学部言語文化学科

大場美穂子（2009）「文末に用いられる「みたいな」」『日本語と日本語教育』37.pp.43-59. 慶應義塾大学日本語・日本文化教育センター

奥野浩子（1985）「否定接頭辞「無・不・非」の用法についての一考察」『月刊言語』14-6.pp.88-93. 大修館書店

影山太郎（1993）『文法と語形成』ひつじ書房

影山太郎（1999）『形態論と意味』くろしお出版

影山太郎（2007）「接尾辞「−化」、− ize, − ify の属性叙述機能」『人文論究』57-2.pp.19-36. 関西学院大学

影山太郎（2014）「語構成²」日本語文法学会（編）『日本語文法事典』.pp.228-229. 大修館書店

影山太郎編（2011）『日英対照　名詞の意味と構文』大修館書店

加藤美紀（2003）「もののかずをあらわす数詞の用法について」『日本語科学』13.pp.33−57. 国立国語研究所

靳園元（2012）「「〜的」に関する一考察」『研究論集』12.pp.235-248. 北海道大学大学

院文学研究科

金水敏（1983）「連体詞」『研究資料日本古典文学　第十二巻　文法』.pp.122-125. 明治書院

金水敏（1999）「日本語の指示詞における直示用法と非直示用法の関係について」『自然言語処理』6-4.pp.67-91. 言語処理学会

工藤浩（2014）「連体詞」日本語文法学会（編）『日本語文法事典』.pp.678-679. 大修館書店

工藤浩（2016）「「たった」は副詞か連体詞か」『副詞と文』.pp.159-165. ひつじ書房

国広哲弥（1997）『理想の国語辞典』大修館書店

久保圭(2016)『日本語接辞にみられる否定の意味的多様性とその体系的分類』平成28年度博士論文. 京都大学大学院人間・環境学研究科

久保圭・田口慎也（2011）「日本語の接頭辞『元－』と『前－』について──職業名との共起関係を中心に──」『日本語文法学会　第12回大会発表予稿集』.pp.153-158. 日本語文法学会

久保圭・田口慎也（2012）「過去性をもつ日本語の接頭辞の差異──「元－」と「前－」の包括的記述へ向けて──」『言語処理学会第18回年次大会発表論文集』.pp.927-930. 言語処理学会

小林英樹（2004）『現代日本語の漢語動名詞の研究』ひつじ書房

小林由紀(1997)「「先行表現」をもたない指示語──「その」の文脈指示とは言いにくい諸用法をめぐって──」『国文学研究』121.pp.68-79. 早稲田大学国文学会

斎賀秀夫（1957）「語構成の特質」岩淵悦太郎・林大・大石初太郎・柴田武（編）『講座現代国語学Ⅱ　ことばの体系』.pp.217-248. 筑摩書房

斎藤倫明（2005）「語構成（文法論から）」日本語教育学会（編）『新版日本語教育事典』.pp.66-67. 大修館書店

斎藤倫明（2007）「接頭語」「接尾語」飛田良文［他］（編）『日本語学研究事典』.pp.166-168. 明治書院

斎藤倫明（2016）『語構成の文法的側面についての研究』ひつじ書房

阪倉篤義（1980）「接辞」国語学会（編）『国語学大辞典』.pp.551-552. 東京堂出版

阪倉篤義（1986）「接辞とは」『日本語学』5-3.pp.4-10. 明治書院

自由国民社編（1992）『現代用語の基礎知識1992年版』自由国民社

自由国民社編（2012）『現代用語の基礎知識2012年版』自由国民社

杉岡洋子（2009）「「－中」の多義性──時間をあらわす接辞をめぐる考察──」由本陽子・岸本秀樹(編)『語彙の意味と文法』.pp.85-104. くろしお出版

曹佳楽(2018)「接頭性字音語基「全－」と「総－」について」『立教大学日本語研究』

25.pp.23-34. 立教大学日本語研究会

高橋太郎（1997）「連体機能をめぐって」川端善明・仁田義雄（編）『日本語文法体系と方法』.pp.301-316. ひつじ書房

高橋美奈子（2009）「「ような」の介在する名詞修飾表現「XようなY」について」『IBU四天王寺大学紀要』47.pp.285-297. 四天王寺大学

建石始（2009）「非指示的名詞句における数詞「一」の独自性」『人文』33.pp.49－59. 鹿児島県立短期大学

建石始（2017）『日本語の限定詞の機能』日中言語文化出版社

田中真一・上野誠司（2002）「『新』・『旧』の意味論と音韻論」『音韻研究』5.pp.105－112. 日本音韻論学会

堤良一（2012）『現代日本語指示詞の総合的研究』ココ出版

寺村秀夫（1968）「日本語名詞の下位分類」『日本語教育』12.pp.42-57. 日本語教育学会

東条佳奈（2014）「名詞型助数詞の類型――助数詞・準助数詞・擬似助数詞――」『日本語の研究』10-4.pp.16-31. 日本語学会

東条佳奈（2017）「「擬似助数詞」の成立可否を決める要因」『現代日本語研究』9.pp.76-95. 大阪大学大学院文学研究科日本語学講座現代日本語学研究室

中川秀太（2005）「字音形態素「同」と照応」『早稲田日本語研究』13.pp.13-24. 早稲田大学日本語学会

中川秀太（2010）「字音形態素「新」の造語機能」大島弘子・中島晶子・ブラン・ラウル（編）『漢語の言語学』.pp.141-158. くろしお出版

中川秀太（2015）「字音形態素「両」の意味・用法について」『日本語文法』15-2.pp.99-115. くろしお出版

中島晶子（2010）「新造語における「度」「系」「力」の用法」大島弘子・中島晶子・ブラン・ラウル（編）『漢語の言語学』.pp.159-176. くろしお出版

中俣尚己（2015a）「初級文法項目の生産性の可視化――動詞に接続する文法項目の場合――」『計量国語学』29-8.pp.275-295. 計量国語学会

中俣尚己（2015b）「生産性から見た文法シラバス」庵功雄・山内博之（編）『現場に役立つ日本語教育研究1データに基づく文法シラバス』109-128. くろしお出版

中俣尚己編（2017）『現場に役立つ日本語教育研究5　コーパスから始まる例文作り』くろしお出版

竝木崇康(2009)「複合語の意味解釈における「意味要素の稀薄化」」由本陽子・岸本秀樹 (編)『語彙の意味と文法』.pp.139-158. くろしお出版

竝木崇康(2013)「複合語と派生語」『レキシコンフォーラム』6.pp.43-57. ひつじ書房

西川盛雄（2006）『英語接辞の研究』開拓社

西山佑司 (2003)『日本語名詞句の意味論と語用論——指示的名詞句と非指示的名詞句——』ひつじ書房

仁田義雄（2002）『副詞的表現の諸相』くろしお出版

丹羽哲也（1999）「主題文の性格と「は」の使用条件について」『人文研究』51-05. pp.25-52. 大阪市立大学文学部

丹羽哲也（2004）「名詞句の定・不定と「存否の題目語」」『国語学』55-02.pp.1-15. 日本語学会

野村雅昭（1973）「否定の接頭語「無・不・未・非」の用法」『国立国語研究所論集 ことばの研究』4.pp.31-50. 国立国語研究所

野村雅昭（1974）「三字漢語の構造」『国立国語研究所報告51　電子計算機による国語研究VI』.pp.37-62. 国立国語研究所

野村雅昭（1977）「造語法」『岩波講座日本語9　語彙と意味』.pp.245-284. 岩波書店

野村雅昭（1978）「接辞性字音語基の性格」『国立国語研究所報告61　電子計算機による国語研究IX』.pp.102-138. 国立国語研究所

野村雅昭（1987）「複合漢語の構造」『朝倉日本語新講座1　文字・表記と語構成』.pp.130-144. 朝倉書店

野村雅昭（1988）「二字漢語の構造」『日本語学』7-5.pp.44-55. 明治書院

野村雅昭（1998）「現代漢語の品詞性」東京大学国語学研究室創設百周年記念国語研究論集編集委員会（編）『東京大学国語学研究室創設百周年記念国語研究論集』.pp.128-144. 汲古書院

野村雅昭（1999）「字音形態素考」『国語と国文学』76-5.pp.1-10. 東京大学

野村雅昭（2010）「語構成」宮地裕（編）『日本語と日本語教育のための日本語学入門』.pp.49-62. 明治書院

野村雅昭（2013）「品詞性による字音複合語基の分類」野村雅昭（編）『現代日本漢語の探究』.pp.134-145. 東京堂出版

早津恵美子（2005）「形態素」日本語教育学会（編）『新版日本語教育事典』.pp.232-233. 大修館書店

福田嘉一郎 (2016)「主題に現れうる名詞の指示特性と名詞述語文の解釈」福田嘉一郎・建石始（編）『名詞類の文法』.pp.167-184. くろしお出版

藤田保幸（2000）『国語引用構文の研究』和泉書院

北條正子（1973）「主要接辞・助数詞一覧」『品詞別日本文法講座10　品詞論の周辺』.pp.231-272. 明治書院

本多由美子（2017）「二字漢語における語の透明性——コーパスを用いた語と構成漢字

の分析──」『計量国語学』31−1.pp.1−19.計量国語学会

益岡隆志・田窪行則（1992）『基礎日本語文法──改訂版──』くろしお出版

松下大三郎（1930）『改撰標準日本文法』勉誠社

松本哲也（1999）「不定を表す連体詞「ある」「某」について」『函館国語』15.pp.40-46.北海道教育大学函館国語会

水野義道（1987）「漢語系接辞の機能」『日本語学』5-3.pp.60-69.明治書院

宮島達夫（1980）「語構成」国語学会（編）『国語学大辞典』.pp.423-427.東京堂出版

宮島達夫（1994）『語彙論研究』むぎ書房

宮地裕（1973）「現代漢語の語基について」『語文』31.pp.68-80.大阪大学国語国文学会

村木新次郎（2004）「漢語の品詞性を再考する」『同志社女子大学日本語日本文学』16.pp.1-35.同志社女子大学

村木新次郎（2012）『日本語の品詞体系とその周辺』ひつじ書房

村田美穂子編（2005）『文法の時間』至文堂

森岡健二（1980）「形態論」国語学会（編）『国語学大辞典』.pp.270-272.東京堂出版

森岡健二（1986）「接辞と助辞」『日本語学』5-3.pp.11-18.明治書院

森岡健二（1994）『日本文法体系論』明治書院

森山卓郎（1995）「推量・比喩比況・例示──「よう／みたい」の多義性をめぐって──」宮地裕・敦子先生古稀記念論集刊行会（編）『日本語の研究：宮地裕・敦子先生古稀記念論集』.pp.493-525.明治書院

安田芳子（1997）「連体修飾形式「ような」における＜例示＞の意味の現れ」『日本語教育』92.pp.177-188.日本語教育学会

山下喜代（1997）「字音形態素「〜式」の機能」『青山語文』27.pp.167-179.青山学院大学日本文学会

山下喜代（1998）「字音形態素「〜風」について」『青山語文』28.pp.151-162.青山学院大学日本文学会

山下喜代（1999）「字音接尾辞「的」について」森田良行教授古稀記念論文集刊行会（編）『日本語研究と日本語教育』.pp.24-38.明治書院

山下喜代（2000）「漢語系接尾辞の語形成と助辞化──「的」を中心に──」『日本語学』19-13.pp.52-64.明治書院

山下喜代（2003）「字音接尾辞「化」について」『紀要』44.pp.119-132.青山学院大学文学部

山下喜代（2004）「日本語教育における語彙指導──字音接辞の指導を中心にして──」『青山語文』34.pp.142-153.青山学院大学日本文学会

山下喜代（2005）「日本語学習のための辞書――『漢語接辞用法辞典』の構想――」『早稲田日本語研究』14.pp.96-107. 早稲田大学日本語学会

山下喜代（2008）『日本語教育のための合成語データベース構築とその分析』（平成17年度～平成19年度科学研究費補助金研究成果報告書）

山下喜代（2011）「字音接尾辞「式」・「風」・「的」の意味――プロトタイプとスキーマ――」『青山語文』41.pp.130-142. 青山学院大学日本文学会

山下喜代（2013a）「現代日本語における漢語接辞研究の概観」『青山語文　大上正美教授退任記念号』43.pp.157-168. 青山学院大学日本文学会

山下喜代（2013b）「接辞性字音形態素の造語機能」野村雅昭（編）『現代日本漢語の探究』.pp.83-108. 東京堂出版

山下喜代（2015）「漢語接尾辞「系・派」について――人物を表す派生語の分析を中心に――」『青山語文』45.pp.112-125. 青山学院大学日本文学会

山下喜代（2016）「第7章　語構成　人を表す接尾辞「族」の語形成と意味を中心にして」斎藤倫明（編）『日本語語彙論Ⅰ』.pp.207-240. ひつじ書房

山下喜代（2017）「字音形態素「極・超・激・爆」について」『青山語文』47.pp.199-210. 青山学院大学日本文学会

山下喜代(2018)「字音形態素のカテゴリー化――接辞を中心に――」『青山語文』48.pp.217-228. 青山学院大学日本文学会

山田孝雄（1936）『日本文法学概論』宝文館

山田孝雄（1940）『国語の中に於ける漢語の研究』宝文館

山梨正明（2017）『新版　推論と照応　照応研究の新展開』くろしお出版

ゆもとしょうなん(1977)「あわせ名詞の意味記述をめぐって」『東京外国語大学論集』27.pp.31-46. 東京外国語大学

吉村公宏（2003）「認知語彙論」『認知音韻・形態論　シリーズ認知言語学入門2』.pp.195-239. 大修館書店

林慧君(2010)「造語成分としての外来語と漢語の対照分析――「オール」と「全」を例に――」『台大日本語文研究』20.pp.93-115. 国立台湾大学日本語文学系

林慧君(2013)「類義漢語接頭辞「逆－」「対－」「抗－」に関して」『台大日本語文研究』26.pp.127-155. 国立台湾大学日本語文学系

Downing,P.(1996) Numeral classifier systems: The case of Janpanese. John Benjamins.

辞書・辞典・事典類

『岩波国語辞典　第7版』（2009）西尾実・岩淵悦太郎・水谷静夫（編）. 岩波書店

『学研現代新国語辞典　改訂第五版』（2012）金田一春彦・金田一秀穂（編）.学研教育出版

『教師と学習者のための日本語文型辞典』（1998）グループ・ジャマシイ.くろしお出版

『言語学大辞典第6巻　術語篇』（1996）亀井孝・河野六郎・千野栄一（編著）.三省堂

『国語学研究事典』（1977）佐藤喜代治（編）.明治書院

『国語学大辞典』（1980）国語学会（編）.東京堂出版

『三省堂国語辞典　第七版』（2014）見坊豪紀・市川孝・飛田良文・山崎誠・飯間浩明・塩田雄大（編）.三省堂

『集英社国語辞典　［第3版]』（2012）森岡健二・徳川宗賢・川端善明・中村明・星野晃一（編）.集英社

『新選国語辞典　第九版』（2011）金田一京助・佐伯梅友・大石初太郎・野村雅昭（編）.小学館

『新明解国語辞典　第七版』（2012）山田忠雄・柴田武・酒井憲二・倉持保男・山田明雄・上野善道・井島正博・笹原宏之（編）.三省堂

『新版日本語教育事典』（2005）日本語教育学会（編）.大修館書店

『大辞林　第三版』（2006）松村明（編）.三省堂

『日本語学研究事典』（2007）飛田良文［他］（編）.明治書院

『日本語学大辞典』（2018）日本語学会（編）.東京堂出版

『日本国語大辞典　第二版』（2001）日本国語大辞典第二版編集委員会・小学館国語辞典編集部（編）.小学館

『日本語大事典』（上）（2014）佐藤武義・前田富祺（編）.朝倉書店

『日本語百科大事典』（1988）金田一春彦・林大・柴田武（編）.大修館書店

『日本語文法事典』（2014）日本語文法学会（編）.大修館書店

『分類語彙表　増補改訂版』（2004）国立国語研究所（編）.大日本図書

『明解言語学辞典』（2015）斎藤純男・田口善久・西村義樹（編）.三省堂

用例出典

［コーパス・データベース類］

『現代日本語書き言葉均衡コーパス（通常版）』（https://pj.ninjal.ac.jp/corpus_center/bccwj/）国立国語研究所

『国語研日本語ウェブコーパス』（http://pj.ninjal.ac.jp/corpus_center/nwjc/）国立国語研究所

『ヨミダス歴史館』（https://database.yomiuri.co.jp/rekishikan/）読売新聞

［テレビ番組類］

『Doctor-X 外科医・大門未知子Ⅲ』. 朝日テレビ.2014年10月〜12月放送

『月曜から夜ふかし』. 日本テレビ. 2015年4月6日放送

『恋するイヴ』. 日本テレビ. 2013年12月24日放送

『それでも、生きてゆく』. フジテレビ. 2011年7月〜9月放送

『ダンダリン　労働基準監督官』. 日本テレビ. 2013年10月〜12月放送

『ネプリーグ』. フジテレビ. 2015年4月27日放送

『リーガルハイ・スペシャル2014』. フジテレビ.2014年11月22日放送

『リバウンド』. 日本テレビ. 2011年4月〜6月放送

［出版書籍類］

宮藤官九郎（2014）『日曜劇場ごめんね青春！』. 角川マガジンズ

坂元裕二（2015）『問題のあるレストラン1』. 河出文庫

徳永友一・高橋れい子（2013）『海の上の診療所』. 扶桑社

古館春一（2014）『ハイキュー!!』第9巻. 集英社

古館春一（2015）『ハイキュー!!』第15巻. 集英社

渡辺千穂・木俣冬（2014）『ファースト・クラス』. 扶桑社

［ウェブサイト類］

日本語学会：https：//www.jpling.gr.jp/kaiin/gakkaisyo/happyosyo/（最終確認：
2017年3月18日）

後書き

　本書は、2019年3月に博士（日本語日本文学）の学位を受けた学習院大学審査学位論文「現代日本語における字音接辞の研究——連体詞型字音接頭辞の記述的研究を中心に——」に加筆修正を加えたものです。出版にあたり、学習院大学大学院人文科学研究科博士論文刊行助成の支給を受けています。

　本書をまとめるにあたり、多くの方々からご指導をいただきました。ここでお世話になった方々にお礼を申し上げたいと思います。

　まずは博士学位論文の指導教員である学習院大学の前田直子先生です。「字音接辞を研究しているのに、なぜ前田先生のところに？」これはよく聞かれる質問です。前田先生は文法の専門家で、主に複文、特に条件表現について研究をなさっています。字音接辞を研究しているのに、なぜ条件表現を研究する先生のところに進学したのかという意図の質問です。

　それについては、いろいろ考え方があると思います。私はバレーボールが好きです（運動音痴なので、やったことはありません）が、バレーボール選手でしたら、バレーボールの名監督のところへ修行に行くのが普通だと思われます。また、バレーボールの知識やノウハウは自力でも習得できる自信があります。しかし、同じ球技であってもサッカーのことは詳しくなくて、自分からなかなか踏み込めない分野です。だからこそ、自分がしっかりと学んでいない分野の知見を得たとき、自分では想像もつかないような大きな進歩を遂げることができると思うのです。いっそのこと、サッカーの名監督のところで修行してみるべきだという気持ちになりました。それが前田先生のところで博士論文を書いた理由です。現に、文法の知識を身につけ、自分の研究に応用できる部分が多く、研究の視野も広がりました。私にとっては大正解でした。

　前田先生からは多くのことを学びました。特に感銘を受けたのは「何事に対しても丁寧に」という姿勢です。研究のことはもちろんですが、授業で配布するレジュメもいつもきれいにコピーされていて、黒い影は一つもなく、授業用のパワーポイントも丁寧でわかりやすく作られています。メールもいつも丁寧に返信していただいています。最初にやりとりしたメールは今でも覚えていま

す。学習院へ進学するにあたりいくつか質問をしましたが、メール文面では書き切れず、Word 文書にして3枚分にわたり懇切丁寧に教えてくださいました。大学院を修了してからも、就職のことや研究のことで、これまでと同様にご支援・お力添えを頂いています。いつもご多忙なはず（どれくらいお忙しいか一度聞いてみたいのですが、なかなか言えずにいます）なのに、本当に感謝の気持ちでいっぱいです。その「丁寧に」という心構えを持って、丁寧に用例データを取り扱い、丁寧にわかりやすく説明するということが本書に少しでも反映できていたら幸いです。

　「どうして字音接辞を研究しようと思ったの？」これもよく聞かれる質問です。これは修士学位論文の指導教員である慶應義塾大学の木村義之先生の一言がきっかけです。木村先生の授業でこのような話がありました。日本で研究をする以上、日本人と同じ土俵で戦わなければならない。留学生だからといって評価基準を下げることはないので、研究テーマを選ぶときに、自分の長所を活かしたほうがいい。日本人しかその感覚がわからないような分野を避けて、例えば「漢語」のように、日本人が得意とせず、逆に中国人が多くの知識や感性を持っている分野で研究を進めたほうがいい、というお話でした。その後、中国人の得意分野を意識しながら、『現代日本漢語の探究』（野村雅昭編. 東京堂出版. 2013）という論文集を手に取り、その中にあった山下喜代先生の「接辞性字音形態素」に関する論文を読んで字音接辞のことを知りました。字音接辞の種類は多いですし、それぞれの意味や造語機能、違いなどを考え出すとどんどんおもしろさを感じ、ワクワクが止まりませんでした。字音接辞の研究があまり進んでいないようなので盛り上げようといえば聞こえがよく、もちろん嘘ではないのですが、先行研究が少ないので進めやすいかもしれないというのも本音です。

　木村先生からも多くのことを学びました。特に「自分に厳しく、常に次のステップを目指す」という意識を持つようになりました。日本で勉強や研究をする以上、日本に関するあらゆることについて、日本人と同じレベルを目指すべきだと教えていただきました。特に日本語能力です。メールなどのやりとりで変な日本語の表現を書いたらご指摘があり、詳しく解説もしていただいています。つい最近でも「先週、大学の授業が終わり、やっと少し休めると思いま

す。」の「と思います」は少し不自然だというご指摘がありました。日常、メールでの不自然な表現を指摘される機会はほとんどなく、日本語力を高めるという面においても、研究のネタを探すという面においても、非常にありがたく思います。感謝申し上げます。

　前田先生と木村先生の「常に温かくときに厳しく」のご指導がなければ、本書の出版にこぎつけることはできませんでした。そして、慶應義塾大学の村田年先生、大場美穂子先生、田中妙子先生、学習院大学の鷲尾龍一先生、安部清哉先生、金田智子先生、村野良子先生のご指導を賜ることができたことも大変幸運でした。また、在学中も修了後も、学習院大学の先輩や後輩と切磋琢磨の機会を得られ、論文や研究に対して貴重なコメントをいただきました。江口匠さんと菊池そのみさんには出版に際し、全編に目を通してもらい、志賀里美さん、竹内直也さん、村上佳恵さんには研究のことだけでなく、就職や大学の授業準備でも相談に乗っていただきました。また、さまざまな研究会や学会、一橋大学主催の富士山合宿ではたくさんの方からご教示いただきました。花鳥社の重光徹さんにもお世話になりました。スペースをとる図表が多く、編集・校正に手間をおかけしてしまいましたが、最後までお付き合いくださいました。ありがとうございました。ここですべての方のお名前をあげることはできませんが、心よりお礼を申し上げます。

　最後に、両親に感謝の気持ちを伝えたいと思います。子どものときから私が決めたことに一度も反対せず、好きなことは自由にさせてくれました。日本への留学もすぐに賛成し応援してくれました。あれから10年以上の月日が経ちました。なかなか顔を見せることもしない私のことを文句一つ言わずに見守ってくれる両親には、感謝の言葉が見つかりません。日本語がわからず読むことは難しいかもしれませんが、本書を捧げたいと思います。

2024年8月

張　明

中文摘要

　　本书的研究对象为现代日语中的字音词缀。所谓字音词缀就是像 *"理想的"* 中的 *"的"*，*"小型化"* 中的 *"化"*，以及 *"新チーム"* 中的 *"新"*，*"未発表"* 中的 *"未"* 这样的语素成分。特别是本书涵盖了例如 *"当委員会"* 中的 *"当"*，*"本法律案"* 中的 *"本"*，*"全財産"* 中的 *"全"* 这些被称为 "连体词型字音前缀" 的词缀，并依据语料库的大量实例对其语义用法和语法特征进行了详细分析和描写。

　　本书将日语中的字音词缀，特别是将前缀作为研究对象，主要有以下几点理由。首先，如果我们随意翻开一本日语语言学概论书的话，经常会看到诸如 "主语"、"时态" 和 "形容词" 等语法概念，而且都会对这些概念做出详细的阐释和说明。相比之下，与 "词缀" 相关的内容寥寥无几，甚至有的书里根本找不到有关词缀的说明。即使有关于词缀的说明，主要阐述的也是 *"っぽい"*，*"がち"* 等和语性词缀，几乎没有提到字音词缀的内容。可以毫不夸张地说，字音词缀目前还处于语法研究边缘中的边缘领域。

　　其次，关于字音词缀的研究，比起后缀，前缀的研究非常少。后缀的种类多，而且很多都具有词性转换的功能。比如日语的词缀 *"的"*，可以与名词相结合，并将整个复合词变成一个形容动词。因此后缀的研究较多。相比之下，字音前缀几乎很少被研究，因为它的种类较少，而且除了 *"不"* *"無"* *"非"* *"未"* 之外，都不具有词性转换功能。

　　此外，对字音词缀的研究局限于主要的几个，而且仅是单独对其语义用法和造词功能进行详细分析。针对个别的词缀进行详细分析固然重要，但更重要的是要对词缀进行分组分类，并且针对分类后各类别之间的差异，相同类别内成员的比较分析才是现代日语词缀今后研究的一项重要课题。

　　综上所述，我们已经了解到了一些字音词缀的研究现状。字音词缀的研究不受重视，对其研究很少。此外，对字音词缀的研究主要集中在后缀，对前缀的研究就更少了。而且，对字音词缀的研究非常个别、局部，几乎没有系统、全面的研究。因此，本书将日语中的字音词缀，特别是前缀作为研究对象，并对其进行系统、全面的研究。

　　在此介绍一下这本书的结构和主要内容。本书由三部分构成，第一部是第一章

到第三章，第二部是第四章到第十六章，最后第三部由最终章构成

第一部，就"字音词缀"以及与其相关的重要概念进行阐述。第一章规定了字音词缀的定义。判断其是否是一个字音词缀，将取决于与其结合的语言单位的性质。能与和语、外来语，以及双音节以上的汉语词相结合的话，基本可以判断其是一个字音词缀。在第二章中，笔者从国语辞典中抽取了235个字音前缀和580个字音后缀，并对这815个字音词缀以品词论为基准进行了分类。前缀分为八种类型：1. 名词型、2. 形容词型、3. 连体词型、4. 副词型、5. 动词型、6. 助动词型、7. 助词型、8. 接续词型。后缀先分为四种类型：1. 名词型、2. 动词型、3. 助词型、4. 后缀型。其中，名词型前缀进一步细分为"A. 物质性"、"B. 行为性"、"C. 人物性"、"D. 场所性"、"E. 组织性"、"F. 时间性"六类。第三章介绍了字音词缀的造词功能。根据之前的研究，本书认识到字音词缀具有以下四种造词功能：结合功能、语义添加功能、词性转换功能和语法化功能。

由于字音词缀种类丰富，使用例多，在一本书中将所有的字音词缀都进行详细分析的话是不可能的。因此在第二部中将针对"连体词型字音前缀"这一分类为主要对象进行考察分析。首先在第四章中阐述了连体词型字音前缀的整体特征，以及选择这一分类的理由。接下来，在第五章至第十六章中，本书将对此34个连体词型字音前缀逐一进行全面的分析和描写。重点以其与什么样的词相结合，具有怎样的语义用法，还具有怎样的比较有趣的语言现象等问题为中心进行描写性研究。第五章是关于"本法律案"的"本"和"当委员会"的"当"，第六章是关于"同病院"的"同"，第七章是关于"某大学"的"某"，第八章是"全国民"的"全"和"総人口"的"総"，第九章是关于"両チーム"的"両"，第十章是关于"各地域"的"各"和"毎日曜日"的"毎"，第十一章是关于"現政権"的"現"和"今世紀"的"今"，第十二章是关于"前首相"的"前"，"旧ソ連"的"旧"，"昨年度"的"昨"和"先場所"的"先"，第十三章是关于"翌年度"的"翌"，"来シーズン"的"来"，"明十五日"的"明"和"後半生"的"後"，第十四章是关于"副社長"的"副"，"助監督"的"助"，"半導体"的"半"，"準決勝"的"準"，"准教授"的"准"和"亜熱帯"和"亜"，第十五章是关于"当該列車"的"当該"，第十六章是"一会社員"的"一"，"原材料"的"原"，"故ダイアナ妃"的"故"，"諸外国"的"諸"，"正社員"的"正"，"続群書類従"的"続"，"他地域"的"他"和"汎スラブ"的"汎"。

在最后的最终章中，本书就"造词能力"以及"指示词用法"这两个层面来总结连体词型的字音前缀的整体特征。并在此基础上阐述今后的研究发展课题。

最后介绍一下本书的三大特色。第一，本书选取了七本国语辞典，逐一查看其词例，从中抽取了235个字音前缀和580个字音后缀，并对这815个字音词缀以词类学为基准进行了分类。通过大规模且精密的实证研究概括并展示了现代日语字音词缀的系统研究尚不多见。第二，本书选取了34个连体词型的字音前缀，逐一从语料库中抽取了大量实例，并对所有的实例进行了逐一分析，其例句数量达到了75000例以上。通过如此大规模且精密的实证研究确保了分析的依据以及结论的正确性。第三，本书在对连体词型的字音前缀进行分析时，提及了与其紧密相关的指示词的语法功能（直示和照应）以及名词句的指示特性（定性和特定性），推进了其它相关语法领域的研究。希望本书的研究能够帮助推进日语中字音词缀研究的发展，并对其尚未受到重视的研究现状有所改善。

索引

●ア行

意味添加機能…*44, 377*
意味分野…*43*
意味要素の稀薄化…*325, 326*

●カ行

可付番性…*344, 345*
漢語系接辞…*1, 7, 10*
結合機能…*42, 373*
現場指示…*208*
語[+]…*67, 125*
合成形式専用の複合字音語基…*325*
後接語…*12*
語基…*8, 9, 12, 13*
語構成要素…*8, 9, 17, 227*
語種…*43*
語レベルを超えるもの…*220, 329*

●サ行

字音形態素…*12〜14, 16, 17*
字音語…*7*
　———基…*10*
字音接辞…*7, 10〜14, 22, 70, 71*
字音接頭辞…*25, 69*
字音接尾辞…*31, 69*
字音複合語基…*14, 128*
指示詞…*70, 108, 154, 156, 158, 162 335*
　———的用法…*377, 378*
指示対象…*102, 149, 337*
指示特性…*154*
終止用法…*266*
照応詞…*125*
照応的…*289, 293*
照応用法…*72, 73, 76, 98, 102, 108, 109, 114, 208, 225, 234, 243, 246, 249, 257, 280, 283, 380, 382〜385*
照応表現…*204*
助辞化用法…*47, 48*
心理的立場関係…*104〜106*
数量詞代名詞的用法…*207〜209, 382*
生産性…*63, 65, 176, 204, 218, 230, 237, 246, 290, 291, 316〜319, 373*
　———指数…*374*
接辞…*6〜9, 13*
　——性字音形態素…*1*
　——性字音語基…*20*
接頭辞…*8, 45*
接尾辞…*8, 45*
先行詞…*72, 74*
前接語…*12*
造語機能…*42*
造語成分…*7, 16, 21, 323*

●タ行

段階性…*313〜319*
重複表現…*228*
直示的…*98, 99, 110, 292, 293*
直示表現…*207*
直示用法…*99, 108〜110, 206, 226, 380, 382, 383*
定…*149, 150, 169*
　——指示…*378*
程度性…*307〜309, 314, 315, 318, 319*
テキストダイクシス…*380*
特定…*149, 150*
　——指示…*337*
　——性…*336*

●ナ行

二字漢語の構成要素…*13, 14, 23, 325*
二字字音接辞…*321*
野村雅昭…*20, 65*

●ハ行

話し手の知識状態…*336〜341*
品詞決定機能…*45, 46*
複合語基…*15*
複合語構成要素…*15*
不定…*149, 150, 159, 349, 378*
　——機能…*162*

──指示…378
不特定…149, 150, 155
　──指示…337
文構成要素…227
文法化機能…46, 47
文脈指示…102, 205, 208
並列表現…204〜206, 209
ポーズ…9, 67, 78, 114, 125

●マ行

名詞句外照応…207, 209, 226, 382
名詞句内照応…206, 207, 209, 226, 382

●ヤ行

山下喜代…21, 68, 323
要素取り出し型…352〜354
要素包含型…352〜354

●ラ行

連体詞型字音接頭辞…11, 62, 63, 65, 373〜377
連体修飾…20, 26〜28, 30, 62, 79, 113, 114,
　183, 264
連体用法…265, 266

【著者紹介】

張 明（ちょう めい）

中国山東省出身
1989（平成元）年8月生
慶應義塾大学大学院文学研究科国文学専攻日本語教育学分野修士課
程修了・学習院大学大学院人文科学研究科日本語日本文学専攻博士
後期課程修了
博士（日本語日本文学）

早稲田文化館日本語科専任講師、国立国語研究所プロジェクト非常
勤研究員、学習院大学・文京学院大学非常勤講師を経て、現在は川
村学園女子大学文学部日本文化学科講師。

現代日本語の字音接辞
連体詞型字音接頭辞の記述的研究

2024年12月28日　初版第1刷発行

著者　……………　張　明

装幀　……………　池田久直

発行者　…………　相川　晋

発行所　…………　株式会社花鳥社
　　　　　　　　　https://kachosha.com/
　　　　　　　　　〒101-0051　東京都千代田区神田神保町1-58-402
　　　　　　　　　電　話 03-6303-2505
　　　　　　　　　ファクス03-6260-5050
　　　　　　　　　ISBN978-4-909832-80-1

組版　……………　キャップス

印刷・製本　……　モリモト印刷

　　　　　　　　　乱丁本・落丁本はお取り替えいたします。
　　　　　　　　　©Ming Zhang　2024